交通职业教育教学指导委员会推荐教材

全国交通高级技工学校、技师学院公路工程机械使用与维修专业教学用书

全国交通技师培训教材

公路工程机械底盘构造与修理

Gonglu Gongcheng Jixie Dipan Gouzao Yu Xiuli

主编　尹占顺

主审　周萌芽

人民交通出版社

内 容 提 要

本书是全国交通技师培训教材，由交通职业教育教学指导委员会公路（技工）专业指导委员会组织编写，主要介绍公路工程机械底盘的结构、性能与工作原理，底盘的维修，底盘的检测诊断与故障排除。内容包括：公路工程机械传动系、公路工程机械液力机械传动系、公路工程机械行驶系、公路工程机械转向系、公路工程机械制动系，共5个单元。

本书是全国交通高级技工学校、技师学院公路工程机械使用与维修专业教学用书，也可供公路工程机械使用与维修的技术人员学习参考，或作为继续教育、职业培训及技能鉴定教材。

图书在版编目（CIP）数据

公路工程机械底盘构造与修理／尹占顺主编．--北京：人民交通出版社，2007.8
全国交通技师院校培训教材
ISBN 978-7-114-06547-7

Ⅰ．公… Ⅱ．尹… Ⅲ．道路工程-工程机械-底盘-技术培训-教材 Ⅳ．U415.5

中国版本图书馆CIP数据核字（2007）第066765号

书　　名：全国交通技师培训教材
公路工程机械底盘构造与修理
著 作 者：尹占顺
责任编辑：富砚博
出版发行：人民交通出版社
地　　址：（100011）北京市朝阳区安定门外外馆斜街3号
网　　址：http://www.ccpress.com.cn
销售电话：（010）59757969，59757973
总 经 销：人民交通出版社发行部
经　　销：各地新华书店
印　　刷：北京市密东印刷有限公司
开　　本：787×1092　1/16
印　　张：16.5
字　　数：386千
版　　次：2007年8月第1版
印　　次：2014年1月第4次印刷
书　　号：ISBN 978-7-114-06547-7
印　　数：6501-9500册
定　　价：29.00元

交通职业教育教学指导委员会
公路(技工)专业指导委员会

前言

QIANYAN

交通行业是一个劳动密集型行业,全行业约有4000万从业人员,其中90%以上是在交通建设、养护和运输服务等一线工作的,处于交通工程建设、养护和交通运输服务的终端环节,其素质和能力在很大程度上决定了交通发展的质量和效益。目前,各个专业和工种都普遍缺乏技能型人才,特别是高技能人才,公路施工与养护、筑路机械操作与维护等工种都属于交通行业技能型紧缺人才。

为了配合"交通行业技能型紧缺人才培养培训工程"的实施,加快高技能人才的培养培训步伐,交通职业教育教学指导委员会公路(技工)专业指导委员会组织全国交通类高级技工学校、技师学院的教师编写了《公路施工与养护》和《公路工程机械使用与维修》两个专业工种的技师培训教材。编写人员进行了广泛的一线走访,听取了工程施工与养护生产一线高技能人员的意见,使本套教材具有良好的实用性和先进性。本套教材填补了我国在公路施工与养护和公路工程机械使用与维修方面技师培养培训教材的空白,既可作为技师学院教学用书,又可作为在职培训技师用教材,对本行业高技能人才的培养培训具有重要的现实意义。

本套教材具有以下特点:

1. 教材内容与技师等级标准、考核标准相衔接,适应现代公路工程机械化施工与养护的要求。
2. 教材全部采用最新的标准和规范,符合先进性、科学性和实用性的要求。
3. 教材编写满足理实一体化和模块式的教学方式,体现职业教育特色,重点培养学生的实际操作技能。
4. 每个单元后均附有思考题,力求提高学生思考问题、解决实际问题的能力,以达到技师标准的要求。

《公路工程机械底盘构造与修理》是全国交通高级技工学校、技师学院公路工程机械使用与维修专业通用教材之一,内容包括:公路工程机械传动系、公路工程机械液力机械传动系、公路工程机械行驶系、公路工程机械转向系、公路工程机械制动系。

参加本书编写工作的有:山东交通职业学院尹占顺(编写单元一的课题一、二,单元二),安徽省公路工程技工学校吴双虎(编写单元四),山西交通技师学院杨雪峰(编写单元一的课题三,单元五),江苏省交通技师学院赵永成(编写单元一的课题四、五,单元三)。全书由尹占顺担任主编,安徽省公路工程技工学校周萌芽担任主审。

本套教材在编写过程中得到了全国20余所交通类职业院校领导、工程施工养护领域的专家及一线高技能人员的大力支持和帮助,共有70余名专业教师参与了教材的编审工作,在此表示感谢。

由于我们的业务水平和教学经验有限,编审人员工作繁忙、时间仓促,书中难免有不妥之处,恳切希望使用本书的教师和读者批评指正。

交通职业教育教学指导委员会

公路(技工)专业指导委员会

二〇〇七年四月

目录

MULU

·单元一　公路工程机械传动系·……1

课题一　概述……1
课题二　主离合器……4
课题三　机械换挡式变速器……26
课题四　万向传动装置……44
课题五　驱动桥……57
思考题……91

·单元二　公路工程机械液力机械传动系·……92

课题一　概述……92
课题二　液力变矩器……94
课题三　动力换挡变速器……107
思考题……134

·单元三　公路工程机械行驶系·……135

课题一　概述……135
课题二　轮式机械行驶系……136
课题三　履带式机械行驶系……156
思考题……176

·单元四　公路工程机械转向系·……177

课题一　概述……177
课题二　轮式机械转向系……180
课题三　履带式机械转向系……207
思考题……214

·单元五　公路工程机械制动系·……215

课题一　概述……215
课题二　轮式机械制动系……217
课题三　履带式机械制动系……246
思考题……252

·参考文献·……254

Danyuanyi

单元一

公路工程机械传动系

知识点

1. 轮式及履带式公路工程机械传动系的功用、组成及布置形式；
2. 轮式及履带式公路工程机械主离合器的功用、结构及工作原理；
3. 万向传动装置的构造、工作原理；
4. 轮式及履带式公路工程机械机械换挡式变速器的功用、结构及工作原理；
5. 轮式及履带式公路工程机械驱动桥的功用、结构及工作原理。

技能点

1. 分析轮式及履带式公路工程机械主离合器的故障，并进行故障诊断和排除的实际操作；
2. 分析轮式及履带式公路工程机械机械换挡式变速器的故障，并进行故障诊断和排除的实际操作；
3. 分析轮式及履带式公路工程机械驱动桥的故障，并进行故障诊断和排除的实际操作。

课题一 概 述

公路工程机械用柴油发动机所发出的动力，具有转矩小、转速相对较高的特点。针对机械作业速度低、牵引力大的实际工况，其动力不能直接传给驱动轮。因此，中间过程必须经传动系进一步地降速增矩后再驱动机械的驱动轮或履带，以达到公路工程机械作业要求。

一、传动系的功用

传动系有如下功用：

(1)减速增矩;

(2)变换机械的行驶速度和行驶方向;

(3)便于工程机械切断动力;

(4)具有差速作用。

二、传动系的分类、组成及布置形式

根据公路工程机械行走方式的不同,传动系可分为轮式机械传动系和履带式机械传动系。根据传动装置的结构和工作原理的不同,公路工程机械传动系又可分为机械式、液力机械式、全液压式和电动式4种类型。以下主要简述公路工程机械常用的机械式、液力机械式、全液压式3种传动系统。

1. 机械式传动系

目前,国内的压路机、混凝土搅拌机、推土机等公路工程机械有的仍然采用机械式传动系。

机械式传动系一般由主离合器、变速器、传动轴和万向节组成的万向传动装置,以及安装在驱动桥壳内的主传动器、差速器、半轴等组成,图1-1所示为YB10B型振荡压路机采用的机械式传动系。

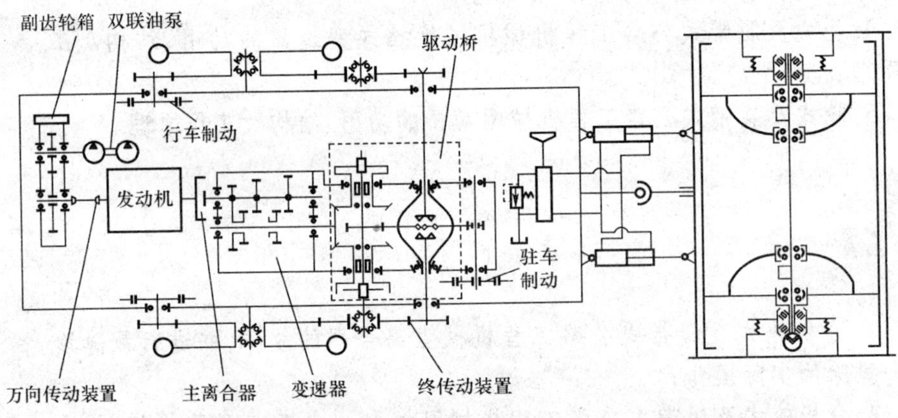

图1-1 YB10B型振荡压路机采用的机械式传动系布置形式

动力由发动机两端输出,前端输出动力经传动轴和副齿轮箱带动双联齿轮泵,分别驱动振动液压马达和液压转向系统;后端输出动力经主离合器传至变速器,经减速器后将动力传到左、右终传动装置主动小齿轮,再传给轮胎驱动齿轮驱动轮胎行走。

履带式公路工程机械机械式传动系主要由主离合器、联轴器、变速器、主传动齿轮、转向离合器、终传动装置、驱动链轮等组成,图1-2所示为国产TY180型履带式公路工程机械机械式传动系简图。

动力由发动机输出后,经主离合器、联轴节和变速器进入中央传动装置,经左、右转向离合器、终传动装置,最后传给驱动轮,进而驱动履带使推土机行驶。

2. 液力机械式传动系

目前,国产的装载机、平地机、铲运机常采用液力机械式传动系。

液力机械式传动系一般由液力变矩器、动力换挡变速器、传动轴和万向节组成的万向传动装置，安装在驱动桥壳内的主传动器、差速器、半轴，轮边减速器等组成，图 1-3 所示为 PY180 平地机采用的液力机械式传动系。

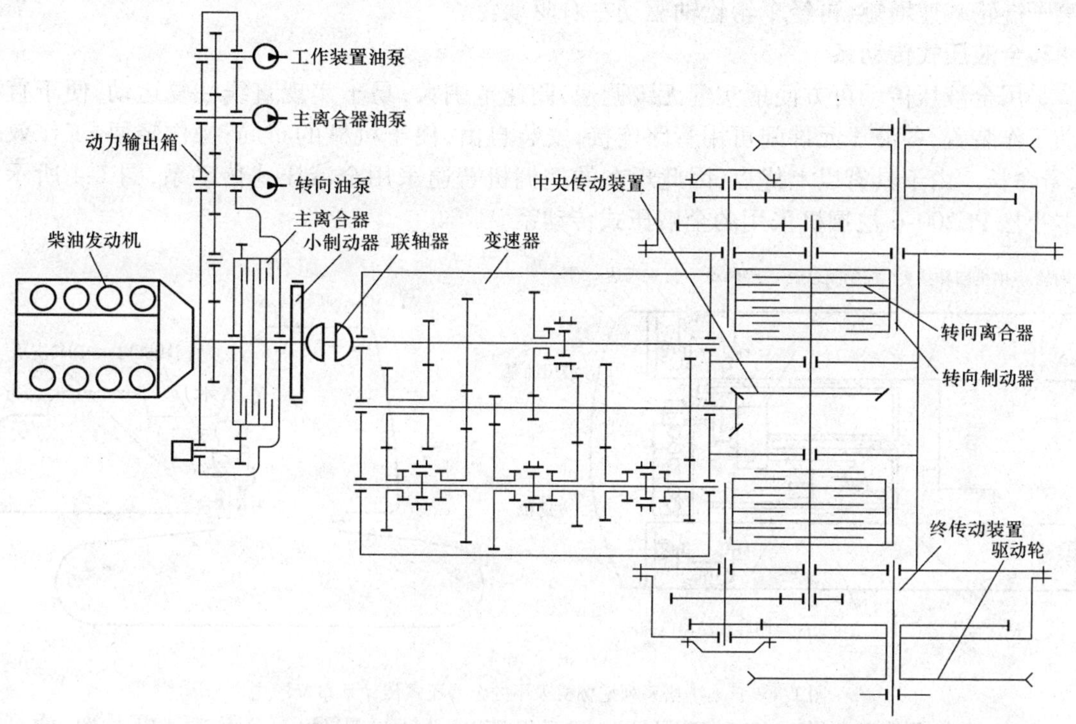

图 1-2　国产 TY180 型履带式公路工程机械机械式传动系布置形式

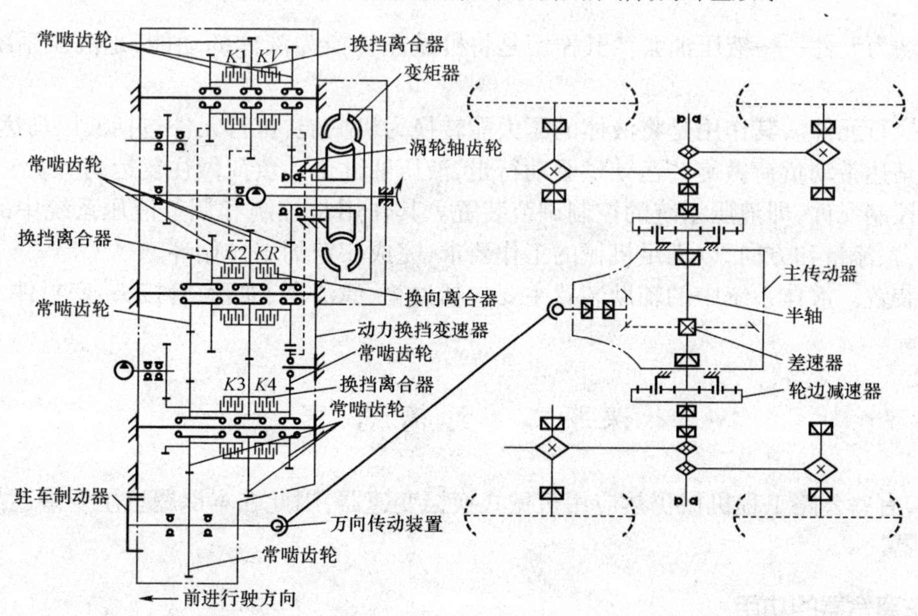

图 1-3　PY180 平地机采用的液力机械式传动系布置形式

发动机输出的动力经液力变矩器，进入动力换挡变速器，然后从变速器输出轴输出，经万

向传动轴输入三段型驱动桥的中央传动。中央传动设有自动闭锁差速器，左右半轴分别与左右行星减速装置的太阳轮相连，动力由齿圈输出，然后输入左右平衡箱轮边减速装置，通过重型滚子链轮减速增矩，再经车轮轮轴驱动左右驱动轮。

3. 全液压式传动系

采用全液压传动可方便地实现无级调速，调速范围大；易于实现直线往复运动，便于直接驱动工作装置，各液压元件间可用管路连接，安装自由，便于机械的布局；操作轻便，工作效率高，寿命长。由于具有以上优点，因此现在的挖掘机普遍采用全液压式传动系，图 1-4 所示为日本小松 PC200-6 挖掘机采用的全液压式传动系。

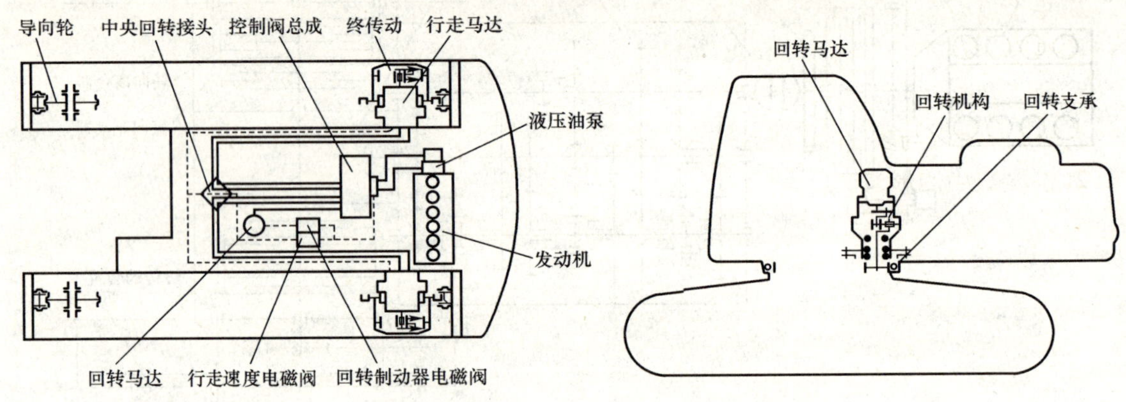

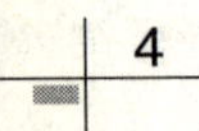

图 1-4　日本小松系列挖掘机采用的全液压式传动系布置形式

全液压式传动系是指由各种不同的液压元件所组成的液压传动系统及辅助装置、终传动装置。

液压动力元件——液压油泵。其作用是将机械能转换为液体的动能，是液压系统的动力元件。

液压执行元件。其作用是将液体的压力能转换为机械能，执行元件包括液压马达、液压油缸。液压马达带动负荷做旋转运动供驱动行走，液压油缸带动负荷做往复运动。

液压控制元件，即液压系统的控制调节装置。其作用是控制和调节液压系统中的各部分液体的压力、流量和方向，以满足机械的工作要求，完成一定的工作循环。

辅助装置。液体系统中的辅助装置主要包括油箱、滤清器、油管、管接头、密封件、冷却器、蓄能器等。

课题二　主离合器

目前，有些公路工程机械仍然应用机械式换挡变速器，因此在本课题里主要讲述与之配套的主离合器。

一、主离合器的功用

主离合器在诸如推土机、压路机、平地机等机械中仍然使用，作为该些机械传动系的重要组成部分，常安装在发动机和机械式换挡变速器之间。其功能如下：

(1)能够保证工程机械平稳起步;

(2)便于工程机械机械式换挡变速器顺利换挡;

(3)防止传动系过载;

(4)利用主离合器的分离,可使工程机械短时间内驻车。

主离合器接合时应柔和,以保证工程机械平稳起步;分离时应迅速彻底,以保证机械式换挡变速器顺利换挡;具有合适的储备能力,既能保证传递发动机的最大转矩又能防止传动系过载。

二、主离合器的分类

由于主离合器的结构及操纵方法不同,可分为各种不同的形式,公路工程机械上应用最为广泛的是摩擦片式离合器。根据其不同的工作特点,主离合器可分为如下类型:

1. 按片数划分

可分为单片式与多片式。单片式指被动摩擦片为一片。多片式指被动摩擦片为2片以上。

2. 按摩擦盘的形式划分

可分为干式与湿式。干式摩擦盘工作时在空气中会自然散热。(其散热条件不太理想,但是结构简单。)

湿式摩擦盘在油中工作,靠油的冷却循环带走摩擦热(其散热条件良好,但是结构复杂)。

3. 按压紧机构划分

可分为常接合式与非常接合式。

4. 按驱动形式划分

可分为机械式、液动式或气动式等。

三、主离合器的工作原理

1. 摩擦常接合式主离合器

常接合式是指如无外力作用在操纵机构上时,经常处于接合状态的主离合器。这种离合器的摩擦表面由弹簧通过压盘压紧产生摩擦力而传递动力,主离合器需要分离时,一般用脚踏板操纵,当外力去除后,离合器又恢复结合状态。

1)摩擦常接合式主离合器的组成

离合器由主动部分、从动部分、压紧装置与分离机构、操纵机构四大部分组成,如图1-5a)所示。

离合器盖用螺钉固定在飞轮上,压盘后端圆周上的凸台伸入离合器盖的窗孔中,并可沿窗孔轴向滑动。这样,曲轴旋转,便通过飞轮、离合器盖带动压盘一起转动,构成离合器的主动部分。双面带摩擦衬片的从动盘是从动部分,从动盘通过滑动花键毂装在变速器输入轴上,轴前端采用轴承支承于曲轴后端的中心孔中。安装在离合器盖和压盘之间、沿圆周均布的压紧弹簧组成离合器的压紧装置。压紧弹簧将压盘和从动盘压向飞轮,使压盘与从动盘、飞轮与从动盘的两个摩擦面压紧。分离杠杆是离合器分离机构的组成零件,分离杠杆外端与压盘铰接,中部通过铰接支承在离合器盖上。分离轴承、分离套筒、分离拨叉、拉杆、离合器踏板组成离合器的操纵机构,分离轴承和分离套筒压装成一体,松套在从动轴的轴套上,分离拨叉中部支承在飞轮壳上。

2)摩擦常接合式主离合器的工作原理

离合器在接合状态时,压紧弹簧将压盘、从动盘、飞轮互相压紧。发动机的转矩经飞轮及压盘通过摩擦面的摩擦力矩传到从动盘,再经从动轴输出。

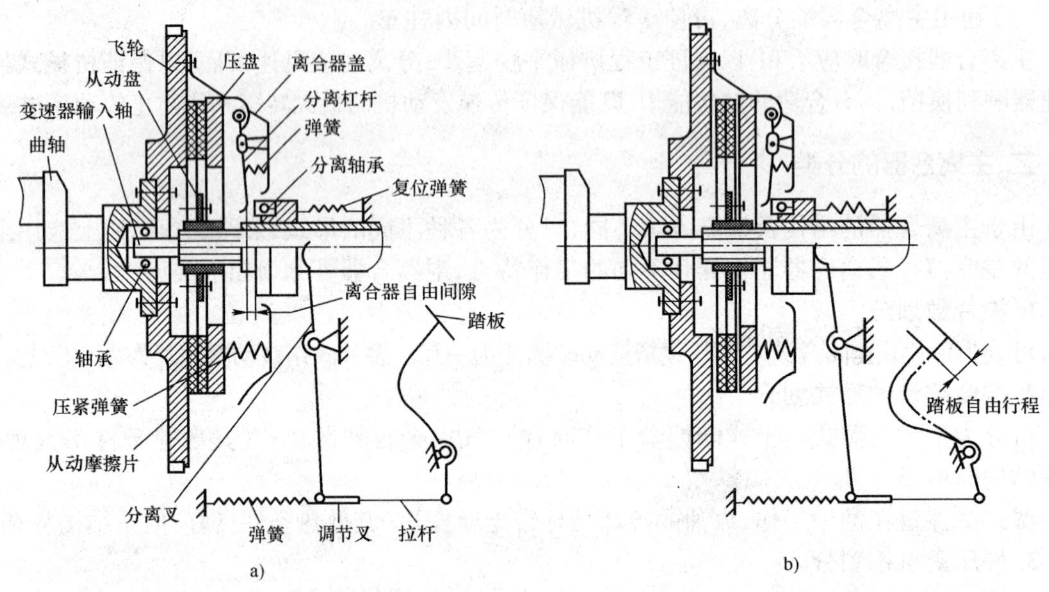

图 1-5　摩擦常接合式主离合器结构及工作原理图
a)接合位置;b)分离位置

(1)分离过程

踩下离合器踏板时,拉杆拉动分离拨叉外端向右(向后)移动,分离拨叉内端则通过分离轴承推动分离杠杆的内端向左(向前)移动,分离杠杆外端便拉动压盘向右(向后)移动,使其在进一步压缩压紧弹簧的同时,解除对从动盘的压力,于是离合器的主、从动部分处于分离状态而中断动力的传递。

(2)接合过程

当需要恢复动力传递时,缓慢地抬起离合器踏板,分离轴承减小对分离杠杆内端的压力,压盘便在压紧弹簧作用下逐渐压紧从动盘,并使所传递的转矩逐渐增大。当所能传递的转矩达到足以克服机械开始起步的阻力时,从动盘开始旋转,机械便开始移动。

接合后,在复位弹簧的作用下,踏板回到最高位置,分离拨叉内端回至最右位置。分离轴承则在复位弹簧的作用下离开分离杠杆,向右紧靠在分离拨叉上。

压盘是离合器主动部分的重要组成零件之一,工作过程中既要接受离合器盖传来的动力,又要在分离与接合过程中轴向移动。为了将离合器盖的动力顺利传递给压盘,并保证压盘只作沿轴线方向的平动而不发生歪斜,通常压盘的传动、导向和定心方式有:传动片式、凸台窗孔式、传动块式和传动销式。

2. 摩擦非常接合式主离合器

1)摩擦非常接合式主离合器的组成

非常接合式是指无外力作用在操纵机构上时,可以长期处于分离状态的离合器。这种离合器的摩擦表面利用扛杆压紧,在主离合器接合或分离时,即它们相互转换时,都要对操纵机构施力,当外力去除后,可保持在结合或分离状态。

主动部分主要由飞轮、主动盘等组成,主动盘以外齿与飞轮的内齿圈啮合,传递动力。从动部分主要由前、后从动盘及离合器轴等组成,前从动盘通过花键与离合器轴连接并用螺母作轴向固定,后从动盘利用花键套装在前从动盘的轴上。压紧装置与分离机构主要由加压杠杆、弹性推杆、拧在前从动盘轮毂上的十字架等组成。

2)摩擦非常接合式主离合器的工作原理

接合过程:利用操纵杆将分离套筒向左移动,弹性推杆使加压杠杆向内收紧,使加压杠杆的凸起将后从动盘向左推移,直至将后压盘及主动盘与前从动盘压紧。当分离套移至图1-6b)所示位置(即中立位置)时,弹性推杆处于垂直位置。此时,作用在后从动盘上的压紧力达到最大,但此位置不稳定,稍有振动,加压杠杆就有可能退回到分离位置。为了避免出现这种情况,应将分离套筒继续左移,使弹性杆越过垂直位置,稍向后倾斜,如图1-6a)所示,压紧力稍小一些。

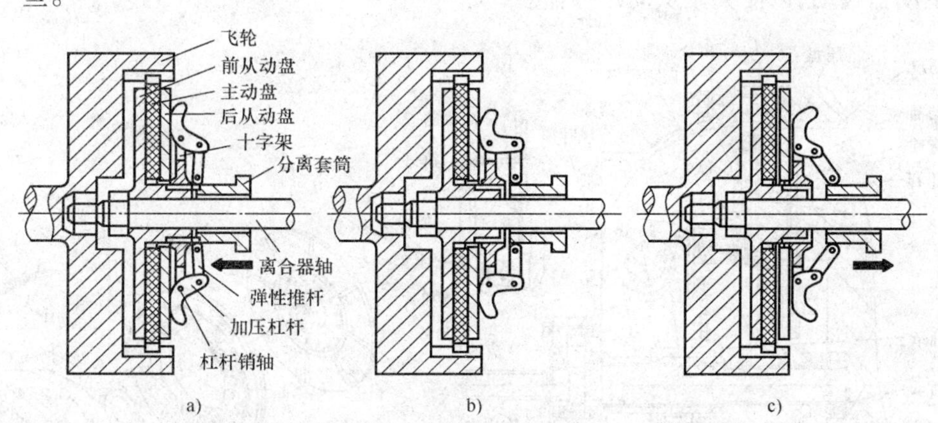

图1-6 摩擦非常接合式主离合器的工作原理示意图

a)接合位置;b)中立位置;c)分离位置

分离过程:处于分离位置时,弹性杆越过垂直位置,加压杠杆的凸起不再压住从动盘,主离合器分离,如图1-6c)所示。

四、主离合器的踏板自由行程

主离合器处于接合状态时,分离轴承与分离杠杆内端之间预留的间隙称为主离合器的自由间隙,而消除此间隙和分离机构、操纵机构零件的弹性变形所需的离合器踏板的行程,称为主离合器的踏板自由行程,如图1-5b)所示。

五、典型主离合器的构造

公路工程机械推土机用主离合器常采用非常接合式;平地机、压路机等多采用常接合式。

1. 常接合式主离合器

以下以单片和双片式为例说明其构造、原理:

PY160B平地机主离合器采用的是单片干式常接合式离合器,如图1-7所示。

1)主动部分

所谓主动部分是指主离合器接受动力的部分,是离合器的动力传入部分。主动部分主要由主动器(盘)、离合器盖、压盘等组成。

主动器安装在液力变矩器(此机型用的是机械式变速器,因此液力变矩器后需要加离合器,液力变矩器的知识将在后面讲述)的涡轮轴上,动力就由此部件输入。当液力变矩器的涡轮轴转动对,主动器亦一起转动。

离合器盖由低碳钢板冲压成形,上面铆有弹性连接钢片,并钻有连接螺钉孔、分离杆销定位孔等。它用螺栓固定在主动器上,随主动器一起旋转。

压盘是一个较厚的铸铁盘,上面有压紧弹簧的定位凸台及连接片螺钉孔。压盘通过四组连接片与离合器壳连接在一起,每组片数为3片,这些弹性连接片沿离合器盖的圆周方向均匀分布。连接片的一端铆接在离合器盖上,另一端用螺栓固定在压盘上。当主动器带动离合器盖旋转时,由于采用了弹性连接片(见图1-7a),因此压盘既可随主动器一起旋转,又可以沿轴线相对主动器移动,以便夹紧从动摩擦盘。

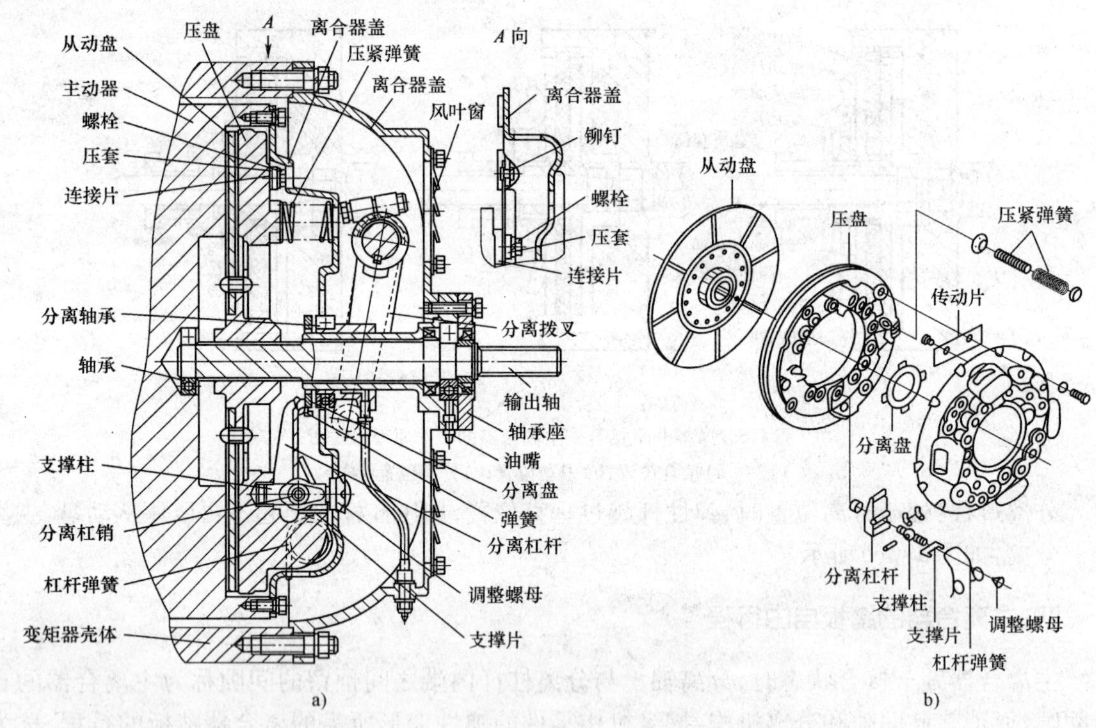

图1-7　PY160B平地机摩擦常接合式主离合器构造及分解图

a)构造图;b)分解图

2)从动部分

所谓从动部分是指主离合器输出动力的部分。从动部分由从动盘及输出轴等组成。

从动盘由摩擦片和盘毂铆接而成。摩擦片是由带钢片的芯板在两面烧结粉末冶金摩擦材料制成。盘毂利用内孔的花键装在轴上,从动盘组件通过内花键与轴相连,通过从动盘的旋转,可以带动输出轴一起旋转输出动力。同时,利用花键连接,从动盘在旋转的同时,可以在轴上做轴向移动,以便与主动器分离。

输出轴两端均制有花键,一端用于装从动盘,另一端用于装传动轴连接盘,用两个滚动轴承支承,前端用轴承支承在主动器的内孔中。当主离合器接合时,它只起支承作用,即主动器与输出轴并无相对运动。后端利用装在轴承座内的滚动轴承,支承在离合器壳上。

3)压紧与分离机构

压紧机构由16根压紧弹簧组成。弹簧装在压盘和离合器盖之间。分离机构由分离杠杆、分离盘、分离杆销、杠杆弹簧、支承柱、调整螺母等组成。

4个分离杠杆在主离合器上沿圆周均匀分布,它的一端装在压盘上,可沿主离合器做轴向移动,另一端用螺母装于离合器盖上。

在分离杠杆的中间用分离杆销与分离杠杆装在一起。分离杠杆可沿分离杆销的中心摆动,等于是分离杠杆的铰接中心,分离杠杆的一端用杠杆弹簧与压盘装在一起。装杠杆弹簧的目的是保持压盘分离盘与分离杠杆紧紧地连在一起,以保证压盘分离盘始终与分离轴承脱离接触,分离盘和分离轴承的间隙为2.5mm。

分离盘左移时,可推动分离杠杆沿分离杆销中心摆动,分离杠杆的另一端通过分离盘卡在压盘的凸台内。杠杆弹簧压在分离杠杆上,杠杆弹簧的弹性力并不大,它的作用只在于保持稳定分离杠杆的作用。在杠杆弹簧的弹性力作用下,分离杆杆将沿分离杆销中心逆时针摆动,从而使分离盘紧紧顶住压盘的凸缘,以免使分离杠杆随意摆动,同时也使得分离盘与分离轴承保持一定的间隙。

分离轴承座用螺栓装在主离合器壳上,它在主离合器中起支承作用,并支承分离轴承套、分离轴承等滑动部件。在分离轴承座的柱面上装有分离轴承套,它可轴向移动。在主离合器壳上装有摇臂轴,在摇臂轴的外端装有摇臂。摇臂、分离拨叉和摇臂轴一起,可沿轴的旋转中心摆动,分离拨叉的一端装在摇臂轴上,另一端的开口卡在分离轴承套的圆柱形爪上。分离轴承套的左柱面上装有分离轴承,这样分离轴承套与分离轴承就固定在一起,分离轴承套与分离拨叉也有了一定的运动联系,当分离拨叉摆动时,就可带动分离轴承套及分离轴承沿轴向移动。移动的结果是在消除了分离盘与分离轴承的间隙后,使离合器动作。

主离合器工作时,由于频繁地接合与分离产生了大量的摩擦热,为了尽快地把摩擦热从主离合器的工作原件上散发出来,同时,也为了防尘,保持离合器的清洁,在离合器的壳上装有风叶窗。分离轴承套与轴承座的润滑靠油杯注入润滑脂实现。

4)操纵机构

如图1-8所示,机械杆式操纵机构主要由踏板、推杆、连接叉、分离拨叉、摇臂、分离轴承、分离轴承套筒、分离盘、踏板复位弹簧等零件组成。推杆与连接叉配合可改变推杆的长度,从而调节主离合器踏板的自由行程。

YZ10B型振动压路机上采用的主离合器是双片、干式、常接合式离合器,如图1-9所示。它的作用原理与单片离合器是一致的,由于双片离合器增加了一个前压盘和从动盘,使其具备接合平顺柔和的优点。这主要是因为双片离合器的接合过程是逐片被压紧的过程,所以,它所传递的转矩也是逐渐增长的,从而使接合过程比较柔和。

离合器主动部分由飞轮、前压盘、压盘、离合器盖等组成。离合器盖用螺栓固定在发动机的飞轮上,在飞轮上还装有3个前压盘定位块,在定位块上套装着前压盘,此处的动力由定位

块传给前压盘，压盘则通过凸台与离合器盖上的窗孔传递动力。离合器从动部分由两个从动盘组成。压紧装置与分离机构中，为了保证双片离合器的彻底分离，在前压盘的两侧各装有3个分离弹簧。离合器在分离时，靠近飞轮的3个弹簧将前压盘推离飞轮，而在前压盘和压盘之间的3个分离弹簧则保证两个压盘之间留有必要的间隙，为了保证各处的间隙一致，6个压盘分离弹簧的压紧力大小应一样。在压紧弹簧和压盘之间装有环形绝热板，用来防止离合器长时间打滑时，温度剧烈升高导致弹簧变软，压紧力降低。9个压紧弹簧沿圆周均匀分布于分离杠杆之间，在压紧弹簧作用下，压盘将从动盘紧压在飞轮上。这样，发动机的动力通过主、从动盘摩擦面间的摩擦而传递，由从动盘传给变速器第一轴。

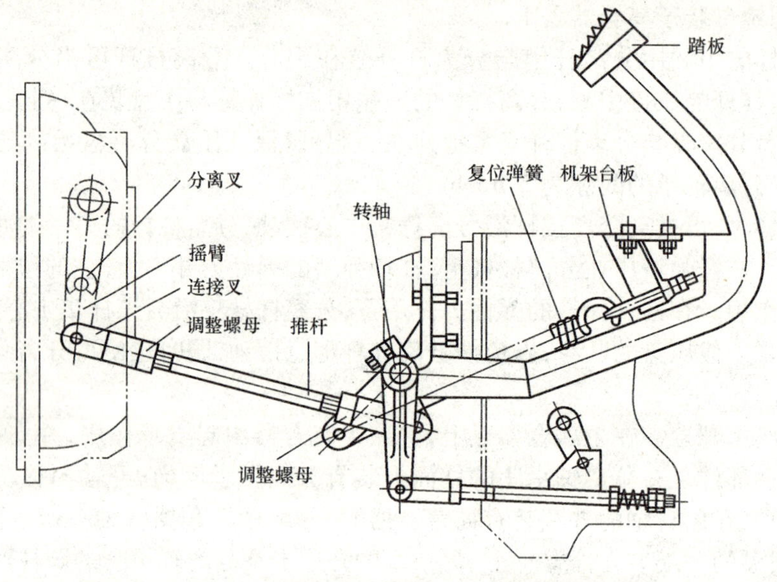

图1-8　PY160B平地机主离合器操纵机构

主离合器在工作时，如驾驶员未踏下踏板，在压紧弹簧的作用下，飞轮、前压盘和压盘将从动盘夹紧，使主离合器处于常接合状态。发动机动力经飞轮、前压盘及压盘、从动盘传给变速器第一轴。当踏下主离合器踏板时，分立叉拨动分离套筒和分离轴承向前移动，推动3只分离杠杆内端，使压盘向右移动，前压盘由于分离弹簧作用迅速分离。此时，发动机和变速器之间的动力传递被切断，主离合器处于分离状态。

2. 非常接合式主离合器

非常接合式主离合器主要用于推土机上，分为干式（单、双片）和湿式多片两种类型。单片干式非常接合式主离合器主要应用于中小功率的公路工程机械中，如TY120型推土机。

对于重型、大功率的公路工程机械，普遍采用多片湿式非常接合式主离合器，如日本小松D85-12型推土机、国产TY180推土机等采用上述类型的主离合器。下面以国产TY180推土机为例说明其构造原理，其构造如图1-10所示。

1）主动部分

主动部分包括飞轮、压盘和中间主动盘等。中间主动盘有两片，均和压盘通过外齿与飞轮上的内齿啮合，随飞轮转动并可做轴向移动。压盘后面用销子连接在压盘毂上。

2）被动部分

被动部分包括从动盘、从动鼓和离合器轴。从动盘共有3片，通过内齿和从动鼓上的外齿啮合，并可做轴向移动。从动鼓和离合器轴通过花键连接，离合器轴前端通过从动鼓的中间轮

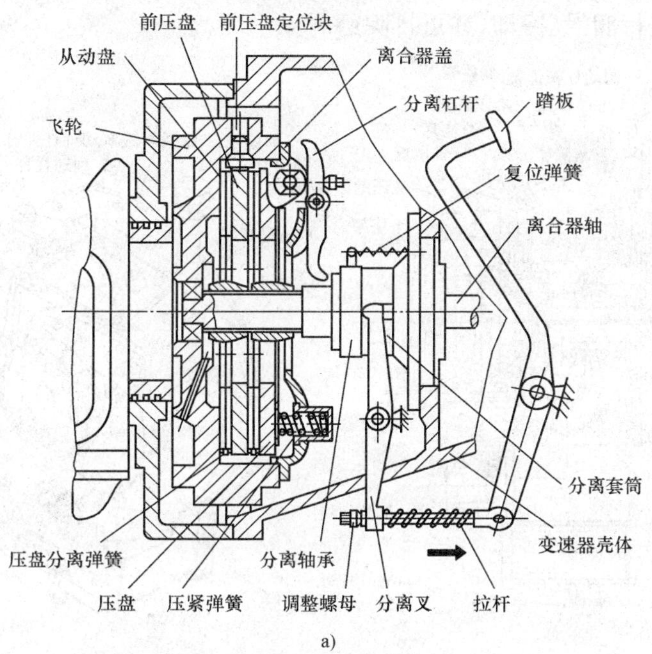

a)

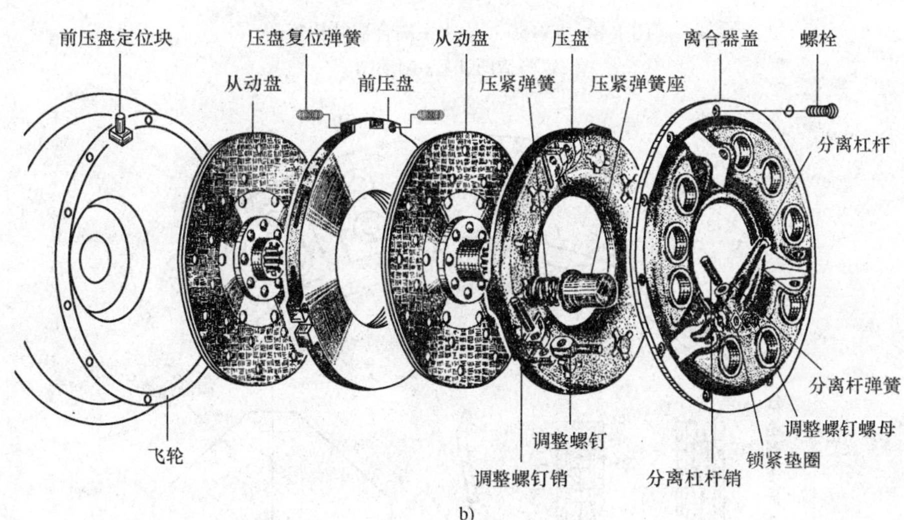

b)

图1-9　YZ10B振动压路机主离合器结构及分解图

a）构造图；b）分解图

毂和向心球轴承支承在飞轮的内孔中，后端通过向心滚子轴承支承在离合器外壳上。轴端接盘连接着小制动器的制动轮，同时又通过双十字节组成的万向联轴节和变速器输入轴连接。这样，当主离合器接合时，压盘即可前移并将主、从动盘压紧在飞轮的端面上，使飞轮的动力传给离合器轴，进而经联轴节驱动变速器输入轴。

从动盘（见图1-11）由两片环状的锰钢薄板铆接而成，盘的外侧烧结有铜基粉末冶金层，两钢片之间又装有4个碟形弹簧，可使从动盘形成波浪的不平面。当离合器接合时不平面逐渐被压平，从而使接合平稳。粉末冶金层外表面开有螺旋形与辐射形油槽，润滑油通过这些油槽时，可对摩擦面进行润滑、冷却，并可排除磨屑。

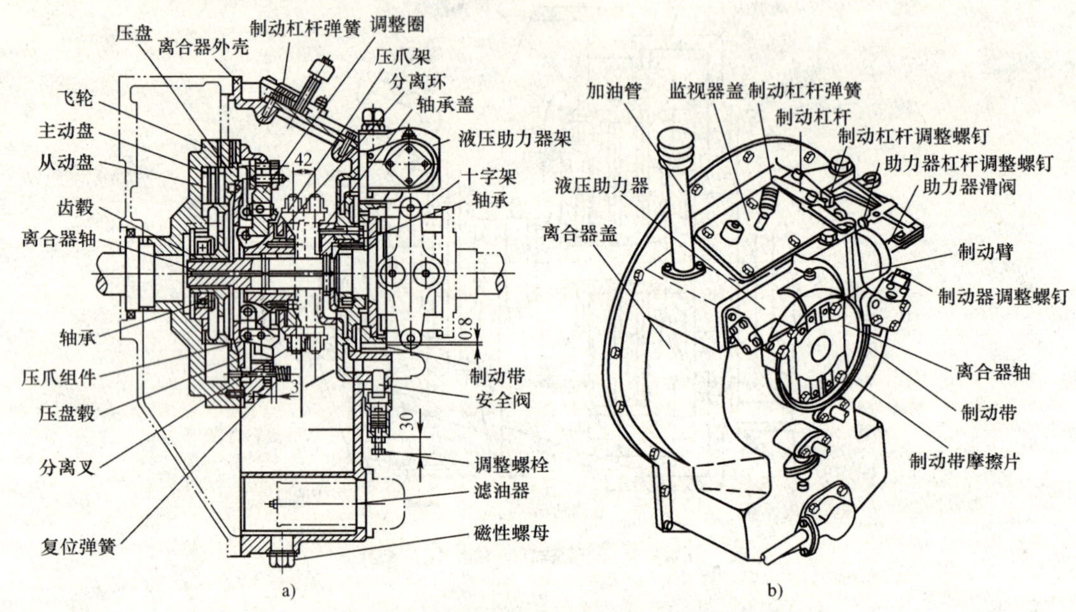

图1-10　TY180推土机主离合器结构简图

a）构造图；b）小制动图

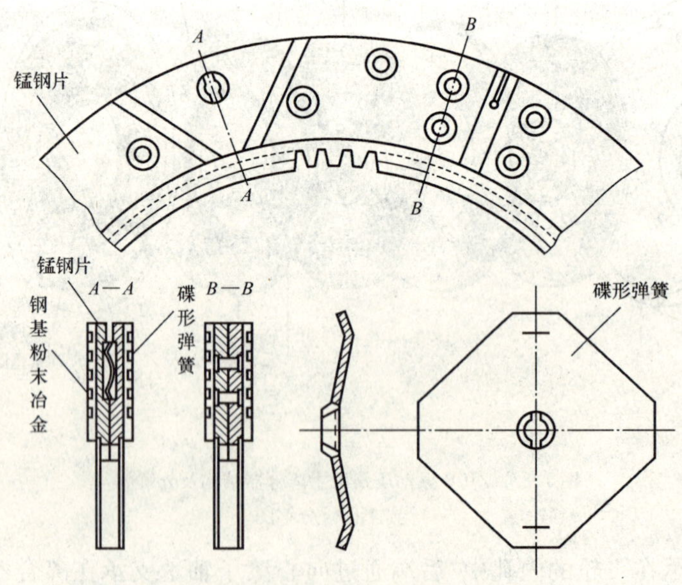

图1-11　从动盘结构图

3）压紧装置与分离机构

压紧装置与分离机构主要是分离套组合件。分离套筒通过衬套装在离合器轴上，在离合器分离后可随主动部分在轴上旋转。套筒上开有环状沟槽，并装有盖板，槽内安装分离环，分离环与分离拨叉连接在一起。当主离合器进行离、合动作时，分离拨叉即可通过分离环带动旋转着的分离套筒做轴向移动（分离拨叉和分离环不转动）。套筒上均匀分布有5对凸出的耳环，每对耳环用销连接一个分离杠杆，杠杆的外端又用销连接一对小压滚和一个重锤，重锤的连接端为一凹槽，分离杠杆和一对小压滚即装此凹槽内。重锤中间有孔，借销连接在调整环的衬块上。由于凹形重锤外端较厚，所以重心处在中间销孔之外。

调整环的外圆制有螺纹，可将其旋紧在离合器盖上，并用内外夹板固定于合适的位置。离合器盖是用螺栓连接在飞轮上的，故离合器盖连同整个压滚、杠杆合件都能随飞轮旋转。小压滚直接抵靠在压盘毂的背面，是使压盘前移的元件。旋松锁紧螺母，转动调整环可使其前后移动，即可通过改变小滚轮与压盘毂背面之间的间隙，从而改变对压盘的压紧力。

TY180推土机主离合器的分离与接合动作是利用重块肘节式压紧与分离机构来实现的，该结构具有借助重块离心力自动促进离合器接合或分离的功能，其工作原理如图1-12所示。

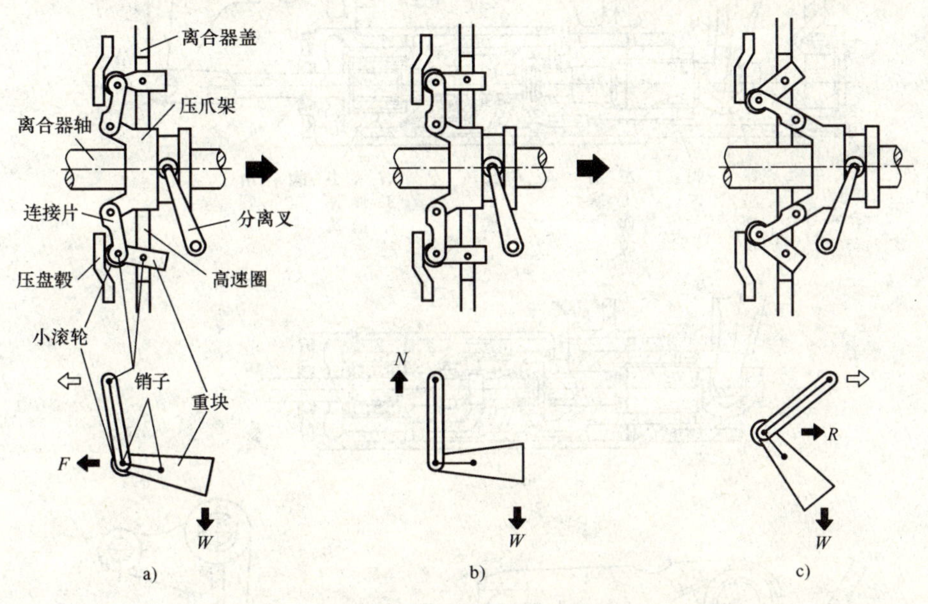

图1-12 主离合器压紧与分离机构工作原理图

a）离合器接合；b）离合器死点；c）离合器分离

离合器分离时（图1-12c），压盘靠复位弹簧的张力复位。复位弹簧共有3根，均匀地装在离合器盖的凹槽内，可通过螺杆将压盘牵动。

当离合器接合时（图1-12a），通过操纵机构使分离套左移，重锤杠杆使滚轮压向压盘，离合器逐渐接合。当重锤杠杆处于垂直位置时（图1-12b），滚轮的压力最大，但这个位置不稳定，稍有振动就有可能分离，故应使重锤杠杆越过垂直位置左右。

4）液压助力器

TY180推土机功率较大，离合器传递的转矩也较大，离合器摩擦副间所需的压紧力也就较大，所以该离合器的操纵力较大。为了减小驾驶员的劳动强度，即减小离合器的操纵力，在离合器的操纵机构中设置了液压助力器。

液压助力器是一个带有异形活塞的滑阀式液压随动机构，结构和工作情形如图 1-13 所示。阀体横装在主离合器壳体后部的上方，内装有带中心通孔的异形活塞，在活塞的通孔内装有滑阀。活塞的左端连接着球座接头，球座中装有一个球头杠杆，杠杆的另一端装在分离拨叉轴上。轴上又安装着分离拨叉。它是直接拨动主离合器分离套筒使之前后移动而完成离、合动作的零件。滑阀右端延长的阀杆通过双臂杠杆和操纵杆相连，只要前后拨动操纵杆即可使滑阀在活塞内向左或向右移动。平时滑阀由两根大、小弹簧来平衡，使之处于中间位置。

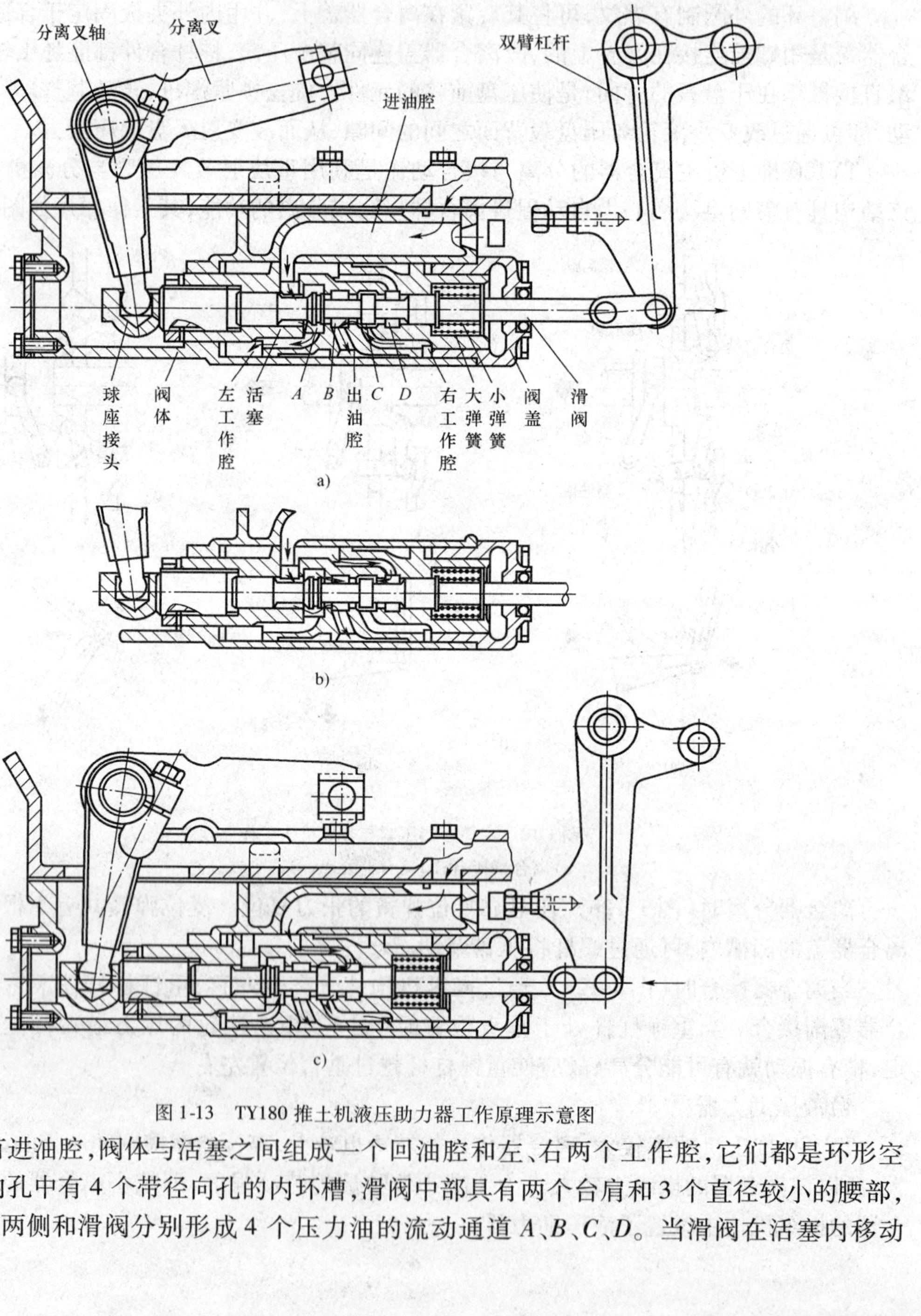

图 1-13　TY180 推土机液压助力器工作原理示意图

阀体内有进油腔，阀体与活塞之间组成一个回油腔和左、右两个工作腔，它们都是环形空腔。在活塞内孔中有 4 个带径向孔的内环槽，滑阀中部具有两个台肩和 3 个直径较小的腰部，4 个内环槽的两侧和滑阀分别形成 4 个压力油的流动通道 A、B、C、D。当滑阀在活塞内移动

时，由于两者所处的相对位置不同，分别启闭上述 4 个通道，从而改变油流通路。

当滑阀处在中间位置时，如图 1-13b）所示，进油腔、回油腔、左工作腔、右工作腔 4 个油腔互通，压力油可通过活塞的内孔直接从回油腔流出。此时作用在活塞上的油压处于平衡状态，活塞不动。

（1）当主离合器接合时，如图 1-13a）所示，操纵双臂杠杆逆时针旋转，则阀杆右移，小弹簧受压缩，阀杆上的两个凸台正好关闭 *B*、*D* 阀口，这时，右工作腔与回油腔相通，左工作腔与进油腔相通。由于后者处于封闭状态，油压随之建立，必然推动活塞右移，直到阀口 *B* 有开启充分的间隙，进油腔、回油腔接通，左工作腔建立不起压力为止，离合器便处于中间位置。这一过程，小弹簧的复位作用也帮助主离合器处于中间位置。如此原理，阀杆移动多少，活塞也跟着移动多少，这种动作称为随动。最后导致分离叉旋转使主离合器接合，阀杆便停止运动，于是主离合器的接合过程完毕。这种机构使驾驶员只需用轻微的操纵力操纵阀杆，液压油便产生较大的推力推动活塞，从而减轻了驾驶员的劳动强度。

（2）当主离合器分离时，如图 1-13c）所示，只要推入阀杆，大、小弹簧受压缩，阀杆上的两个凸台关闭阀口 *A*、*C*，于是左工作腔与回油腔接通，右工作腔与进油腔相通。根据上述随动原理，右工作腔建立起油压，迫使活塞左移，推动分离叉旋转，则主离合器分离。这一过程，大、小弹簧也帮助主离合器回到中间位置。

自回油腔流出的油先进入冷却器冷却，然后流入主离合器。流到主离合器内的油首先沿主离合器轴的中心油道从轴前端流出，再经从动鼓飞散开，一部分油沿各从动片表面上的辐射油槽流过，以润滑和冷却主、从动片的表面。辐射流出的油向四周甩出还可润滑从动片与压盘上的齿轮。另一部分油进入动力输出箱的其他各润滑部位。它们最后全部集流在离合器壳底部，再由油泵通过滤油器吸出进行下次循环，如图 1-14 所示。

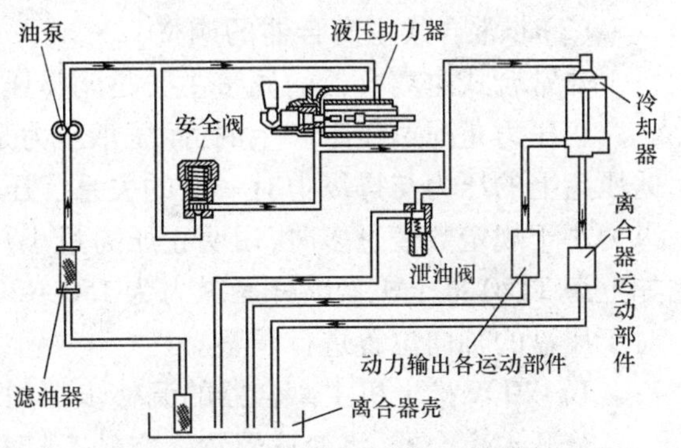

图 1-14　TY180 推土机主离合器油路循环图

5）小制动器

图 1-10b）所示为 TY180 推土机离合器轴上安装的带式小制动器。它由制动鼓、制动带、制动杠杆等零件组成。装有摩擦衬片的制动带左端固定在主离合器壳上，另一端用螺钉与制动杆连接，经制动杠杆等和主离合器的分离机构联动。制动鼓与主离合器轴一起转动。

当主离合器分离时，主离合器操纵杆通过制动杠杆拉紧制动带，迫使主离合器轴停止运转，从而便于换挡。

六、主离合器的维修

1. 主离合器的维护

1）主离合器的外部维护

主离合器应根据用户手册推荐的行驶里程或工作小时按主离合器的维护项目进行。首先按规定、按时间向各润滑点加注润滑脂，另外要及时检查、调整主离合器，以提高其使用寿命。

2）主离合器的使用维护要点

(1)为了避免换挡冲击而损坏变速器齿轮,换挡及改变行驶方向时,应使主离合器处于分离状态。

(2)操纵离合器时,尽量做到快踏快离,尽量避免半联动,禁止主离合器长时间处于半联动状态。

(3)及时调整主离合器的踏板自由行程。

3)主离合器的调整

(1)常合式主离合器的调整

①离合器踏板自由行程的调整:大多是通过改变离合器踏板下端至离合器外杠杆间的拉杆长度来实现的,有时尚应配合调整分离杠杆来实现。

②中压盘行程的调整:如 YZ10B 振动压路机主离合器中压盘前后的分离间隙是靠中压盘前后的 6 个压盘复位弹簧的弹力一致来保证的,间隙不当时应更换弹力不同的复位弹簧。

③分离轴承自由行程的调整:分离轴承自由行程是指离合器在分离状态下分离杠杆承压端(或分离盘)距分离轴承推压端面间的距离。此距离既决定于分离轴承的位置,又决定于分离杠杆的调整。机型不同,间隙也不同。PY160B 平地机主离合器分离盘与推力轴承的间隙保持在 2.5mm ± 0.2mm, YZ10B 振动压路机主离合器分离杠杆与推力轴承的间隙保持在 5mm 左右。

(2)非常合式主离合器的调整

非常合式主离合器的调整主要是调整压盘的正压力。

正压力是通过压爪产生的,而压爪压力是由操纵杆上的操纵力经过一系列杠杆传递的,因此压盘上的压力与操纵力有一定的关系。压盘上的正压力是通过操纵力大小来判断的。当操纵力小于规定数值过多时,说明正压力过小;当操纵力大于规定数值过多时,说明正压力过大。如上海 T120 推土机操纵杆操纵力为 150 ~ 200N。当其不符合要求时可通过改变压爪支架相对于压盘的轴向位置进行调整。

TY120 型推土机主离合器的调整步骤如下:

分开主离合器,将变速器置入空挡。打开检视口盖,转动压爪支架,使夹紧螺栓朝向检视孔位置,旋松夹紧螺栓。将变速器置入任意一挡,再将压爪支架向与发动机飞轮旋转方向相反的方向转动一个角度,使之沿压盘毂外的螺纹向压盘方向稍微移动一些,此时压盘压力增大,反之压盘压力会减小,故应边调整边试操纵杆操纵力大小,调好后要使夹紧螺栓可靠锁紧。调整好的标志是,满载情况下不打滑。

TY180 型推土机主离合器的调整步骤如下:

首先使发动机熄火并处入减压状态,然后卸去检视口盖板。将调整圈上的任一锁板向上对着检视口;松开锁板锁紧螺母,然后要转曲轴 180°,使另一边的锁板转向检视口并松开锁紧螺母;将变速杆置入任一挡位,使离合器轴在调整时不能任意转动,然后转动调整环(从后面看,顺时针转动为调紧,逆时针转动为调松)来调整主离合器;调整完毕后锁紧锁紧螺母并装复检视口盖。主离合器调整正确后,发动机在运转情况下其操纵力不超过 60N。

调整完毕后应进行负荷试验检查调整的是否正确,具体方法:使发动机全速运转,将变速杆置入前进最高挡位置,完全踩下左右制动踏板,然后接合主离合器。如果发动机在 2s 内被制动熄火,则证明主离合器调整合格。

(3)TY180 型推土机小制动器的调整

调整时可参照图 1-10b)所示的构造进行。

①把主离合器操纵杆前推,使主离合器处于分离位置。

②将制动杆调整螺钉拧紧,使制动杠杆与制动臂分开。

③松开锁紧螺母,并拧紧助力器杠杆调整螺钉,使之与制动臂分开。

④轻推制动臂,使制动带刚好贴紧制动鼓,让制动臂保持在此位置,然后退回制动杆调整螺钉,使制动杠杆与制动臂接触为止,再回转 1 ~2 圈,并将锁紧螺母锁牢。

⑤将助力器杠杆调整螺钉转回到能与制动臂相接触的位置,然后紧固锁紧螺母。调好后检查制动鼓与制动带摩擦片的间隙,该间隙应为 0.8mm。

当小制动器制动带摩擦片磨损不大时,可直接按下述步骤进行调整:松开锁紧螺母,调整制动器调整螺母,使制动带摩擦片与制动鼓贴紧,再将制动器调整螺钉退回 1 ~2 圈,然后紧固锁紧螺母。

小制动器调整后,应起动发动机检查其调整是否合理。发动机正常运转后,将主离合器操纵杆向前推到底,离合器轴在 3s 内能够迅速制动,则认为调整合格。

2. 主离合器的检测

主离合器的检测内容主要是主离合器打滑测量。其方法如下所述。

图 1-15 所示为离合器打滑测量仪。它由闪光灯、电极、电容、电阻和蓄电池组成。闪光灯用于指示离合器是否打滑,电极用于获得喷油或点火脉冲信号。

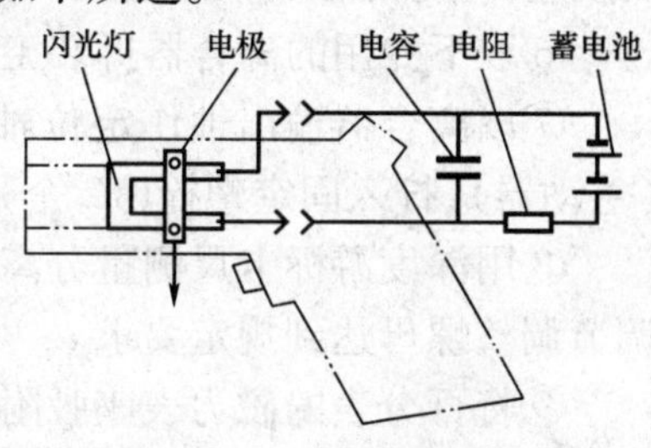

图 1-15　离合器打滑测量仪

检查时,与发动机的转速成比例的脉冲信号每输出一个脉冲,闪光灯闪亮一次,闪光频率也与发动机转速成比例。在传动轴上作一记号(用白粉笔点个点),将频闪灯的光点投到传动轴记号上,就可以据此判断离合器是否打滑。如果不打滑,在发动机逐渐提高转速的过程中,传动轴上的记号看起来像不移动一样;如果打滑,则可以看到传动轴上的记号慢慢向与发动机旋转方向相反的方向“移动”。

3. 主离合器的拆装

1)常合式摩擦离合器的拆装

主离合器在维修过程中一般要进行分解,以 PY160B 平地机主离合器为例说明常接合式主离合器的拆装过程。

(1)常合式摩擦离合器的拆卸

①主离合器在分解时应注意的事项:

a. 为了保持原有的动平衡不被破坏,分解时应在离合器盖与变矩器的连接端做好标记,以便装配时仍对准标记安装。

b. 应用专用离合器拆装工具进行拆装。

c. 应将拆卸后的零件配套放好,以免安装时混装。

②主离合器的拆卸:自机械上拆下离合器总成后可进行如下分解。

a. 取下分离盘及弹簧。

b. 将主离合器总成放在专用的离合器拆装工具(可自制)上,对离合器盖施加一定的压力

（以免拆散后经离合器盖弹出伤人），然后分别将调整螺母外缘与支承柱槽部冲窝部位用扁铲剃开，拧下4个调整螺母。

c. 分别松开4个传动片的固定螺栓。

d. 松开离合器拆装工具，取下拆装工具后即可取下离合器盖、压紧弹簧、压紧弹簧座、分离杆销、杠杆弹簧、支承柱、支承片。

（2）主离合器的装配

①检查离合器盖上的传动片及铆钉是否完好，若有损伤，应重新铆接新传动片。

②将检查完好的或新换的零部件准备好。

③将4个分离杠杆弹簧分别装到离合器盖上。

④在平台上将压盘放在专用的离合器拆装工具上，并依次在压盘上放上支承片，分离杠杆穿入分离杆销，支承柱；把12个弹簧座分别放在压盘的凸台上，放上大小压紧弹簧（各12根），再依次放上12个弹簧座，再将离合器盖扣在压盘上，使4个支承柱螺钉从相应的孔穿出。

⑤将离合器盖压下，并在支承柱上拧入调整螺母，在传动片上拧入压套和螺栓（各4个），在4个分离杠杆顶部装分离盘和弹簧。调节调整螺母，使分离盘在4个分离杠杆处所测量的高度差控制在0.20mm内，然后用离合器专用工具反复压紧放松分离盘几次，再次测量分离盘高度差，应稳定在所调的范围内。

⑥取下专用的离合器拆装工具。

⑦以离合器输出轴作定位轴，将从动盘及上述装好的离合器总成装于变矩器壳体断面（主动器），拧入固定螺栓（12个）。

⑧用深度游标卡尺测量分离盘与从动盘的垂直距离应为51.5mm，达不到要求时应通过调节调整螺母达到规定要求。

⑨将百分表的磁力表座吸附在变矩器壳体表面，百分表触头接触分离盘，微调调整螺母使分离盘的端面摆差不大于0.20mm。然后将调整螺母外缘与支承柱槽部冲窝固定，取出离合器输出轴。

2）非常合式摩擦主离合器的拆卸

以TY120非常合式离合器（见图1-16）为例讲述非常合式主离合器的拆装。

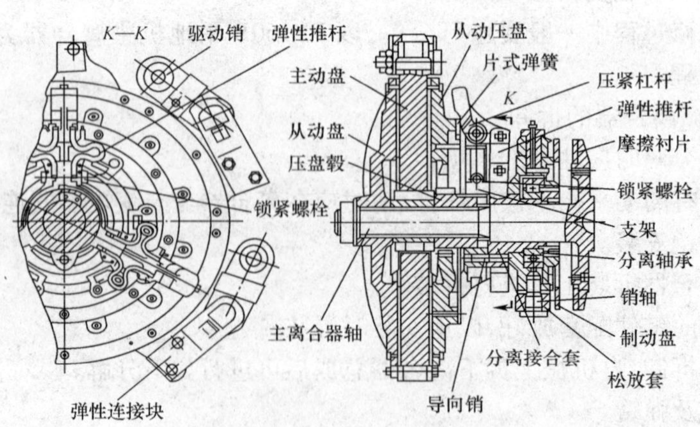

图1-16 TY120推土机主离合器

(1)主离合器总成的拆卸

①从发动机飞轮上拆下离合器：

a. 拆下离合器操纵机构,拆下飞轮壳上半部分连接螺栓,取下飞轮壳上半部分；

b. 拆下弹性连接块连接螺栓及飞轮传力销(连接螺栓),取下弹性连接块,转动飞轮依次拆下其他弹性连接块,松开并取下离合器轴与变速器一轴的连接螺栓,取下离合器总成。

②离合器总成的分解：

a. 将主离合器轴上的前从动盘固定螺母拆下。

b. 取下前从动盘。

c. 取下主动盘及轴承。

d. 拆下弹性推杆销上的开口销,取下销轴。

e. 拆下压紧杠杆。

f. 松开锁紧螺栓,将后从动压盘及支架向外拉出少许后旋下支架。

g. 取下后从动压盘。

h. 取下压盘毂及支架。

i. 拆下分离接合套及制动盘。

(2)主离合器的装配

主离合器的装配可按与拆卸相反的次序进行。

4. 主离合器的维修

1)常见主离合器的维修

(1)摩擦常合式离合器的维修

①主动部分零部件的维修

a. 压盘的维修

a)压盘的损伤:压盘的损伤主要表现在,摩擦表面磨损、划痕、龟裂、翘曲变形等。

b)压盘的维修:摩擦表面有轻微磨痕时,可用砂纸或油石修整,去除磨痕和不平。摩擦表面磨损严重,工作面形成 0.5mm 以上沟槽、平面度误差超过 0.3mm 以上时,应精车后用纱布磨平。压盘有裂纹,压盘厚度小于极限尺寸时应更换新件。压盘厚度减小量一般不超过 2 ~ 4mm。压盘凸耳断裂应更换新件。

b. 飞轮的维修

a)飞轮的损伤:飞轮的损伤与压盘基本相同,摩擦表面磨损、划痕、龟裂、翘曲变形等。

b)飞轮的维修:摩擦表面有轻微磨痕时,可用砂纸或油石修整,去除磨痕和不平。摩擦表面磨损严重,工作面形成 0.5mm 以上沟槽、平面度误差超过 0.3mm 以上时,应精车后用纱布磨平。当飞轮工作面摆差超过极限值时需更换飞轮,检查方法如图 1-17 所示。

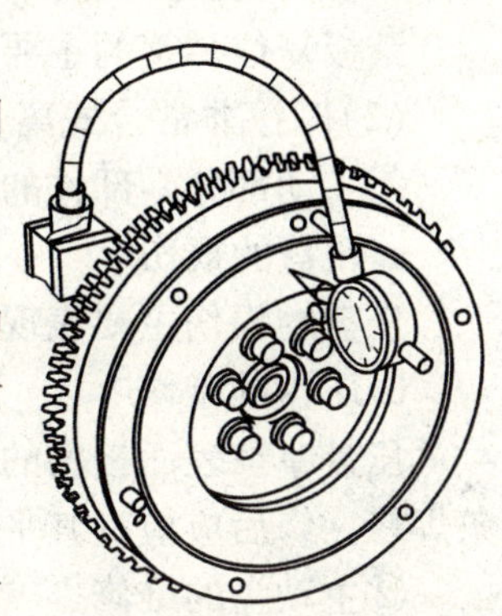

图 1-17　飞轮摆动量的检测

c. 离合器盖的维修

离合器盖的损伤主要表现在,翘曲、裂纹、变形,窗口磨损等。有以上现象时应更换新件。

②从动部分零部件的维修

从动盘的维修包括：

a. 从动盘的损伤

从动盘的损伤主要表现在，摩擦片的磨损、烧蚀、表面龟裂、破裂，从动盘的翘曲、变形，钢片的断裂；钢片与盘毂铆接松动；花键孔磨损；铆钉裸露等，如图1-12所示。

b. 从动盘的维修

摩擦表面有轻微磨痕时，可用砂纸或油石修整。摩擦片表面龟裂、破裂，从动盘翘曲、变形，钢片断裂，钢片与盘毂铆接松动时一般应更换新件。铆钉头深度小于0.5mm时应更换新片。新件或修复的从动盘装配前应按图1-18所示的方法检查从动盘的端面圆跳动量，超过允许值应进行校正，或另换新件。

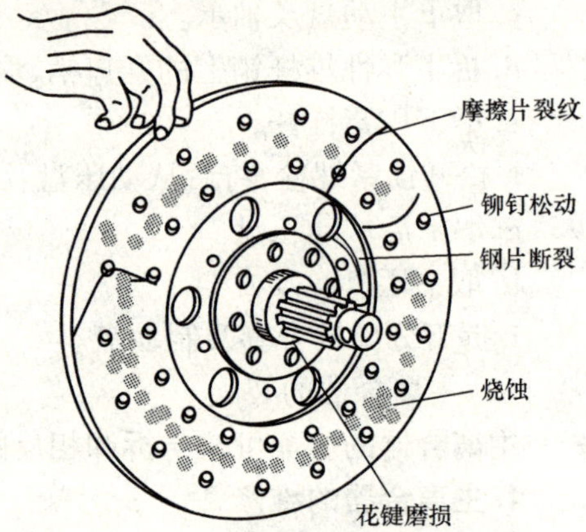

图1-18　从动盘的常见损伤

③压紧装置与分离机构部分零部件的维修

a. 压紧弹簧的维修

压紧弹簧的损伤主要表现在自由长度减少、全长上偏斜量超差、断裂。自由长度减少值大于2mm、全长上偏斜量超过1mm；断裂等应更换新件。

b. 分离杠杆的维修

分离杠杆的损伤主要表现在接触面磨损严重或变形。分离杠杆内端着力面磨损超过0.25mm时，应焊修或更换新件。

④操纵机构部分主要零部件的维修

a. 分离轴承的维修

分离轴承的损伤主要表现在转动不灵活、转动时有噪声。出现上述现象时应更换新件。

b. 分离套筒的维修

分离套筒亦称分离滑套或分离轴承座，其损伤是与分离轴承配合的轴径及与离合器轴配合的孔径产生磨损，与分离叉接触的耳根产生磨损。耳根部分可采用堆焊，焊后进行打磨处理或更换新件。

c. 踏板复位弹簧的维修

踏板复位弹簧的主要损伤是弹力减弱弹簧变长，簧耳部断裂。出现上述现象应更换新件。

(2)摩擦非常合式离合器的维修

①主动部分零部件的维修

a. 压盘的损伤

压盘的损伤主要表现在，摩擦表面磨损、划痕、龟裂、翘曲变形；凸耳断裂等。

b. 压盘的维修

压盘摩擦表面损伤的修复同常合式摩擦离合器。T120型推土机的凸耳断裂可用铸铁焊条焊修。修后应检查其平衡性。

②主动盘的维修

a. 主动盘的损伤

主动盘的损伤主要表现在,摩擦表面磨损、划痕、龟裂、翘曲变形;外齿磨损等。

b. 主动盘的维修

主动盘摩擦表面损伤的修复同常合式摩擦离合器。外齿磨损主要发生在齿侧,其次是齿顶,其磨损程度可用样板检查。

③从动盘的维修

a. 从动盘的损伤

从动盘的损伤主要表现在,摩擦片的磨损、烧蚀、表面龟裂、破裂,从动盘的翘曲、变形;钢片的断裂,钢片铆接松动;内齿磨损等,

b. 从动盘的维修

摩擦表面有轻微磨痕时,可用砂纸或油石修整。摩擦片表面龟裂、破裂,从动盘翘曲、变形,钢片断裂,钢片与盘毂铆接松动时一般应更换新件。上海T120、宣化140等工程机械从动盘为铸铁件,盘体翘曲变形时可车削或磨削,最大减薄量为2mm。从动盘上的高碳钢或高锰钢压环与压爪接触处产生磨痕时可用油石磨光或用砂轮磨平。

④离合器轴的维修

a. 离合器轴的损伤

离合器轴的主要损伤是花键损坏,滑动轴颈磨损,与轴承配合的轴颈磨损,轴弯曲等。

b. 离合器轴的维修

花键磨损后可用标准花键套或新从动盘毂在花键轴上检查齿侧间隙。齿侧间隙大于0.8mm时,一般应更换新轴。若配件供应不足时可用堆焊法焊修齿侧,然后在未磨损部分铣出标准花键。轴弯曲超过0.05mm时冷压校正。

⑤弹性推杆的维修

a. 弹性推杆的损伤

弹性推杆的主要损伤是弹力减弱,孔中心距变小,支承孔磨损,弹性推杆折断等。

b. 弹性推杆的维修

弹性推杆弹力下降后,应更换新件。条件允许也可将其加热至780~810℃,在油中淬火,然后加热至450~475℃进行回火。弹性推杆孔中心距变小时可用热变性法恢复原来的中心距。弹性推杆销孔配合间隙大于0.50mm时可用维修尺寸法修复,其维修尺寸可按1mm加大,销孔配合间隙大于0.016~0.153mm。

⑥压紧杠杆的维修

压紧杠杆的损伤是承压圆弧面与销孔产生磨损。销孔磨损具有单边性质,前孔磨下方,后孔磨上方,此为压紧时的受力情况决定的。压杆磨损较少时,可用油石修正圆弧面,去除磨痕和不平;当磨损超过1mm时应用堆焊法修复。压杆销孔与销配合间隙超过0.4mm时应修复,维修方法与弹性推杆相同。也可镶套维修。镶套用45号钢,壁厚2~3mm,过盈量为0.04~0.08mm。修后同一机械上各压杆质量差不超过15g。

⑦压紧支架的维修

a. 压杆支架的损伤

压杆支架的主要损伤是支承销孔磨损和与分离滑套接触的端面磨损,引起离合器压盘压紧力减小,致使离合器打滑。

b. 压杆支架的维修

销孔磨损后可用与压杆销孔相同的方法维修。端面磨损超过0.75mm时可将支架前后换向使用，若两边磨损均超过0.75mm时，可先堆焊，然后加工到规定尺寸。

⑧分离滑套的维修

a. 分离滑套的损伤

分离滑套的主要损伤是支承弹性推杆的销孔磨损，前端面磨损，与离合器轴的配合的孔产生磨损，与分离轴承配合处过盈消失，与油封配合处磨损等。

b. 分离滑套的维修

内孔磨损使配合间隙大于0.50mm时应按维修尺寸法修复滑套内孔或轴颈，或更换新件。

⑨分离轴承座与松放圈的维修

分离轴承座与松放圈的主要损伤是与轴承配合松旷，与松放圈两销孔配合间隙增大。前者间隙大于0.05mm时应用刷镀修复配合面，或更换新件；后者配合间隙大于0.05mm时应修正孔后更换加大尺寸的销子，恢复配合（标准间隙为0.07～0.31mm），或更换新件。松放圈的球头磨损后可更换新球头。球头与松放圈配合间隙为0.10～0.42mm，与固定座套配合间隙为0.14～0.42mm。

⑩蝶形弹簧的维修

蝶形弹簧的主要损伤是弹力下降、自由高度减少。蝶形弹簧的弹力和高度不合标准时应重新进行热处理或更换新件。

2）主离合器的故障诊断与排除

（1）主离合器常见故障的诊断与排除方法如表1-1所示。

主离合器的常见故障诊断与排除 表1-1

故障	故障现象	故障原因分析	故障诊断与排除方法
主离合器打滑	1. 当机械起步时，离合器踏板抬起很高，机械仍不能行走。直到踏板完全抬起时，机械可能勉强起步或不动 2. 机械在行驶或工作中，阻力增大时，加速时发动机转速下降不多且机械行驶速度不能迅速提高，感到行驶无力 3. 拉紧驻车制动器或踩下推土机制动低挡起步时，发动机熄火	1. 常合式 （1）压盘过薄或离合器从动片磨损后过薄、硬化、表面不平、油污、铆钉露出 （2）压紧弹簧过软或折断 （3）离合器踏板无自由行程或过小 （4）离合器分离杠杆高度调整不当 （5）离合器盖、飞轮连接螺栓松动	1. 常合式 （1）起动发动机，压路机等拉紧手制动器（东方红等型号的推土机踩住两制动踏板），挂上低速挡，慢慢地放松离合器踏板并徐徐踩下加速踏板。若机械不动，而发动机继续运转但不熄火，说明离合器打滑 （2）检查离合器踏板能否完全放松： 用脚踩踏板感到阻力很大或离合器抬起后还能用手用力提起踏板一段距离，说明离合器踏板不能完全放松，应检查离合器踏板与驾驶室底板有无碰擦，踏板轴销是否润滑不良而发卡，踏板复位弹簧回弹动力不足，视不同情况予以消除、润滑、调整或更换 （3）检查离合器踏板自由行程： 若自由行程过小，应调整至正常 若自由行程正常，应拆下离合器底盖（或侧盖）检查 ①检查离合器盖与飞轮连接螺栓有无松动 若有松动，应紧固 ②检查离合器盖与飞轮之间有无调整垫片： 若有调整垫片，应适当减少或拆除垫片进行调整

续上表

故障	故障现象	故障原因分析	故障诊断与排除方法
主离合器打滑	（见上页）	2. 非常合式（主要以 TY120 推土机为例） (1)弹性连接块完全断裂 (2)压爪（滚轮）或凸轮承压面磨损、压紧元件各铰链处磨损过度 (3)主动盘磨损后过薄、硬化、表面不平、油污 (4)从动盘摩擦片过薄或铆钉露出 (5)操纵机构销轴松旷 (6)操纵杆自由行程过大	③查看离合器摩擦片的边缘上有无油污： 若有，应用汽油或碱水清洗并吹干，然后查找油污来源并排除 ④查看离合器摩擦片的磨损情况： 若摩擦片磨损严重、铆钉外漏、摩擦片烧蚀及被油污渗透等，应更换 ⑤检查离合器分离杠杆的高度： 若分离杠杆内端与分离轴承前端面之间的间隙太小，说明杠杆端面至压盘工作面的距离太长，应将分离杠杆向低处调整 (4)经上述检查均正常，应分解离合器，检查离合器压紧弹簧是否过软或折断；检查压盘是否过薄或压盘、飞轮是否变形；根据拆检的结果更换相应的零件 2. 非常合式 (1)将主离合器操纵杆拉到分离位置并挂上低速挡，起动发动机，踩住两制动踏板（两转向离合器假定良好），慢慢地将离合器操纵杆拉到接合位置并徐徐踩下加速踏板。若机械不动，而发动机继续运转但不熄火，说明离合器打滑 (2)检查操纵杆自由行程是否过大： 若自由行程过大，应调整至正常 (3)检查主动盘和从动盘的厚度： 用尺子测量主动盘厚度和从动盘摩擦片的厚度，若磨损超过规定值应更换 (4)检查操纵杆的操纵力是否符合标准： 用 150～200N 的力拉操纵杆至放手后操纵杆能停放在结合的位置上，若用很小的力就能停置的话，说明压紧力太小，应转动压爪支架调整至最佳
离合器分离不彻底	机械起步时，将离合器踏板踩到底（或将离合器操纵杆推至分离位置）挂挡，感到挂挡困难并伴有变速器内的齿轮撞击声，若强行挂入（常合式）而未抬起离合器踏板，机械就移动或发动机熄火	1. 常合式 (1)离合器踏板自由行程过大 (2)分离杠杆弯曲变形或某一杠杆折断 (3)分离杠杆不在同一平面或内端面过低 (4)离合器分离杠杆高度调整不当 (5)从动盘在变速器第一轴上轴向移动发卡 (6)主、从动盘翘曲、破碎	1. 常合式 (1)将变速器置于空挡位置，起动发动机，将离合器踏板踩到底，感到挂挡困难，并伴有打齿响声，说明离合器分离不彻底 (2)检查离合器踏板自由行程： 若过大，应调整至正常。 (3)拆下离合器侧盖（或底盖）检查： ①检查各分离杠杆是否在同一平面内： 若不在，应调整 ②检查离合器分离杠杆的高度： 若分离杠杆内端面与分离轴承前端面之间的间隙太大，说明杠杆内端面至压盘工作面的距离太短，应将分离杠杆向高处调

续上表

故障	故障现象	故障原因分析	故障诊断与排除方法
离合器分离不彻底	（见上页）	(7)新换的从动盘摩擦片过厚或从动盘装反 (8)压紧弹簧弹力不均或个别弹簧折断 (9)中压盘撑持弹簧折断、脱落或失效 (10)曲轴轴向间隙过大 2. 非常合式 (1)离合器操纵杆无自由行程 (2)离合器压盘片状复位弹簧过软或折断，三组弹性推杆弹力不一致或折断 (3)离合器轴固定螺栓松动 (4)小制动器制动不良	③检查离合器从动盘的状况： 若从动盘在变速器第一轴上轴向移动发卡，说明从动盘花键毂与第一轴配合部分锈蚀或磨损过度，应修复或更换 若从动盘翘曲、破碎，应更换 (4)对于平路正常，下坡出现分离不彻底现象时，应注重检查曲轴轴向间隙是否过大，若过大，应更换曲轴止推轴承 (5)经以上检查均正常，应拆检离合器，检查各零件的技术状况，根据拆检的结果更换相应的零件 2. 非常合式（以 TY120 为例） (1)发动机不起动，打开离合器上部检视孔盖，将主离合器操纵杆推至分离位置，用撬棒拨动离合器主动盘 若拨动很费力或拨不动，说明离合器分离不彻底。应按要求调至规定值 (2)若上述正常，应检查离合器操纵杆有无自由行程： 若无应调整至正常值 (3)检查离合器轴固定螺栓是否松动： 若松动应紧固 (4)检查小制动器制动片是否磨损过度，若是应更换新件；若制动片有油污，应用煤油或汽油冲洗
离合器发抖	机械以低速挡按正确的操作方法起步时，在主离合器接合的瞬间，机械间断起步或伴有发抖现象	1. 常合式 (1)从动盘上的减振弹簧弹力不足或折断、缓冲片破裂 (2)压盘或从动盘钢片翘曲变形或磨薄 (3)分离杠杆弯曲变形或有的杠杆折断，使内端面高低不一 (4)个别压紧弹簧弹力不足或个别弹簧折断 (5)从动盘花键毂严重磨损或变速器第一轴弯曲，第一轴花键毂和从动盘花键毂锈蚀使从动盘轴向移动发卡 (6)飞轮工作表面磨损起槽、皲裂或圆跳动严重 (7)飞轮、离合器盖固定螺栓松动	1. 常合式 (1)让发动机怠速运转，挂上低速挡，慢慢地抬起离合器踏板并徐徐加力踩下加速踏板使机械起步： 若机械有明显抖动，说明离合器发抖 (2)拆下离合器侧盖（或底盖）检查： ①不起动发动机，用脚踩、抬离合器踏板，检查分离轴承的轴向移动是否灵活： 若不复位或复位很慢，说明分离轴承套筒与其导管之间有油污或复位弹簧过软，应清理、更换 ②检查离合器盖与飞轮的连接螺栓是否松动： 若松动，应按规定力矩拧紧 (3)检查各分离杠杆的高度或是否有折断、弯曲变形： ①若各分离杠杆不在同一平面内，应调整至规定值 ②若有折断、弯曲变形，应拆下离合器总成更换之 (4)检查分离叉是否松旷，分离叉与踏板之间的连接杆件是否松动： 若松动，应修复 (5)经以上检查均正常，应拆下并分解离合器进行检查： ①检查离合器从动盘钢片是否翘曲变形、铆钉松动及外露等 ②检查离合器压紧弹簧弹力是否不足或个别弹簧是否折断 ③从动盘花键毂是否严重磨损，变速器第一轴是否弯曲，从动盘在变速器第一轴上轴向移动是否发卡 ④从动盘上的减振弹簧弹力是否不足或折断，钢片是否破裂 根据拆检情况修复或更换相应的零件

续上表

故障	故障现象	故障原因分析	故障诊断与排除方法
离合器发抖	（见上页）	2. 非常合式（TY120 为例） （1）离合器各压爪或滚轮承压面及其铰链处磨损不均或维修装配不当 （2）离合器从动盘摩擦片磨损不均 （3）离合器连接块松动 （4）弹性推杆弹性不一致或折断	2. 非常合式 （1）挂上低速挡，主离合器操纵杆置于分离位置，起动发动机并怠速运转，慢慢地将主离合器操纵杆推至结合位置并徐徐加力踩下加速踏板使机械起步： 若机械有明显抖动，说明离合器发抖 （2）发动机不起动，打开离合器上部检视孔盖，将主离合器操纵杆推至分离位置，检查 ①离合器连接块是否松动或损坏。若松动应紧固，若损坏应拆下更换 ②离合器各压爪或滚轮承压面及其铰链处磨损程度。若过甚应拆下修复或更换 ③离合器从动盘摩擦片磨损是否均匀。若不均匀应拆下修复或更换 ④视情况更换弹性推杆
离合器异响	发动机怠速运转，踩下或松开离合器踏板（主离合器操纵杆来回拨至接合、分离位置）有异响；有时不论踩下还是松开离合器踏板均有异响	1. 常合式 （1）分离轴承损坏或润滑不良 （2）从动盘减振弹簧折断或松旷，摩擦片破裂、铆钉松动或外露，花键毂铆钉松 （3）离合器压盘与离合器盖连接松旷或双片离合器的中间压盘销孔与传动销磨损松旷 （4）分离轴承与分离杠杆内端没有间隙 （5）离合器踏板复位弹簧、分离轴承座复位弹簧过软、折断或脱落 2. 非常合式（TY120 为例） （1）离合器分离套筒与离合器轴配合松旷 （2）各杠杆铰链松旷 （3）橡胶连接块部分断裂	1. 常合式 （1）让发动机怠速运转，离合器处于接合状态，用手拉离合器踏板，观察是否有回程： 若有回程且响声消失，说明离合器踏板复位弹簧弹力不足或折断、脱落，应更换或修复 （2）检查离合器踏板的自由行程是否符合标准： ①若过小，应调整 ②若正常，在发动机转速变化时，发出间歇的撞击声和摩擦声，说明离合器分离轴承座复位弹簧过软、折断或脱落，应更换或装复 （3）起动发动机并在怠速下运转，轻轻踏下离合器踏板，使分离轴承与分离杠杆内端刚刚接触 若此时发出"沙沙"声，说明分离轴承润滑不良或损坏，应加注润滑油或更换 （4）将离合器踏板踩到底，若听到"哗哗"的金属滑磨声，则拆下离合器底盖查看 若分离轴承不转，甚至有火花，说明分离轴承损坏，应更换 （5）在踏下离合器踏板的过程中并无响声，但踩到底时发出"咔啦咔啦"声，且随着发动机转速的升高而加重，中速稳定运转时响声明显减弱，抬起踏板后响声消失，说明离合器压盘与离合器盖连接松旷，双片离合器的中间压盘销孔与传动销磨损松旷，应拆下离合器修复 （6）当刚踏下或刚抬起离合器踏板时，亦即离合器处于刚要分离或刚要接合时刻 ①若听到有"咔哒"的碰击声，说明从动盘摩擦片或从动盘与花键毂的铆钉松动，应更换从动盘 ②若听到有金属刮磨声，说明从动盘摩擦片的铆钉外露，应更换从动盘 2. 非常合式 在离合器接合时松放圈会因分离套筒的摆动产生纵向振动而发响。说明分离套筒与离合器轴配合松旷或各杠杆铰连松旷。应打开离合器上部检视孔盖，检查以上内容。另外，橡胶连接块部分断裂后离合器下沉不同心出现响声

(2)主离合器的典型故障诊断实例

①现象

某 TY120 推土机在潮湿的环境中停放时间很久(变速器工作正常),起动发动机后驾驶员扳动离合器操纵杆至分离位置;挂挡时变速器内出现齿轮撞击声,甚至挂不上挡。

②原因分析

如果出现上述现象,说明主离合器(可参照图 1-16)分离不彻底。

其主要原因有:

a. 操纵机构调整不当。

b. 弹性推杆支承孔磨损过大、弹力减弱或折断。

c. 离合器的主动盘与其内套锈蚀,后压盘的内齿与齿毂过紧或锈蚀等。

d. 小制动器制动不良。

③故障诊断与排除

根据上述原因,首先进行了主离合器操纵杆手感操纵力的检查。停车后,先对该离合器的操纵力进行校验和调整,调至为 190N,符合该机型的标准(150 ~ 200N),并感到有明显的“死点”,调整后故障依旧。后又怀疑小制动器制动不良,但检查结果正常。检查弹性推杆没有折断。最后试车故障依旧。再后来将主离合器拆下,拆检后发现离合器的主动盘与其内套已锈蚀。

由于锈蚀生成物(氧化铁)具有膨胀的特性,主动盘两端面锈蚀使离合器的分离间隙减小甚至消失,造成了离合器分离不彻底。究其原因该推土机露天放置,主离合器检视孔没有盖子,可能是由于下雨淋湿而生锈,再加上放置过久所致。用细砂布打磨主动盘及其内套后装复,装上推土机调整操纵力后试车问题解决。

课题三　机械换挡式变速器

工程建设机械普遍采用柴油机作为动力装置。柴油机的输出扭矩和转速变化范围比较小,不能满足机械设备在作业和运行中对牵引力和行驶速度变化范围的要求,因此必须采用变速器解决这种矛盾。目前公路工程机械用变速器分为机械式换挡和动力换挡式两大类。本课题主要讲述机械式换挡变速器,动力换挡变速器将在第二单元讲述。

一、概述

1. 功用

(1)变换挡位。改变发动机和驱动轮之间的传动比,扩大发动机传动到驱动轮上的转矩、转速范围,以提高工程机械对各种使用条件的适应性。与此同时,针对不同的环境条件、运行条件、作业条件,工程机械通过选择变速器的不同挡位,即不同的驱动力矩和行驶速度,既可保证工程机械的生产率,又可充分发挥发动机的动力性和经济性。

(2)变换方向。在发动机曲轴旋转方向不变的情况下,通过改变变速器的挡位,可以改变工程机械的运动及作业方向,或前进或倒退。

(3)挂空挡。切断传给行走装置的动力,实现在发动机运转情况下,机械能暂时停车,便

于发动机启动或暖车等。

2. 要求

(1)具体足够的挡位与合适的传动比,使工程机械具有良好的牵引性、高的生产率及燃料使用经济性。

(2)结构简单,传动效率高,工作可靠,使用寿命长,维修方便。

(3)操纵轻便、可靠,不出现同时挂两个挡、自行脱挡和跳挡等现象。

3. 类型

目前公路工程机械用机械式变速器按前进挡时参加传动的轴数不同,可分为二轴式、平面二轴式、空间三轴式与多轴式等。由于二轴式变速器挡数较少、变速范围小,一般用在小型工程机械上。应用广泛的是空间三轴式(组合式)变速器。

4. 工作原理

1)变速、变矩原理

一对齿数不同的齿轮啮合传动时即可变速、变矩。例如,小齿轮的齿数 $Z_1=10$,大齿轮的齿数 $Z_2=20$,大齿轮的直径是小齿轮的二倍,则在相同的时间内小齿轮转过一圈时,大齿轮只转过半圈,大齿轮的转速为小齿轮的一半,而转矩为小齿轮的二倍。可见两齿轮的转速与其齿数成反比、转矩与其齿数(直径)成正比。若小齿轮是主动齿轮,它的转速经大齿轮传出时就降低了,而转矩却增大了。工程机械变速器就是根据这一原理,利用若干大小不同的齿轮副传动而实现变速、变矩的。

2)换挡原理

机械换挡式变速器主要是通过操纵机构拨动齿轮或啮合套等进行换挡。

(1)拨动滑动齿轮换挡

如图 1-19a)所示,双联滑动齿轮 a、b 与轴用花键连接,可轴向移动。通过操纵机构,拨动该双联齿轮,使齿轮 a—a'或 b—b'相啮合,从而改变了传动比,即所谓的换挡。

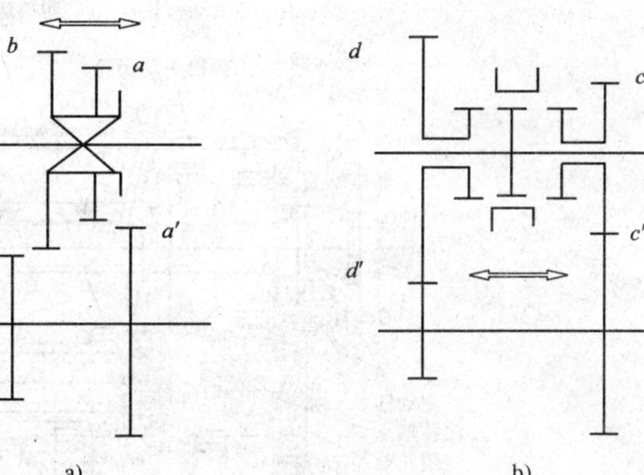

图 1-19　机械换挡示意图

a)双联齿轮式;b)套合器式

(2)拨动啮合套换挡

如图 1-19b)所示,齿轮 c、d 分别与齿轮 c'、d'为常啮合齿轮,齿轮 c、d 用轴承支承在轴上,在轴上能相对转动,属空套连接,不传递动力。齿轮 c'与 d'用花键与轴相固定连接,啮合套通过内齿套在啮合套毂上,啮合套毂固定在轴上。通过操纵机构拨动啮合套,使其齿圈分别与齿轮 d 或 c 端部的外齿圈相啮合,将齿轮 d 或 c 与轴固定,从而实现了换挡。

(3)换向原理

由图 1-20 可知,由于相啮合的一对齿轮旋转方向相反,所以每经一齿轮传动副传动,其输出轴便改变一次旋转方向。

如图 1-20a)所示经过两对齿轮传动时,其输出轴便与输入轴的旋转方向又相同,这就是

普通三轴式变速器在工程机械前进时的传动情况。若如图1-20b）所示，在中间轴与输出轴之间加上第四根轴，并在其上装有惰轮，则由于又多了一齿轮传动副，从而使输出轴与输入轴的旋转方向相反.这就是普通三轴式变速器在工程机械倒车时的传动情况。惰轮称为倒挡轮，其轴为倒挡轴。

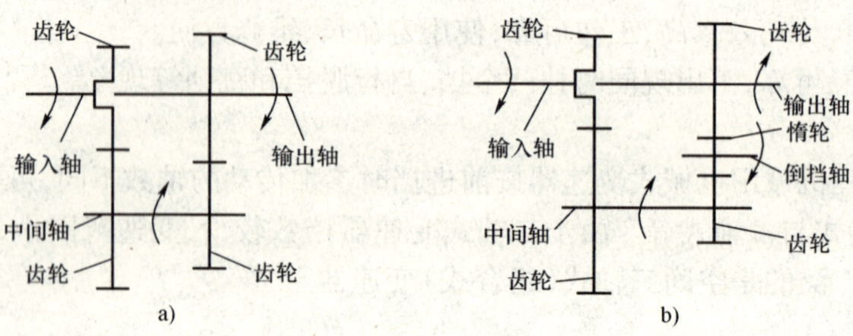

图1-20　换向原理示意图

a）前进挡；b）倒挡

二、典型机械式换挡变速器

1. 国产TY120型推土机变速器

国产TY120型推土机采用的机械式移动齿轮换挡变速器，具有5个前进挡和4个倒挡，其结构如图1-21所示。

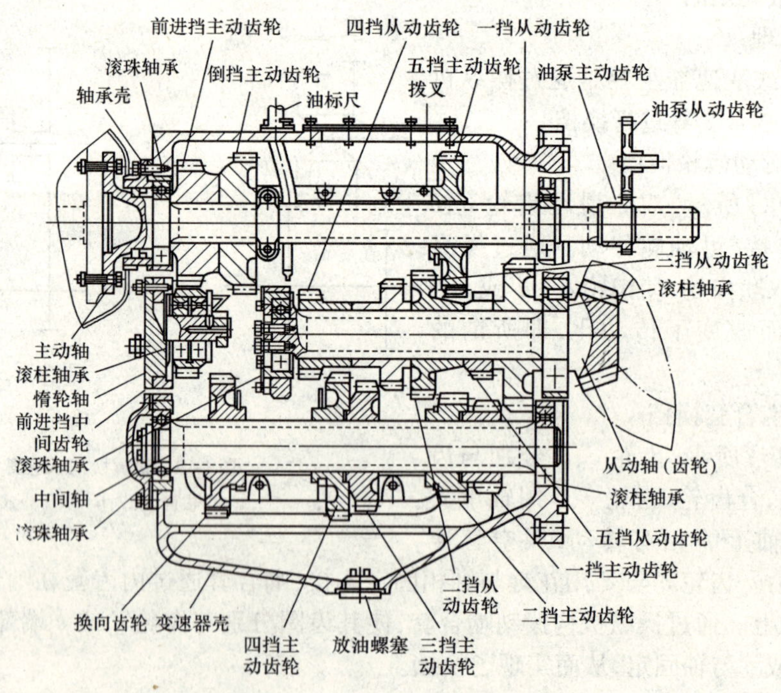

图1-21　TY120型推土机变速器

动力由左端接盘传入变速器，在右端经油泵齿轮将动力传给油泵从动齿轮驱动液压油泵。主动轴上铣有花键，并装有五挡主动齿轮，它除了随主动轴一起旋转外，还可在拨叉的作用下左右移动，实现五挡的摘挂；左边固装有前进主动齿轮和倒挡主动齿轮。惰轮轴悬臂支承在变速器壳体上，前进挡中间齿轮用双排滚柱轴承支承着。中间轴上靠近花键处装有换向齿轮、三、四挡主动双联齿轮和一、二挡主动双联齿轮，这些齿轮均随轴一起旋转，并可作轴向移动，以实现挡位的变换与动力传递。

从动轴位于变速器的左侧，与驱动桥主传动器的主动锥齿轮制成一体，通过增减调整垫片可以使从动轴做轴向移动，以调整主传动器锥齿轮副的啮合间隙或部位。从动轴上用花键固装有四挡主动齿轮、三挡从动齿轮、二挡从动齿轮、五挡从动齿轮、一挡从动齿轮。

主动轴、中间轴及从动轴的两端分别用滚珠轴承和滚柱轴承支承在变速器壳体上，这些轴承的内圈都采用了轴向定位措施，而滚柱轴承的外圈未定位，允许其作微量的轴向移动，以防温度变化时产生附加轴向应力。

该变速器的变速传动机构实际上属于组合式，包括换向机构和变速传动机构两部分。其中的换向机构的工作原理是：换向齿轮左移与前进挡中间齿轮啮合时动力经三级齿轮传动，推土机向前行驶；换向齿轮右移与倒挡主动齿轮啮合时动力经两级齿轮传动，推土机向后行驶。该变速器倒挡挡位较多，以适应推土机各种作业情况及提高生产率的需要。

TY120 型推土机变速器各挡动力传递路线如图 1-22 ~ 图 1-30 所示。

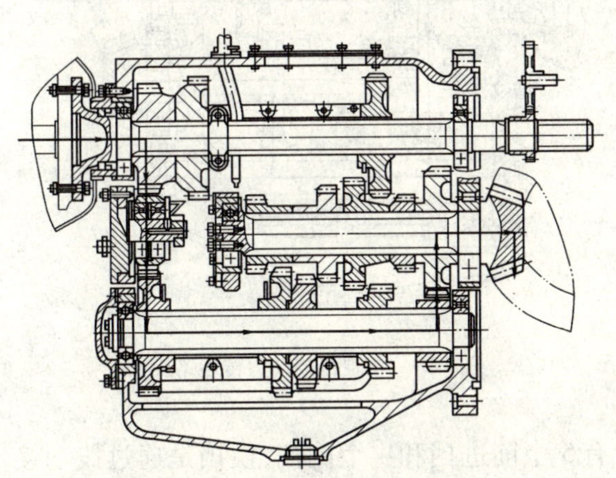

图 1-22　前进一挡动力传递路线

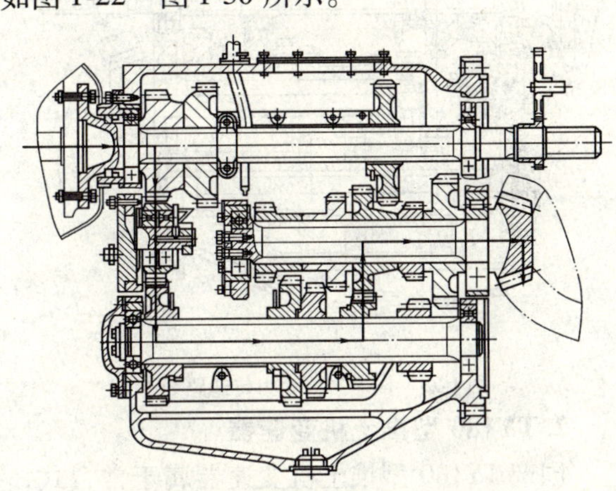

图 1-23　前进二挡动力传递路线

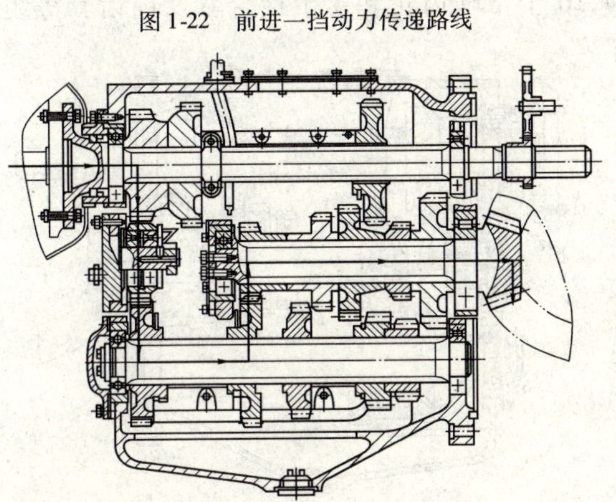

图 1-24　前进三挡动力传递路线

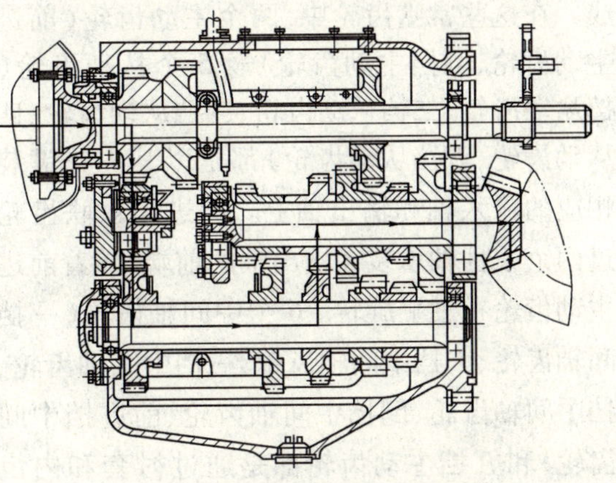

图 1-25　前进四挡动力传递路线

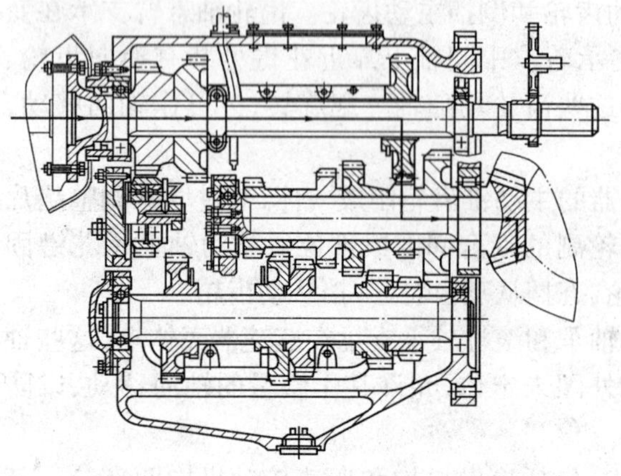

图 1-26　前进五挡动力传递路线

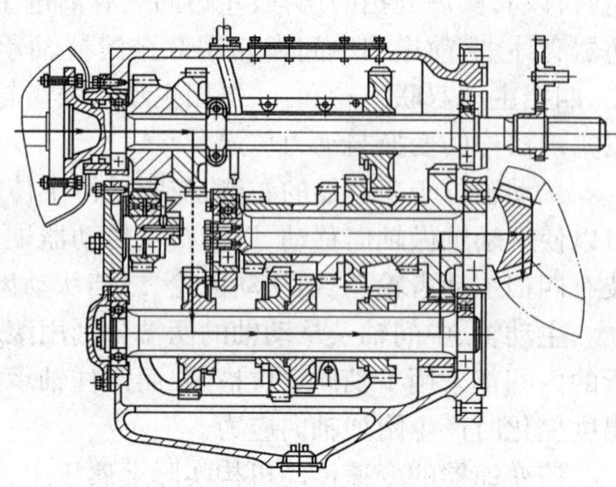

图 1-27　倒退一挡动力传递路线

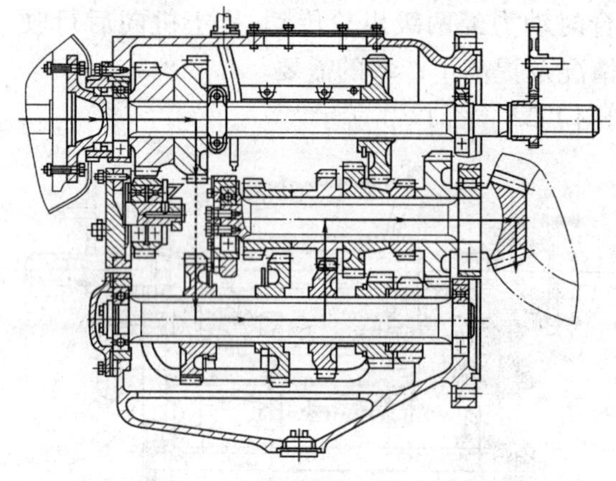

图 1-28　倒退二挡动力传递路线

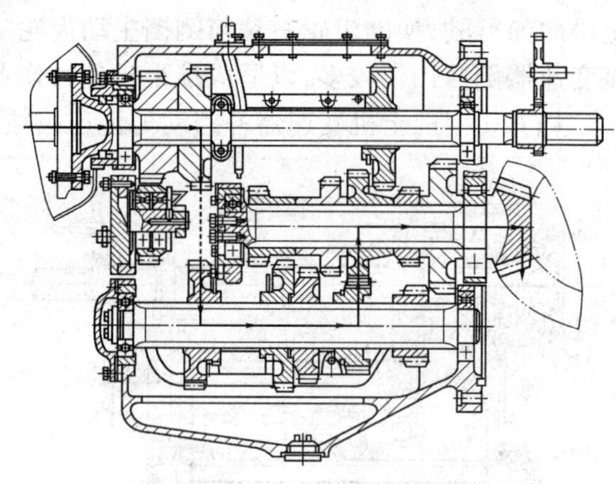

图 1-29　倒退三挡动力传递路线

2. TY180 型推土机变速器

国产 TY180 型推土机变速器属于常合式，它有 5 个前进挡和 4 个倒挡，换挡是通过拨动接合套进行的，其结构如图 1-31 所示。它由 3 根轴，16 个常啮齿轮和 4 个接合套及内齿套等组成。在这些常啮齿轮中，两个主动齿轮（前进挡主动齿轮、倒挡主动齿轮）及 5 个从动齿轮（一挡从动齿轮、二挡从动齿轮、三挡从动齿轮、四挡从动齿轮、五挡从动齿轮）都是以其内花键装在相应的输入轴和输出轴上。前进挡双联齿轮通过两个滚柱轴承装在输出轴的前端，随着前进挡主动齿轮在轴上旋转。6 个中间轴齿轮（一挡中间轴齿轮、二挡中间轴齿轮、三挡中间轴齿轮、四挡中间轴齿轮、倒挡中间轴齿轮、前进挡中间轴齿轮）和五挡主动齿轮都是通过衬套和内齿套装在轴上，作为换挡齿轮。这些齿轮的内齿套装

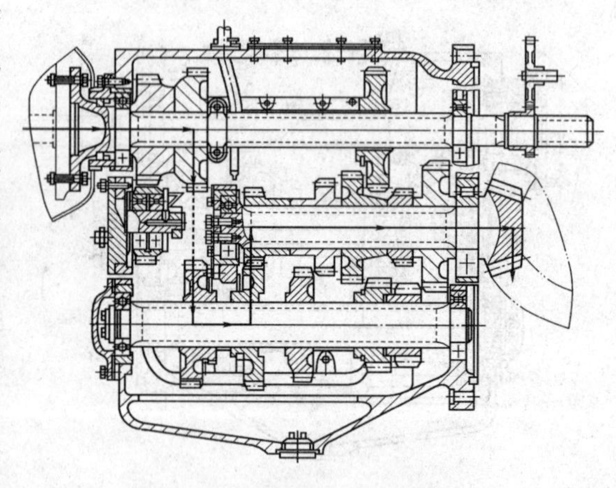

图 1-30　倒退四挡动力传递路线

在花键轴上，其上有径向油孔。外圆上各装有两个衬套和一个中间隔环，它们组成几个径向油孔和两个环槽，作为润滑油路。衬套与中间隔环的外面则装着相应的换挡齿轮。因此这些齿轮便可在各自的轴上自由转动。此外，在这些齿轮的轮毂一侧上还制有外齿，以便与接合套的内齿啮合而挂挡。

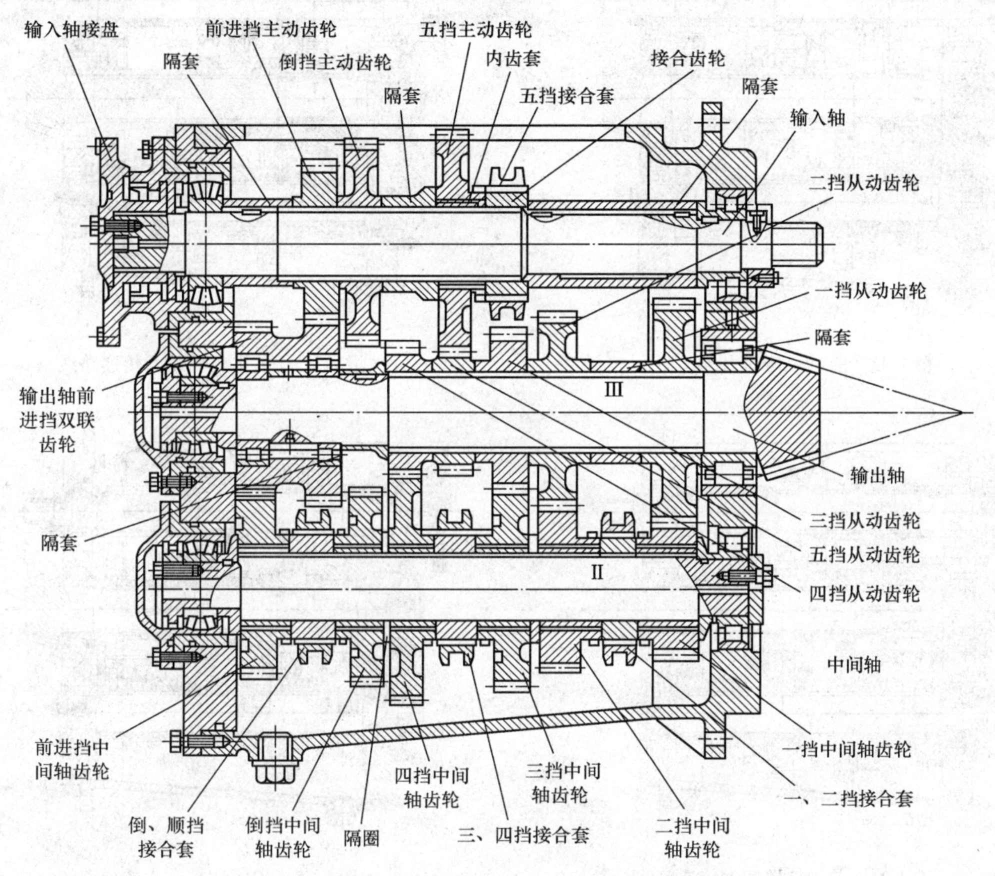

图 1-31　TY180 型推土机变速器

4 个接合套分别装在自己的接合齿轮上，各接合齿轮则用花键装在轴上，并靠近相应的换挡齿轮。这样，接合套与接合齿轮共同组成随轴转动的接合器。在接合套的外圆上有环槽，供放置拨叉使其轴向拨动。所有接合套都在接合齿轮上时变速器为空挡。如果将接合套轴向移动到使其内齿与相邻的换挡齿轮的轮毂外齿啮合时，便可使该齿轮随轴转动，这就是变速器的挂挡过程。在中间轴的前端装有自由常转的倒、前进挡中间齿轮，也要经过换向接合套的拨动，才能带动中间轴正向或反向旋转。中间轴转动后装在它上面的 4 个换挡齿轮（一挡中间轴齿轮、二挡中间轴齿轮、三挡中间轴齿轮、四挡中间轴齿轮）并不旋转，即变速器仅处于空挡位置。因此必须再拨动中间轴上两个换挡接合套的任一个，才能使中间轴上的相应换挡齿轮随轴旋转，并将动力传递给输出轴上的相应从动齿轮。

由上述可知，前进挡或倒挡的一至四挡的挂挡操作都必须同时拨动一个倒、顺挡接合套和一个换挡接合套，而前进五挡只拨动该挡的接合套即可挂挡。

TY180 型推土机各挡的动力传递路线如图 1-32 ~ 图 1-40 所示。

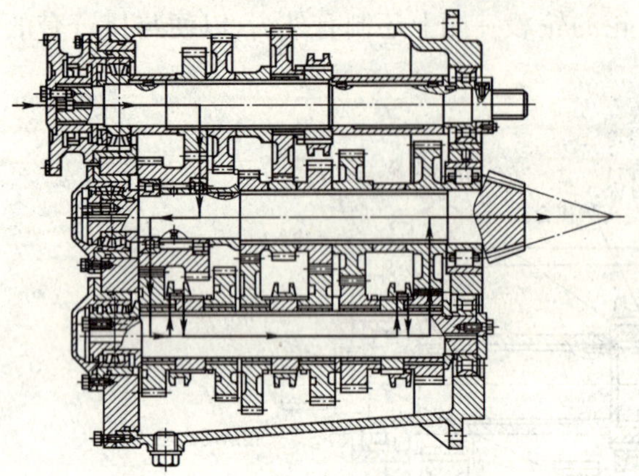

图 1-32　前进一挡动力传递路线

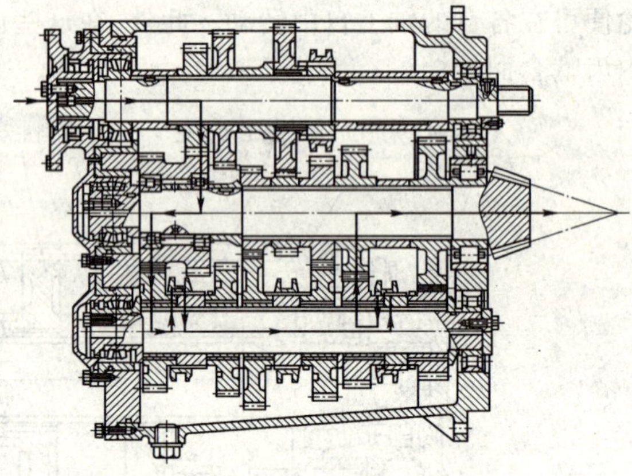

图 1-33　前进二挡动力传递路线

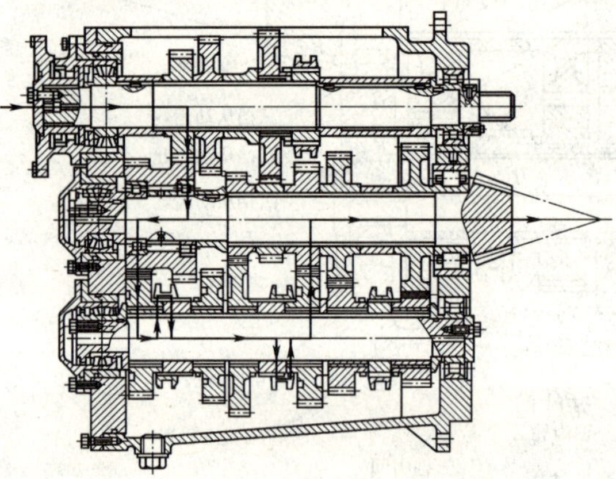

图 1-34　前进三挡动力传递路线

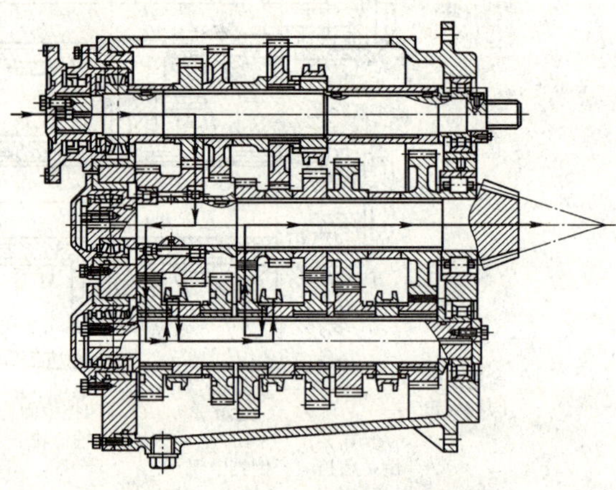

图 1-35　前进四挡动力传递路线

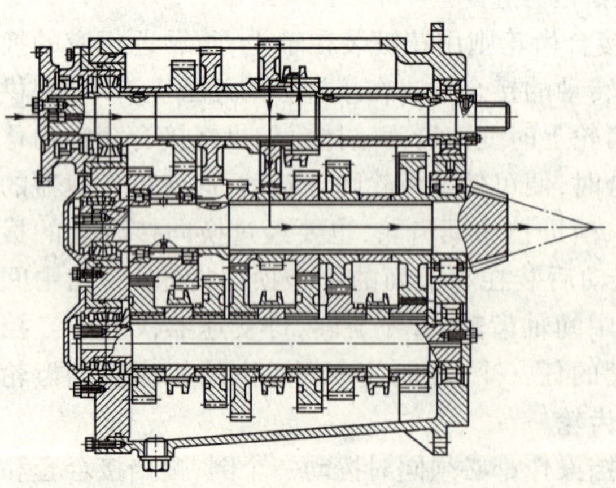

图 1-36　前进五挡动力传递路线

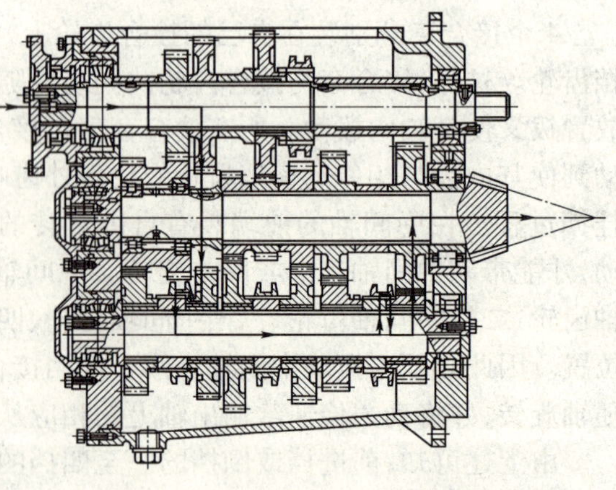

图 1-37　倒退一挡动力传递路线

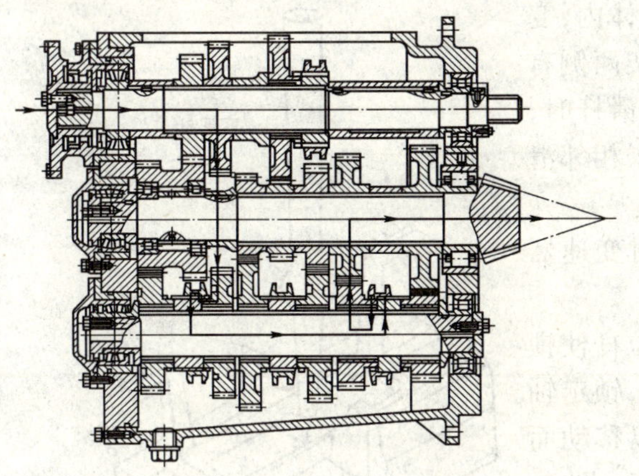

图 1-38　倒退二挡动力传递路线　　　图 1-39　倒退三挡动力传递路线

三、变速器的操纵机构

机械式操纵机构包括换挡装置和锁止装置两部分。

(1)换挡装置(图 1-41)用来拨动变速器的换挡齿轮或接合套,使齿轮副进入或退出啮合。它由变速杆、拨叉、拨叉轴等主要零件组成。拨叉的一端固装在拨叉轴上,另一端“叉”在换挡齿轮或接合套的环槽内。变速器一般有 3 ~4 根拨叉轴(视挡位数而定),它们安装在变速器盖上。

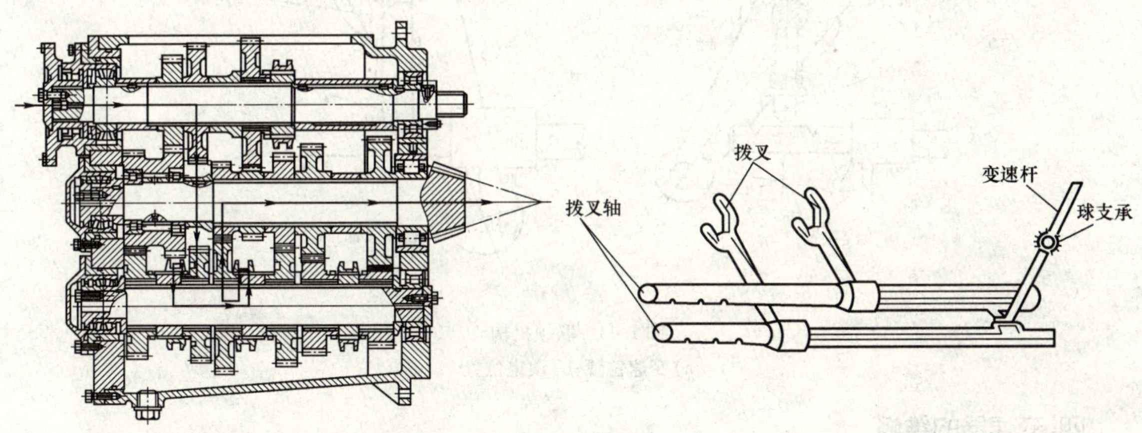

图 1-40　倒退四挡动力传递路线　　　图 1-41　换挡装置

(2)锁止装置的作用是:保证变速器工作的齿轮以全齿长啮合;保证操纵机构不同时挂上两个挡位;防止挂挡后的齿轮自行退出啮合(俗称自行脱挡);防止误挂最高挡或倒挡;在某些机械上还设有可保证离合器接合时不能换人任何挡位的机构等。下面以 TY120 型推土机变速器的操纵机构为例,主要介绍其中的互锁和联锁装置。TY120 型推土机变速器的操纵机构由变速杆,换向杆、拨叉、拨叉轴、导向板、互锁装置(限制器)、五挡保险锁和联锁装置等组成。

为防止同时挂上两个挡位,TY120 型推土机变速器采用了由导向板和限制器组成的摆架式互锁机构,其结构如图 1-42 所示。

可以摆动的铁架用轴销悬挂在操纵机构壳体内，变速杆下端置于摆架中间，可以做纵向移动。摆架两侧有卡铁。当变速杆下端在摆架中移动而拨动某一滑杆时，两侧卡铁则卡在相邻滑杆的拨槽中，因而防止了相邻滑杆也被拨动，从而避免了同时挂上两个挡。

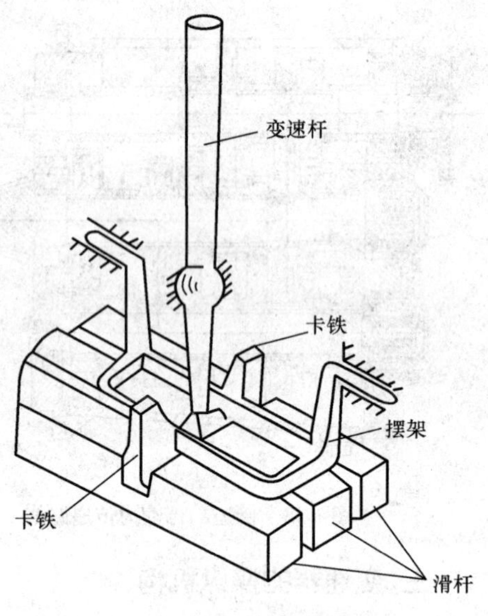

图 1-42　摆架式互锁机构

联锁机构的作用是防止主离合器未分离时变速器挂挡，其结构如图 1-43 所示。

驾驶员的操作使主离合器分离时，经连接拉杆使锁定轴臂、锁定轴逆时针方向转动 13°（图 1-43a），锁定轴上的凹槽正对着锁销。此时变速器拨叉轴可以移动而实现换挡。待换挡结束、驾驶员拉起操纵杆（图 1-43b）、主离合器接合、连接拉杆被带动左移后，经弹簧缓冲作用使锁定轴臂、锁定轴顺时针方向转动 13°，锁定轴以圆柱面顶住锁销，使锁销的另一端抵靠在拨叉轴相应的凹槽内，拨叉轴不能移动，因此主离合器接合时便不能换挡。与此同时，联锁机构使已啮合齿轮不能自行分离，故又起到了自锁装置的作用。

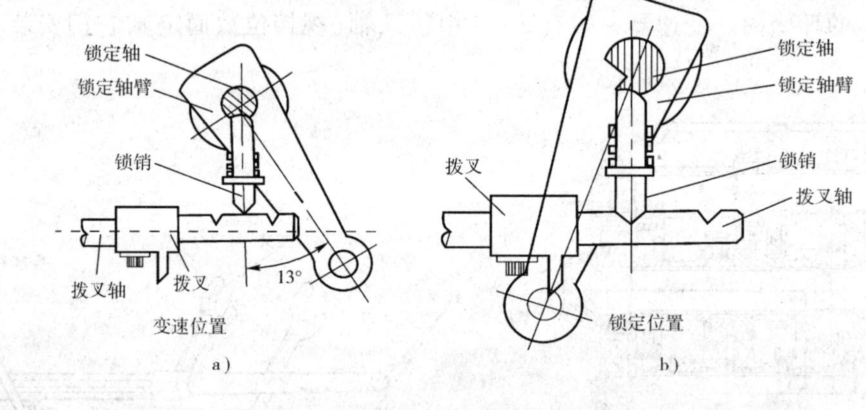

图 1-43　联锁机构
a）变速位置；b）锁定位置

四、变速器的维修

1. 变速器的维护

1）人力换挡变速器正确使用的要点

（1）换挡时应使离合器完全分离；

（2）换入挡后应平稳松放离合器，特别是起步时更要注意；

（3）低挡换高挡应顺序加挡，轮式工程机械应适应车速；

（4）高挡换低挡应与车速、车况、路况适应，运行时换挡要根据车速、车况、路况控制好空油，必要时可以跃级减挡；

（5）工程机械未完全停止前，不要反向换入倒挡；倒退时也是如此。

2)变速器的维护要点

(1)注意润滑:定期检查油面,定期更换齿轮油或机油,经常检查油塞是否紧固,是否有漏油现象。

(2)注意各轴:不应有轴向松动,必要时调整各轴轴承。

2. 变速器的检修

1)变速部分主要零件的检修

(1)变速器箱体的损伤与修复

①变速器箱体的损伤

a. 箱体变形。箱体变形后将破坏孔与孔、孔与平面间的位置精度,其中最主要的是同一根轴前后轴承孔的同轴度及各轴之间的平行度;其次是箱体端面与孔中心线的垂直度。箱体变形原因如前所述。变形后的最大影响是传递转矩的不均匀性增大,齿轮轴向分力增大;轴孔间中心距增大或变小,使齿轮的啮合状态恶化。圆柱齿轮传动的中心距允许误差为±0.05mm。

箱体变形大小可用如图1-44所示的辅助心轴及仪表进行测量。两心轴外侧间的距离减去两心轴半径之和即为中心距,两端中心距之差即为平行度误差。但这种测量只有当两个心轴轴线共面时才准确。测量端面垂直度时可用左侧百分表,将其轴向位置固定,转动一圈,表针摆动量即为所测圆周上的垂直度大小。测量上平面与轴线间平行度时可在上平面搭放一横梁,在横梁中部心轴上方安放一百分表及其接头,使接头触及心轴上表面,由横梁一端移至另一端时表针摆动大小即反映了上平面相对于轴心线平行度误差及上平面本身的平面度误差。

无定位套与心轴时亦可按如图1-45所示的方法进行间接测量。即将箱体上平面倒置于平台之上,用高度游标卡尺及百分表、内径分厘卡或量缸表测量各孔下缘高度及各孔孔径,各孔高度差即反映了各轴线与上平面之间及各轴线之间在垂直方向上的平行度误差。再将箱体与上述垂直放置并同样测量,其高度差即反映了各轴线是否共面。根据两次测量即可计算出各孔轴心线是否平行,而各加工面的平面度误差可用平板与厚薄规测量。

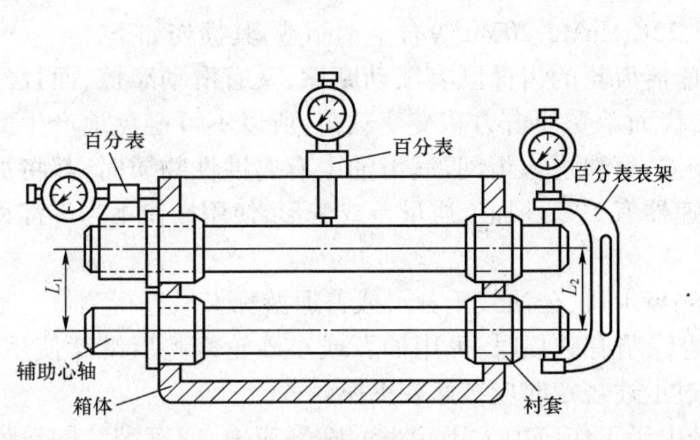

图1-44 箱体变形的检验

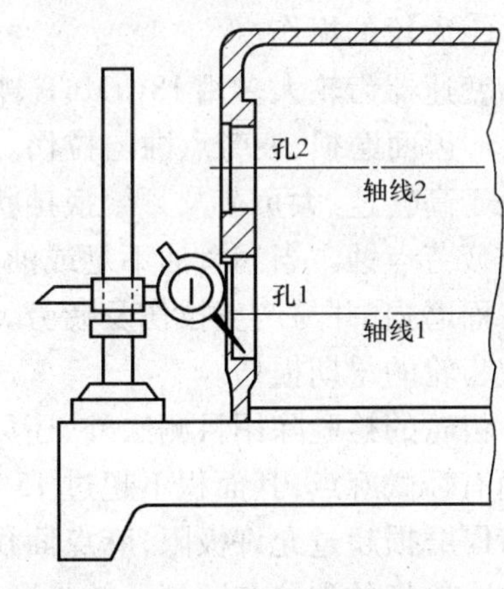

图1-45 箱体变形间接测量

b. 轴承安装孔或轴承座安装孔的磨损。轴承与轴承座安装孔一般不易产生磨损,当轴承间进入脏物使滚动阻力增大时,轴承外圈可能相对座孔产生转动,引起轴承安装孔磨损;轴承座固定螺栓松动而使座产生轴向振动时,也会引起安装孔的磨损。一般轴承安装孔配合间隙

超过0.05mm,轴承座安装孔配合间隙超过0.10mm时应予修复,否则会影响齿轮轴的工作稳定性。其磨损量的测量同一般孔类零件。

c.箱体裂纹及螺纹孔损坏。箱体裂纹多为制造缺陷。有时亦为工作时受力过大或维修操作不当所致。螺纹孔损坏一般是由于装配不当造成的,检验裂纹可用无损探伤法。较简单的方法是在箱体内盛以煤油,静置5min后观察有无外渗。亦可用敲击法判断,但不易查找出裂纹的部位。螺纹孔损坏一般用感觉法检验。

②变速器箱体的检修

a.箱体变形的修整:上平面平面度误差较小时,可将其倒置于研磨平台上用气门砂研磨修整;平面度误差较大时,应以孔心线定位进行磨削修整,以保证磨修后两者间的平行度。

当孔心距及孔心线间平行度超限时,可用镗削加工法进行修整。镗后镶套最后加工,以恢复各孔间的位置精度及尺寸精度。

b.轴承与轴承座安装孔的检修:轴承孔与轴承座安装孔磨损较小时,可用机加工法去除不均匀磨损,用刷镀法恢复配合。孔磨损较大时可用镶套法修复孔径。镶套时过盈量可取0.005~0.025mm。为可靠起见,应在套与基体接缝处钻孔攻丝,拧入止动螺钉。钢套壁厚3.5mm,其孔径最后加工尺寸应保证与轴承或轴承座的正确配合及各孔间的位置精度。一般孔与轴承为过渡配合,与轴承座为小于0.09mm的间隙配合。孔径加工时一般先选用磨损较小的孔径为基准加工上平面,再以上平面为基准加工各孔径。为保证孔间中心距、同轴度及平行度,可用精加工镗模在镗床或改装的车床上镗削。无镗模时亦可在卧式镗床上进行,但须用试加工、测量及计算等方法算出中心距及平行度,并据此调整镗杆再行镗孔。

c.箱体裂纹及螺纹孔的修复:箱体裂纹发生在箱壁但不连通轴承座孔时,可用焊修法修复。当裂纹连通轴承或轴承座安装孔时,为可靠起见以更换新件为宜。螺纹孔损坏后的维修可采用维修尺寸法或镶过渡螺塞法。

(2)变速器齿轮的损伤与检修

①齿轮的损伤

变速器齿轮大多用18CrMnTi、40Cr、22CrMnMo、20Mn等合金钢制造,其损伤如下:

a.齿面磨损、疲劳点蚀与拉伤。变速器齿轮的齿面既有滚动摩擦,又有滑动摩擦,而且经常处于高转速、大负荷及频繁换挡状态,齿面承受冲击力和交变载荷,所以不可避免地产生磨损与疲劳点蚀。当润滑油不足或油质较差,磨料进入齿间,润滑油中有腐蚀性物质时,都将加速齿面磨损,并易产生拉伤及疲劳。变速器有关零件加工质量差或变形,使用操作不当等都将造成齿轮的早期损伤。

齿轮的检验除用目测法外,还可用测齿卡尺、公法线千分尺或普通游标卡尺进行测量。当齿面有轻微麻点,其面积不超过15%,边缘略有破损时,可用油石或小砂轮修整后继续使用;当齿厚磨损超过允许极限,麻点面积超过上述规定时应维修或更换。

b.轮齿的裂纹与断裂。轮齿断裂是由于工作应力大于轮齿的断裂应力,或有裂纹的轮齿其应力强度因子大于轮齿断裂韧性所致。工作应力增大的最常见原因是,机车长期超负荷工作,或因操作不当、齿面磨损、齿轮与花键轴配合松旷等产生冲击载荷,或因轮齿形位误差过大、箱体形位误差过大、齿轮轴变形等,使齿面啮合性能变坏,局部应力增高。轮齿承载能力低,一是锻造时有显微裂纹、夹层等;二是齿根存在着隐伤产生较大的应力集中。断齿多发生

在根部。轮齿断裂或裂纹时应更换新件。

c. 齿轮花键孔的磨损。齿轮花键会承受较大的挤压应力，滑动齿轮尚受到摩擦磨损，因而使花键齿侧间隙增大。由于一般齿轮比轴硬度高，所以花键孔磨损较少。只有当润滑油不足或混入磨料时磨损才加剧。又由于花键齿侧间隙增大后对齿轮啮合影响不大，所以花键齿侧间隙允许较大，如 D80A-12 型推土机为 0.20mm。

②齿轮的检修

a. 齿面损伤的修复与换位。齿面磨损轻微，齿侧间隙小于 0.10mm 时，可用油石修整齿面后继续使用。形状对称或基本对称的齿轮单向齿面磨损后可换向安装使用。此时虽可使齿面啮合正确，但因齿厚减薄、齿侧间隙增大而易产生冲击和响声。

b. 断齿的维修。齿轮断齿时一般应报废。如果只有个别齿断也可用堆焊或镶齿法修复。

(3)齿轮轴的损伤与检修

①齿轮轴的损伤

a. 齿轮轴弯曲变形。齿轮轴变形是由于负荷及内应力过大造成的。对工作影响较大的是弯曲变形，一般弯曲后直线度误差不应大于 0.04mm。

b. 与轴承配合的轴颈磨损。轴承与轴颈配合过盈量一般约为 0.01 ~ 0.05mm。当过盈消失时，内圈与轴颈间将产生相对运动而使轴颈磨损增大。但是由于轴承内圈与轴颈间的滑动阻力大于滚动体滚动阻力，因此两者之间不会形成高速相对运动；又由于变速器内润滑油较充足，当内圈与轴颈间形成 0.02 ~ 0.04mm 间隙时，会形成润滑油膜，其磨损速度会大大减慢，所以大修时只有当内圈与轴颈间出现大于 0.04mm 的间隙时才维修。

c. 齿轮轴花键的磨损。齿轮轴花键磨损后使径向间隙与齿侧间隙增大。推土机齿侧间隙允许值约 1.40mm。

d. 齿轮轴断裂：齿轮轴断裂多发生在阶梯轴轴肩圆角处，因此处应力集中现象比较严重，特别是加工不当时应力集中更为严重。

②齿轮轴损伤的检修

a. 齿轮轴变形的校正：齿轮轴直线度误差超过 0.04mm 时可进行冷压校正或局部火焰加热校正。校正时要控制好校正量，加压支承部位应正确，尤其应注意不要使阶梯轴轴肩处因校正产生应力集中。

b. 轴径磨损的修复：轴颈磨损后可先用磨削或车削方法消除偏磨，然后用刷镀镍或刷镀铜的方法以恢复过盈量。轴颈磨损严重时可堆焊或镶套维修。堆焊时可用振动堆焊、埋弧焊、气体保护焊等。焊后应进行无损探伤。镶套壁厚为 3 ~ 4mm。镶套前加工时台肩处圆角半径不应太小且应光洁。轴颈维修后的直线度及表面粗糙度应符合原厂规定。

c. 花键的维修：花键磨损后可用气焊或纵向自动堆焊法修复磨损的齿侧面，然后以未磨损花键为基准，铣削花键。为防止堆焊时产生裂纹与变形，堆焊前最好进行低温预热（200 ~ 250℃），焊后缓冷。焊后应检查变形，必要时先校正后齿。花键维修后的技术要求为：键齿分布不均匀的积累误差应小于 0.03mm；键齿侧面对轴线的平行度误差应小于 0.05%；定心表面相对安装轴承的轴颈表面跳动量应小于 0.05mm。

d. 断轴的维修：花键轴断裂不易修复，为保证工作可靠应予以换新。但如果在直径相差较大的阶梯轴肩处断裂时，则可采用螺纹连接和焊接合连接的方法局部更换。焊接时采用高强度低氢型焊条，圆角加工应圆滑，过渡圆弧半径不应过小。

(4)轴承的损伤与检修

变速器滚动轴承的主要损伤为滚动体与滚道表声磨损与疲劳点蚀，隔离圈损坏，轴承烧毁等。当滚动轴承径向间隙大于0.20～0.30mm，轴向间隙大于0.30～0.40mm，或产生严重疲劳点蚀时，应更换轴承。内孔与外径磨损使配合松旷时，应刷镀(刷镍或刷铜)修复。

(5)变速器盖的损伤与检修

变速器盖应无裂纹，其平面度误差要符合规定。裂纹或变形后的维修方法与变速器壳体相似。

变速杆中部的球节座孔的孔径磨损不得大于公称尺寸0.50mm。

球节座磨损超限时可用堆焊后重新机加工的方法进行修复。

变速器盖上的变速拨叉轴孔磨损过大，与拨叉轴的配合间隙超过0.20mm时应更换。

2)操纵部分主要零件的检修

(1)变速杆的检修

变速杆变形时可进行冷压校正。

球铰配合面磨损后可用油石修光。T120型、T100型推土机球铰磨损使配合间隙增大后，可用减少半座间垫片法恢复配合。球铰磨损量大于1mm时，可用中碳钢焊条堆焊，然后加工成球形并进行热处理。十字铰销轴磨损后可刷镀或更换，亦可更换与销轴相配的衬套。D80A-12型推土机的销轴与衬套标准配合间隙为0.032～0.086mm，需修间隙为0.10mm。

变速杆下端拨头磨损轻微时可用油石修光修圆。磨损量大于3mm时应堆焊后修磨成形并进行热处理。拨头与拨槽配合间隙为1～2.5mm。

(2)变速拨叉的检修

拨叉变形时可用虎钳等进行冷压校正。

拨叉脚侧面磨损使其与滑槽配合间隙大于1.00～1.50mm时，应用堆焊法修复叉脚，焊后磨修成形。叉脚与齿轮滑槽配合间隙为0.10～0.80mm。叉脚修磨后同样须进行热处理，以保证其硬度。

(3)拨叉轴的检修

拨叉轴亦称变速滑轨，常用20Mn钢等材料制造，渗碳或氰化处理至HRC52以上。

拨叉轴弯曲时可冷压校正。锁定槽磨损后可用中碳钢焊条焊补，然后加工外圆与槽口至规定要求。因各挡齿轮厚度不同，所以槽间距亦不同。

拨叉轴外径磨损后可刷镀维修，外径与壳体孔标准配合间隙为0.025～0.13mm。

(4)其他零件的检修

联锁轴常用40Cr钢制造，其损伤及修复方法与拨叉轴相似。T100型、T120型等推土机变速器摆架式互锁机构磨损后可焊修。

3.变速器的装配与调整

1)变速器的装配要求

(1)所有零件应彻底清洗并用压缩空气吹净或擦干。

(2)各轴承及键槽在安装前，应涂以齿轮油或机械油。

(3)装入轴承时，应使用铜棒在轴承四周均匀敲入，避免用手锤直接敲击轴承，以防止损伤轴承。也可将轴承在机械油中加热到60～100℃后装入。

(4)壳体上的螺孔和轴承孔,在安装轴承盖时,应涂以密封胶以防漏油。

(5)各紧固螺栓应按规定锁止方法进行锁止。

2)变速器在装配中的调整

(1)齿轮端面与壳体之间的间隙,一般应为0.10～0.35mm。

(2)齿轮在轴上的轴向间隙为0.10～0.35mm,可在齿轮两端面加适当厚度的钢质垫圈进行调整。

(3)轴的轴向间隙一般为0.10～0.40mm,可在轴承盖内增减垫片进行调整。

(4)检查各挡齿轮的啮合与传动情况,各挡齿轮应运转自如,不得有碰撞情况。齿的啮合痕迹应大于全齿工作面积的三分之一。

(5)常啮合齿轮的齿侧间隙应为0.15～0.50mm,接合齿的侧隙应为0.10～0.40mm。

(6)在更换变速齿轮时,应将相互啮合工作的一对齿轮成对更换。

3)变速器联锁机构的调整

变速器的联锁机构在锁定轴的缺槽位置有变化或联锁推杆改变了原有长度时,应进行调整。

(1)T120型推土机变速器联锁机构的调整

T120型推土机只允许变速器在离合器分离时,锁定轴杠杆向后摆动,带动锁定轴转动,使锁定轴上的缺口对准锁定销,开启联锁机构,允许变速器换挡;当离合器接合时,锁定轴杠杆向前摆动使锁定轴的外圆柱面顶住锁定销,联锁机构锁住,此时不能换挡。若联锁机构不能起到上述作用时就必须进行调整。其调整方法可按下列步骤进行:

①拆下驾驶室中的地板,并将离合器操纵杆放到最前面的分离位置。

②从离合器操纵杆上拆下调节拉杆,并旋松其上的锁紧螺母。

③推动离合器操纵杆,使锁定轴杠杆(图1-43)向后倾斜并与推土机的横轴线约成13°的夹角。拨动任一挡的拨叉轴,以便锁定销能进入锁定轴的切槽内,实现换挡。

④把主离合器操纵杆向后扳至联锁机构的拉杆弹簧要开始变形前为止。然后调节调整拉杆的长度,使离合器操纵杆和调整拉杆在上述位置时,调整拉杆销孔与离合器操纵杆销孔之间相距约2～3mm(即调整叉转动不超过1.5～2圈)。

⑤将离合器操纵杆轻推向前,装入轴销,并使调节拉杆与离合器操纵杆连接起来。穿好调节拉杆轴销的开口销,拧紧调整叉头的锁紧螺母,使离合器分离与接合,并扳动变速杆变换挡位,以检查调整是否正确。最后再装上驾驶室的地板,并用螺栓紧固。

(2)TY180型推土机变速器联锁机构的调整

TY180型推土机变速器联锁机构如图1-46所示,具体调整步骤如下:

①将主离合器操纵杆推到最前位置,即主离合器在分离状态。

②取下销轴上的开口销,并取下销轴,松开拉杆叉上的锁紧螺母。

③轻轻地向前推主离合器操纵杆,调整拉杆叉,使联锁轴端面刻线处于水平位置且联锁杠杆处于垂直位置时,拉杆叉正好能装上杠杆。

④检查调整是否正确,即当主离合器分离时,变速器能进行换挡;当主离合器接合时,变速器不能进行换挡。

⑤装上开口销，拧紧拉杆叉的锁紧螺母。

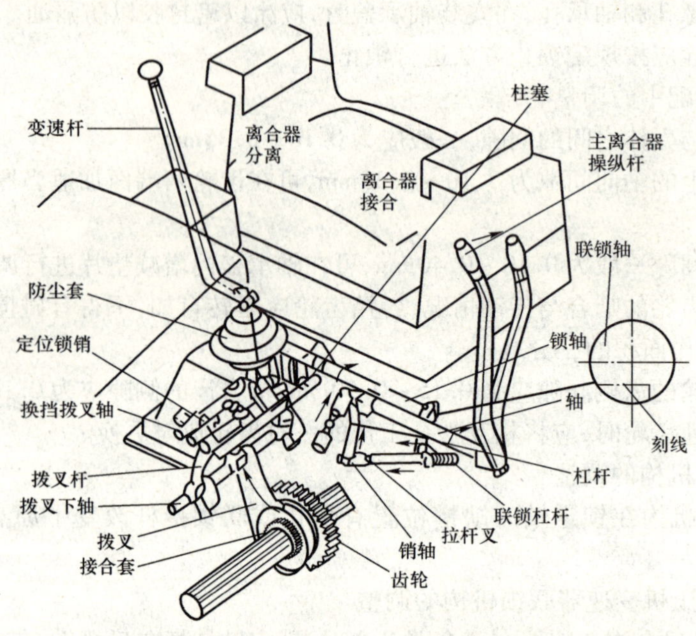

图1-46 TY180型推土机变速器联锁机构的调整

4. 变速器的故障诊断与排除

机械换挡变速器在使用过程中，由于零件的磨损和变形，造成零件配合间隙改变，操纵机构紧固螺栓松动，从而引起一系列的故障。变速器的常见故障诊断与排除见表1-2。

变速器的常见故障诊断与排除 表1-2

故障	故障现象	故障原因分析	故障诊断与排除方法
跳挡	变速器跳挡是指工程建设机械在某一挡位行驶或作业过程中自动退回空挡位置，机械失去动力	变速器跳挡实际上就是中断动力传递，即在变速器传递动力时，参加啮合的滑动齿轮所产生的轴向力大于锁止装置的锁止能力，使其自动轴向滑移，脱离啮合而中断动力传递。引起变速器跳挡的主要原因有： 1. 齿轮轮齿磨损过大。随着使用时间的延长，变速器齿轮磨损较大，变速器的齿轮轮齿一般比花键齿磨损快，而滑动齿轮又比常啮合齿轮磨损快，特别是常用挡位的齿轮磨损更快。由于齿轮的磨损，沿齿高方向破坏了轮齿外形，即沿轮齿长方向磨损成锥形，在传递转矩时，沿轴线方向会产生较大的轴向分力，当轴向分力大于定位装置的锁止能力时，就会自动脱挡 2. 变速器制造与维修的影响。变速器在制造或维修时，变速器壳体残余应力未完全消除和加工质量较差使变速器各轴中心线的平行	1. 如果各挡均有跳挡现象，说明是因锁止装置的锁止能力减小造成的，应拆下变速器盖仔细检查，并更换失效零件 2. 如果是经常使用的挡位跳挡，其原因大多是该挡位的齿轮磨损过甚或啮合长度不足，应查明原因并予以排除 3. 如果挂挡时手感变速杆行程过小，且动力传递时容易脱挡，说明该挡位齿轮啮合长度变化，即轮齿啮合长度不足，应检查变速器盖的紧固情况，变速叉的磨损、弯曲及紧固情况，此外还应检查变速器轴的轴向窜动量是否过大，查明原因后予以排除

续上表

故障	故障现象	故障原因分析	故障诊断与排除方法
跳挡	（见上页）	度以及与壳体的垂直度超差过大。在动力传递过程中,使两啮合齿轮的轮齿不平行,从而产生轴向力。若此轴向力大于定位装置的锁止能力时,啮合齿轮自动轴向滑移,脱离啮合而自行跳挡 3. 齿轮啮合长度的变化。在使用过程中,变速器各轴由于磨损导致各轴轴向间隙过大、变速杆弯曲变形、轴承磨损或损坏、变速器盖松动、变速叉轴拨块的紧固螺钉松动等,均会使滑动齿轮移动距离变小,导致两齿轮轮齿啮合长度不足而跳挡,同时也容易使两齿轮轮齿磨损成锥形 4. 锁止装置的影响。使用过程中,拨叉轴弯曲和磨损;自锁机构定位球凹槽的磨损;自锁机构定位球磨损或弹簧变弱;互锁机构互锁销及互锁销凹槽的磨损等均会使挡位的锁止能力减小,所以容易跳挡	（见上页）
乱挡	工程建设机械在起步或工作中换挡时出现不能挂入所需挡位;或能挂入所需挡位,但不能退回空挡;有时同时挂两个挡位	1. 锁止装置失效。互锁机构中互锁销磨损变短而端头球面半径增大,使锁销滑出;变速叉轴定位凹槽磨损变浅,也会使锁销易脱出,导致互锁能力衰退 2. 操纵机构脱节。变速操纵杆下端磨损变短,挂挡时易脱出拨块,导致挂不上挡或挂上挡后不能退回空挡	1. 以变速杆中心线为轴转动变速杆,若能成圈转动,说明其球头限位销磨短或脱落,应予以修复或更换;若变速杆摆动幅度大,说明限位销磨损过甚,应予以更换 2. 如果不能挂入理想的挡位,或挂上挡摘不下来,表明操纵机构有脱节;如果变速杆可以转动而引起错挡,说明变速杆下端弧形工作面和变速叉顶端凹槽或变速叉轴导块上的凹槽磨损过大,应予以修复;若变速杆摆动幅度大而引起错挡,说明变速杆下端弧形工作面脱出,应拆下变速器盖,检查后予以排除 3. 如果能同时挂上两个挡位,说明变速叉互锁机构失效,可能是弹簧折断或弹力失效或磨损过甚造成的 4. 若只有挂入直接挡机械才能行驶或空挡也能行驶,而其他挡位均不能正常行驶,应检查变速器第二轴前端的轴承是否烧结而使第一轴和第二轴连成一体,此时应分解清洗变速器,并予以排除

续上表

故障	故障现象	故障原因分析	故障诊断与排除方法
异响	变速器工作时发出不正常的声音称为变速器异响,包括齿轮的啮合声、轴承运转时较大的声音,以及变速器发出干磨、撞击等不正常的响声	变速器异响表明其零件技术状况不良,且响声的大小表明变速器内零件损坏的程度。变速器异响主要是由于齿轮和轴承磨损以及因为轴弯曲或轴向间隙过大而引起的 1. 轴承磨损。变速器轴承长期在高速、重载条件下工作,承受较大的交变载荷,工作条件较恶劣,使轴承表层产生烧蚀、疲劳剥落和球面磨损,进而使轴承的轴向和径向间隙增大,工作时滚动体在滚道发生不规则滚动而产生异响。另外,轴承外圈与座孔、轴承内圈孔与轴颈的配合松动,难以保证轴和轴承的径向定位,工作时导致变速器轴向、径向跳动而产生异响 2. 齿轮磨损。由于制造误差、润滑不良及长期重载传动等原因引起齿轮磨损、变形,使齿侧间隙增大,出现传动不平稳而产生异响 3. 变速器轴或壳体变形。变速器轴或壳体变形会引起齿轮中心距发生变化,使齿轮啮合间隙时大时小,造成啮合不良、传动不平稳而产生异响。 4. 变速器轴的轴向窜动。工作中由于磨损造成轴的轴向间隙变大,在动力传递过程中发生轴向窜动,导致传动不平稳而产生异响 5. 花键磨损。变速器滑动齿轮与轴采用花键连接,工作时间过久会引起磨损。在传动过程中,齿轮产生径向位移,使运转不平稳,产生周向和径向振动或摆动而产生异响 6. 变速器内润滑油的品质下降。如果变速器内润滑油黏度太低、数量不足或规格不符合要求时,会使其吸收振动能量的能力衰退甚至消失,会增大变速器的噪声	1. 起动发动机,离合器处于接合状态,变速器为空挡时发出异响,应检查是否缺油,必要时添加润滑油 2. 如果变速器空挡时发响,说明异响在主动轴轴承,应更换或调整轴承 3. 如果挂某一挡位响声明显,则异响为该挡齿轮响。如果响声均匀,多为齿面磨损过大造成的;如果响声呈周期性,多为某齿面损伤或轮齿断裂造成的 4. 如果变速器空挡时不响而挂任一挡位均有响声,则说明异响故障在花键轴轴承或换向机构,应查明原因并予以排除 5. 如果用力换入某挡位后有齿轮撞击声或齿轮端面摩擦声,松手后响声消失,则为挂挡用力过猛或自锁装置欠佳所致 6. 机械空挡滑行时如果变速器内发出齿轮撞击声或齿轮端面摩擦声,可用手握住变速杆从空挡位置依次向每个挡位上轻轻靠拢,若靠拢某挡后响声加剧,向反方向靠拢响声消失,说明故障是该挡齿轮与相邻齿轮有摩擦现象。此故障多为变速叉变形、齿轮位置不准或相关轴定位不准所致 7. 如果机械在重载荷情况下长时间工作,其变速器发出的声音是由小到大,多数是因为润滑油过稀所致,应停机休息或更换原来牌号的润滑油
漏油	变速器内的润滑油渗漏到壳体外,即变速器盖周边、壳体侧盖边、加油螺塞、放油螺塞、油封或各轴承盖处有明显漏油痕迹	如果变速器有渗漏油液的故障,多数是密封不良所致	1. 紧固螺钉松动或未按规定顺序均匀拧紧。首先擦净油迹检查漏油部位。如果漏油部位是变速器盖、壳体侧盖或轴承盖处,应用扳手检查固定螺钉的松紧度。若螺钉松动,则应用扳手拧紧;如果螺钉不松动,可将盖上所有螺钉拧松,然后按先中间后两端、先下后上和交叉进行的顺序分次拧紧 2. 如果将螺钉按规定顺序拧紧后仍然漏油,说明防漏垫片太薄、硬化或损坏、或盖与壳体的结合面不平。两接合机件的平面之间应加装弹性较好的衬垫,若接合面不平,可用磨削和铣削加

续上表

故障	故障现象	故障原因分析	故障诊断与排除方法
漏油	（见上页）	（见上页）	工，使之达到平整度的技术要求 3. 如果漏油部位是加油口或放油口螺塞处，应先检查螺塞的松紧度。若螺塞太松，则应拧紧；若螺塞不松，则应检查螺纹孔是否有裂纹 4. 油封或回油螺纹漏油。如果是新装配的变速器在该处漏油，多数是油封或回油螺纹与其轴颈不同轴造成的，可松开油封，调整其松紧度；如果是已工作一段时间的变速器在此处漏油，多为油封磨损、硬化或回油螺纹槽内有杂物沉积所致 5. 如果是各轴端漏油，可能是轴颈磨损、座孔磨损或壳体破损，应拆检变速器 6. 安装油封时唇口应朝向变速器内部，如果装反或油封外圈与油封座安装不正等均会引起漏油

5. 典型故障分析

一台 TY180 型推土机在使用过程中出现不正常的响声，现对其进行故障分析。

1）现象

变速器出现不正常的响声，即称为异响。

2）原因分析

变速器异响表明变速器的零件技术状况不良，工作时振动会发出响声，通过固体或空气传播。其响声的大小表明变速器零件变坏的程度。

（1）轴承失效。变速器的轴承是用来支轴承的，轴承工作时滚动体和内、外圈的接触处产生周期性变化的接触应力，当接触应力超过材料的疲劳极限时，经过一定时间的运转，工作表面上将逐渐出现疲劳点蚀破坏，导致轴承运转时产生噪声和振动；由于变速器内的润滑油不洁或缺油而润滑不良，使轴承发生严重磨粒性磨损或摩擦磨损，从而导致轴承间隙增大，使滚动体在滚道内进行不规则的滚动而发出异响；工作时轴承承受载荷过大，致使接触应力超过材料的屈服极限，造成工作表面塑性变形，即形成压痕，导致轴承工作恶化，使振动和噪声都将增大。

（2）齿轮磨损。齿轮齿面磨损有两种：一种是由于齿面互相摩擦而产生的磨损；另一种是由于硬质颗粒进入啮合面而引起的磨损。磨损破坏了轮齿渐开线的正确齿形，使传动平衡性降低，出现冲击、振动和噪声。齿轮轮齿折断将会出现冲击声，严重时中断传动。齿轮轮齿表面由于长期受接触交变应力的作用，出现不规则的细线状疲劳裂纹。随着应力循环次数的增多，裂纹扩展，使齿面的金属脱落而形成小的凹坑，恶化时，将出现异响。另外，变速器使用过久后，引起齿轮轮毂花键槽与其配合的花键轴磨损而松旷，增大了齿轮的经向位移量。高速运转时，会产生经向和周向振动或摆动，形成振源，这些振动经过轴、轴承、壳体使各部件产生振动而发出响声。

另外，修理时未成对更换齿轮，新旧齿轮搭配使用，也会造成啮合不良而产生异响。

3)诊断与排除

(1)空挡时检查。应首先区分变速器异响部位。其方法是:启动发动机,变速器为空挡时,向后拉离合器操纵手柄使离合器接合。若此时发出异响,说明异响部位在变速器上轴和中间轴的轴承。

(2)挂挡检查。若挂任何挡均有响声,说明异响多发生在下轴及其轴承。

(3)若挂某个挡时出现异响,说明该挡齿轮公差超过标准。若挂倒挡异响消失,说明异响在惰轮及其轴承。

课题四　万向传动装置

一、概述

在轮式及履带式工程机械传动系中主离合器与变速器之间或变速器与驱动桥之间设置有万向传动装置,如图1-47所示。

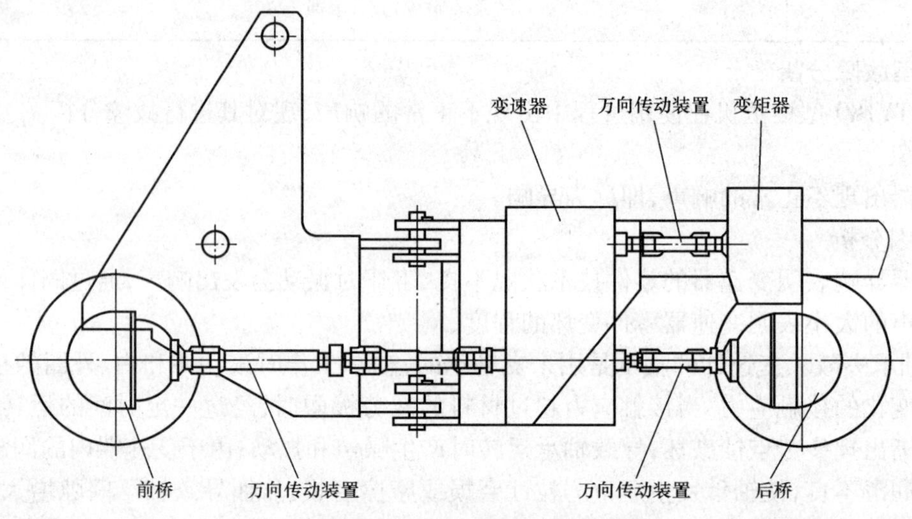

图1-47　万向传动装置的结构

1. 万向传动装置的功用

主要是用于连接轴线不重合或相互位置经常发生变化的两部件,并保证可靠地传递动力。

2. 万向传动装置的组成

一般由万向节和传动轴两部分组成。

3. 万向传动装置的应用

(1)连接传动的两部件,如主离合器(或变矩器)与变速器,虽然它们都支承在车架上而且其轴线又可能设计得重合,但为了消除制造、装配误差以及车架变形时对传动系的影响,同时也考虑到拆装的方便,在离合器(或变矩器)与变速器之间也设有万向传动装置,如图1-48所示。

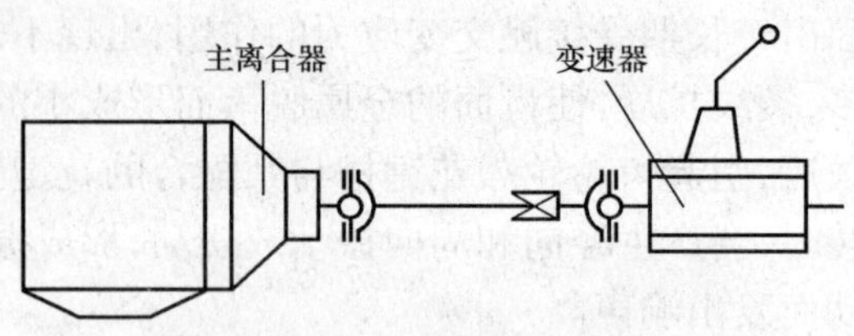

图1-48　主离合器与变速器之间的万向传动装置

(2)连接传动的两部件相距较远，且它们的轴线不重合，如变速器和驱动桥之间。工程机械中，变速器通常与发动机、主离合器(或变矩器)连成一体支承在车架上，而驱动桥则通过悬挂与车架连接。变速器输出轴轴线与驱动桥的输入轴轴线难以布置得重合，并且在车辆行驶过程中，由于不平路面的冲击等因素，弹性悬架系统易产生振动，使两轴相对位置经常变化，故变速器的输出轴与驱动桥的输入轴不可能刚性连接，一般必须采用由两个万向节和一根传动轴组成的万向传动装置连接。在变速器与驱动桥距离较远的情况下，应将传动轴分成两段，即主传动轴和中间传动轴，用3个万向节连接，且在中间传动轴后端设置中间支承，如图1-49所示。

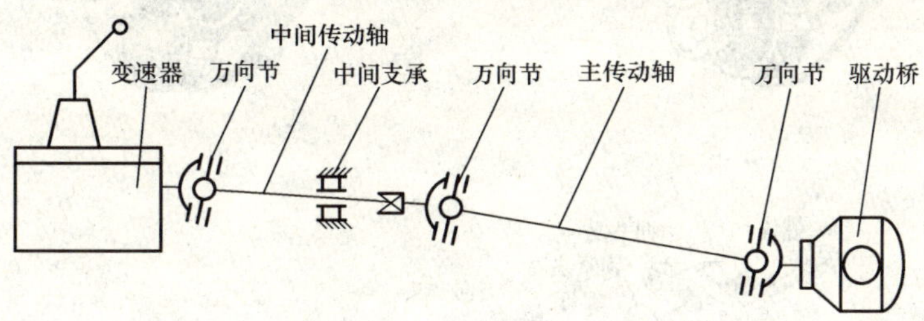

图1-49　变速器和驱动桥之间的万向传动装置

4. 设置万向传动装置的要求

(1)万向传动装置在传递动力的过程中，当所连接的两轴的相对位置在预定范围内变动时，应能高效可靠地工作，并使工程机械平稳地运行；

(2)应具用一定的动平衡精度，使其传动中产生的附加动载荷在允许的范围内；

(3)在扭转刚度足够大的同时，应尽量结构简单、质量小、维修方便。

二、万向节

万向节是实现变角度动力传递的机件，用于需要改变传动轴线方向的地方。

万向节有弹性和刚性两种形式。刚性万向节可分为不等角速万向节(常用的为普通十字轴式万向节)和等角速万向节(如双联式、三销式、球叉式和球笼式等)两种。

1. 弹性万向节

东方红履带推土机的离合器和变速器安装间距较大，虽然这两个部件都安装在车架上，但由于加工安装方面的原因或推土机工作时车架的变形，都会造成两个部件的轴线发生偏移和倾斜。这样，如果采用刚性连接，工作时会引起零件的损坏，降低使用寿命。为此，在离合器和变速器中间安装弹性万向节，图1-50a)、图1-50b)所示为东方红-802推土机的弹性万向节。它的功用是当两个部件轴线有少量偏移和倾斜时，仍能正常地传递转矩。

其特点是：

(1)轴间夹角小，3°~5°，承载能力低，只用于消除安装和变形误差的两轴传动。

(2)结构简单，无需润滑。

(3)能吸收冲击载荷，衰减扭转振动。

2. 刚性万向节

1)不等角速万向节

普通十字轴万向节是工程机械传动系中常用的不等角速万向节，它允许相邻两轴的最大交角为 15°~20°。如图 1-51 所示,普通十字轴万向节由两个万向节叉和十字轴等零件组成。

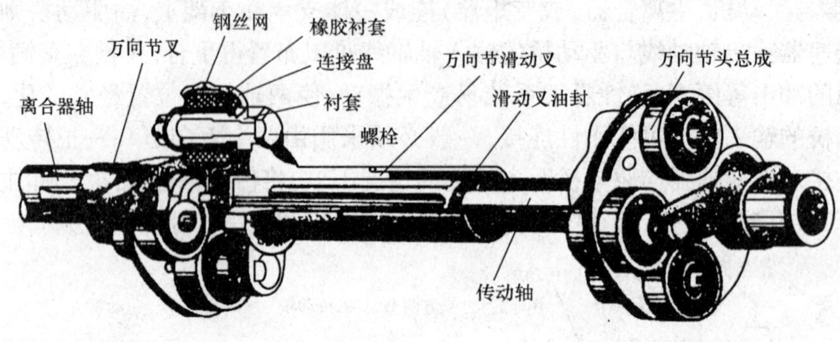

图 1-50 东方红-802 推土机万向传动装置

a)万向传动装置;b)万向传动装置分解图

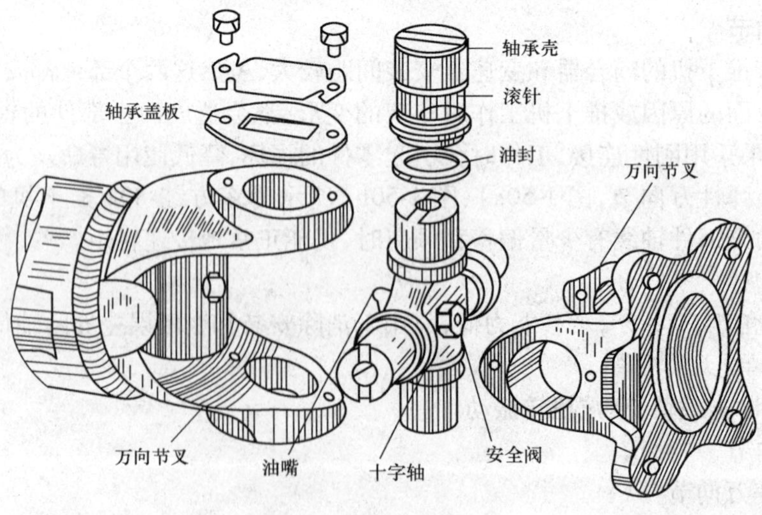

图 1-51 普通十字轴万向节

两个万向节叉上的孔分别活套在十字轴的两对轴颈上。当主动轴转动时,从动轴既可随之转动,又可绕十字轴中心任意方向摆动,从而实现了万向传动的功能。为了减少摩擦损失、提高传动效率,在十字轴轴颈和万向节叉孔间装有由滚针和轴承壳组成的滚针轴承。然后用螺钉和轴承盖板将轴承壳固定在万向节叉上,并用锁片将螺钉锁紧,以防止轴承在离心力作用下从万向节叉内脱出。为了润滑轴承,十字轴做成中空的,并有油路通向轴颈。润滑油从注油嘴注入十字轴内腔。为避免润滑油流出及尘垢进入轴承,在十字轴的轴颈上套着装在金属座圈内的毛毡油封。在十字轴的中部还装有带弹簧的安全阀。如果十字轴内腔的润滑油压力大于允许值,安全阀即被顶开而润滑油外溢,使油封不致因油压过高而损坏。

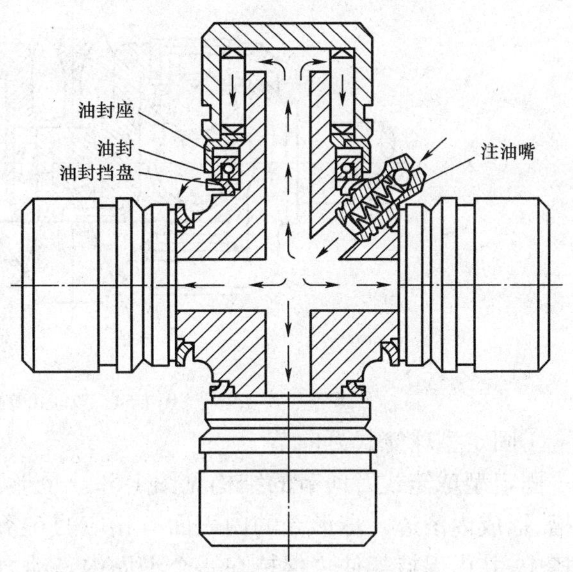

图1-52 十字轴润滑油道及密封装置

十字轴万向节的损坏是以十字轴轴颈和滚针轴承的磨损为标志的,因此润滑与密封直接影响万向节的使用寿命。为了提高其密封性能,近年来在十字轴万向节中多采用图1-52所示的橡胶油封。实践证明,使用橡胶油封其密封性能远优于老式的毛毡或软木垫油封。当用注油枪向十字轴内腔注入润滑油而使内腔油压大于允许值时,多余的润滑油便从橡胶油封内圆表面与十字轴轴颈接触处溢出,故在十字轴上无须安装安全阀。

普通十字轴万向节在传动过程中,主、从动轴的转速是不等的,如果主动轴以等角速转动,即从动轴则时快时慢。普通十字轴万向节传动的不等速性会使从动轴及其相连的传动部件产生扭转振动,形成附加的反复载荷,影响零部件的寿命。为了实现等速万向传动,可装配两个十字轴万向节,只要第一个万向节两轴间夹角与第二个万向节两轴间夹角相等,并且第一个万向节的从动叉与第二个万向节的主动叉在同一平面内,便能实现等速传动,如图1-53所示。

2)等角速万向节

采用双万向节传动虽然能近似解决不等速传动问题,但在某些情况下,受空间位置的限制,双万向节很难适应,需要单万向节实现等角速传动,因此等角速万向节在转向驱动桥上应用很广。工程机械常用的等角速万向节主要有双联式、球笼式(常用于轮式挖掘机等转向驱动桥中)。

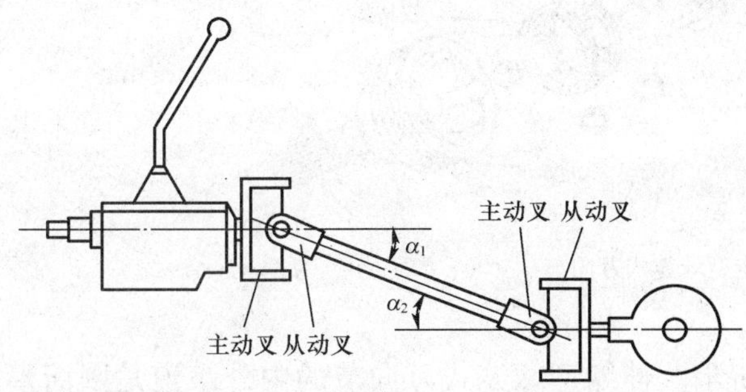

图1-53 双十字轴式万向节的等速布置

(1)双联式万向节

双联式万向节实际上是一套传动轴长度缩减至最小的双万向节等速传动装置。图1-54中的双联叉相当于两个在同一平面上的万向节叉。欲使两轴的角速度相等,应保证 $\alpha_1=\alpha_2$,为此在双联式万向节的结

构中装有分度机构，以尽量保证双联叉的对称线平分所连两轴的夹角。

(2)球笼式万向节

球笼式万向节按主、从动叉在传递转矩过程中轴向是否产生位移分为：固定型球笼式万向节和伸缩型球笼式万向节。

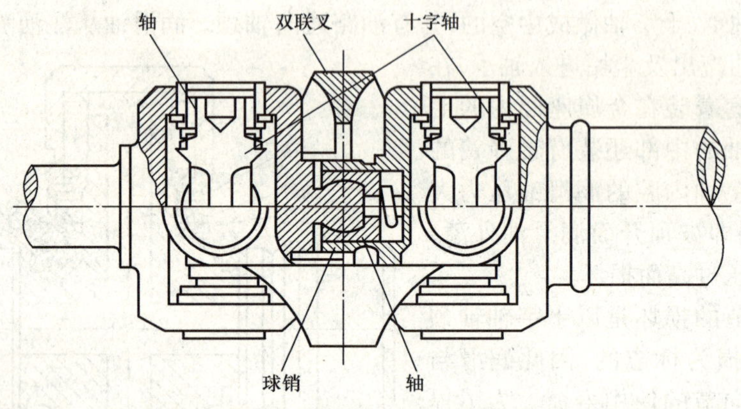

图 1-54　双联式等角速万向节

①固定型球笼式万向节

固定型球笼式万向节的结构见图 1-55。星形套以内花键与主动轴相连，其外表面有 6 条凹槽，形成内滚道。球形壳的内表面有相应的 6 条凹槽，形成外滚道。6 个钢球分别装在各条凹槽中，并由保持架使之保持在一个平面内。动力由主动轴经钢球、球形壳输出。

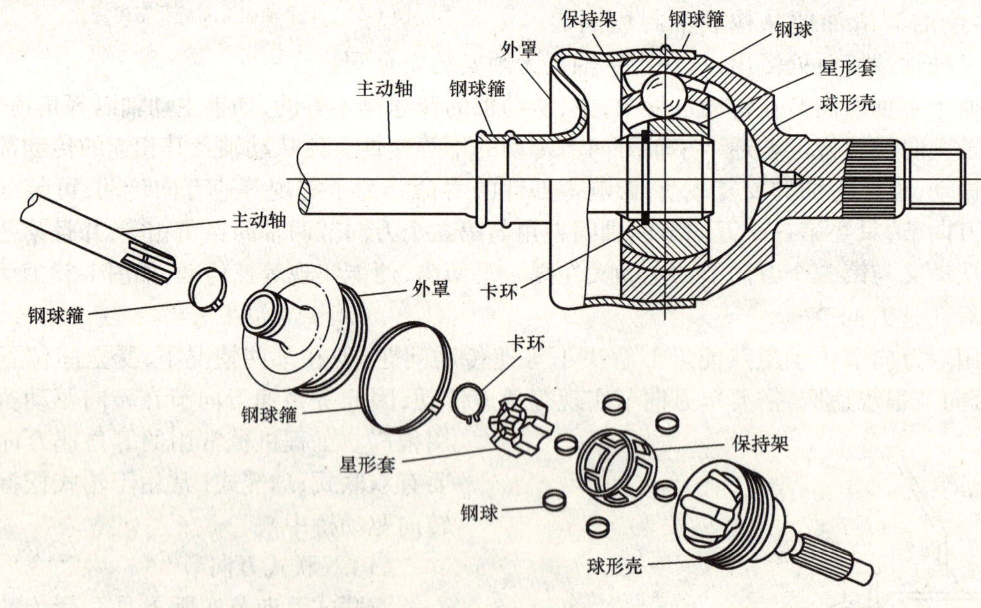

图 1-55　固定型球笼式万向节

②伸缩型球笼式万向节

伸缩型球笼式万向节的结构，如图 1-56 所示。伸缩型球笼式万向节的内外滚道是圆筒形的，在传递转矩过程中，星形套与筒形壳可以沿轴向相对移动，故可省去其他万向传动装置中

必须有的滑动花键。这不仅使结构简化，而且由于星形套与筒形壳之间的轴向相对移动是通过钢球沿内外滚道滚动来实现的，与滑动花键相比，其阻力小，最适用于断开式驱动桥。伸缩型球笼式万向节两轴交角范围约20°～25°，较十字轴刚性万向节相邻两轴的交角范围大，但小于球叉式和固定型球笼式万向节。

这种万向节的保持架的内球面中心 B 与外球面中心 A 位于万向节中心 O 的两边，且与 O 等距离。钢球中心 C 到 A、B 距离相等，以保证万向节作等角速传动。

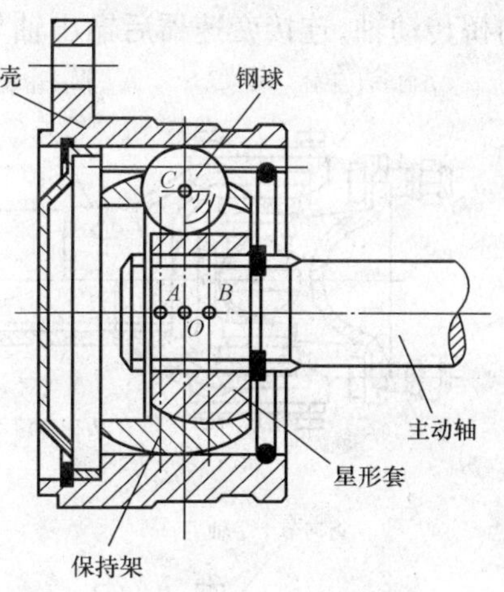

图 1-56 伸缩型球笼式万向节

三、传动轴

传动轴是万向传动装置的重要组成部分。传动轴一般长度较长、转速高，并且由于所连接的两部件间的相对位置经常变化，因而要求传动轴的工作长度也要相应地能有所变化；刚度大，同时动平衡精度高，以保证动力的正常传动。为此，传动轴结构一般具有以下特点（见图 1-57）：

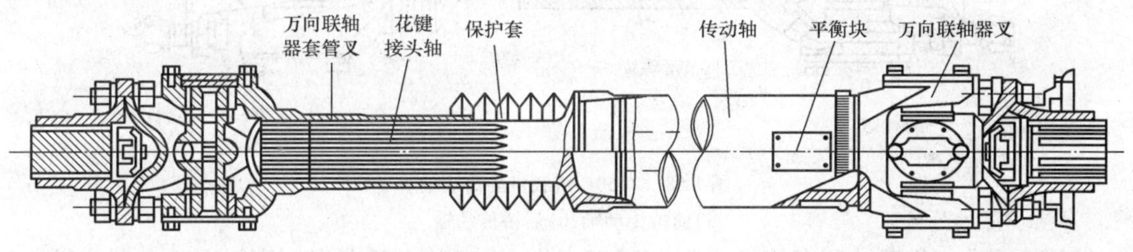

图 1-57 传动轴

（1）广泛采用空心传动轴。这是因为在传递相同大小的转矩情况下，空心轴具有更大的刚度，而且质量小，节省钢材。

（2）传动轴是高速转动件，为了避免由于离心力引起剧烈的振动，故要求传动轴的质量沿圆周均匀分布。为此，通常不用无缝钢管，而是用钢板卷制对焊成管形圆轴（因为无缝钢管壁厚不易保证均匀，而钢板可以保证厚度较均匀）。此外，当传动轴和万向节装配以后，要经过动平衡，用焊小块钢片（称为平衡片）办法使之平衡，平衡后应在叉和轴上刻上记号，以便拆装时保持二者原来的相对位置。

（3）传动轴上通常有花键连接部分，使之与万向节套管叉的花键套连接，这样，传动轴总长度可以允许有伸缩。花键长度应保证传动轴在各种工作情况下，既不脱开又不顶死，为了润滑花键，通过润滑脂嘴注入润滑脂，用油封和油封盖不使润滑脂外流，有时还加防尘套。传动轴另一端则与万向节叉焊接成一体。

为了便于加注润滑油，传动轴及十字轴上的油嘴应在同一平面上。传动轴花键处需加一防尘套，防尘套上的两个卡箍的开口销位置应相隔 180°，以保证传动轴运转平稳。

（4）有的工程机械，由于变速器（或分动器）到驱动桥主传动器之间距离较长，如果用一根传动轴，因其过长，在运转中容易引起剧烈振动。为此，将传动轴分成二根或三根短的，中间加支承点。如图 1-58 所示，ZL50C 装载机有两根传动轴，连接变速器前输出轴与前驱动桥的为

前桥传动轴，连接变速器后输出轴与后驱动桥的为后桥传动轴。

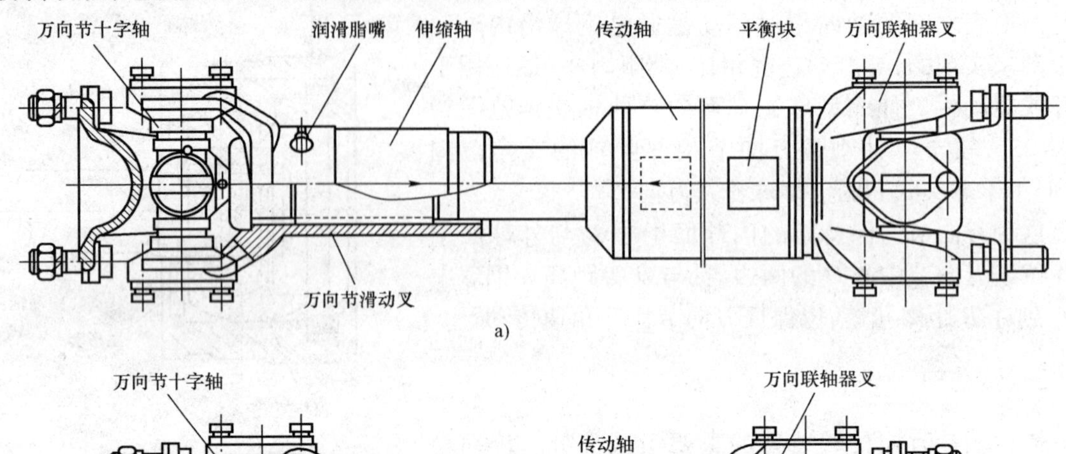

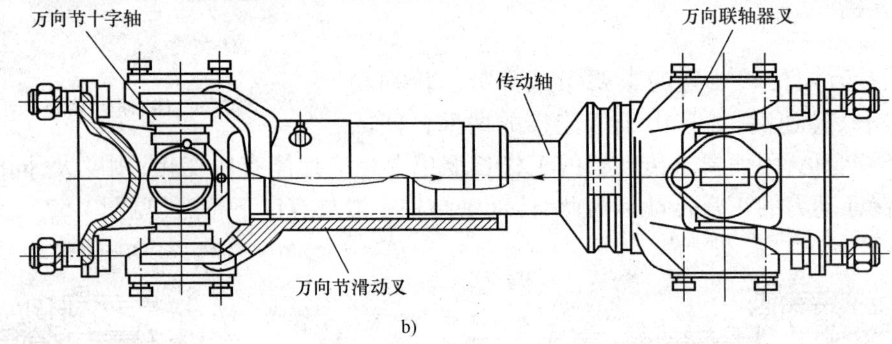

图 1-58　ZL50C 装载机的传动轴

a）前桥传动轴；b）后桥传动轴

(5)为了减少花键轴和套管叉之间的摩擦损失，提高传动系的传动效率，近来有些铲土运输机械已采用滚动花键来代替滑动花键，其构造如图 1-59 所示，由于花键轴与套管叉之间是用钢球传递动力，当传动轴长度变化时，因钢球的滚动摩擦代替了花键齿的滑动摩擦，从而大大减小了摩擦损失。

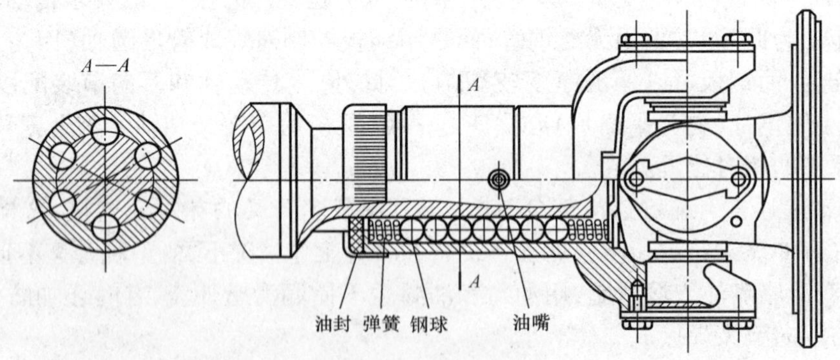

图 1-59　滚动花键传动轴

四、万向传动装置的维修

1. 万向传动装置的维护

(1)经常检查万向传动装置各部分的连接情况。

(2)按各机械的润滑表要求及时加注润滑油。润滑油供给不足、质量不好或油封密封性不好。都会使轴承或花键轴磨损加剧。油封密封不好,主要原因是在维护或修理时,油封壳压入偏斜或安装不正确。

此外新的滚针轴承涂有防腐润滑脂,装配新轴承时,如不清洗干净就要重新涂润滑脂,否则将会造成轴承加速磨损。

(3)定期检查万向节十字轴在轴承内的松动量。正常的松动量应能自由转动,没有卡滞现象,如有较大的轴向松动,则需拧紧固定螺栓;如有较大的径向松动,则需拆下十字轴检修或更换。

在拆装万向传动装置时应注意万向节叉的相对位置,传动轴两端的万向节叉应在同一平面内。并按平衡时所作记号进行装配。万向传动装置的连接螺栓一般都由合金钢制成,因此,不得与其他螺栓混用,更不得用任意螺栓代替。

2. 万向传动装置的拆装

以装载机传动系为例分析万向传动装置的拆装。

1)主传动轴的拆装

(1)拆卸

①取下主传动轴总成

a. 在两个万向节上按图示位置做好配合标记(如图 1-60 所示),以防在重新安装时搞错,破坏了动平衡;

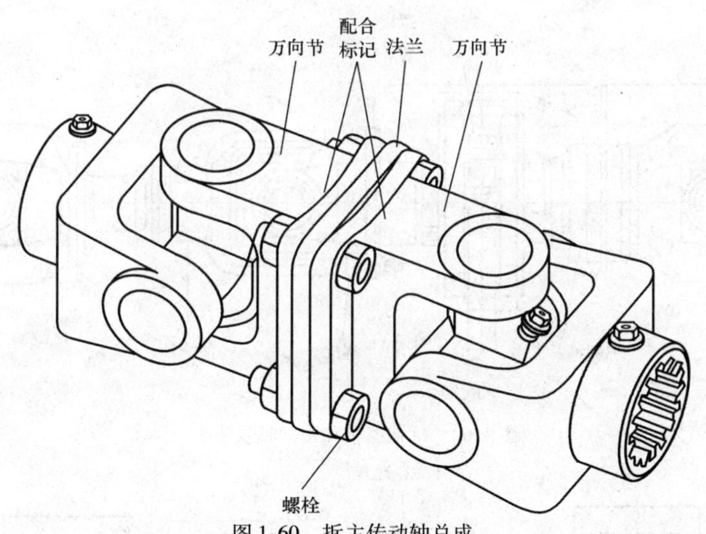

图 1-60 拆主传动轴总成

b. 松开螺栓,拆下变速器固定螺栓,移动变速器适当距离后,先取下靠变矩器端的万向节总成及法兰,然后再取另一端万向节总成。

②拆万向节总成(如图 1-61 所示)

a. 取下挡圈;

b. 取下轴承总成;

c. 取下十字轴。

(2)安装

①装万向节总成

将轴承总成和十字轴放在安装位置上，安装后再装挡圈；若十字轴和轴承总成已磨损或损坏，应更换。

②装入整机

a. 将两个万向节总成分别装上变矩器输出轴和变速器输入轴；

b. 将法兰装在任意一个万向节总成上；

c. 将变速器移回原位并固定；

d. 对好配合标记，用螺栓、螺母和垫圈紧固。

2)前传动轴的拆装

(1)拆卸

①取下伸缩轴和中间轴及支承(见图1-62)

a. 松开螺栓，取下传动轴罩板；

b. 松开两边螺栓，取下伸缩轴；

c. 松开螺栓，取下中间轴及支承。

②拆伸缩轴

a. 在伸缩花键套和伸缩花键轴上做好配合标记，以防将万向节的安装方向搞错(见图1-63)；

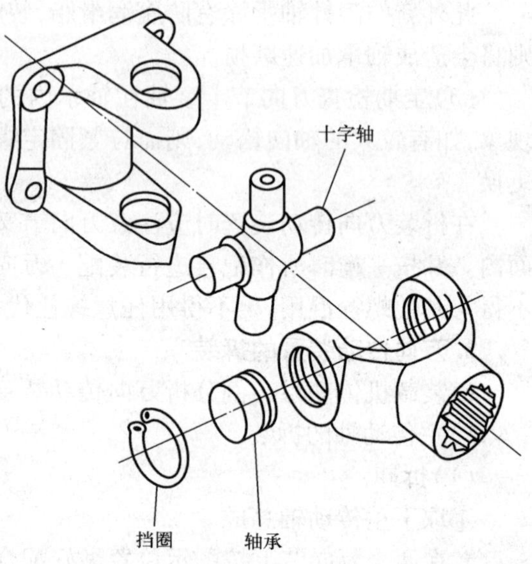

图1-61 拆万向节总成

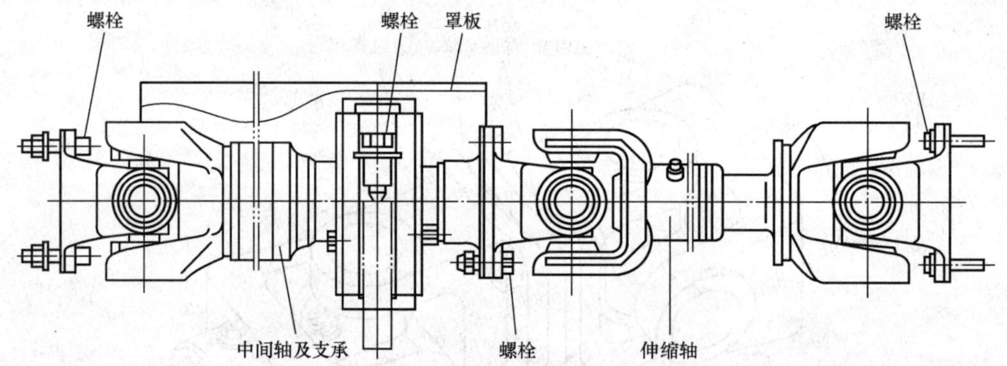

图1-62 拆伸缩轴和中间轴及支承

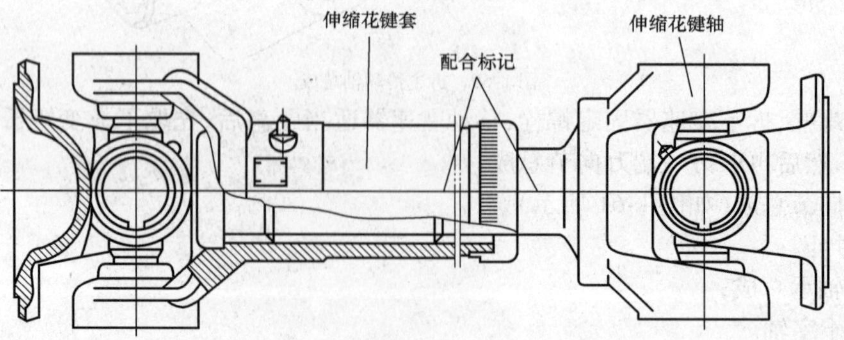

图1-63 做配合标记

b. 旋出油封盖,分开伸缩花键套和轴,取下油封和垫片;重新安装时油封需更换(见图1-64)。

③拆中间轴及支承

a. 取出开口销,松开螺母,取下垫圈(见图 1-65);

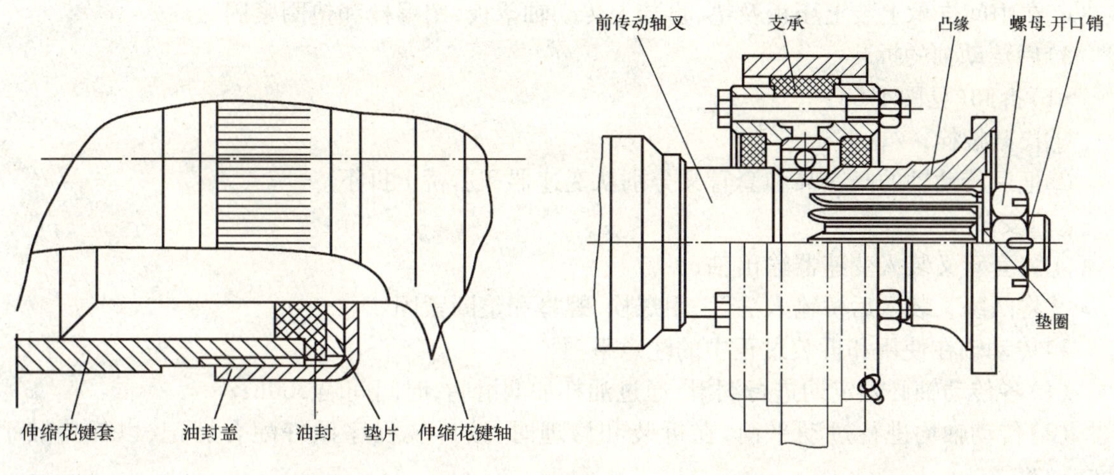

图 1-64　拆伸缩轴　　　图 1-65　拆中间轴及支承

b. 取下凸缘时,在凸缘和前传动轴叉上做好配合标记,以防在重新安装时出错(见图1-66);

c. 用力拉下支承。

(2)安装

①装伸缩轴(见图 1-67)

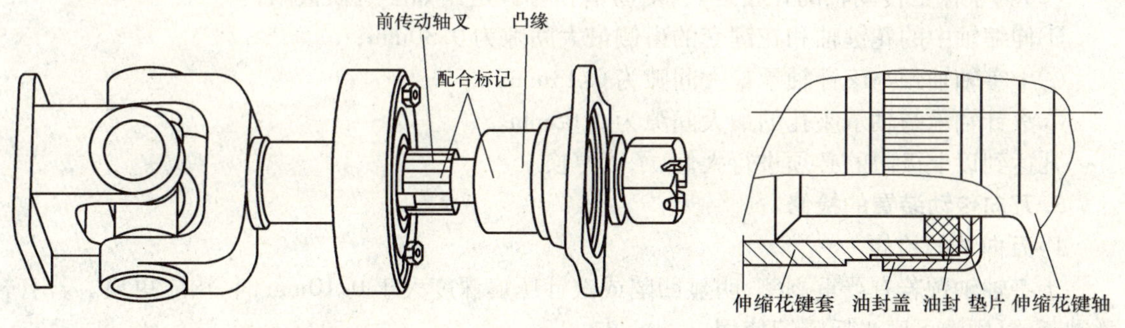

图 1-66　做配合标记　　　图 1-67　装伸缩轴

a. 在伸缩花键轴上依次装上油封盖、垫片和油封,油封应更新;

b. 将伸缩花键套和伸缩花键轴上的配合标记对齐套入;

c. 将油封盖小心旋上伸缩花键轴,使垫片和油封与伸缩花键套端面接触良好,起到密封作用。

②装中间轴及支承(见图 1-65)

a. 将支承装到前传动轴叉上;

b. 将前传动轴叉和突缘上的配合标记对齐，并装配；

c. 装上垫圈，用螺母拧紧、开口销保险。

③装上整机（参见图1-62）

a. 将中间轴及支承装上装载机，用螺栓和垫圈将其与前桥输入轴法兰连接；

b. 用螺栓和垫圈将伸缩轴分别与变速器输出轴和中间轴及支承连接；

c. 在中间支承上装上压板及垫，再装上传动轴罩板，用螺栓和垫圈紧固。

3）后传动轴的拆装

（1）拆卸（见图1-68）

①松开螺栓；

②把后传动轴的凸缘叉和套管叉分别从变速器和后桥上拆下。

（2）安装

①将套管叉装入变速器输出轴；

②将凸缘叉装入后桥输入法兰，用螺栓、螺母和垫圈紧固。

4）传动轴在使用和拆装过程中的注意事项

（1）各传动轴必须定期进行润滑，通过油杯加润滑脂，时间间隔500h；

（2）传动轴均进行过动平衡，在拆装和修理时，按拆装程序做好配合标记，以保持其平衡性；

（3）在前传动轴的拆装过程中，要特别注意花键连接零件间的圆周相对位置，按拆装程序做好配合标记。否则将减小传动轴的摆角，产生折断；

（4）伸缩轴上的油封必须保持完整，以确保密封作用，防止润滑脂外流，以及湿气和灰尘侵入；

（5）传动轴上连接旋转件的螺栓拧紧力矩必须达到90～110N·m，以防松动；

（6）为了保证传动轴的正常运转，对易磨损零件定出如下磨损极限：

①伸缩轴中的花键轴和花键套的齿侧最大间隙为0.30mm；

②十字轴轴颈与滚针轴承最大间隙为0.13mm；

③滚针轴承与轴承座孔的最大间隙为0.05mm。

凡达到以上极限的必须进行大修，予以更换。

3. 万向传动装置的检修

1）万向节的检修

十字轴轴颈若有严重剥落、明显凹陷或滚针压痕深度大于0.10mm时，均应更换。若有轻微剥落，可用油石磨光后继续使用。

万向节叉孔磨损，与轴承套筒配合间隙超过0.10mm时，应更换轴承或镶套修复。叉孔处有裂纹，应予更换。滚针轴承油封失效，或滚针断裂、缺针均应更换。

十字轴轴颈与滚针轴承配合间隙的检查方法，如图1-69所示。百分表表针摆动量即为配合间隙值，超过0.3mm时，应予更换。

球叉式等速万向节的常见损伤是钢球和球槽的磨损。观察钢球及球槽表面，不应有划痕、斑点及剥落现象。球面磨损大于总面积的30%时，应予更换；球槽有严重划痕及表面磨痕，宽度超过钢球直径的25%时，应更换万向节总成。

球笼式等速万向节的常见损伤是钢球、球笼、内外球道的磨损等。星形套、外壳、球笼、钢球磨损严重，表面疲劳剥落或裂纹，出现转动卡滞现象，以及星形套花键磨损松旷时，均应更换万向节总成。万向节不得拼凑使用及单件更换。防尘套老化破裂，应予更换。

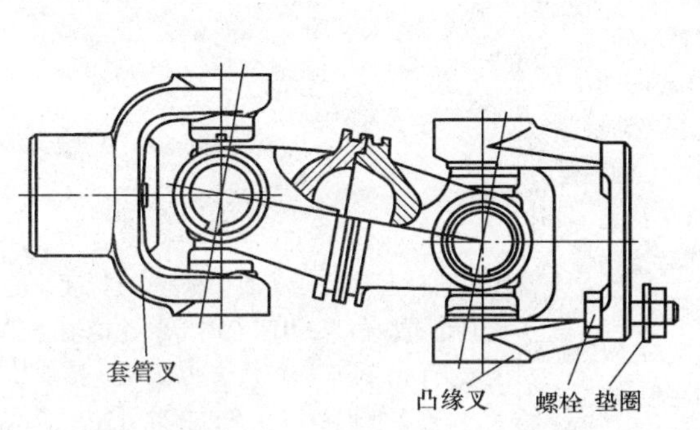

图 1-68　拆卸后传动轴

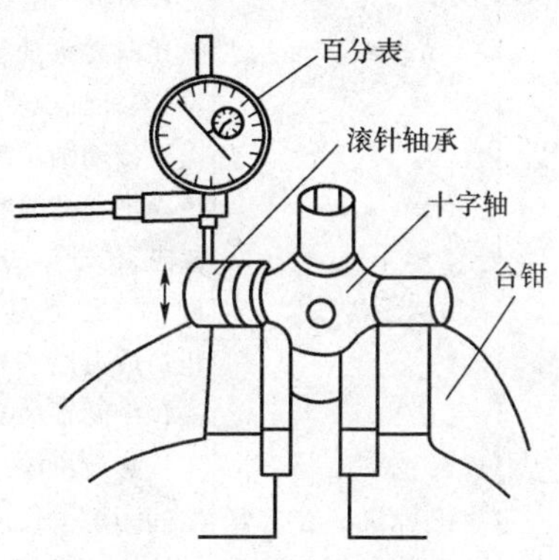

图 1-69　配合间隙的检查

2）传动轴的修理

传动轴的常见损伤有：传动轴的弯曲，花键轴与套管叉的磨损等。

用百分表测量传动轴中部的弯曲量，如图 1-70 所示。弯曲量大于 1mm 时，应冷压校正，压头形状应与轴管的外表面相吻合。

花键轴与套管叉配合间隙的检查方法如图 1-71 所示。把套管叉夹在台钳上，花键轴按装配标记插入套管内，并使部分花键齿外露。摆转花键轴，百分表的摆动量即为配合间隙值。

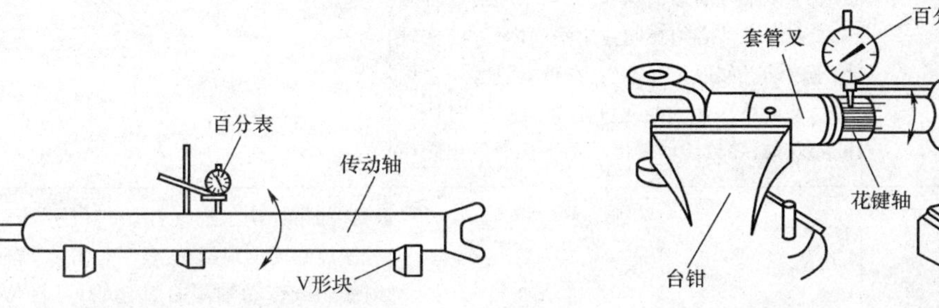

图 1-70　传动轴中部的弯曲量检查

图 1-71　花键轴与套管叉配合间隙的检查

当配合间隙超过 0.5mm，或花键轴有横向裂纹时，可采用局部更换法修复或换用新件。

4. 万向传动装置的故障诊断与排除

1）万向传动装置的故障诊断与排除

万向传动装置在工作中承受着巨大的转矩和动载荷，经过长期使用会使万向节轴承磨损、各连接处松动、传动轴变形弯曲和动平衡等，进而引起在传动过程中产生异响和折断等故障（见表 1-3）。

2）万向传动装置的典型故障诊断与排除实例

（1）故障现象

一台徐工 CA25 型液压振动压路机的万向节频繁损坏，维修人员一直找不到故障的原因，而更换新件后使用不到一个月又损坏了。

万向传动装置的故障诊断与排除　表1-3

故障	故障现象	故障原因分析	故障诊断与排除方法
异常响声	工程机械在起步时虽无异响，行驶中却有异常响声，或在整个行驶过程中声响不断	1. 万向节磨损或损坏。万向节异响在车速变化时尤为明显，其主要原因是万向节十字轴、滚针轴承严重磨损松旷或滚针破碎 2. 传动轴花键磨损。随着工作时间的延长，传动轴花键的磨损量逐渐增加，使传动轴花键松旷、传动轴的回转中心与几何中心的不重合度相应增大，转动时沿径向振动而发响，同时也造成万向节与花键轴的配合零件撞击发响 3. 中间轴承安装不当、缺油或松动等。有的工程建设机械，由于变速器到驱动桥主传动器之间距离很长，传动过程中使用二根或三根传动轴，中间加支承点。当中间支承轴承安装不当、缺油或松动时，则造成万向传动装置异响 4. 传动轴连接螺母松动或松脱，引起传动轴振动发响 5. 传动轴或花键轴在焊接时歪斜或丢失平衡块，会使传动轴的质量中心与回转中心不重合而失去平衡，当传动轴达到一定转速时，便出现振动和异常响声 6. 装配不当。如果在万向传动装置中使用两个十字轴万向节，安装时要求中间传动轴两端的万向节叉必须在同一个平面内，才能实现等速传动。如果装配不当，在传动过程中会因主动叉与被动叉的线速度不等而发生时快时慢的现象，导致传动轴传动不平稳而发出响声	1. 机械起步时传动轴有撞击声，行驶速度变化时也有撞击声，表明万向节和花键轴磨损过大或万向节轴承损坏或者传动轴连接螺栓松动，应停车查明原因并予以排除 2. 机械低速行驶时出现清脆而有节奏的金属声，脱挡滑行时声响清晰存在，可能是万向节十字轴承压紧过度，应拆开重新装配 3. 如果机械行驶达到某一速度时，异响和振动同时出现，表明传动轴失去平衡，应检查传动轴的平衡块是否完好
抖振	工程机械中速以上时出现异常响声，且行驶速度越高、异响越大，达到某一速度时机架、转向盘等强烈抖振	1. 万向节滚针轴承磨损、损坏 2. 传动轴弯曲。传动轴的特点是细而长，支承距离较大，受力后容易产生弯曲变形，当达到一定速度时，便出现明显的抖振 3. 传动轴连接螺母松动或松脱，引起传动轴异常响声并伴随抖振 4. 花键轴磨损过大而松旷 5. 传动轴管凹陷	1. 如果异响呈周期性的“呼噜”声，而且行驶速度越高响声越大，表明是由传动轴管焊接时歪斜或传动轴弯曲引起的，可将传动轴拆下，放在V形铁上，用百分表测量传动轴的径向跳动量，若超限则应进行校正或更换传动轴。有条件时可进行传动轴动平衡试验 2. 如果异响为连续振响，应将发动机熄火，用手握住中间支承架附近的中间传动轴，径向晃动以检查中间支承轴是否松旷，固定螺栓有无松动，支承架是否偏斜 3. 如果以上检查未发现故障原因，则应检查十字轴回转中心与传动轴的同轴度是否超差。造成超差的原因大都是十字轴两端的滚针轴承壳凹槽内垫片厚度不一致

(2)故障原因及分析

首先，从拆下来的新万向节上可以看到：万向节两侧边的漆层有明显的磨痕，与其连接的

法兰盘对应处也有磨损。由此，判定故障原因为万向节前后不同轴。检查前、后法兰盘间隙和固定螺栓时，均未发现异常，变速器固定螺栓也齐全。因为此机曾更换过后桥壳，所以怀疑是桥壳装配不到位所致，因而重点检查了后桥与机体的连接部分，但也未发现异常。为了便于发现故障原因，我们对磨痕处重新喷漆后进行装配，将后桥垫高后又让轮胎离地转动10多分钟，但磨痕处没有发现变化；去除垫块后，前、后直行数次，原磨痕处也未出现磨痕；在进行"S"形行走试验后，在新喷漆处又出现了磨痕。由此可说明，后桥与变速器直行时前后同轴，在转弯时才会产生前后不同轴的现象。因为已详细检查过后桥，没有发现问题，那么故障是否出在变速器上呢?

当拆下紧固变速器的固定螺栓后发现，两个固定螺栓的中间部分磨细了许多，螺孔已经磨成了椭圆形。虽然螺栓与孔之间的间隙较大，因为装有垫片故不易被发现，但直观上可感觉到此螺栓的直径比孔径小了许多。查资料后得知，此处应该用M16的螺栓，而此螺栓却为M14。至此，该机的故障原因就清楚了:修理工更换螺栓时用M14的螺栓代替了M16的螺栓，使螺栓与孔在装配时产生了较大的间隙。这样，在机器转弯时变速器随之左、右摆动，开始时摆幅较小，万向节可以自行调节，随着时间的延长，磨损越严重，间隙也就越大，最终超出了万向节的自行调节范围，导致万向节损坏。

(3)故障诊断与排除

修补了已损坏的螺栓孔，更换上M16的螺栓，给万向节磨损处重新进行喷漆。试机表明，故障已被排除。

机器故障原因有些较明显，有些则较隐蔽。作为维修人员必须仔细观察、认真分析，只有找到了真正的原因才能彻底地排除故障。

课题五　驱　动　桥

一、概述

工程机械的驱动桥是传动系中最后一个总成，是位于变速器或传动轴之后、驱动轮之前的动力传动装置的总称。根据工程机械行驶系统的不同结构，驱动桥可分为轮式驱动桥和履带式驱动桥两种类型。

1. 轮式驱动桥

轮式驱动桥，如图1-72所示。由主传动器、差速器、半轴、轮边减速器(终传动)、壳等主要零部件所组成。其功用是将传动轴(或变速器)传来的动力，由主传动器锥齿轮进一步减速、增矩，并将动力改变90°后传给差速器。经差速器的十字轴、行星齿轮将动力分配给左右两半轴齿轮传到半轴，再经轮毂传到驱动轮，使车辆行驶。某

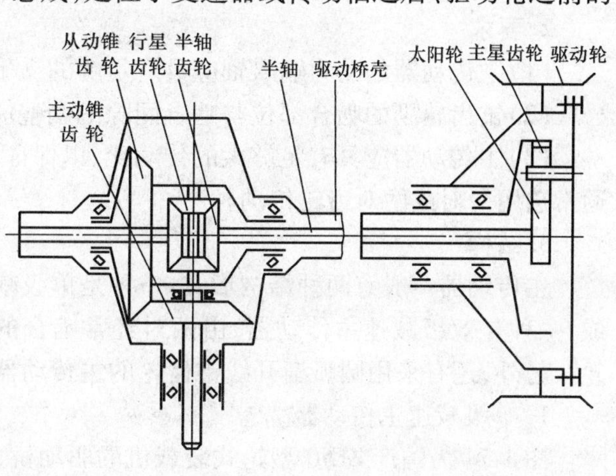

图1-72　轮式驱动桥

些重型轮式工程机械，在左右半轴与驱动轮之间，设置一轮边减速装置，以进一步增大转矩、降低转速。轮边减速装置有普通圆柱齿轮传动和行星齿轮传动两种类型。

2. 履带式驱动桥

履带式驱动桥，如图1-73所示。由主传动器、转向离合器、终传动装置及桥壳等主要零部件组成。其功用是将变速器传来的动力由主传动器锥齿轮进一步减速、增矩，并改变传动方向，传到转向离合器，再经半轴传到终传动装置，由终传动装置齿轮传给驱动链轮，由此带动履带运动，使工程机械行驶。

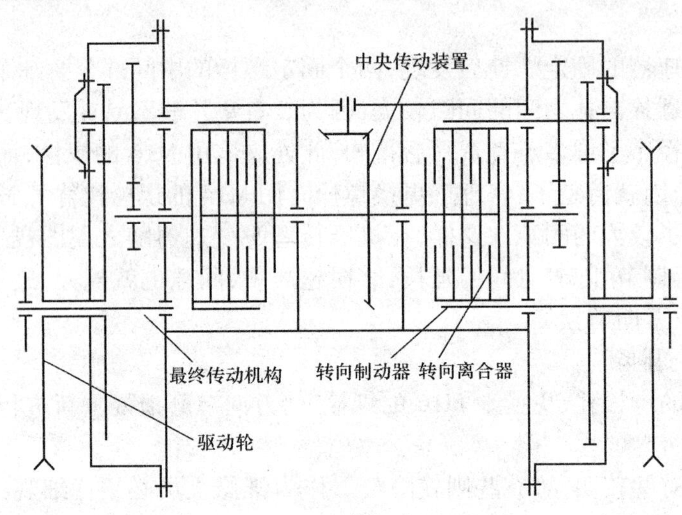

图1-73　履带式驱动桥

二、主传动器

1. 功用

主传动器也称主减速器，履带式底盘也称为中央传动，其基本功用是进一步降低转速、增大转矩，保证工程机械具有足够的牵引力。因工程机械上用的发动机通常是沿机械纵向布置的，故主传动器还用来改变动力传递方向，使其和驱动轮（或链轮）的旋转方向一致。

2. 要求

(1) 主传动器的动力输入轴应具有足够的支承刚度，以保证齿轮副的正常啮合；

(2) 锥齿轮副的啮合部位与啮合间隙的调整应方便，并能获得充分的润滑；

(3) 主传动器应具有足够大的传动比，以保证工程机械具有所需要的驱动力或牵引力，它通常选用一对或两对齿轮传动。

3. 结构

主传动器一般有两种结构形式：一种是单级减速主传动器，由一对经常啮合的圆锥齿轮组成；一种是双级减速主传动器，由两对经常啮合的齿轮组成，一对为锥齿轮，另一对为圆柱齿轮。另外，还有采用圆弧渐开线锥齿轮的主传动器。

1) 单级减速主传动器

图1-74为国产ZL50型轮式装载机的驱动桥，其主传动器是由一对螺旋锥齿轮、轴承等主要零件所组成。主动锥齿轮与轴制成一体，并采用刚性较好的两端支承，即前端支承在一个滚

柱轴承上，后端支承在两个滚锥轴承上。从动锥齿轮用螺栓固定在差速器右壳的凸缘上。在主传动器壳体上装一止推螺栓，其端面到齿轮背面的间隙为0.3～0.4mm，以防止装载机重载运行时从动锥齿轮产生过大的变形而破坏齿轮的正常啮合。一般来说，单级减速主传动器由于结构简单，因此常用工程机械均采用这种传动形式，但传动比不能太大，否则从动锥齿轮及其壳体结构尺寸过大，造成离地间隙太小，影响工程机械的通过性。

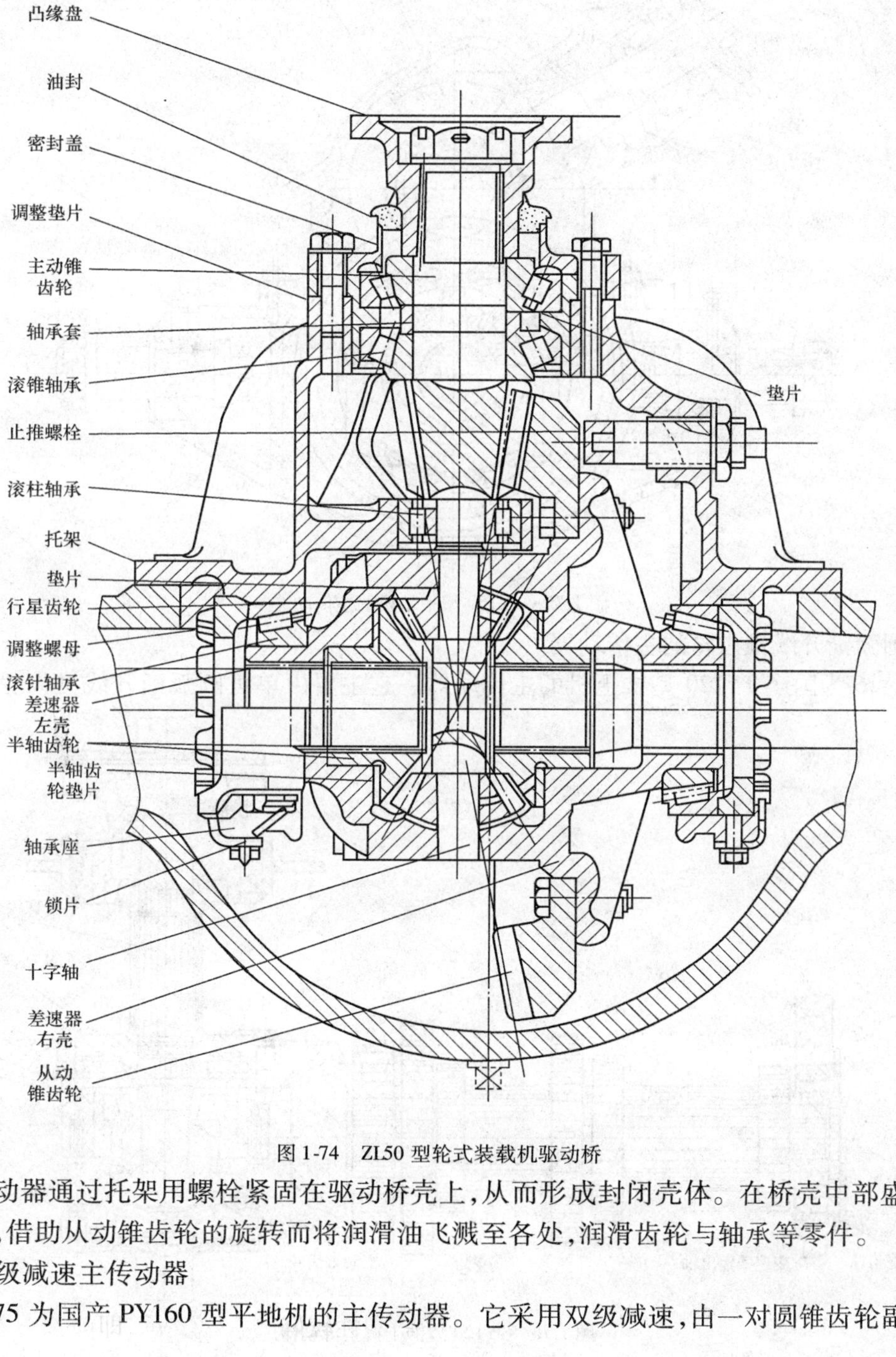

图1-74　ZL50型轮式装载机驱动桥

主传动器通过托架用螺栓紧固在驱动桥壳上，从而形成封闭壳体。在桥壳中部盛有适量的齿轮油，借助从动锥齿轮的旋转而将润滑油飞溅至各处，润滑齿轮与轴承等零件。

2）双级减速主传动器

图1-75为国产PY160型平地机的主传动器。它采用双级减速，由一对圆锥齿轮副和一对

圆柱齿轮副组成,其特点是主动锥齿轮轴线由于总体布置上的需要而与水平面倾斜30°角。与单级减速主传动器相比,双级减速主传动器的优点是:径向尺寸小,使桥壳的离地间隙大,平地机的通过性好;对齿轮的支承刚度要求低;设计时传动比的调整范围大。但是,它的结构较复杂,质量大,轴向尺寸大,成本高,传动效率低,装配调整不太方便。

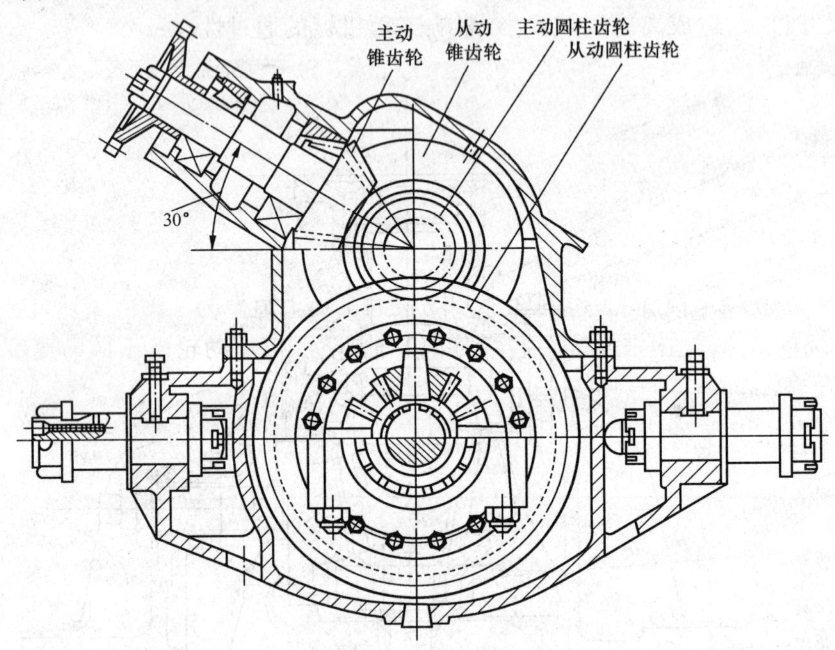

图1-75　PY160型平地机的主传动器

3)圆弧渐开线锥齿轮的主传动器

图1-76为国产TY120型推土机的主传动器。它主要由单级圆弧渐开线锥齿轮副及横传

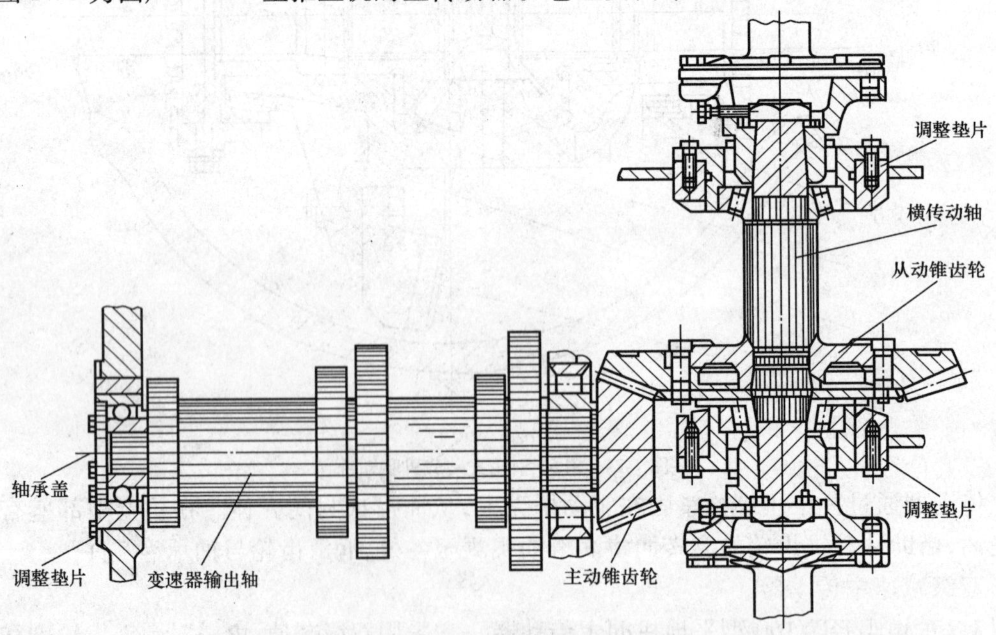

图1-76　TY120型推土机主传动器

动轴等组成。主动锥齿轮与变速器输出轴制成一体,从动锥齿轮固定在横传动轴上。横传动轴左右均用圆锥滚子轴承支承在桥壳内的支承板上。横传动轴的轴承预紧度及圆锥齿轮的啮合间隙是通过调整垫片来调整,啮合印痕则用轴承盖右侧的调整垫片来调整。安装主传动器的桥壳轮前壁上有孔与变速器内部相通,并与变速器形成共同的油池。因此主传动器也是用齿轮油润滑。

三、差速器

1. 功用及要求

轮式机械弯道行驶时,其两侧驱动轮在同一时间内驶过的距离是不相等的,即外侧驱动轮驶过的距离较内侧的长,如图 1-77 所示。如果内外侧驱动轮用一根刚性轴连接、以同一转速旋转,势必出现车轮边滚动边滑动的现象,这将加剧轮胎的磨损,使转向困难,或偏离行驶方向而降低轮式机械行驶稳定性,同时也增加了发动机的燃油消耗。为了消除上述现象,在轮式机械的驱动桥中设置差速器,用来连接左右两驱动半轴,使两侧驱动轮以不同角速度旋转,尽可能接近纯滚动。此外,即使轮式机械直线行驶,往往由于左右轮胎的气压不同、载荷不等、胎面磨损不一致等也会使驱动轮工作(滚动)半径不同,或因左右驱动轮接触的路面状况——密实程度、平整度不相同,以及车轮弹跳等均会引起左右驱动轮的行程不同,这时也需要两侧驱动轮以不同角速度旋转。

差速器应无需驾驶员操纵而能自动起差速作用,并具有较高的传动效率。此外,因驱动桥与主传动器的空间限制,差速器应结构紧凑。

2. 工作原理

差速器的工作原理,如图 1-78 所示。设左、右半轴齿轮的角速度为 ω_1 和 ω_2,差速器的角速度为 ω。

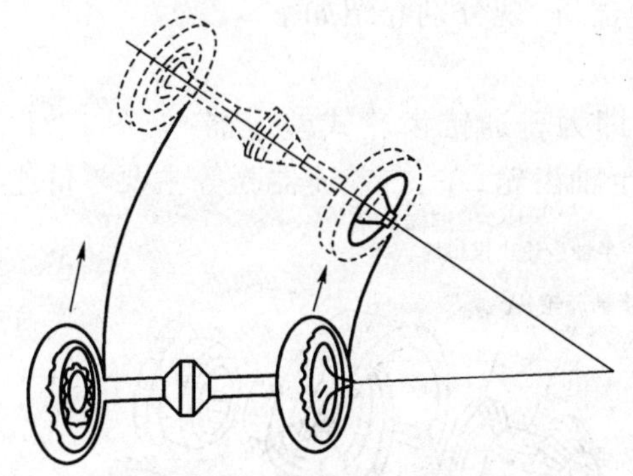
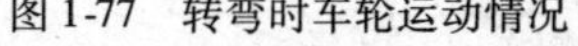

图 1-77 转弯时车轮运动情况

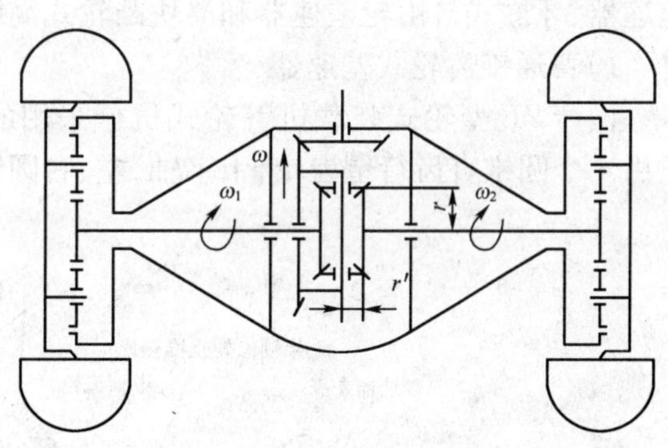

图 1-78 差速器工作原理

(1)当轮式机械直线行驶时,两侧驱动轮以相同的角速度转动(如图 1-79 所示),行星齿轮只公转无自转,仅随十字轴一起公转,即 $\omega_1=\omega_2=\omega$。此时行星齿轮和半轴齿轮啮合点的速度为 v_1、v_2,以及行星齿轮的轮心速度 v 相等,即 $v_1=v_2=v$,或 $\omega_1\cdot r=\omega_2\cdot r=\omega\cdot r$。

(2)当轮式机械在弯道上行驶时,作用在左、右驱动轮上的不同阻力传到差速器上时,行星齿轮除了公转外还进行自转,导致左、右驱动轮的转速不同(如图 1-80 所示)。设其自转角速度为 ω'、平均半径为 r',则 $v_1=v+\omega'\cdot r'$、$v_2=v-\omega'\cdot r'$,即 $\omega_1\cdot r=\omega\cdot r+\omega'\cdot r'$、$\omega_2\cdot r=\omega$

$\cdot r - \omega' \cdot r'$。所以 $\omega_1 = \omega + \omega' \cdot r'/r$、$\omega_2 = \omega - \omega' \cdot r'/r$、$\omega_1 + \omega_2 = 2\omega$，或 $n_1 + n_2 = 2n$。此式称为差速器运动特性方程，它说明左、右两半轴齿轮转速之和等于差速器壳转速的两倍。

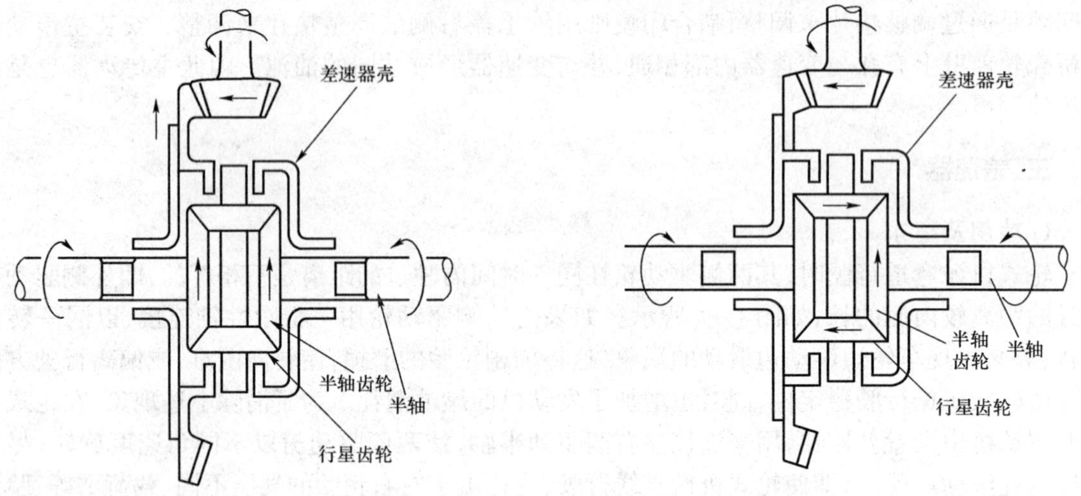

图 1-79 直线行驶　　图 1-80 弯道行驶

(3)若轮式机械的一侧驱动轮悬空或陷入泥坑而高速旋转，而另一侧驱动轮静止不动，此时 $n_1 = 0$、$n_2 = 2n$。如果差速器壳不动，即 $n = 0$，则 $n_1 = -n_2$，此时两侧驱动轮反向、同速旋转。

轮式机械直线行驶时 $M_1 = M_2 = M$；弯道行驶时行星齿轮出现自转，故存在一个摩擦损失力矩 M_r，但因其数值很小，可忽略不计，此时 $M_1 = M_2 = M$ 仍然成立。因此，可以把差速器的运动特性和传力特性归纳为“差速不差矩”。

3. 结构

差速器的结构形式很多，其中常用的有普通锥齿轮式差速器、转矩比差速器、强制锁住式差速器、牙嵌式自由轮差速器和滑块凸轮式高摩擦差速器等，现分别介绍如下。

1)普通锥齿轮式差速器

国产 ZL 型轮式装载机等轮式机械采用的差速器即为普通锥齿轮式差速器，见图 1-81。它由 4 个圆锥直齿行星齿轮，十字轴，左、右圆锥、直齿半轴齿轮，左、右差速器壳等主要零件组

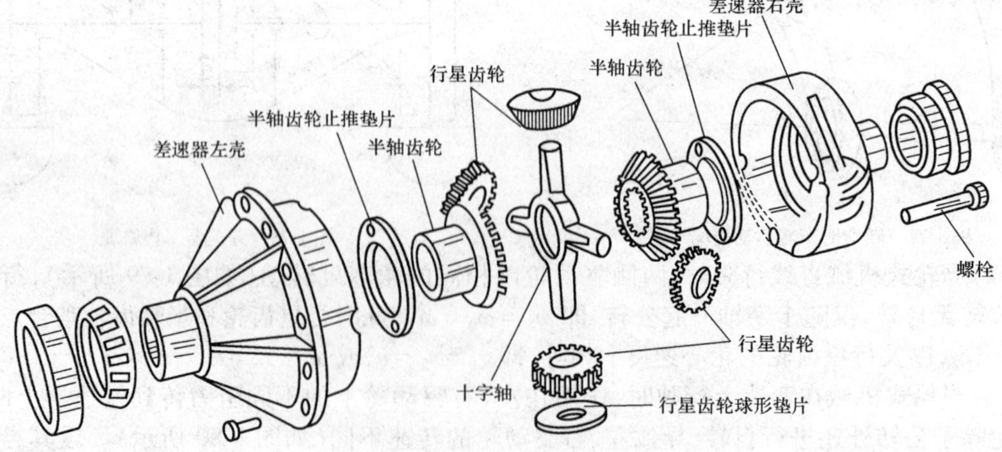

图 1-81 普通锥齿轮式差速器

成。左、右半轴齿轮分别装在左、右差速器壳的相应座孔内。4 个行星齿轮套装在十字轴上，十字轴的 4 个轴颈嵌装在左、右差速器壳两端面上相应的凹槽所形成的孔内。差速器壳的剖分面通过十字轴各轴颈的中心线，用螺栓将其结合成一体，整个差速器用两个圆锥滚子轴承支承在主传动器托架上。行星齿轮和壳体支承面加工成球面，以保证行星齿轮的对中性，以及和两个半轴齿轮正确的啮合。

由于行星齿轮、半轴齿轮在传递转矩时，沿它们的轴线都作用有较大的轴向力，而且齿轮与壳体之间又有相对运动，为了减少摩擦和磨损，在半轴齿轮和壳体之间装有软钢（有的用铜）制成的平垫片、在行星齿轮和壳体之间装有软钢（有的用铜或尼龙）制成的球面垫片，这样可提高齿轮的使用寿命。

从差速器工作原理考虑，使用一个行星齿轮即可；从零件受力对称、均衡考虑，应使用两个行星齿轮；若差速器传递的转矩较大，又充分利用差速器的内部空间、分散零件的受力以延长其使用寿命，宜使用 4 个行星齿轮。

差速器零件的润滑是用主传动器的齿轮油。在差速器壳体上开有窗口，供润滑油进出。为保证行星齿轮与十字轴轴颈之间的良好润滑，在十字轴轴颈上铣一平面、行星齿轮的齿间钻一小孔，作为油道。

动力自主传动器从动齿轮依次经差速器壳、十字轴、行星齿轮、半轴齿轮、半轴及终传动装置传给车轮。当两侧车轮以相同的转速转动时，行星齿轮只做绕半轴齿轮轴线的公转运动。若两侧车轮阻力不等，则行星齿轮在作上述公转运动的同时，还绕自身轴线做自转运动。当行星齿轮自转时，两半轴齿轮以至车轮就以不同的转速运动。

普通差速器不管是否进行差速工作，总是平均分配转矩的。因此，当一侧驱动轮因附着力小而打滑空转时，即使另一侧驱动轮附着力足够，也会不转或转速很低，这将导致工程机械不能正常运行。

2）转矩比差速器

日本小松（KOMATSU）WA380-3 型轮式装载机采用的是转矩比差速器，其结构机工作原理如图 1-82 所示。

由于工作性质的关系，四轮驱动式装载机要在条件不良的地方工作。在这种地方，如果轮胎打滑，那么装载机的工作能力就会降低，轮胎的使用寿命也会缩短，安装转矩比例差速器就是为了克服这种问题。其结构类似于汽车的差速器，但其行星锥齿轮具有奇数齿。由于路面阻力的不同，锥齿轮和半轴齿轮的啮合位置发生变化，这样就改变了左右轮胎的牵引力，如图 1-83 所示。

当直线行驶时（路面对左右轮胎的阻力相等，如图 1-84a）所示），如果路面的阻力对左右轮子是相等的，那么锥齿轮和左侧半轴齿轮的啮合点 a 之间的距离便等于锥齿轮和右侧半轴齿轮的啮合点 b 之间的距离。因此，左侧牵引力 TL 和右侧牵引力 TR 是平衡的。

当在软的地面上行驶时（路面对左、右轮胎的阻力是不同的，如图 1-84b）所示），如果一侧的轮胎打滑，那么轮胎阻力较小的一侧半轴齿轮向前转动，由于这种转动，便改变了锥齿轮与半轴齿轮的啮合点。如果左侧半轴齿轮稍微向前转动，那么，锥齿轮和左侧半轴齿轮的啮合点 a 之间的距离就变得大于锥齿轮和右侧半轴齿轮的啮合点 b 之间的距离，位置按下列公式平衡：$a \times TL = b \times TR$，至 a、b 的距离之间的比可以变到 1∶1.38，因此，当至 a、b 的距离之间的比小于1∶1.38时(也就是路面对左、右轮胎阻力之间的差小于38%),锥齿轮便不会自动转动,所以驱动力便提供给两个半轴齿轮,轮胎不会打滑。由于这种效果,轮胎的寿命可以增加20%~30%。同时,也可提高工作效率。

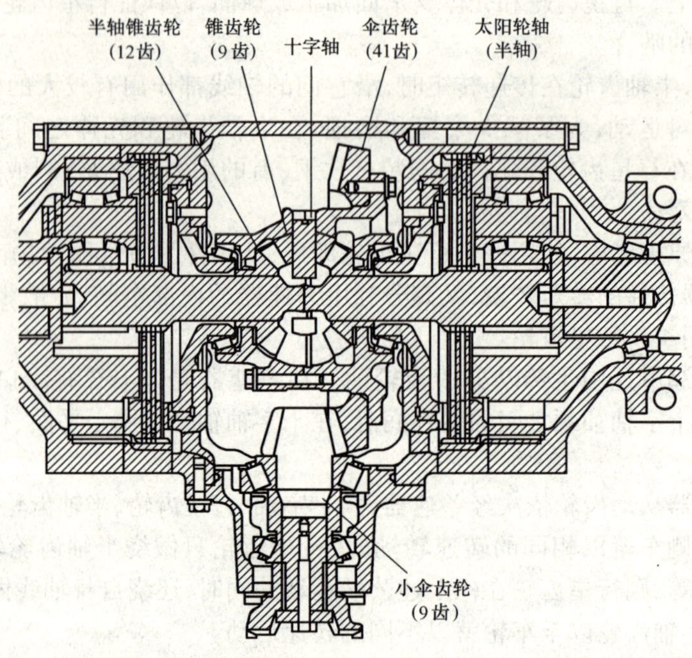

图1-82 转矩比差速器

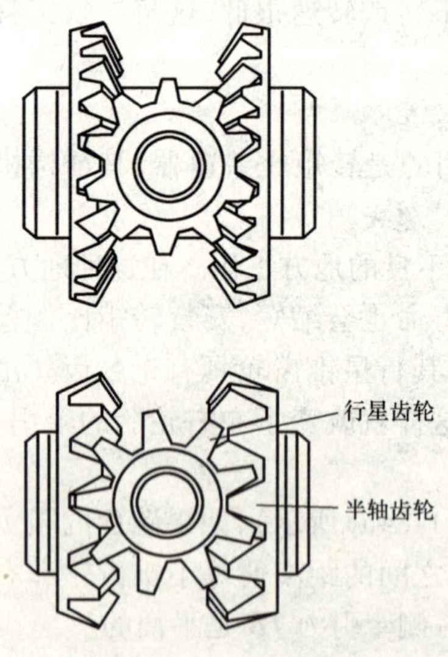

图1-83 转矩比差速器工作原理

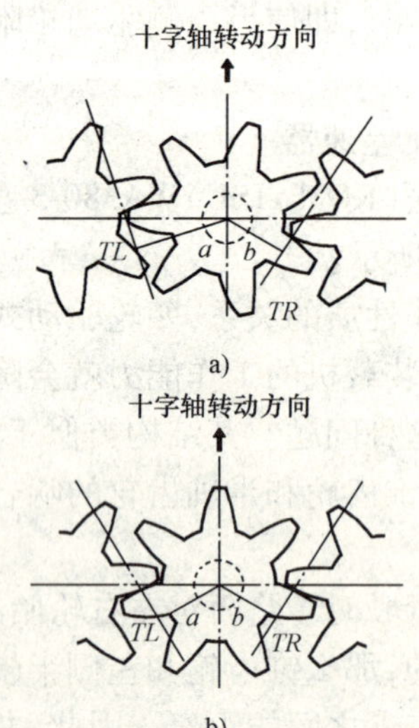

图1-84 转矩比差速器工作状态

a)直线行驶时;b)软路面行驶时

3)带刚性差速锁的差速器(平地机上常用)

上述普通锥齿轮差速器有结构简单,设计、制造、维修等较成熟的优点,但其运动特性给轮式机械在某些使用情况下带来了不便。例如,轮式装载机行驶在泥泞路面时,如果一侧驱动轮陷入泥坑,则因附着力不够而产生滑转,这时该车轮的驱动力将大大减小,而另一侧驱动轮虽然与路面间的接触状况较好,但由于普通差速器转矩平均分配的特性,使这一侧驱动轮的转矩只能与滑转轮的转矩相同,故轮式装载机总的驱动力,就可能小到不足以克服行驶阻力。于是滑转的驱动轮将以两倍于差速器壳的转速原地旋转,而另一驱动轮则静止不动,整个装载机停止行驶。

为了克服普通锥齿轮差速器的上述缺陷,提高轮式机械的通过性能,可以采用防滑差速器。它有不同的结构形式,图 1-85 所示的带刚性差速锁的差速器或强制锁住式差速器。这种差速器按照功能的不同,在结构上可分为两部分:中央箱内为普通的闭式圆锥齿轮式差速器部分;左边的箱内为差速锁部分。需要使用差速锁时,操纵滑套右移与固定在差速器壳上的牙嵌啮合,将半轴与差速器壳固定在一起,这时两根半轴不能相对转动,被刚性地连为一根轴,这样未打滑的一侧车轮便不受打滑车轮的限制,它可以得到更多的,甚至全部的由主传动传来的转矩,使未打滑一侧车轮的附着力得到充分利用,以使车轮能顺利摆脱打滑的困境。在转弯时,驾驶员通过操纵滑套左移将差速锁脱开。

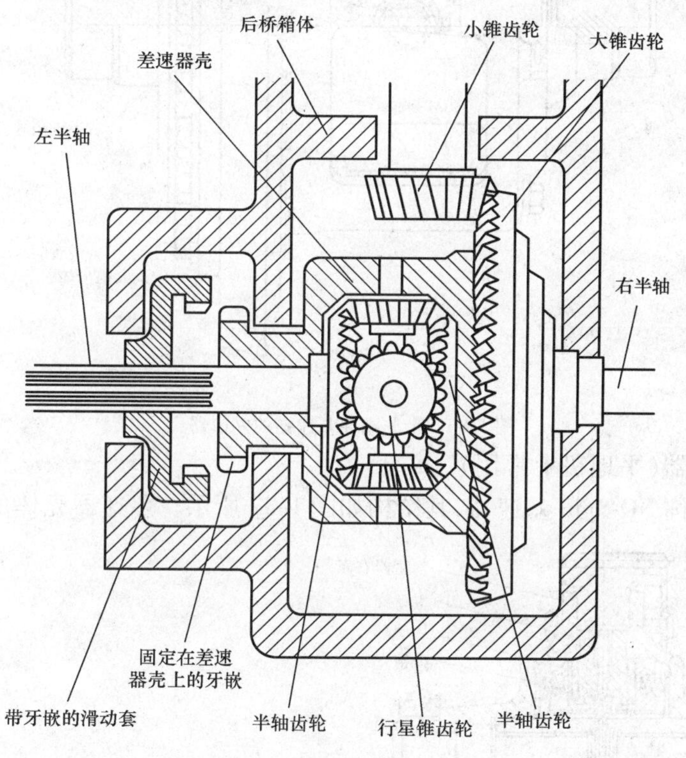

图 1-85 带刚性差速锁的差速器

使用差速锁时应注意:操纵差速锁应在轮式机械停车时进行;在使用差速锁的过程中,应尽可能地保持轮式机械直线行驶,以免损坏机件;轮式机械进入良好路段时应及时脱开差速锁;使差速器重新恢复互作,以保证转向方便和避免轮胎异常磨损。

4)带非刚性差速锁的差速器(平地机上常用)

这种差速器用液压控制的湿式多片摩擦离合器作为差速锁(见图 1-86),以控制差速器两侧半轴的锁定与脱开。

外摩擦片与差速器壳用花键相连,内摩擦轮片与右半轴齿轮也用花键相连。作业时,活塞

在油压力作用下将内外摩擦片压紧，利用摩擦力将右半轴齿轮与差速器壳锁在一起从而使左右半轴不能相对转动。这种差速锁的特点是，不论两根半轴处在任何相对转角位置都可以随时锁住；当一侧车轮突然受到过大外阻力矩时，摩擦片有打滑缓冲作用；此外，液压操纵非常方便，通过操纵电磁控制阀可随时将差速锁打开或关闭。

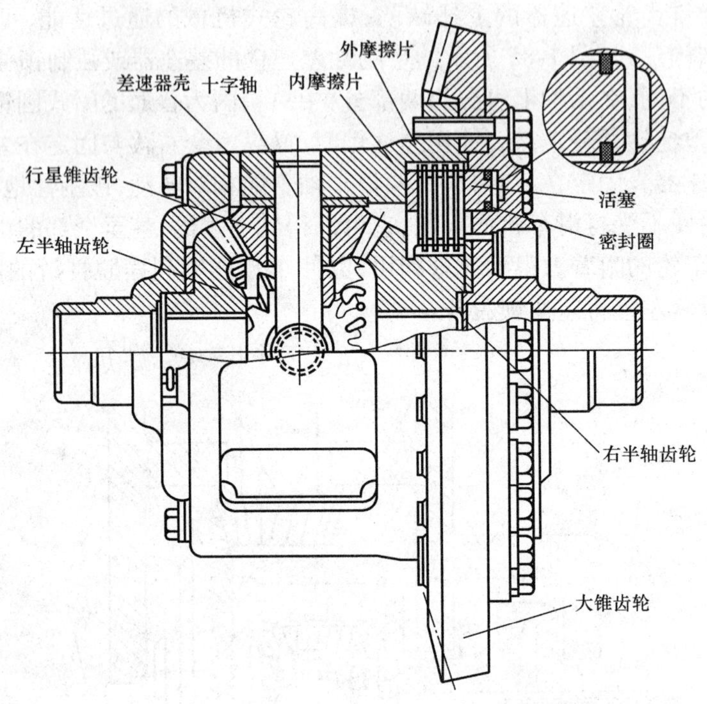

图 1-86　带非刚性差速锁的差速器

5）无滑转差速器（平地机上常用）

这种差速器也称 NO-Spin 差速器，其结构如图 1-87 所示。差速器壳体的左右两部分与大

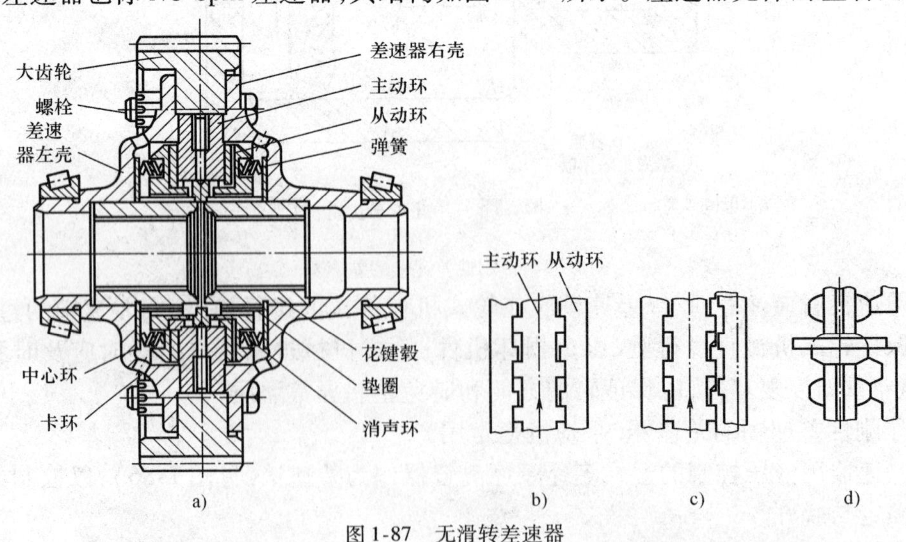

图 1-87　无滑转差速器

a）构造；b）直接行驶接合状态；c）向左传弯接合状态；d）主动环伸长齿与消声环作用示意

齿轮(一般为主传动的大锥齿轮或第二级圆柱齿轮)用螺栓紧固在一起,主动环固定在左右两半壳体之间,随着速器壳体一起转动。主动环的两个侧面有沿圆周分布的许多倒梯形(角度很小)断面的径向传力齿,相应的左右从动环的内侧面也有相类似的传力齿。倒梯形传力齿之间有甚大的侧隙,制成倒梯形的目的在于防止传递转矩过程中,从动环与主动环脱开。弹簧力图使主从动环处于接合状态。花键毂内外均有花键,外花键与从动环相啮合,内花键用以连接半轴。

当直行时,主动环通过传力齿带动左右从动环、花键毂及半轴一起转动,如图 1-87b)所示,传动齿轮传给主动环的转矩,按左、右车轮阻力的大小分配给左、右半轴,此时与不设差速锁时相同。

当转弯时,要求差速器起差速作用。为此,在主动环的孔内装有中心环,它可以相对于主动环作自、由转动,但受卡环的限制不能做轴向移动。中心环的两侧有沿圆周分布的许多轴向梯形断面齿,它分别与两个从动环内侧面内圈相应的梯形齿接合,梯形齿间为无侧隙啮合。设此时为左转弯(见图 1-87c),左轮慢,右轮快,则主动环与左从动环紧紧啮合,带动左半轴及车轮转动,中心环与左从动环的梯形齿也紧紧啮合;右车轮转得快,即右从动环有相对主动环快转的趋势,两者的倒梯形传力齿有较大的齿侧间隙,允许有一定相对角位移,而右从动环与中心环上的梯形齿是无侧隙啮合,右轮的快转将迫使从动环克服弹簧的压力向右移动,使右从动环与主动环的传力齿分开,中断右轮的转矩传递,这时左轮(内侧车轮)驱动,右轮则被带动以较高的转速旋转。

由于右从动环是被迫不断地在中心环梯形齿作用下向右滑移,又在弹簧作用下返回,因此相对转动中会引起响声和磨损。为了避免这一情况,在从动环的传力齿与轴向梯形齿之间的凹槽中还装有带相同梯形齿的消声环。消声环是个带缺口的弹性环,卡在从动环上,可绕从动环自由转动,但不能相对轴向移动。当右从动环脱出时,消声环也被带着轴向脱出,并顶在中心环的梯形齿上(图 1-87d),使从动环保持离主动环最远位置,消除了从动环轴向往复移动的冲击响声。当右从动环转速下降到稍低于主动环的转速时,又重新与主动环接合。

这种差速器的优点是既能自动实现转向差速,又可防止单侧驱动轮打滑。但由于转向时外侧车轮是被带动的,没有驱动力,只有内侧车轮驱动,这会使转向阻力增大,转向时车速瞬时增大,不利于转向操纵。

6)牙嵌式自由轮差速器

上述强制锁住式差速器虽然能够针对一侧驱动轮滑转、保证轮式机械继续行驶,但使用效果仍不理想、使用操作也不方便:必须停车操作,影响轮式机械正常行驶;驱动轮部分滑转时它不能自动调节、分配两侧驱动轮的驱动力矩,影响轮式机械动力性的充分发挥;对技术操作有较高的要求等。

996D 型轮式装载机后驱动桥以及 627B 铲运机中装用了牙嵌式自由轮差速器,其工作原理的基本特点是:当两侧驱动轮转速相同时,差速器把主传动器传来的转矩根据两侧驱动轮的阻力大小进行分配,充分利用驱动轮与路面之间的附着性能,并使两侧驱动轮(与差速器)同速旋转。当两侧驱动轮的速度不同时,差速器将转矩的大部分以至全部传给速度慢的一侧驱动轮,该轮与差速器同速旋转;而速度快的一侧驱动轮通过差速器脱开传动系,不传递转矩,但以大于差速器壳的转速旋转。这种差速器的结构如图 1-88 所示。

主传动器的从动锥齿轮固定在差速器壳上。左、右差速器壳之间固装着主动环(仍俗称

十字架)，其两侧圆环面上加工有倒梯形(角度很小)的径向分布的传力齿，并各有一个加长齿。相应的左、右从动环内侧圆环面上也有类似的传力齿，与主动环传力齿啮合。倒梯形齿型可防止传动中主、从动环自行脱开。两边弹簧分别通过弹簧挡圈的力使主、从动环处于接合状态。两花键毂的内外圆上都有花键，其中的外花键与两从动环相连、内花键与两侧半轴相连。中心环装在主动环的内孔中，由卡环定位，并使中心环只转动而不轴向移动。中心环的外圆上加工有轴向切槽，主动环上的键插入其中一个切槽内。中心环两侧圆环面上分布着与从动环传力齿数相同的梯形齿，齿面为低摩擦阻力斜面，它们与相应的左、右从动环内侧小圆环面上的梯形齿相啮合。左、右保持环(亦称消声环)分别安装在左、右从动环的传力齿与梯形齿之间的环槽中，它是设有开口的弹簧环，主动环上的键即插在其开口中。保持环的内侧还加工有凸齿，与中心环外圆上的切槽嵌合。

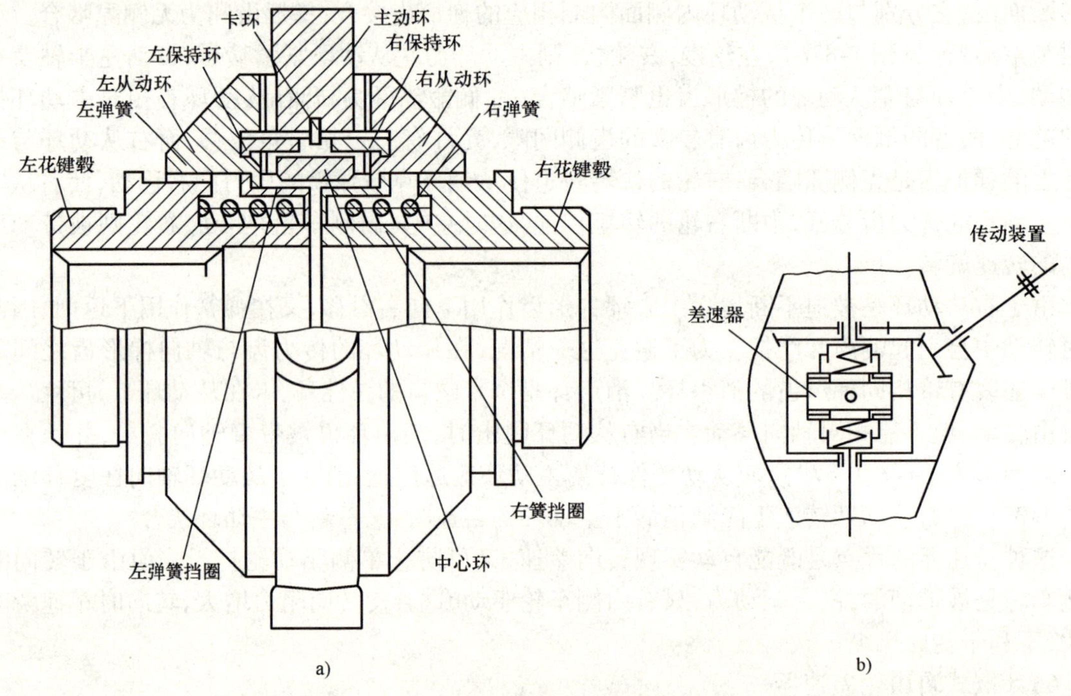

图 1-88 牙嵌式自由轮差速器

a)966D 轮式装载机；b)627B 铲运机

当轮式装载机直线行驶时，主动环带动两侧的从动环、花键毂及半轴一起旋转，而由主动环上的键拨动中心环和保持环也同速旋转。差速器此时将主传动器传来的转矩，根据左、右驱动轮上的阻力大小分配给左、右半轴。当一侧驱动轮悬空或进入泥泞、冰雪等易打滑路面时，差速器将转矩的大部分以至全部传给另一侧驱动轮。

当轮式装载机弯道行驶(假若向左转弯)时，由于左侧驱动轮有快偏转、慢旋转趋势，则内侧从动环与主动环的传力齿之间压得很紧，主动环带动内侧从动环和半轴同速旋转、传递转矩；右侧驱动轮因运动距离长，有慢偏转、快旋转趋势。则外侧从动环相对主动环也有快旋转趋势。因此，外侧从动环上的梯形齿沿中心环上的梯形齿产生滑移，并克服弹簧的弹力产生轴向移动，直到其上的传力齿与主动环上的传力齿脱离接触、中断转矩传递。在地面附着力作用下,外侧驱动轮以较快的速度自由旋转,外侧从动环也就由车轮和半轴带动以大于主动环的转速旋转,实现了差速作用。

从外侧从动环分离的过程中,外侧保持环被同时向外拉开,其内侧面上的齿从中心环的外圆的切槽中被拉出。由于环槽的摩擦力作用,该保持环随外侧从动环一起转动,当它的切口的一端与主动环上的键接触时,因受主动环限制,只能随主动环旋转。此时保持环上的齿错开中心环上的切槽,而顶在中心环的外侧端面上,从而使外侧从动环保持在离主动环的最远的位置上(传力齿与梯形齿都脱离啮合的位置),防止了从动环产生轴向往复运动,即防止了从动环与主动环的传力齿之间、从动环与中心环的梯形齿之间出现反复的啮合和分离现象。因此,可以减小噪声和磨损,故保持环又可称为消声环。

当轮式装载机弯道行驶结束时,外侧从动环的转速降低到接近主动环的转速,因路面阻力产生的阻力矩方向与车轮转动方向相反,使车轮转慢,外侧保持环在环槽摩擦力的作用下反向旋转一角度。当其内侧上的齿与中心环上的切槽位置对齐时,在右弹簧的弹力作用下重新进入切槽中。与此同时,主、从动环也重新进入啮合,两侧驱动轮又同速旋转。

四、半轴与桥壳

1. 半轴

1)半轴的功用

将动力从差速器传给驱动轮。因半轴承受很大的转矩,并且在布置上受到空间限制,故一般采用优质钢锻造毛坯,制成实心轴。

2)半轴的支承形式

半轴是否承受弯矩作用,视半轴与车轮轮毂在桥壳上的支承形式而定。根据半轴承受的弯矩大小,它可分为全浮式和半浮式等多种形式。

(1)全浮式半轴支承

图 1-89 所示为 ZL50 装载机采用全浮式半轴及其外端支承情况,其外端凸缘用螺钉与轮毂连接。轮毂通过两个相距较远的圆锥轴承支承在半轴套管上。半轴套管和空心梁压配在一起,构成桥壳。半轴内端用花键与差速器内的半轴齿轮相连。为防止轮毂连同半轴在轴向力的作用下发生轴向窜动,轮毂内两个轴承必须相对安装,使它们能分别承受向内和向外的轴向力。轮毂轴承间隙可用调整螺母调整,并用锁紧螺母锁止。轮毂轴承负载较大,故用润滑脂润滑,其外侧各设一油封,防止润滑脂泄漏。半轴凸缘与轮毂接合面之间装有纸垫,以提高密封可靠性。

全浮式支承的半轴多数为整体式,半轴与桥壳没有直接联系,半轴只承受转矩,而两端均不承受其他任何反力和弯矩,所以称为全浮式半轴支承,但在重型轮式机械上,其半轴与凸缘分开制造,然后用花键连接,这样可便于半轴毛坯的锻造。

半轴全浮式支承有两个显著优点:半轴易于拆装,只需拧下半轴凸缘上的螺钉,便可将半轴从半轴套管中抽出;受力简单,有利于提高半轴使用的可靠性。因此半轴的全浮式支承结构被轮式机械广泛使用。

(2)半浮式半轴支承

图 1-90 为半浮式支承的半轴,半轴的内端支承、连接情况与全浮式的相同,故其内端只承

受转矩作用。半轴外端用键与轮毂连接，并用圆锥轴承支承在桥壳内，轮毂与桥壳无直接联系。这样，作用在车轮上的力都必须通过半轴才能传到桥壳上，因而这些力所造成的弯曲力矩也必然地由半轴所承受。这种结构因只有半轴外端承受弯矩，故称为半浮式支承。它具有结构简单、质量小等优点，主要用于轻型轮式工程机械上。

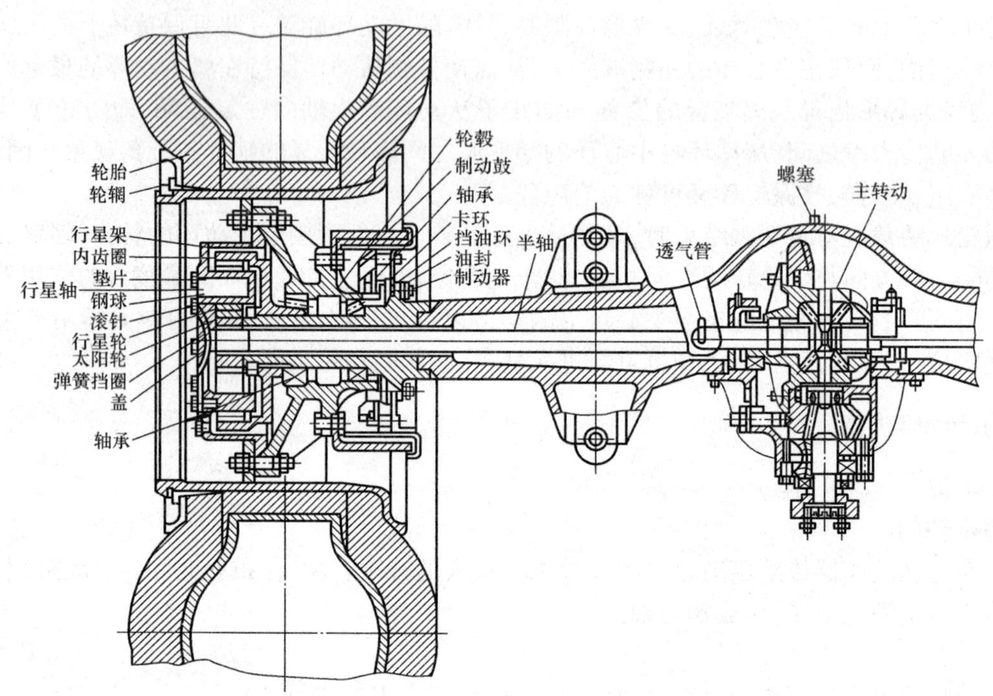

图 1-89　全浮式半轴及其外端支承

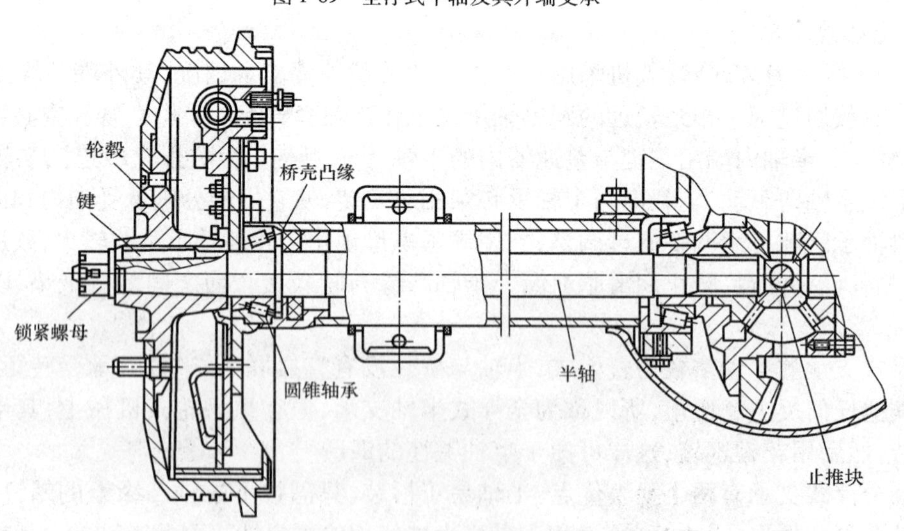

图 1-90　半浮式半轴支承

2. 桥壳

驱动桥的桥壳在传动系中的作用是：承担主传动器、差速器、半轴等零部件的安装支承和保护作用；同时又作为行驶系的主要组成之一，使左右驱动轮的相对位置固定；并同前桥一起支承车架、安装在车架上的各个总成以及机械的负载；在轮式机械行驶中还承受由车轮传来的路面反作用力和力矩，并通过悬架传给车架。

驱动桥的桥壳形式可分为整体式和分段式两种类型。

1）整体式桥壳

中、重型轮式机械多用整体式桥壳，如 ZL50 装载机采用的桥壳，其结构如图 1-91 所示。其中部为管状空心梁，用可锻铸铁铸成，两端压入钢制的半轴套管，并用止动螺钉限位。半轴套管外端用来安装轮毂轴承，凸缘盘用来固定制动底板。主传动器和差速器组装在主传动器壳内之后，用螺栓将主传动器壳固定在空心梁中部的前接合面上。空心梁中部后方的大孔，供检查主传动器和差速器的技术状况用，平时用后盖封闭。后盖与桥壳之间、主传动器与桥壳之间均有纸质垫片，以保证对桥壳中齿轮油的密封。后盖上有检查润滑油面孔和加油孔，当加注至规定容积的齿轮油后，油面正好与后盖上螺孔的下边缘平齐。桥壳中部的最低处有一放油螺塞。

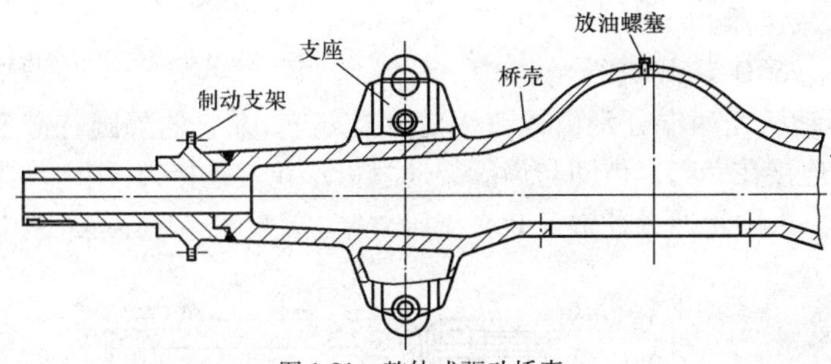

图 1-91 整体式驱动桥壳

整体式桥壳结构的优点是，拆装主传动器、差速器以及检查其技术状况时，不必把整个驱动桥从机械上拆下来，因而使维修方便。另外，它的刚度、强度较大。其缺点是质量大，显得笨重。

2）分段式桥壳

分段式桥壳一般由两段组成，也有三段甚至多段组成的，各段之间用螺栓连接，如图 1-92 所示。

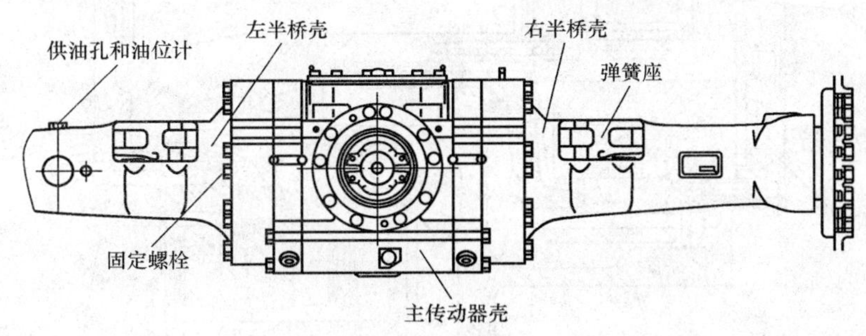

图 1-92 分段式驱动桥壳

它是用螺栓连成一体。它主要由铸造的主减速器壳、盖、两段钢制半轴套管组成。有的分段式桥壳各段之间可相对运动，应用于独立悬架。

分段式桥壳上的主减速器、差速器维修不方便。

五、终传动

终传动的功用是，将主传动器传来的动力在传给驱动轮（链轮）之前进一步减速增矩，以满足工程机械行驶和各种作业的需要。终传动装置有平行轴式圆柱齿轮传动和行星齿轮传动两种型式。

1. 轮式机械终传动

轮式工程机械如装载机、铲运机等，普遍采用行星齿轮终传动装置。

（1）图 1-93 所示为国产 ZL50 装载机用行星齿轮式轮边减速器。

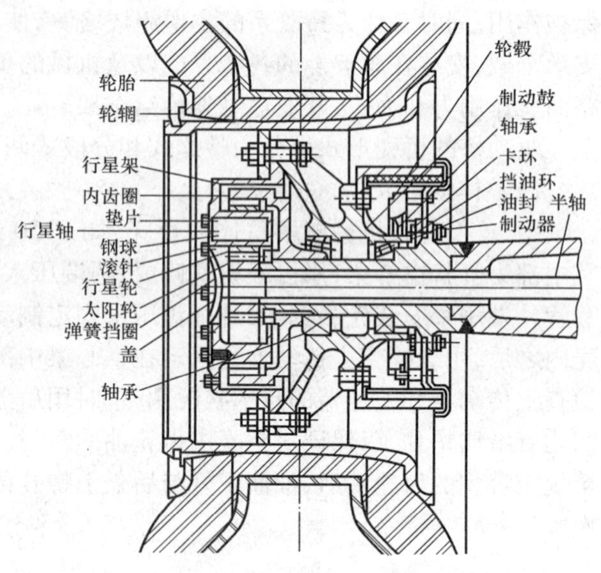

图 1-93 ZL50 装载机用行星齿轮式轮边减速器

（2）图 1-94 为 966D 装载机行星齿轮式最终传动。在驱动桥壳两端分别由螺钉固定住花键套，在它的外圆花键上安装着齿圈架，二者由挡圈通过螺钉连接在一起。齿圈与齿圈架通过齿形花键连接，并用卡环限制齿圈轴向移动，因此齿圈是固定件。太阳轮通过花键安装在半轴外端，端头由卡环定位（图中未示出）。行星轮

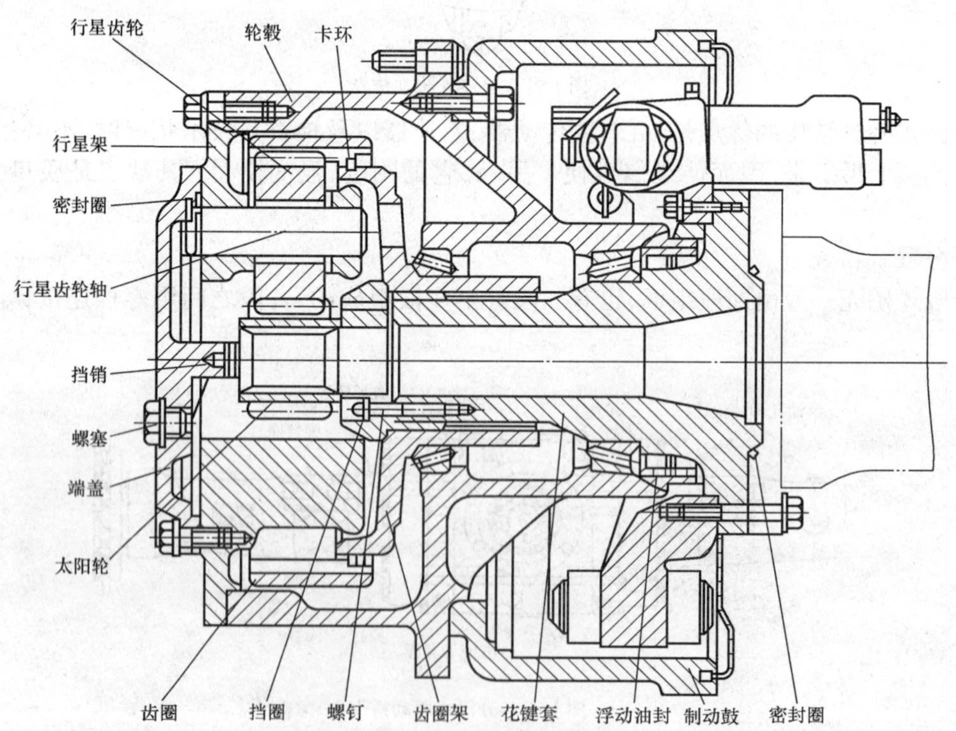

图 1-94 966D 装载机的最终传动

通过滚针轴承支承在与行星架固定的行星轮轴上，它分别与太阳轮和齿圈啮合。行星架和轮毂用螺钉固定在一起，轮毂通过一对大、小锥柱轴承支承在花键套上。从差速器和半轴传来的转矩经太阳轮、行星轮、行星架、最后传到轮毂（即驱动轮）上，使驱动轮旋转，驱动机械行驶。

最终传动采用闭式传动，它的外侧由固定在行星架上的端盖封闭。端盖上安装有挡销，防止半轴向外窜动；还加工有螺塞孔，用来加注润滑油并控制油面高度，平时由螺塞封堵。轮毂内侧与花键套之间安装着浮动油封，防止润滑油漏入制动器中。

2. 履带式机械终传动

1）平行轴式圆柱齿轮终传动装置

图 1-95 为国产 TY120 型、TY180 型等推土机采用的双级平行轴式圆柱齿轮终传动装置。动力由接盘输入、经两级齿轮传递后由驱动链轮输出，驱动履带转动，从而驱动推土机行驶。

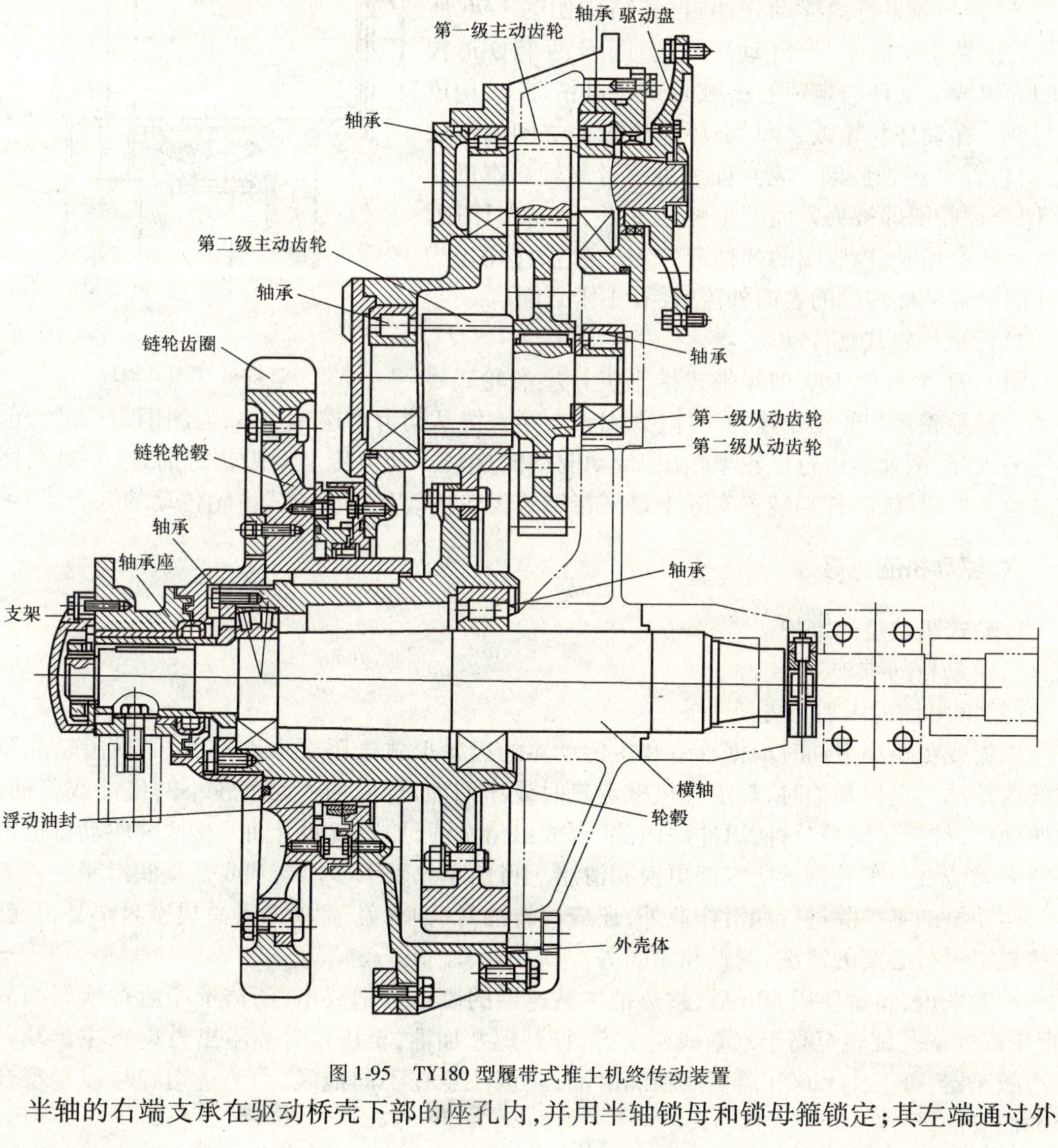

图 1-95　TY180 型履带式推土机终传动装置

半轴的右端支承在驱动桥壳下部的座孔内，并用半轴锁母和锁母箍锁定；其左端通过外轴承及轴承座支承在台车架上。因此，半轴在此仅起支承作用，不传递动力。从动齿轮用螺栓安装于滑套在半轴上的轮毂上，而驱动轮则压配在轮毂的锥形长花键上，并用螺母紧固，因而保证了从动齿轮与驱动轮同心。轮毂是用两个圆锥轴承支承在驱动桥壳的侧壁与半轴外轴承壳上，从而保证了轮毂在固定的半轴上旋转。两个圆锥轴承应保证轮毂有0.125mm的轴向间隙，以防止齿轮、轴承及油封产生磨损。它的调整是通过拧在轴承壳上的调整螺母来进行的。

为使驱动轮与支承在同一台车上的导向轮在同一个纵向平面内，在半轴外轴承及外轴承座的外端面处，分别装有调整垫片。为保证密封，在驱动轮的内外侧均装有自紧式端面油封和油封垫圈。这种油封的缺点是易损坏，使用寿命短。目前，工程机械推广使用的是结构简单、密封效果好的浮动式油封，其结构如图1-96所示。它由两个金属密封环（动环与定环）及两个O形橡胶圈等组成。动环与定环的接触面*A*经过精加工、构成密封面。在动环与轮毂之间、定环与油封盖之间的锥面处，均装有O形橡胶圈。密封面*A*处靠拧紧轴端螺母预紧，两个橡胶圈即被夹紧而产生弹性变形、起密封作用。当密封环磨损时，橡胶圈的弹性起一定的补偿作用。为防止润滑油从旋转轴的表面外流，设有小密封圈。

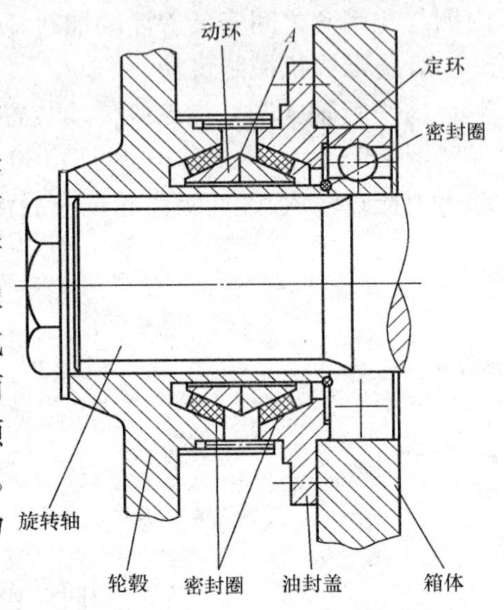

图1-96　浮动式油封

2）行星齿轮式终传动

图1-97为红旗160型履带式推土机行星齿轮式终传动。行星轮架和驱动轮连为一体，太阳轮与第一级从动齿轮连为一体，齿圈固定。动力由太阳轮输入，经减速后由行星轮架输出，带动驱动轮旋转。动力传至太阳轮之前，经一对圆柱齿轮减速。所以，该终传动装置实际上是平行轴式齿轮传动和行星轮式齿轮传动的综合。

六、驱动桥的维修

1.轮式驱动桥的维护

1）驱动桥的维护

（1）润滑油的添加与更换

添加或更换润滑油时根据季节和主传动器的齿轮形式选用夏季齿轮油、冬季齿轮油及双曲线齿轮油。更换新油时，趁工程机械走热时放净旧油，然后加入黏度较小的机油或柴油，顶起驱动桥，挂挡运转数分钟，以冲洗内部，再放出清洗油，加入新润滑油。整体式驱动桥也可拆下桥壳盖清洗。车轮轴承应定期更换润滑脂。目前车轮轴承多用锂基或钙基润滑脂。

驱动桥的维护除进行润滑作业外，还应检查油封、轴承盖、螺塞及各总成密封垫是否漏油，并按规定进行必要的清洗、调整和紧固等。

一般来说，新桥使用50h后，趁热把主减速器的废油分别放出，清洁干净后再换新润滑油（把轮毂螺塞孔旋转至高于水平线稍上方，拧开螺塞加油，至该处有油溢出为止）；主传动器及轮边减速器，每工作1200h需更换新润滑油，应该注意在不同地区、季节选用牌号质量符合要求的润滑油。

(2)驱动桥每工作2400h应进行解体检查,检查行星轮滚针轴承,若磨损必须更换检查和调整主动齿轮副的啮合印痕与间隙,差速器齿轮与半轴齿轮磨损情况,轮边减速器行星齿轮副啮合及其他零件情况。

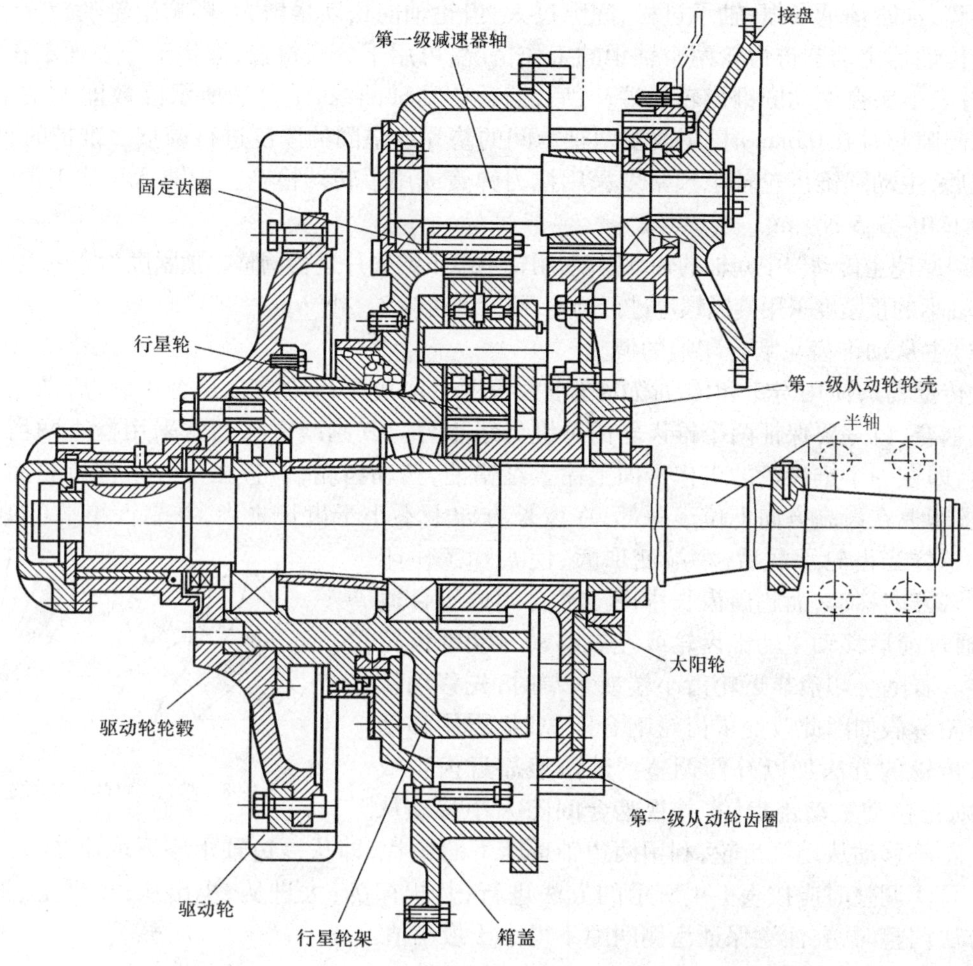

图1-97　红旗160型履带式推土机终传动

2)主传动器的维护调整

主传动器由于传递转矩大,受力复杂,既有切向力、径向力,又有轴向力,在机械作业中有时还产生较大的冲击载荷。因此要求主传动器除了在设计制造上要保证具有较高的承载能力外,在装配时还必须保证正确的啮合关系。否则在使用中将会造成噪声大、磨损大、齿面剥落甚至轮齿折断,故对主传动器必须进行调整。

调整项目包括锥柱轴承的安装紧度,主从动锥齿轮的啮合印痕和齿侧间隙。主传动器的调整顺序一般是先调整好锥轴承的安装紧度,然后调整锥齿轮的啮合印痕,最后检查齿侧间隙。

(1)主传动器轴承的调整

锥齿轮传动由于有较大轴向力作用,因此一般采用锥柱轴承支承。但这种轴承当有少量

磨损时对轴向位置影响较大，这将破坏锥齿轮的正确啮合关系。为消除因轴承磨损而增大的轴向间隙，恢复锥齿轮的正确啮合关系，在使用中要注意调整轴承预紧度。

后桥轴承调整工作的目的在于保证轴承的正常间隙。轴承过紧，则其表面压力过大，不易形成油膜，加剧轴承磨损；轴承过松，间隙过大，齿轮轴向松动量增大，影响齿轮啮合。

主传动器主动圆锥齿轮两个轴承的工作情况，可用千分表检查，即将千分表固定在后桥壳上，千分表触头在主动圆锥齿轮外端，然后，撬动传动轴凸缘，千分表所示读数即为轴承间隙。若轴承间隙超过0.05mm时，用改变两轴承间的垫片或垫圈的厚度进行调整。维护时，后桥拆洗装配后，主动圆锥齿轮轴承预紧度采用拉力弹簧或用手转动检查。当轴承间隙正常时，转动力矩为1.0～3.5 N·m。

双级减速主传动器中间轴的轴承紧度，用轴承盖下的垫片进行调整。预紧度为3～4N·m。差速器壳轴承的预紧度采用旋紧螺母进行调整，预紧度也为3～4N·m。

(2)主从动锥齿轮啮合印痕的调整

主传动器的使用寿命和传动效率在很大程度上取决于齿轮啮合是否正确，所谓主传动器的正确啮合，就是要保证两个锥齿轮的节锥母线重合。其判断方法通常采用检查两齿轮的啮合印痕，即在一个锥齿轮的工作锥面上涂上红铅油，转动齿轮，检查在另一个锥齿轮面上的印痕，要求印痕在齿高方向上位于中部；在齿长方向上不小于齿长之半，并靠近小端（如图1-98所示），这样当齿轮承载后，小端变形大，使实际工作印痕向大端方向移动，而趋向齿长中间。啮合印痕不合适时，可通过前后移动主动锥齿轮或左右移动从动锥齿轮来调整。若啮合印痕靠近轮齿小端或大端时，先移动从动锥齿轮。假如因此改变了齿轮啮合间隙时，再用移动主动锥齿轮的方法加以补偿调整。若印痕靠近齿顶或齿根，则先移动主动锥齿轮，并视啮合间隙大小移动从动锥齿轮。移动从动锥齿轮，利用两边轴承座下的垫片，即从一边轴承座下取出垫片，装入另一边。具体调整时应按表1-4所示的方法进行，其规律为：大进从、小出从；顶进主、根出主。这种方法调整时，要注意保证齿侧间隙不得小于最小值。

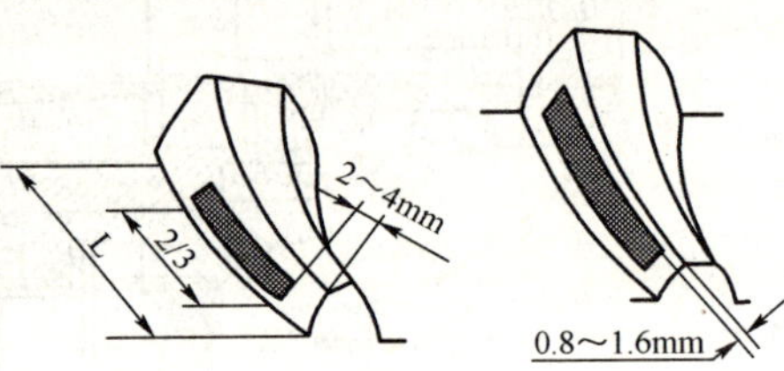

图1-98　啮合印痕的正确位置

(3)齿侧间隙的调整

齿侧间隙作为一项检查项目，检查方法一般是在锥齿轮的非工作面间放入比齿侧间隙稍厚的铅片，转动齿轮后，取出挤压过的铅片，最薄处的间隙即是齿侧间隙。新齿轮的齿侧间隙一般为0.2～0.5mm，如966D装载机主传动器锥齿轮的齿侧间隙分别为(0.3+0.1)mm和0.25～0.33 mm。必须注意的是，工作中因齿面磨损而使齿侧间隙增大是正常现象，不必对锥齿轮进行调整，否则调整后反而会改变啮合位置，破坏正确啮合关系。齿侧间隙调整可通过左右移动大锥齿轮实现。

966D装载机主传动器（图1-99）的主动锥齿轮支承轴承的安装紧度调整通过适当上紧螺母进行；从动锥齿轮及差速器壳体支承轴承的安装预紧度通过适当上紧调整螺母进行；从动锥齿轮的左右移动可通过左、右调整螺母一边拧松多少，另一边相应扭紧多少的方法来进行。

①主动锥齿轮轴承的轴向间隙调整为0.05～0.1mm，这时齿轮转动灵活，用手推动无轴向窜动的感觉，轴承的轴向间隙用垫片进行调整。

啮合接触情况及调整方法　　表 1-4

从动齿轮面上接触痕迹的位置		调 整 方 法	齿轮移动方向
前驶 	倒车 		
		把从动齿轮向主动齿轮靠拢,假如因此而使齿隙过小时,将主动齿轮向外移动	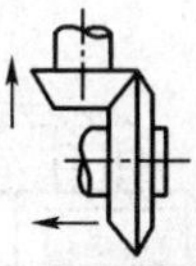
		把从动齿轮移离主动齿轮,假如因此而使齿隙过大时,将主动齿轮向内移动	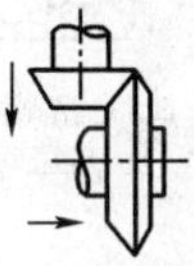
		把主动齿轮向从动齿轮靠拢,假如因此而使齿隙过小时,将从动齿轮向外移动	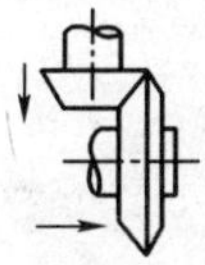
	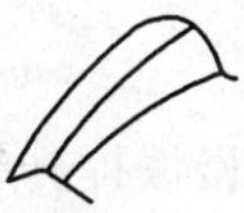	把主动齿轮移离从动齿轮,假如因此而使齿隙过大时,将从动齿轮向内移动	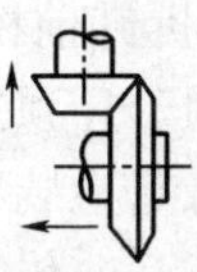

②从动锥齿轮的安装距必须调整至正确的啮合接触面和正确的齿侧间隙。齿侧间隙可通过调整螺母来达到，其中从动螺旋锥齿轮轴承的轴向间隙为 0.05 ~0.1mm。主、从动锥齿轮啮合情况要用着色法进行检查。检查方法是:在从动锥齿轮的齿面上间隔相等的 4 个部分上,涂上薄红丹(3 齿左右),用手往复转动之,检查其接触印痕。要求印痕在齿高方向上位于中部;在齿长方向上不小于齿长之半,并靠近小端,这样当齿轮承载后,小端变形大,使实际工作印痕向大端方向移动,而趋向齿长中间。啮合印痕不合适时,可通过前后移动主锥齿轮或左右移动从动锥齿轮来调整。并保持啮合间隙为 0.2 ~0.35mm。

③差速器的半轴齿轮和行星齿轮的啮合间隙为 0.1mm,用半轴齿轮垫片调整,并保证装配后,用手轻便转动而无卡死现象。

④轮边减速齿轮检修和更换:以着色检查接触情况,接触面积沿齿高大于 45%,沿齿长大于 50%。

⑤止推螺母的调整:将止推螺柱拧进到接触从动锥齿轮,然后退回 1/4 圈,用螺母锁紧。

2. 驱动桥的拆装

以装载机为例分析驱动桥的拆装，拆装前应将装载机停在水平面上，在车架上装车架锁；将铲斗降低至地面上，停止发动机；然后施加停车制动器，并在车轮下放置挡块，以防止装载机移动。

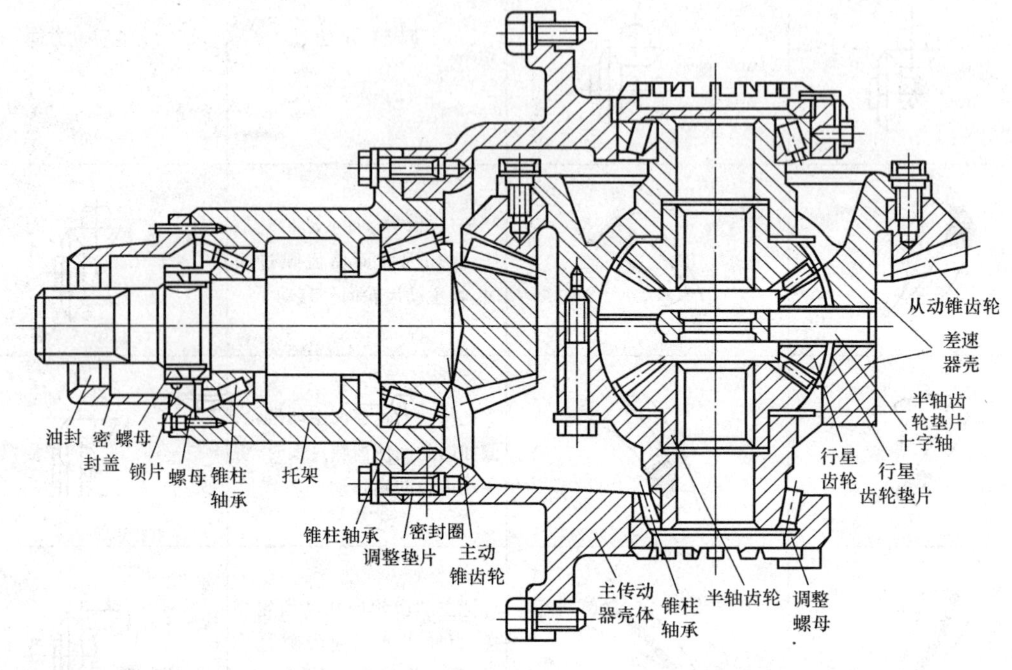

图 1-99　966D 装载机驱动桥的主传动器与差速器

1）拆卸驱动桥组件

（1）拆卸前桥组件

①用千斤顶抬起底盘，在前车架下放置一个挡块；

②将起重装置绕着轮胎，再取下安装螺栓，并将它慢慢提升起来；

③断开前传动轴；

④取下驱动桥：

a. 断开制动器管：在切断制动器管时必须放下大臂，让铲斗底紧靠地面保证操作安全；

b. 可用长链条或有足够承载能力的尼龙绳将整桥套好（注意起吊的平衡和安全），用行车等起吊工具慢慢地吊着驱动桥，取下安装螺栓；

c. 将驱动桥按要求从底盘推出来。

（2）取下后桥组件

①用行车将底盘吊起来：将挡块放在左、右后桥和后车架之间，设置挡块时要注意在取下轮胎组件时，相对侧的轮胎角的角度不会改变。

用千斤顶抬起底盘，或用行车吊起后边配重，在轮胎稍离地面时，在后车架下边塞进挡块。

在安装配重的后车架的后梁下设支架。

②用起吊装置绕在轮胎上，再取下安装螺栓，将轮胎吊起来。

③取下后传动轴。

④拆卸制动器管路。

⑤拆驱动桥:用长链条将整桥吊好,然后取下安装螺栓,再慢慢地放到地面,并将桥取下来;然后从底盘下面推出桥。

2)主传动器总成拆装

(1)拆下主传动总成

①驱动桥放油:在整机上未吊下前旋松油塞放油;或将总成起吊放在支架上,旋松油塞放油;亦可在拆盖板、半轴时放油;

②将桥总成放在支架上,拆下两端螺栓,取下盖板,撬出半轴(带太阳轮)(见图1-100);

③拆下主传动总成与桥壳面连接螺栓,用行车将总成从桥壳内吊出(见图1-101);

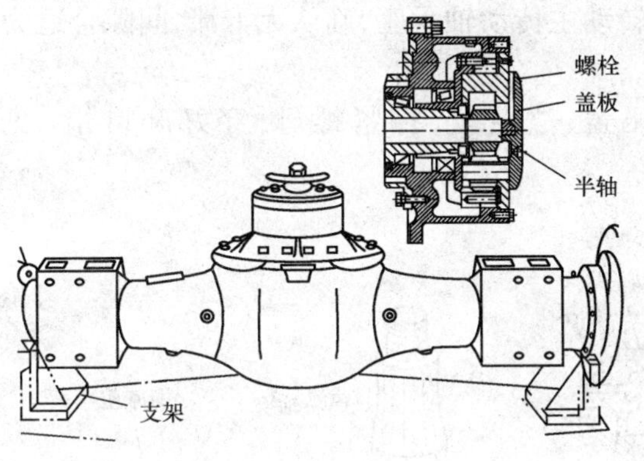

图　1-100

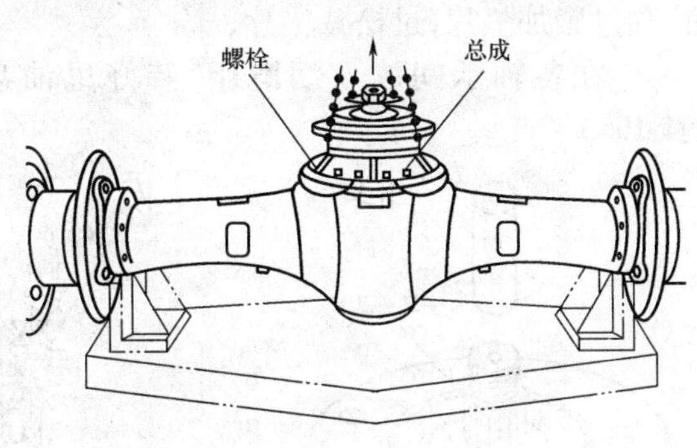

图　1-101

④松开螺栓,将主动锥齿轮轴承座与托架分开,再拆下两边锥齿轮轴承座固定螺栓,并用其中各两支旋入轴承座螺空顶出轴承座;再将其拆开,分成主动锥齿轮组件和差速器总成(见图1-102、图1-103)。

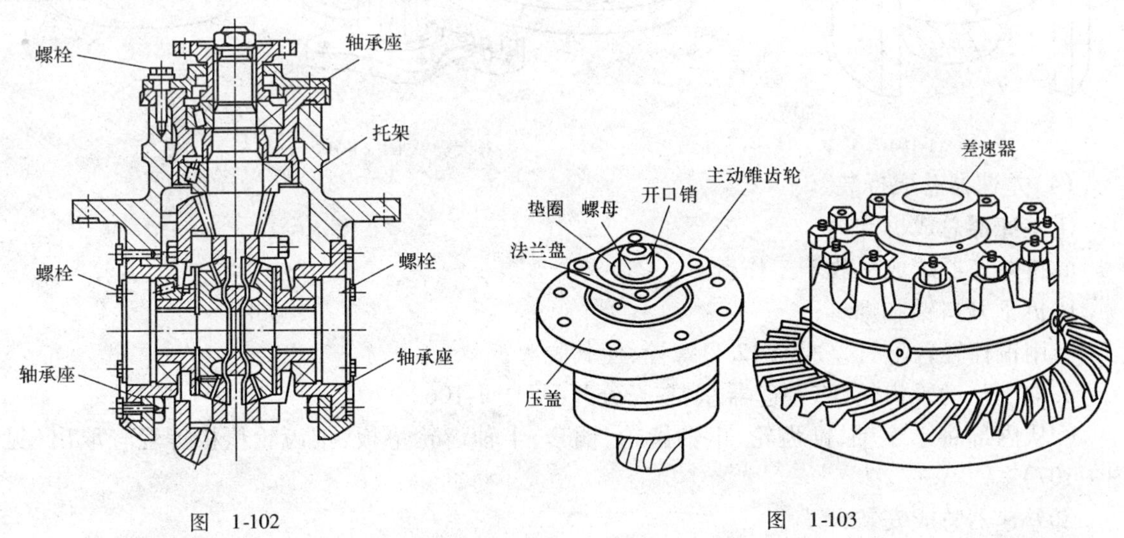

图　1-102　　　图　1-103

(2)拆主动锥齿轮组件

①将主动锥齿轮组件平稳放在工作台上,拆下开口销、螺母,取下垫圈、法兰盘、压盖及甩油盘(见图1-103);

②将主动锥齿轮连同轴承座放在一支架上,用铜棒敲打主动锥齿轮顶端使其脱落;再将主动锥齿轮齿轮朝下,夹在钳台上,用工具将轴承拆下(见图1-104)。

(3)安装主动锥齿轮组件

①将轴承热套于主动锥齿轮轴上,轴承大端朝下,紧靠齿轮底部;

②将骨架油封用专用工具压入压盖;

③将轴承外圈压入轴承座;

④将轴承座放入主动锥齿轮,再装支承套;

⑤调整轴承间隙;

⑥轴承间隙测好后,将轴承外圈压入轴承座,转动主传动轴承座,确认无卡滞,间隙合适为宜,如过紧加垫片,过松减垫片;

⑦在各轴承间放入润滑脂,装好甩油盘、压盖、法兰盘,拧紧螺母,穿好开口销(见图1-105)。

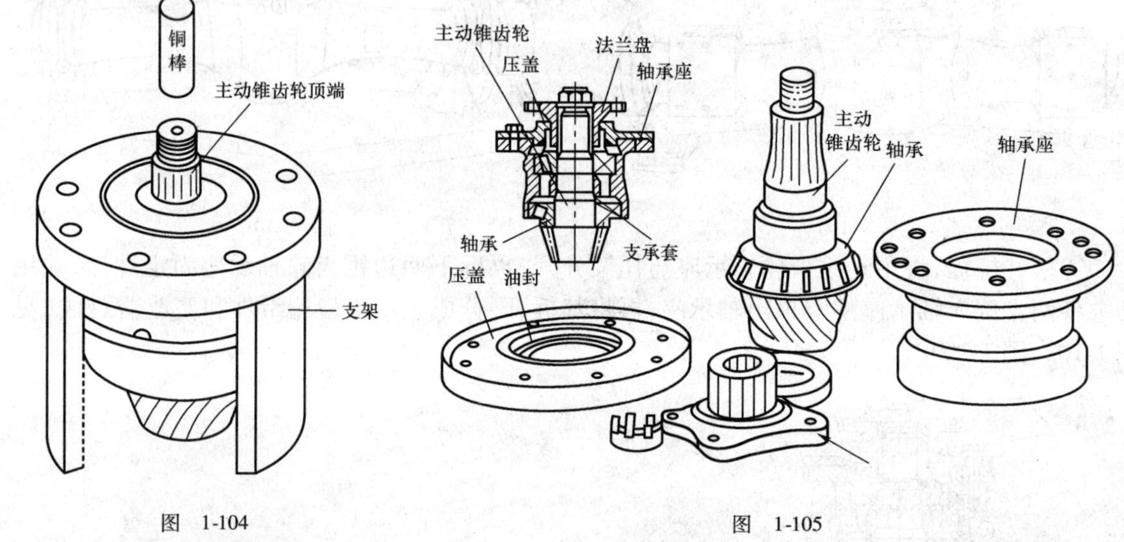

图 1-104　　图 1-105

(4)差速器总成拆装

①差速器总成拆卸

a. 将差速器总成平放于工作台上;

b. 拆下开口销和螺母;

c. 用铜棒轻轻敲打差速器12只螺栓,使其脱离;

d. 取下从动锥齿轮,将差速器左、右壳分开(见图1-106);

e. 从内部将十字轴、锥齿轮、半轴齿轮、铜套、半轴齿轮垫板、锥齿轮垫板等轻轻取出(见图1-107)。

②差速器总成安装

a. 将销敲入壳内,使其露出2.5mm;

b. 将铜套轻轻敲入壳体,不得变形(见图1-108);

c. 装上半轴齿轮垫板、半轴齿轮及锥齿轮垫板、锥齿轮和十字轴;

d. 再放上另一边半轴齿轮，合上差速器壳，装入大螺伞，装上螺栓、螺母及开口销，检查差速器转动必须灵活、自如、无异常。

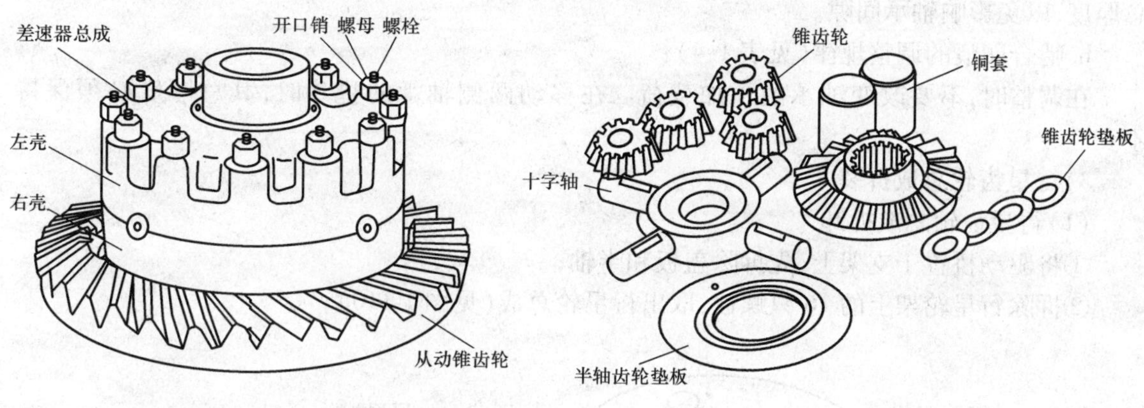

图 1-106

图 1-107

（5）主传动器总成安装（见图 1-109）

①将主动锥齿轮组件装入托架；

②将轴承外圈装入轴承座内；

③将托架先装上部分调整垫，再压装左侧轴承座；

④将差速器总成放入托架；

⑤再装好右侧的轴承座（含轴承）；

⑥轴承轴间间隙为 0.03 ~ 0.10mm，当间隙紧（或松）时，加（或减）调整垫；

⑦调整锥齿轮齿轮啮合间隙和印痕；

⑧最后拧紧螺栓，保好保险。

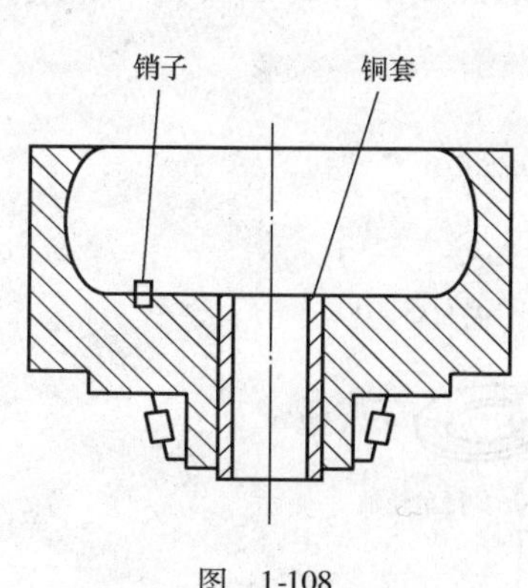

图 1-108

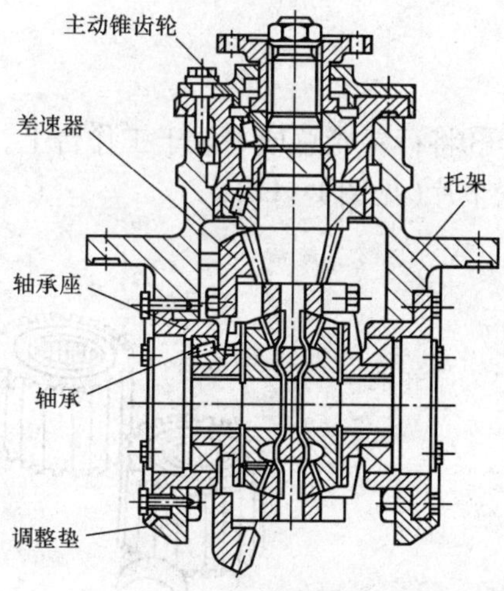

主动锥齿轮
差速器
托架
轴承座
轴承
调整垫

图 1-109

（6）调整锥齿轮齿轮啮合间隙和印痕

①要求：啮合间隙应调整到 0.25 ~ 0.33mm，其接触印痕沿齿长及齿高方向均大于 50%，并应处于齿面中部而稍接近小端。

②方法：

a. 间隙调整：将一侧的部分垫片移至另一侧，在移动垫片时，不要改变右侧和左侧垫片的总厚度，以免影响轴承间隙。

b. 啮合印痕的调整规律（见表 1-4）：

在调整时，不要改变轴承的预加载荷。在移动两侧轴承的垫片时，其总厚度必须保持不变。

3）行星齿轮总成拆装

（1）行星齿轮总成拆卸

①将驱动桥置于支架上，先拆除盖板和半轴；

②拆除行星轮架上的 16 只螺栓，取出行星轮总成（见图 1-110）；

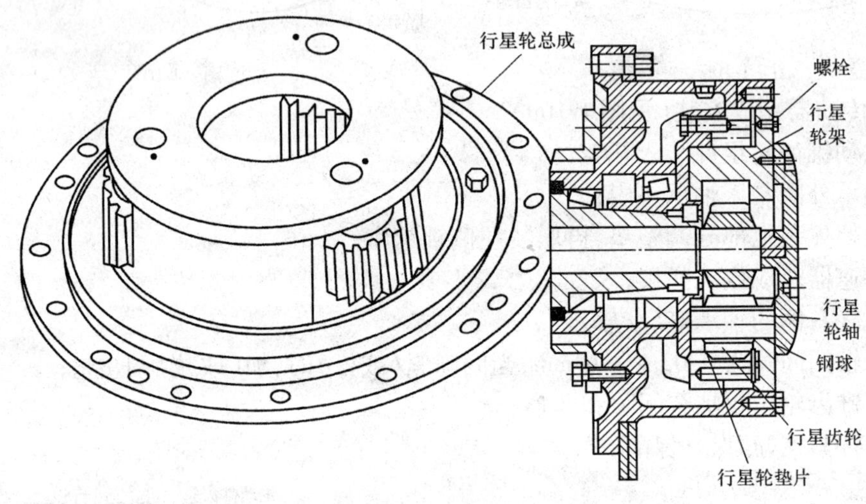

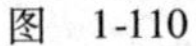
图　1-110

③将行星轮总成平放于工作台上，用铜棒敲出 3 根行星轮轴，然后取出行星齿轮、钢球、行星轮垫片（见图 1-111）。

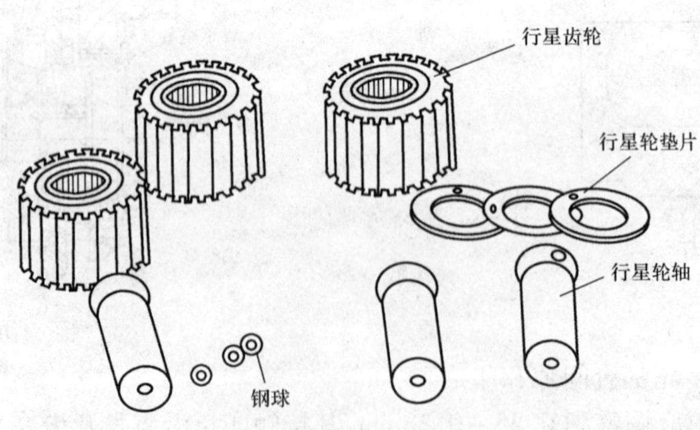

图　1-111

(2)行星齿轮总成安装

①将行星轮平放于工作台上;

②在行星齿轮内齿圈均匀涂上润滑脂,放进滚针,每只为23根;

③在行星架内放上铜垫和行星齿轮;

④将行星轮轴敲入行星轮架,放上钢球,装动行星齿轮,无卡阻现象即可。

4)内齿圈部件拆装

(1)拆下轮壳组件及内齿圈部件

①将制动器总成从轮边支承上拆下:

a. 脱开制动油管,拆除制动器总成在轮边支承轴上的2只固定螺栓;

b. 将主副钳桥取下。

②用绳索将轮壳组件吊起,拆除内齿圈螺母及垫圈;

③将轮壳组件从轮边支承轴上取下;

④从轮壳内拆下内齿圈部件。

(2)内齿圈部件拆卸

①将内齿圈部件放在工作台上,拆下螺栓;

②用铜棒击打内齿圈支承凹面,使其与内齿圈分离;

③将内齿圈反身放在工作台上,敲出销子即可。

(3)内齿圈部件安装

按拆卸反顺序进行。

5)轮壳总成拆卸

(1)轮壳总成拆卸

①将轮壳总成平放于工作台上,拆除制动盘的固定螺栓,取下制动盘;

②拆除连接套螺栓,取下连接套;

③拆下轮壳内油封,用工具将轴承的外圈轻轻敲出。

(2)轮壳总成安装

安装前将各连接面清洗干净,使用符合要求的纸垫,然后按拆卸的相反顺序进行。

6)驱动桥总成装配

(1)装配顺序与拆卸相反进行;

(2)全部零件应认真清洗吹干,齿轮、花键、轴、轴承等应仔细检查,各磨损面均应测量,不符合“维修标准”的应修复、更换,齿轮轴承等接触面应加注润滑脂;

(3)各种垫圈、纸垫均应按要求使用,石棉橡胶和青壳纸不得互相代替;

(4)主、从动锥齿轮应按编号成对使用,不得互换,更新时应成对更新。

3. 驱动桥的检修

1)轮式驱动桥的检修

(1)轮式驱动桥主要零部件的检修

①桥壳的检修

a. 桥壳的常见损伤

驱动桥壳作为轮式工程机械基础件之一,受力大而复杂,因此要求有足够的强度与刚度,

故大多采用整体式桥壳,经铸造或锻造后焊接而成。

桥壳的主要缺陷是:一是壳体产生变形与裂纹;二是配合面磨损,如ZL50装载机桥壳两端的轴承安装处磨损等。

驱动桥壳是轮式工程机械的基础件。桥壳除本身安装有主减速器、差速器、半轴,轮边减速器外,还有车架、车轮的支承件等,在机械行驶、作业、制动的过程中,承受着弯曲、扭曲等多种应力,因而容易变形。桥壳制造时如未彻底进行时效处理,使用中更易产生变形。

从对桥壳使用性能影响看,桥壳的弯曲变形危害最大,桥壳变形后将改变桥壳上零件间的相对位置精度及齿轮间的啮合关系。

桥壳的裂纹多产生在应力集中之处,如ZL50装载机的桥壳与端轴焊接处等,因为当这类机械行驶在不平的路面上及紧急制动时,这些部位会产生冲击载荷及峰值应力,因而易产生裂纹。

b.桥壳的检修

驱动桥桥壳是否已经变形,可通过测量桥壳主要安装面间的位置精度进行检测,如ZL50轮式装载机可通过测量桥壳两端轴颈(安装轮毂轴承用)间的同轴度进行检验。一般支承桥壳两端内轴颈时,外轴颈的径向跳动量应小于0.30~0.50mm。

驱动桥桥壳变形后应进行校正,变形较小时可冷压校正,变形较大时应热压校正。热压校正时应注意加热部位及加热温度,加热部位选择原则:一是应选在对变形影响较大的部位;二是应选在非重要部位;三是应选在不易产生应力集中的部位。加热温度一般为300~400℃,最高不得超过700℃,以防因材料组织改变而影响其强度与刚度。

驱动桥桥壳是否裂缝,可用磁力探伤等无损探伤法进行检验,由于桥壳较大,可将探伤机探头引出对桥壳进行分段检验。无探伤设备时,亦可用敲击听声音法或渗油法进行检验。裂纹检查时不必在所有部位上进行,而应着重在可能产生应力集中与可能出现裂纹的部位上进行。

驱动桥桥壳产生裂纹时,应用高强度低氢型焊条进行焊接修复。为了增加焊接强度,减少焊接应力和变形,焊接时应采取以下工艺措施。

a)焊接前应在裂纹端部钻直径为5mm的止裂孔;

b)应沿裂纹开成60°~90°的深为壁厚1/3~1/2的坡口;

c)应采用直流反接分段焊,而每焊20~30mm后,敲去焊缝消除内应力,当温度降至50~60℃时再焊下一段;

d)为了增加修复强度,可在重要裂纹处增焊4.6mm厚的外板(加外板时应注意使其与桥壳中心对称)。

当裂纹严重,使桥壳产生严重变形时,则应报废。裂纹焊修后应对焊缝进行探伤并检查有无焊接变形。桥壳两端轴颈磨损后可镀铁修复,与油封配合处轴颈磨损后也可镶套修理。

②半轴的检修

半轴的主要缺陷是半轴产生弯曲和扭曲变形、花键磨损或损坏等。

半轴的弯曲变形,可用顶尖将轴顶起后,用百分表检查轴的径向跳动量,来判断其弯曲变形量,当其弯曲跳动量大于0.50mm时,应进行冷压校正。

半轴产生少许扭曲变形时,对使用无影响;但严重扭曲的半轴应予以报废,以防使用中半轴扭断。

半轴轴端花键磨损后，其键齿侧间隙大于0.50mm（键齿本身磨损量大于0.20mm）时，可用堆焊法填平齿间，然后重新铣制花键。铣花键时为了保留原齿，可在堆焊前于齿端做出记号。半轴花键与半轴齿轮花键配合的标准齿侧间隙根据车辆种类的不同也不一致。

③轮式驱动桥中其他壳体类零件的检修

a. 减速器壳体的检修：轮式驱动桥中减速器壳体常用可锻铸铁或铸铁制造，其使用中的主要故障，一是轴承座孔磨损；二是有时会产生裂纹。轴承座孔磨损后会使轴承与孔间配合松旷，为此可用孔径镶套法或轴承外径镀铬法（或刷镀其他金属）修复。镶套时，衬套壁厚可取为2.50~3.00mm，压入时的过盈量可取为0.05~0.11mm。为压装可靠，防止松动，压入衬套后，在套与壳体接缝处的圆周上钻三个均布孔，然后将孔堵焊，使套与壳体可靠固接。镶套后应检查减速器主、被动齿轮轴孔间的位置精度，一般要求两轴线的不交度不大于0.025~0.04mm，不垂直度不大于0.05/100~0.06/100，大齿轮左右两轴承孔的不同轴度不大于0.06mm。壳体安装定位端面与输入轴孔心线的不垂直度不大于0.04/100~0.06/100。

减速器壳体产生较短裂纹且未达到轴承座孔时，可用焊接方法修复；当裂纹达到轴承座孔时，往往会引起减速器壳体较大变形，且焊接后不易保证不再开裂，故应予以报废。

b. 差速器壳体的检修：差速器壳体一般用可锻铸铁铸造或用合金钢锻造。使用中主要故障为：安装太阳轮的孔径及止推端面产生磨损；与行星齿轮球形座面配合的座面产生磨损；十字架轴孔产生磨损；与轴承配合面产生磨损等。

与太阳轮相配的壳体孔因磨损而使其配合间隙大于0.25mm时，可用镶套法修复，镶套壁厚可取为2.0~2.5mm。修复后应检查左右半壳太阳轮安装孔的同轴度。与太阳轮、行星轮接触的端面产生磨损使其轴向窜动量增大时，可用换装加厚止推垫的方法进行修复。

各端面与所在孔的不垂直度，以其端面跳动量测量，不应大于0.05mm。十字轴孔磨损后，可用刷镀孔径或轴颈法进行修复。但应注意使孔心线与轴心线位置正确，十字轴与壳体孔的标准配合间隙约为0~0.05mm。

十字轴间的垂直度及十字轴与太阳轮轴间的垂直度，一般应小于0.05/100，轴间不交的位移度，应小于0.10mm（十字轴间）或0.15mm（十字轴与太阳轮轴之间）。与滚动轴承配合的轴颈磨损使其配合间隙大于0.04mm时，可用电镀轴颈法进行修复。差速器壳体产生裂纹时，一般应予以报废。

c. 轮边减速器壳体的检修：轮边减速器多为由太阳轮输入动力、齿圈固定、行星架输出的结构，所以其壳体往往就是与车轮相连的行星架（如ZL轮式装载机系列驱动桥）。

轮边减速器壳体使用中主要的故障为：与行星轮轴相配合的孔因磨损而使配合间隙松旷；壳体与滚锥轴承配合孔松旷。

此配合一般属过盈或过渡性质的配合，例如ZL50轮式装载机此处标准配合间隙应为-0.008~-0.029mm，当配合间隙大于0.04mm时应予修复，否则会影响行星轮的正常工作。当孔径磨损较小时，可用电镀与之相配的行星轮轴的方法恢复配合；当孔径磨损较大时，可用镶套法修复孔径，镶套后加工孔径时应注意孔心位置精度。

壳体与滚锥轴承配合孔松旷时，可采用镶套法修复孔径。

④轮式驱动桥中齿轮零件的检修

a. 驱动桥齿轮零件的常见损伤:驱动桥齿轮零件的主要缺陷有两方面:一是齿轮本身产生缺陷,如齿面磨损与疲劳点蚀,个别齿轮断齿等;二是齿轮与其他零件的配合表面产生磨损,使配合间隙超限,影响使用。齿轮产生上述缺陷后,工作时会产生噪声,并引起冲击载荷。

b. 齿轮零件的检修:主传动锥齿轮,如齿面磨损不严重、啮合位置正确,而仅在齿轮节锥附近有少许条线状轻度点蚀时,齿轮可以继续使用;如果齿面磨损严重或出现大面积点蚀或产生多个断齿的时候,应更换新件。由于螺旋锥齿轮的啮合性能(啮合区大小及部位)对其使用性能(承载能力与噪声等)影响很大,所以更换主传动锥齿轮时应成对更换。

齿轮零件的个别齿折断而其他齿皆完好时,可用单齿堆焊法修复,并在堆焊后用齿面加工和修整的方法恢复齿形。断齿堆焊时可分两层进行,内层可用直径为3.2mm的上焊41J焊条堆焊,外层可用直径为4mm的上焊55J或56J焊条堆焊。为减少堆焊时的热影响,可如同变速器齿轮堆焊那样,将欲焊齿轮置于水中,露出施焊部位,对露出的不施焊部位用浸水石棉覆盖。堆焊后可按样板用砂轮修整齿形。

此种方法修理后的单齿,由于未经热处理,故硬度低、耐磨性差些。其他齿轮轮齿的检验与修理与主传动锥齿轮及变速器齿轮相同。

其他齿轮轮齿的检修与主传动锥齿轮及变速器齿轮相同。

齿轮上与轴或轴承配合的表面磨损后,一般可用电镀法修复,因为这些表面精度较高,例如差速器行星齿轮孔、太阳轮外径、轮边减速行星齿轮孔等,一般磨损量不会太大,因此可直接刷镀孔径、外径,或电镀与之相配的轴或轴承等。

修理时应注意各配合面与轮齿间的位置精度及配合精度。一般差速器行星齿轮与十字轴的配合间隙约为0.03～0.15mm,根据机型不同有所差别,如ZL50装载机的外标准配合间隙为0.03～0.071mm,半轴齿轮(太阳轮)与差速器壳体孔的标准配合间隙,一般约为0.06～0.20mm,ZL50装载机轮边减速行星齿轮与滚针轴承配合的标准径向间隙则为0.015～0.030mm。

(2)维修标准

驱动桥的维修标准见表1-5。

2)履带式驱动桥的检修与维护

(1)后桥壳体的缺陷与检修

后桥壳体又称后桥箱,可以分为铸铁件、铸钢件、钢板焊接件几种。

①后桥壳体的变形

a. 原因、现象和危害

后桥壳体工作中承受载荷较大,承受的载荷也较复杂,容易产生变形。此外,制造时处理不当,也会导致使用中产生变形。

b. 壳体变形的检修

后桥壳体变形后,一般只能用机械加工法与钳工修整法加工修正,以恢复其位置精度。修正时应注意变形的特点,以便根据位置精度破坏的特点正确地选择加工基准。如当横轴孔与最终传动主动轴孔同轴度符合要求,而与前端面平行度超限时,应以横轴孔为基准,加工修正前端面,当横轴孔与前端面平行度符合要求而与最终传动主动轴孔间同轴度超限时,则应以横轴孔为基准加工修正最终传动主动轴安装孔。当后桥壳体与最终传动壳体为一件体时,后桥

的加工修正还应该考虑对最终传动主被动轴孔间平行度及孔心间距的影响。

驱动桥的维修标准　　表 1-5

序号	检查项目	标准尺寸（mm）	公差		标准间隙（mm）	措施
			轴	孔		
1	主动锥齿轮轴径与轴承孔间隙	φ65	+0.03 +0.011	0 −0.015	0.011～0.045	更换
2	主动锥齿轮轴径与轴承孔间隙	φ55	+0.03 +0.011	0 −0.015	0.011～0.045	
3	主动锥齿轮轴承外径与轴承座间隙	φ120	0 −0.018	+0.01 −0.025	0.025～0.028	
4	主动锥齿轮轴承外径与轴承座间隙	φ140	0 −0.02	+0.012 −0.028	0.028～0.032	
5	轴承孔与轴承座外径配合间隙	φ130	0 −0.02	+0.012 −0.028	0.028～0.032	
6	轴承孔与轴承座外径配合间隙	φ75	+0.03 +0.011	0 −0.015	0.011～0.045	
7	十字轴与锥齿轮的配合间隙	25	0 −0.021	+0.098 +0.065	0.065～0.119	
8	半轴齿轮调整垫片厚度	标准尺寸	公差		维修极限	
		3	0 −0.05		2.8	
9	锥齿轮垫片厚度	2	0 −0.1		1.85	
10	锥齿轮啮合齿侧间隙	0.25～0.33				调整

②后桥壳体的裂纹

a. 后桥壳体裂纹的产生原因

后桥壳体裂纹经常发生在壳体壁面、横轴支承、后轴支座及焊接壳体的焊缝处，多因制造质量不高和使用不当（如超载、碰撞等）所致。壳体产生裂纹后将促使壳体变形，破坏零件间的位置精度。

b. 后桥壳体裂纹的检修

后桥壳体产生裂纹后，应用焊接法修理。对于钢质壳体，可使用高强度焊条直接用电焊法修补；对于铸铁件后桥壳体，可采用加热减应法气焊或加固处理下的铸铁冷焊。为了减少裂纹对变形的影响，焊前应将开裂的裂纹夹紧（有的可用螺栓拉紧）。为了增加焊接强度，有时可在裂纹两侧栽以低碳钢螺柱，并将其与裂纹一起焊牢。

③轴承座孔磨损

a. 后桥壳体轴承座孔的磨损原因

后桥壳体轴承座孔的磨损原因，与变速器相似。

b. 轴承安装孔的检修

安装座孔磨损较少时，可用刷镀修复。当孔磨损较大时，可用镶套法修复。镶套材料可用 40 号钢，镶配过盈量可取为 0.03～0.05mm。钢质壳体座孔磨损后，还可用堆焊后再加工的方法修理。

横轴座孔有的是半分开式，孔磨损轻微时，可将分开面去除一层使孔径缩小，然后将孔加

工成圆,磨损严重时,可采用镶配两半瓦的方法,此时瓦背应与座可靠贴合,且应焊牢,最后进行半瓦的内孔加工。加工孔径时应特别注意要满足各形位误差要求,为此可如同变速器壳体修理那样采用试加法,当确认孔心位置正确时再精加工孔。

(2)中央传动的检修

中央传动由大小锥齿轮、横轴、轴承等组成,其功用是将变速器传来的动力进一步减速增矩,并改变传动方向。履带式机械后桥中央传动多为单级锥齿轮减速运动。

①中央传动的常见故障

a. 异响及其原因

中央传动异响主要来源于齿轮间及轴承处。齿轮响主要是由于齿面加工精度低,齿侧间隙过小或不均,啮合区不正确,后桥壳体形位误差超限等引起。轴承异响主要是轴承安装不当、轴承松旷、轴承滚动表面产生疲劳点蚀等所致。

b. 中央传动齿轮室发热

中央传动齿轮室过热,可能因齿轮齿侧间隙过小、轴承间隙过小或进入脏物、润滑油不足或油质较差等引起,也可能因转向离合器与转向制动器过热造成的。

②中央传动主要零件的修理

a. 锥齿轮的缺陷与修理

a)锥齿轮的缺陷:中央传动锥齿轮常用 18CrMnTj、22 CrMnMo 制造。其常见缺陷为齿面磨损与疲劳点蚀,齿牙折断等。

中央传动锥齿轮负荷较大,易产生磨损。当齿面啮合面积不足,油质低劣,长期超载等,齿面磨损会加速。另外,齿面还易产生疲劳点蚀,点蚀一般从齿高中部和大端开始逐渐扩展至齿顶、齿根和小端,油质低劣,负荷过大时,会加速疲劳进程。一般锥齿轮节锥附近出现条状轻微点蚀的,还能工作 2000h 左右。

锥齿轮齿牙断裂多发生在齿的根部,且常从大端开始扩展至小端。影响断裂的重要因素是轮齿上的弯曲应力及材料的疲劳强度与断裂韧性。另外,润滑油质量、齿轮结构刚度、冲击负荷大小、原始微裂纹的大小及形状等,也会影响断裂的进程。锥齿轮齿面的压力分布是不均的,大端较大,故断裂大多从齿大端开始。齿轮大端压力大,可能由于齿轮安装不当以及使用中齿轮与轴产生变形之故。小锥齿轮由于应力循环次数较多,所以更易产生疲劳点蚀与断齿。

b)锥齿轮的修理:锥齿轮大端齿厚磨损大于 1mm 或齿面疲劳点蚀超过齿长的四分之一或齿面产生成片点蚀时,应予修复或更换。为工作可靠起见,锥齿轮产生断齿时,最好进行更换。为确保啮合正确,减少工作噪声,锥齿轮更换时应成对更换。锥齿轮个别齿断裂时,也可采用堆焊法修复。锥齿轮断齿的焊修工艺及焊后处理,与变速器齿轮类同。单齿堆焊后,应进行齿面加工。一般直齿锥齿轮,可铣削或刨削加工,而螺旋锥齿轮则需用铣刀盘在专用设备上加工。齿面还可用电磨解加工法进行修整。也有的单位用以下方法修理齿面严重磨损的大锥齿轮:将齿轮退火,堆焊前加工大锥齿轮的背面,铣深锥齿轮轮齿,以恢复正确的齿形与齿厚,重新热处理齿轮,电磨解轮齿齿面。用这种方法修复大锥齿轮,工艺较复杂,成本较高,且需有铣齿设备,因此应用不广。

b. 横轴的缺陷与修理

横轴主要缺陷为弯曲变形,轴颈配合处产生磨损等。横轴变形后可冷压校正,校后的要求

为:与大齿圈配合的外圆相对于轴承安装轴颈的径向跳动量应小于0.05mm;与大齿圈配合端面间跳动量在最大直径上应小于0.10mm。

与大齿圈配合的外圆产生磨损与螺栓孔产生挤压磨损时,是由于使用中连接螺栓松动所致。外圆磨损可先用磨削加工法恢复其与轴颈间的同轴度,并降低表面粗糙度,然后对加工面镀铁或镀铬修复。螺栓孔挤压磨损后,可将其与齿圈一起用修理尺寸法修复(扩孔并更换加大外径的螺栓)。

与滚珠轴承配合的轴颈产生磨损或配合松旷时,可用镀铁或镀铬法修复。

横轴端部的花键磨损后的影响及修理方法与变速器轴花键相同。TY120推土机横轴端部的花键为锥形渐开线花键,当端部螺母未拧紧时,会因动载使键齿产生挤压与磨损,轻微时可用油石进行修整,严重时应堆焊后重新加工花键。

4. 驱动桥的常见故障分析、诊断与排除

1)常见故障分析、诊断与排除

在使用过程中,由于维护不当或使用过久等原因均会使驱动桥发生异常响声、过热和漏油等故障(见表1-6)。

驱动桥的常见故障分析、诊断与排除　　表1-6

故障	故障现象	故障原因分析	故障诊断与排除方法
异常响声	机械行驶过程中主减速器有噪声,加速时有连续金属撞击声且比较清晰,行驶速度越高、噪声越大	1. 主、从动锥齿轮啮合间隙过大或啮合间隙不均匀,造成传动不平稳而产生异常响声 2. 主、从动锥齿轮啮合不正确、齿面损伤或轮齿折断。在使用过程中,磨损会破坏轮齿的齿形,使传动不平稳而出现冲击、振动和噪声。齿轮轮齿折断会出现冲击声,严重时会中断传动 3. 主动锥齿轮的支承锥轴承磨损松旷。使用过程中,轴承由于磨损使轴承间隙增大,运转时因松旷而出现摇摆,使主、从动锥齿轮啮合不均匀而出现异常响声 4. 从动锥齿轮连接螺栓松动,齿轮润滑油不足,也会引起传动不平稳而出现异常响声	1. 如果行驶速度提高时响声增大,空挡滑行响声减弱或消失,起步后短时间内及换挡时有金属撞击声,行驶速度稳定后撞击声转变为连续的噪声,才可能是主、从动圆锥齿轮啮合间隙过大,应测量两者之间的间隙 2. 如果机械等速行驶时有异常响声,高速行驶时异响增大,节奏明显且伴有抖震,则可能是主、从动锥齿轮啮合间隙不均匀,应停车验证并予以调整 3. 如果随着机械行驶速度的提高,主减速器出现异常响声,空挡滑行随即消失,一般是主、从动锥齿轮啮合不良,即啮合印痕不符合要求,应进行检查、调整 4. 机械在行驶或作业中突然出现主减速器的强烈而有节奏的金属敲击声,脱挡滑行时立即消失,说明主、从动锥齿轮有轮齿折断,应立即停车检修 5. 在行驶过程中有异响,空挡滑行也不消失,如果在较低行驶速度时,有连续异响,行驶速度加快,响声加大,空挡滑行时有所减弱,说明主、从动锥齿轮啮合间隙过小,应重新调整 6. 如果主减速器的异常响声突然出现,应停车检查减速器壳温度。如果感觉烫手,则应检查驱动桥壳内润滑油数量是否不足。如果发现异常响声仍继续行驶,又出现起步困难,则可能是主动锥齿轮轴承烧结,应立即检修 7. 如果驱动桥壳内润滑油数量和轴承检查均正常,而异常响声仍然存在,一般是主动锥齿轮轴承过紧。应拆下传动轴,用弹簧秤钩住主动锥齿轮轴凸缘,测量轴承预紧度

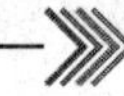

续上表表

故障	故障现象	故障原因分析	故障诊断与排除方法
驱动桥发热	机械行驶或作业一段时间后，用手触摸驱动桥壳，有无法忍手的烫手感觉	1. 主、从动锥齿轮啮合间隙过小 2. 轴承装配过紧 3. 驱动桥壳内润滑油过少 4. 润滑油不符合标准	1. 如果出现主减速器壳及驱动桥普遍过热，可打开加油口螺塞，检查齿轮油液面是否太低。若油量不足应加足；若油面不低，可用手捻试齿轮油，如果黏度太大或太小即表示润滑性太差，应按规定更换齿轮油 2. 如果在主减速器壳体感觉最热，则为主、从动锥齿轮啮合间隙调整不当造成的，应按规定要求重新调整 3. 如果轴承处感到最热，则为轴承装配调整过紧，应重新调整
驱动桥漏油	驱动桥漏油大多发生在桥包处及轮边减速器处，且大多通过密封处与接合面处外漏	驱动桥漏油，主要是由于密封件损坏与密封垫损坏所致。前者如最终传动油封损坏引起的漏油等；后者如后桥壳、轮边减速器接合面的漏油等	根据漏油情况，及时按规定进行必要的调整、紧固和更换

2）故障诊断与排除实例

（1）故障现象

ZL50 型装载机，拐弯行进时后驱动桥有较大的“咔啦、咔啦”噪声。

（2）故障分析

首先通过故障现象对故障原因进行分析。装载机直线行进时其后驱动桥正常，而拐弯行进时后驱动桥有较大的噪声，初步判断故障可能发生在差速器上。因为装载机直线行驶时两侧的车轮在同一时间内滚过的行程相等，差速器壳与两半轴转速相等，行星齿轮不自转，只是随差速器壳一起公转，这时候差速器不起差速作用；装载机拐弯行驶时行星齿轮不但带动两半轴齿轮转动，而且还绕十字轴颈自转，由于内外两侧车轮反映在行星齿轮上的阻力不同，因而使两半轴转速不等，这时候差速器起差速作用。

（3）故障检查与排除

拆下后驱动桥与车架的连接螺钉、主传动器接盘螺钉、制动器油管接头等，用吊车吊住车架、向后推出后驱动桥和车轮，放出后驱动桥和两侧轮边减速器内的齿轮油，发现后驱动桥内的齿轮油很脏，其中有一些针状和片状金属碎屑，初步断定故障发生在差速器上。

拆开驱动桥桥壳，取出主传动器、差速器、两根半轴及两个轮边减速器的太阳齿轮。拆开差速器壳体后发现：差速器内的 4 个行星齿轮和两个半轴齿轮的轮齿严重打坏；4 个行星齿轮的垫片只剩下一个较完整，其余的已磨损掉；主动锥齿轮、十字轴及差速器壳体严重磨损；驱动桥壳底部有许多大大小小针状和片状金属碎屑，证实了故障发生在差速器上。

故障是由什么原因造成的呢？询问了操作手并检查了其他装置。这台 ZL50 型装载机前后桥驱动（四轮驱动）不易接合，接合后又不易分离；操作手从未检查过后驱动桥内的齿轮油，由于后驱动桥内的齿轮油过脏，使行星齿轮的垫片磨损、行星齿轮与两个半轴齿轮的间隙增大，加之时常进行“V”式、“I”式、“L”式、“T”式满负荷转弯作业，致使行星齿轮与两个半轴齿轮的轮齿因间隙过大、在高速转动中打坏，其损坏的金属碎屑进入后驱动桥的底部和内部的齿轮油内，使主动锥齿轮、十字轴及差速器壳体在转动中严重磨损。直线行进时差速器内的 4 个行星齿轮和两个半轴齿轮随差速器壳一起公转而不自转，因而后驱动桥没有噪声；转弯行进时与两个半轴齿轮啮合的 4 个行星齿轮遇到的阻力不等便开始自转，由于它们间隙过大且啮合的轮齿损坏，便发出噪声，损坏的越严重发出的噪声越大。

将后驱动桥桥壳及其他零件清洗干净，更换了差速器和主传动器，装复了两根半轴、两个轮边减速器的太阳齿 轮和驱动桥桥壳，更新了后驱动桥和两个轮边减速器内的齿轮油，经组装后的试车，上述噪声故障立刻得到排除。

思考题

1. 公路工程机械传动系有何功用？

2. 公路工程机械主离合器有何功用？湿式非常接合式主离合器小制动器如何调整？

3. 常接合式主离合器常见的故障有哪些？进行故障诊断与排除。

4. 非常接合式主离合器常见的故障有哪些？进行故障诊断与排除。

5. TY180 型推土机为什么要装小制动器？如何调整？

6. 试述轮式及履带式公路工程机械传动系的功用、组成及布置形式。

7. 试述轮式及履带式公路工程机械主离合器的功用、结构及工作原理。

8. 简述万向传动装置的构造、工作原理。

9. 试述轮式及履带式公路工程机械机械换挡式变速器的功用、结构及工作原理。

10. 试述轮式及履带式公路工程机械驱动桥的功用、结构及工作原理。

11. 分析轮式及履带式公路工程机械主离合器的常见故障现象，并进行故障诊断与排除。

12. 分析轮式及履带式公路工程机械机械换挡式变速器的常见故障现象，并进行故障诊断与排除。

13. 机械换挡式变速器为什么要与主离合器配套使用？

14. 分析轮式及履带式公路工程机械驱动桥常见的故障现象，并进行故障诊断与排除。

15. 有主传动器为何还要增加轮边减速器呢？

16. 公路工程机械常见的差速器形式有哪些？

Danyuaner
单元二

公路工程机械液力机械传动系

1. 液力变矩器的功用、结构及工作原理；
2. 液力变矩器维修、检测方法；
3. 动力换挡变速器的功用、结构及工作原理；
4. 动力换挡变速器的维修、检测方法。

1. 分析液力变矩器的故障原因，进行故障诊断和排除的实际操作；
2. 分析动力换挡变速器的故障原因，进行故障诊断和排除的实际操作。

课题一 概 述

一、液力传动的特点

液力传动具有以下优点：

(1)自动适应性好。由于采用了具有自动变矩、变速特性的变矩器，当外载荷增加时能自动降低速度增加牵引力，当外载荷减小时能自动减小牵引力增加速度。保证了发动机能经常在额定工况下工作，且发动机不因外载荷突然增大而熄火。

(2)操纵轻便、舒适性好。液力变矩器具有无级变速的性能，可有效地减轻操作者的劳动强度，易于操纵。再者液力传动具有良好的自动适应性和减振作用，可使机械平稳起步，加速均匀，因此舒适性好。

(3)可提高机械的通过性。液力传动具有良好的且稳定的低速性能，可提高机械在软路面上的通过性。

(4)较机械传动使用寿命长。液力传动的介质为液体,能吸收和减少来自整个机械的振动。

然而液力传动也有以下缺点:

(1)传动效率相对低些,经济性差一些。

(2)必需的附加设备体积、质量较机械传动略大,且结构复杂、造价较高,维修难度较大。

由于液力传动具有以上突出的优点,因而被广泛的应用在与机械传动结合的液力机械传动系中。

二、液力机械传动

液力机械传动主要由液力元件(如液力变矩器)和机械元件(如动力换挡变速器)组成。动力换挡变速器与液力变矩器(两者将在后面课题中具体讲述)配合使用,可在不切断动力的情况下进行换挡,减轻了驾驶人员的劳动强度,还可起到保护发动机及传动系统的作用,提高机械的劳动效率,因此广泛应用于各种公路工程机械中。

三、液力机械传动在公路工程机械上的应用实例

1. 轮式公路工程机械

如 ZL30、ZL50、CAT966D 型装载机;CL7、WS16S-2、627B(CAT)型自行式铲运机;TL160 轮式推土机、PY180 平地机等均采用了液力机械式传动系统。

图 2-1 为 TL160 轮式推土机采用的液力机械式传动系统。传动系统中采用了液力变矩器、定轴式动力换挡变速器及行星齿轮式轮边减速器。

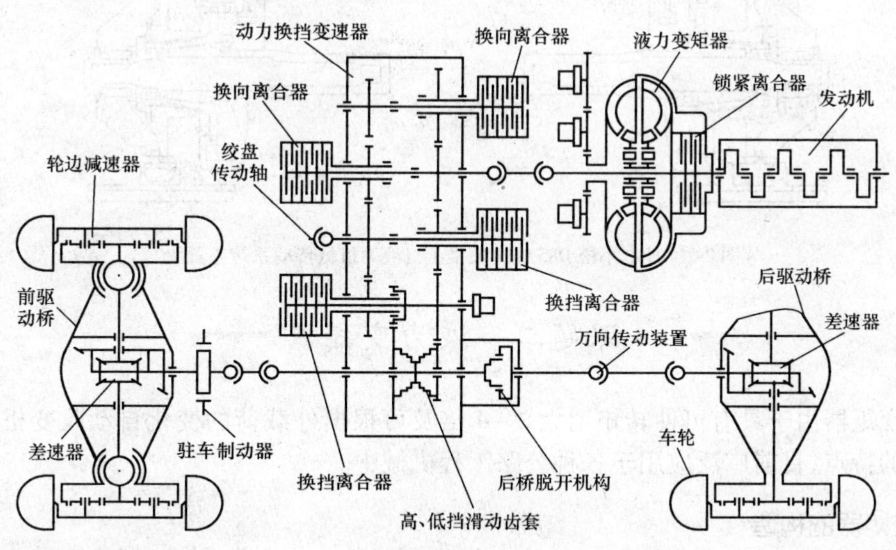

图 2-1　TL160 推土机的液力机械传动系统布置图

2. 履带式公路工程机械

如国产 TY180、日本小松 D85A-12 型推土机(图 2-2)等均采用了液力机械式传动系统。

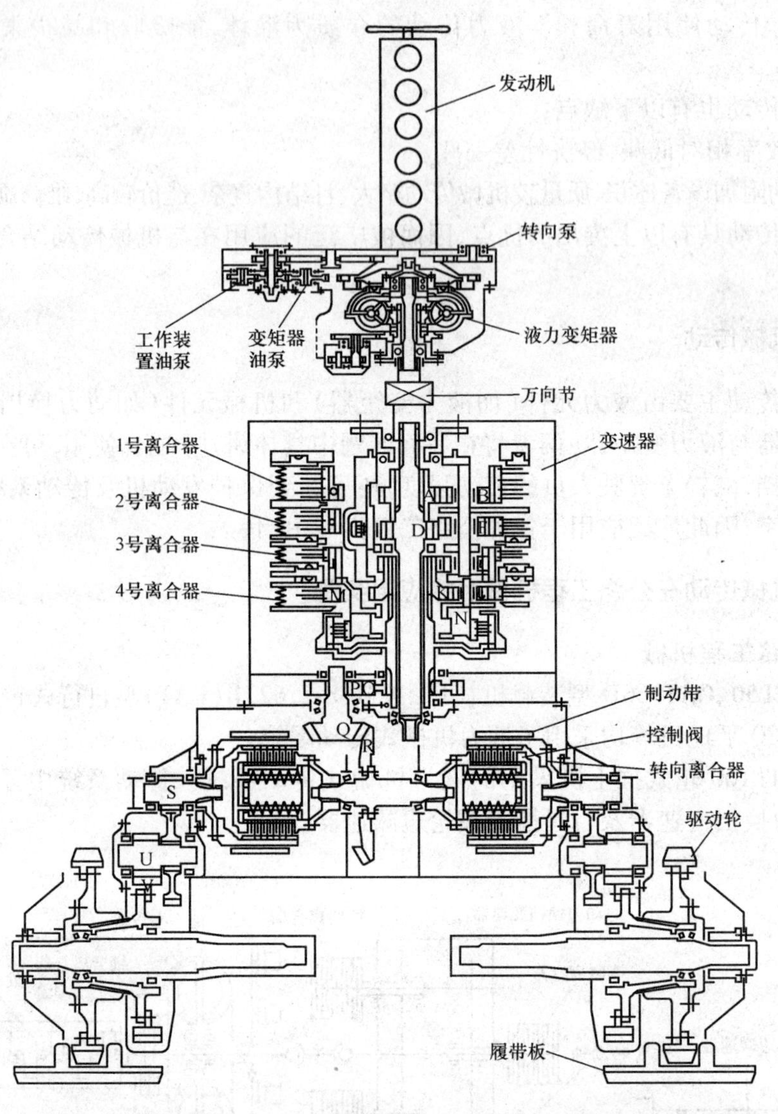

图 2-2　日本小松 D85A-12 型推土机液力机械传动系统布置图

课题二　液力变矩器

液力变矩器由于具有可使转矩增大 2 ~4 倍及可根据外载荷的变化自动改变机械的牵引力或速度的特点，目前广泛应用于各种公路工程机械中。

一、变矩器的构造

1. 液力变矩器的组成

公路工程机械常用的液力变矩器由泵轮、涡轮 、导轮组成，简称为三元件液力变矩器。其基本构造如图 2-3 所示。

1)泵轮

泵轮内侧由许多曲面叶片组成,与驱动壳体用螺栓连接再与飞轮连接,为主动件。它可将叶片中的油液在离心力的作用下沿曲面向外流动,在叶片出口处射向涡轮叶片入口,即由机械能转变为流体动能。

2)涡轮

涡轮是由许多曲面叶片组成的,它通过轴输出转矩,为从动件,可将液体的动能转换为机械能。

3)导轮

导轮由许多曲面叶片组成,一般固定不动,可将从涡轮流出的油经其油道改变方向后再流入泵轮,承受一反作用力矩。

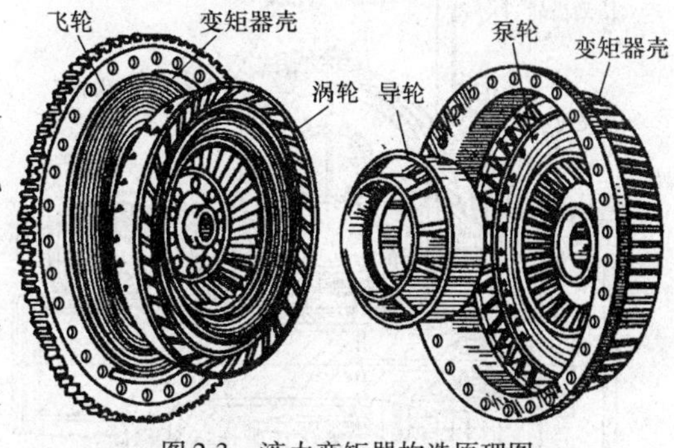

图 2-3　液力变矩器构造原理图

泵轮的叶片数目多于涡轮的叶片数目,目的是防止传力时发生共振现象。

导轮与泵轮和涡轮之间保持一定的轴向间隙。

进口公路工程机械常用的液力变矩器多为单级单相三元件(元件即与液流发生作用的一组叶片;级即涡轮的元件数;相即变矩器的工作状态数,如单导轮固定为单相,能单向转动则为两相)液力变矩器,如日本小松 D85-18 型推土机用液力变矩器图 2-4a);美国卡特皮勒 D8N 型液压推土机用液力变矩器,其特点是变矩器带有行星齿轮机构等,如图 2-4b)所示。

国产公路工程机械除了应用三元件液力变矩器之外,还有像轮式装载机 ZL50 系列(少数 30 系列)采用了由泵轮、双涡轮、导轮四元件组成的双级单相液力变矩器或采用泵轮、涡轮 、双导轮四元件组成的单级二相综合式液力变矩器(如 TL160 推土机、WD140 推土机、CL7 自行铲运机)。如图 2-5a)所示为 ZL50 系列装载机用双涡轮液力变矩器简图, 2-5b)所示为 ZL30 系列装载机用单涡轮液力变矩器简图。

2. 液力变矩器(指泵轮壳)与发动机的常见连接方式

(1)液力变矩器与发动机的连接采用弹性板与飞轮连接,如国产 ZL50 装载机用液力变矩器,如图 2-5a)所示。

(2)由驱动齿轮直接插入发动机飞轮齿圈内,如卡特 D8N 型推土机、日本小松 D85-18 型推土机用液力变矩器,见图 2-4;国产 ZL30 系列装载机用单涡轮液力变矩器,见图 2-5b)。

二、液力变矩器的变矩原理

泵轮、涡轮、导轮叶栅组成的圆形空间,称之为循环圆,为了分析方便通常用循环圆在轴面上的断面来表示整个循环圆,并把这个断面图称为液力变矩器的循环圆(如图 2-6 所示)。循环圆的最大直径 D,称为液力变矩器的有效直径。由于循环圆在轴面上的断面相对于传动轴是完全对称的,常用传动轴上半部的图形来表示循环圆。

设想将三元件的液力变矩器,沿着循环圆的截面展开布置,如图 2-7 所示。在液力变矩器的工作过程中,液流自泵轮冲向涡轮时使涡轮受一力矩,其大小与方向都和发动机传给泵轮的力矩 M_B 相同。液流自涡轮冲向导轮时也使导轮受一力矩,由于导轮固定不动,此时便以一大小相等方向相反的反作用力矩 M_D 作用于涡轮上。因此涡轮所受的总力矩 M_T 等于泵轮力矩

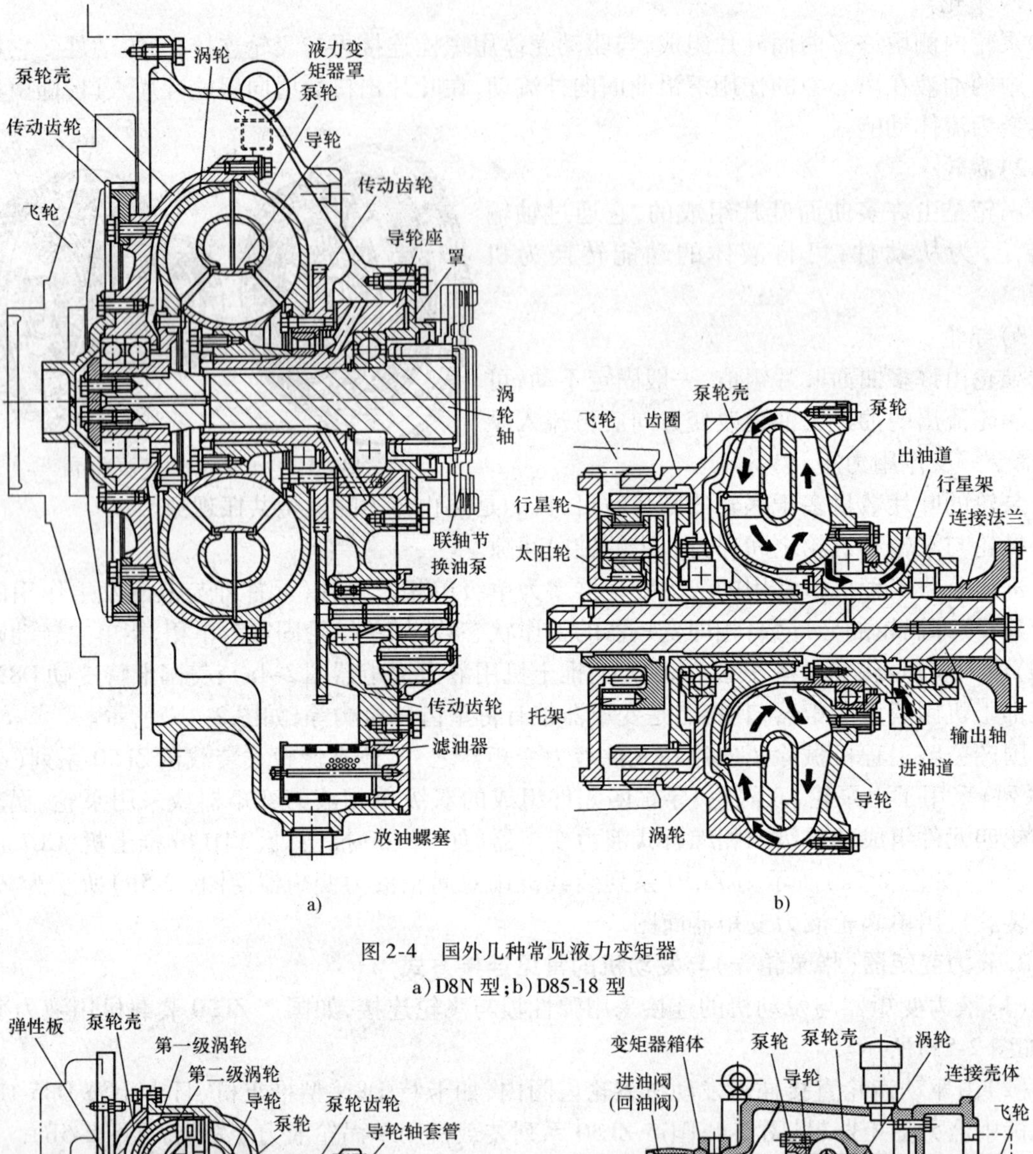

涡轮
液力变
矩器罩
泵轮
泵轮壳
传动齿轮
导轮
飞轮
传动齿轮
导轮座
罩
涡
轮
轴
联轴节
换油泵
传动齿轮
滤油器
放油螺塞
a)
泵轮壳
泵轮
飞轮
齿圈
出油道
行星架
行星轮
连接法兰
太阳轮
托架
输出轴
进油道
导轮
涡轮
b)

图 2-4　国外几种常见液力变矩器

a) D8N 型；b) D85-18 型

弹性板
泵轮壳
第一级涡轮
第二级涡轮
导轮
泵轮
泵轮齿轮
导轮轴套管
第二涡轮
轴套
第一涡轮轴齿轮
第二涡轮轴齿轮
第一涡轮轴
飞轮
a)
变矩器箱体
泵轮
泵轮壳
涡轮
进油阀
(回油阀)
导轮
连接壳体
飞轮
齿轮
涡轮轴
导轮座
连接套
齿轮
输入轴
齿轮
b)

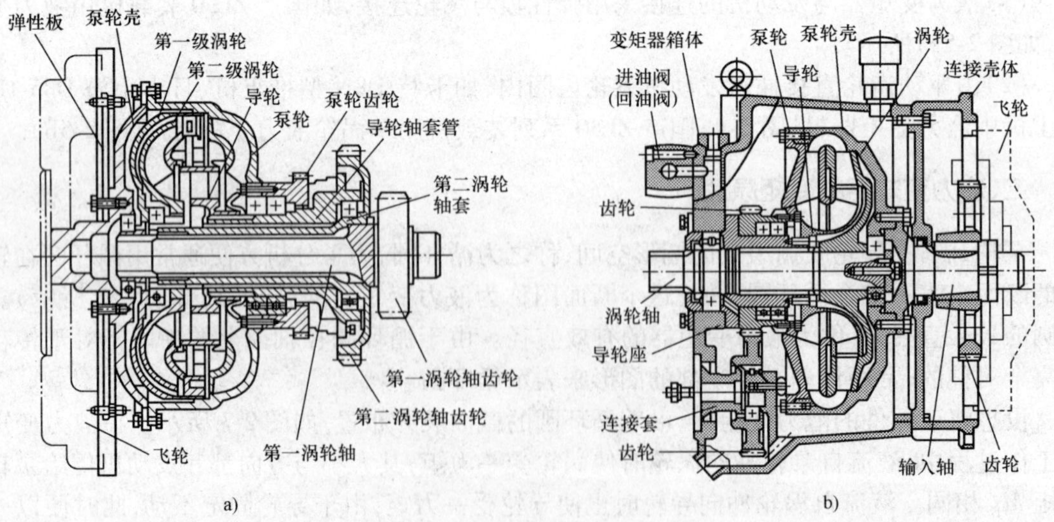

图 2-5　国产装载机用液力变矩器简图

M_B 与导轮反作用力矩 M_D 向量和,即

$$M_T = M_B + M_D$$

这就是说,液力变矩器可以起增大力矩的作用,这个所增加的力矩就是导轮的反作用力矩 M_D。

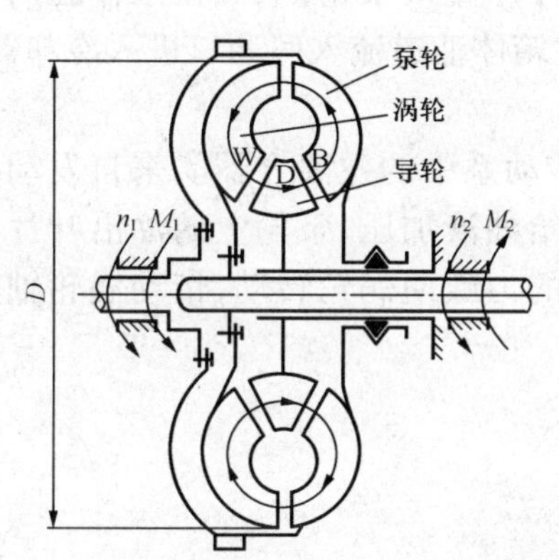

图 2-6　液力变矩器循环圆简图

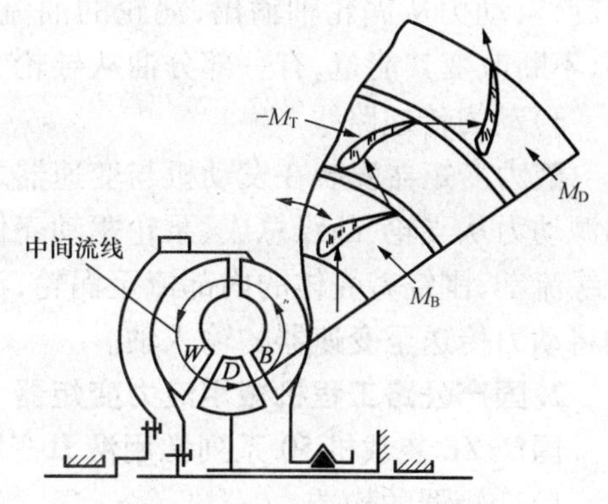

图 2-7　液力变矩器工作简图

B-泵轮;W-涡轮;D-导轮

还可以通过变矩器中工作液体周而复始的环流特性说明变矩原理。假设泵轮、涡轮、导轮三者对工作液流的作用力矩为 M_B、$-M_T$(负号表示涡流对工作液流的作用力矩与泵轮转向相反)和 M_D。由于液体的环流是一种周而复始的循环运动,根据力学原理,3 个工作轮对工作液流的作用力矩总和应为零,即

$$M_B + (-M_T) + M_D = 0$$

或

$$M_T = M_B + M_D$$

因为液流对涡轮的作用力矩与涡轮对液流的作用力矩 $-M_T$ 大小相等,方向相反,所以涡轮力矩 M_T 等于泵轮力矩 M_B 与导轮力矩 M_D 的向量和。由此可见液力变矩器起到了增大力矩的作用。

三、典型液力变矩器的结构

1. 进口公路工程机械用液力变矩器

美国 CAT966 型装载机用液力变矩器结构,如图 2-8 所示。该液力变矩器为单级单相三元件变矩器。

1)变矩器的构造

变矩器的主要零件有:泵轮驱动壳体、泵轮、涡轮、导轮。壳体用螺栓与带有外齿的凸缘总成连接,泵轮与壳体用螺栓连接,涡轮用花键与涡轮轴连接,导轮连接在支

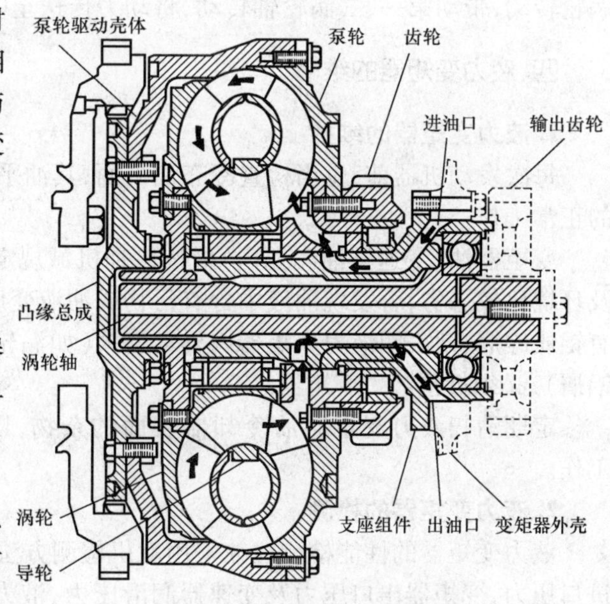

图 2-8　CAT966 型装载机用液力变矩器

座组件上，但不转动。

2）变矩器油的流向

变矩器油的流向如图 2-8 中箭头所示：由变矩器齿轮泵供给的油自进油口入，通过支座油道进入泵轮的内油道，旋转的泵轮通过离心力使油进入涡轮，并将油的能量传至涡轮并冲击涡轮旋转，动力从涡轮轴输出，涡轮的油流入导轮，并通过其叶片流入泵轮，从而在工作腔内循环，不断改变其能量，有一部分油从导轮支座另一油道，通过箱体油道流入回油口进入冷却器。

3）动力传递路线

液力变矩器安装在发动机与变速器之间，相当于机械传动系中的主离合器。来自发动机的源动力从飞轮、凸缘总成、泵轮驱动壳体、泵轮，泵轮转动给油液加压，泵轮上的油沿叶片向外缘流动，围绕着壳体的内部流至涡轮，油液冲击涡轮叶片的力致使涡轮转动，带动涡轮轴转动将动力传送至变速器的输入轴。

2. 国产公路工程机械用液力变矩器

国产 ZL 装载机 50 系列常用液力变矩器如图 2-9 所示。

1）变矩器的构造

变矩器的主要零件有：泵轮驱动壳体、泵轮、第一级涡轮、第二级涡轮、导轮。壳体用螺栓与弹性连接板连接，前端支承在飞轮中心处，起到定心、定位的作用，泵轮与壳体用螺栓连接，一、二级涡轮均用花键与第一级、第二级涡轮轴相连接，导轮通过花键连接在导轮轴套管上，但不转动。

2）动力传递路线

液力变矩器安装在与变速器供体的变矩器壳体内。来自发动机的源动力从飞轮、连接螺栓、弹性板及连接螺栓、泵轮驱动壳体及连接螺栓、泵轮，泵轮转动给油液加压，泵轮上的油沿叶片向外缘流动，围绕着壳体的内部流至第一、二级涡轮，油液冲击涡轮叶片的力致使第一、二涡轮转动，带动第一、二涡轮轴转动，将动力传送至变速器的输入轴。

四、液力变矩器的维修

1. 液力变矩器的维护

每次发动机器前，应当检查冷态油平面，其油平面应在规定的范围内，以保证液力变矩器的正常工作。

变矩器油（变速器油底壳内）应按该种机械规定的期限换油，由于公路工程机械工作条件及环境比较恶劣，若发现油液中含有污物或油液变质，必须及时更换新油液。若发现油液中含有铝质碎屑，则表明液力变矩器内异常磨损（如涡轮轴承松旷时，涡轮与导轮产生摩擦会产生铝屑），必须拆检液力变矩器。

定期清扫液力变矩器油冷却器表面的杂物，以保证其正常的冷却，使液力变矩器正常工作。

2. 液力变矩器的检测

液力变矩器的性能检测往往采用就机检测方法。就机检测的项目主要有：主压力、变矩器进口压力、变矩器出口压力及变速器润滑压力、液力传动油油温等。下面以小松 D85-18 型推土机用液力变矩器为例讲述其检测方法。

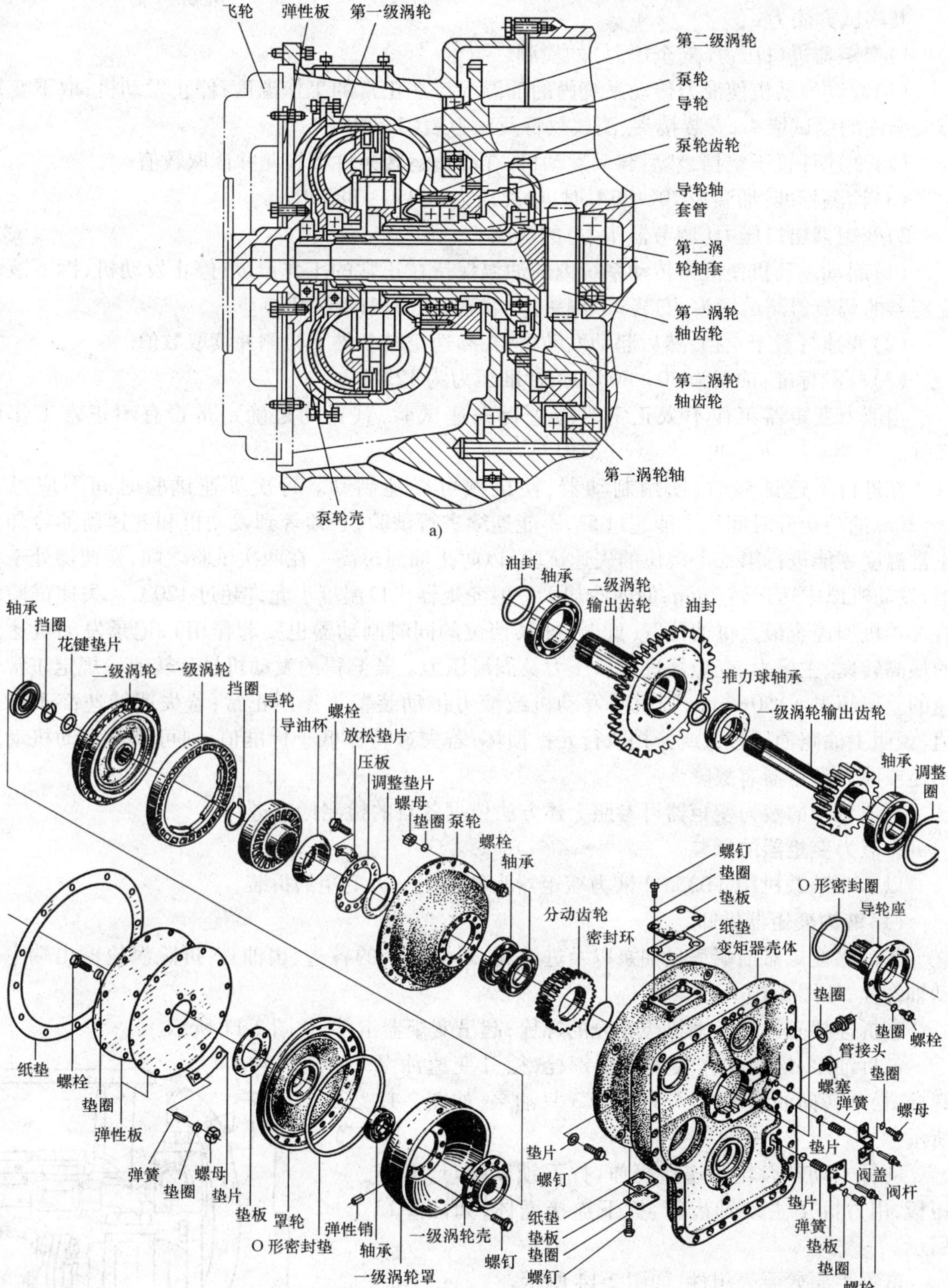

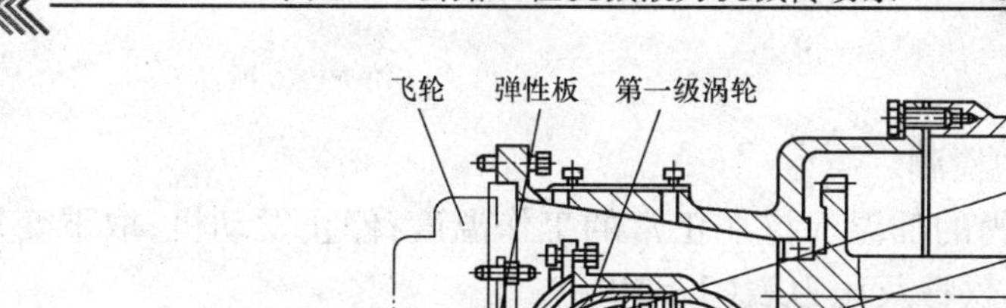

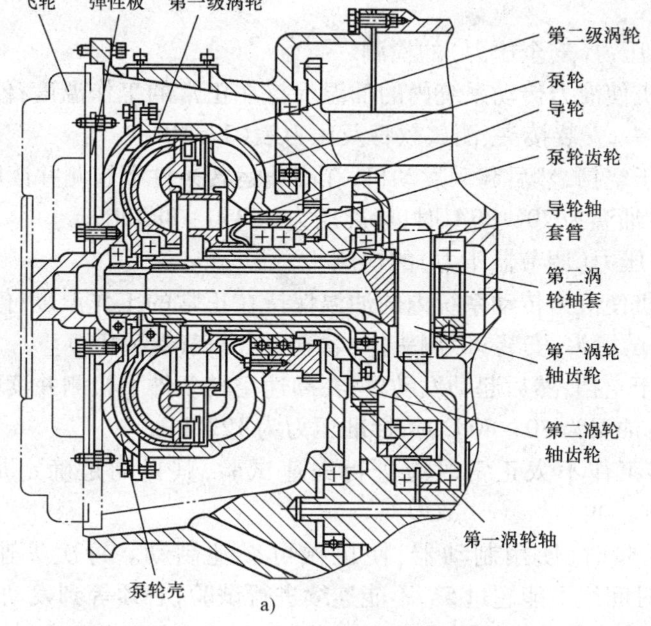

图 2-9　ZL50 型装载机用液力变矩器

a）结构图；b）分解图

其测试方法为：

1)变矩器进口压力(安全压力)的检测

(1)起动发动机使液力传动系统内的油温保持在正常的工作温度；停止发动机，取下变矩器安全阀的测试堵头，安装接头、测试软管及压力表(2.5MPa)。

(2)变速杆置于空挡，然后起动发动机，在高速运转条件下检测并读取数值。

(3)检测标准：油温为70~80℃时；标准压力为850~880kPa。

2)变矩器出口压力(调节器压力)的检测

(1)起动发动机使液力传动系统内的油温保持在正常的工作温度；停止发动机，拆下液力变矩器的调节器测试堵头，安装90°测头体、软管、压力表(2.5MPa)。

(2)变速杆置于空挡，然后起动发动机，在高速空转条件下检测并读取数值。

(3)检测标准：油温为70~80℃时；标准压力为1225kPa。

当液力变矩器工作不太正常时应进行失速试验，其目的是确定是否有不正常工作的部件。

在进行失速试验时，使用制动器，使机械可靠地制动。每次失速试验时间不应过长(<30s)油门全开时间绝不能超过5s，不能连续进行试验，必须等到发动机和变速器油冷却到正常温度才能进行第二个挡位的失速试验，以防止油温过高。在两次试验之间，变速器处于空挡，发动机以中速运转2min，使油冷却。一般变矩器出口温度不允许超过120℃。失速试验时将发动机加速至最大供油位置(此时，挂某挡位的同时制动器也要起作用)，记录发动机达到的最高转速、主压力、变矩器进出口压力及润滑压力。若测得的发动机最高转速较规定正常转速的差值超过±150r/min，则说明发动机或液力传动装置工作不正常；若失速转速高于标准值，说明主油路油压过低或换挡执行元件损坏；若失速转速低于标准值，则可能是发动机动力不足或液力变矩器有故障。

其他型号的液力变矩器可参照上述方法依据各自的检测标准进行。

3.液力变矩器的拆装

以Z30装载机用YB355-2液力变矩器为例说明液力变矩的拆装。

(1)液力变矩器拆卸

①拆除变矩器前端三只油泵以及进油阀、回油阀上的各进、出油管，拆除涡轮输出端主传动轴螺栓，如图2-10所示。

②拆连接壳体与发动机飞轮壳的螺栓，起吊变矩器组件，如图2-11所示。

③拆油泵：松开工作装置油泵螺栓，松开变速油泵螺栓，松开转向油泵螺栓，分别取下3只油泵，如图2-12所示。

④拆主动轴齿轮和连接壳体：拧下锁紧螺母，取下压板，用力拆下主动轴齿轮，拆下连接壳体，如图2-13所示。

⑤吊下泵轮泵壳组件，如图2-14所示。

⑥拆输入轴：拆下螺栓及垫片，拆下输入轴，如图2-15所示。

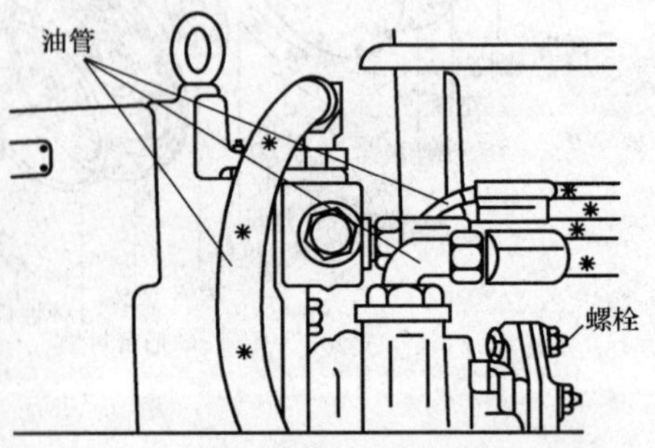

图2-10　拆各泵油管及主传动轴螺栓

⑦拆涡轮轴端的压板，如图 2-16 所示。

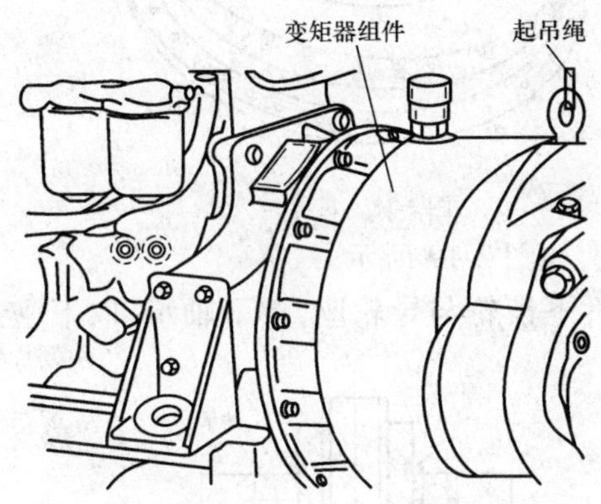

图 2-11　拆变矩器组件与发动机连接螺栓

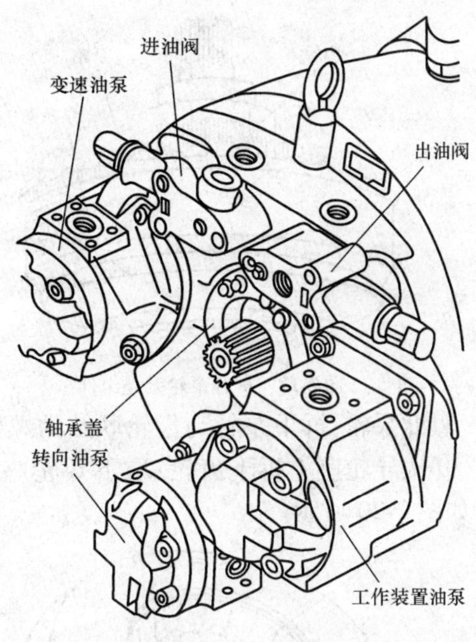

图 2-12　拆下 3 只油泵

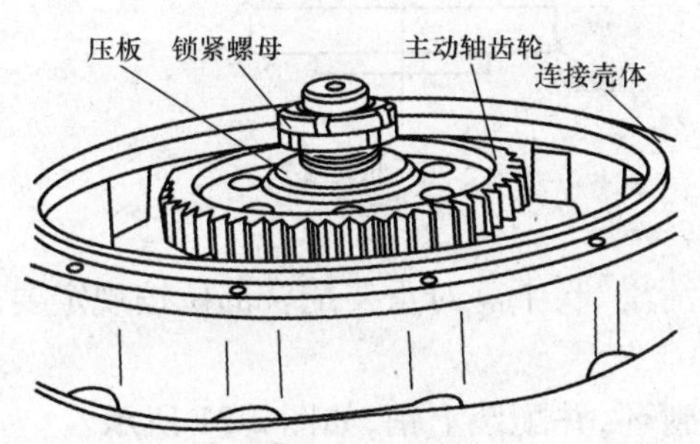

图 2-13　拆主动轴齿轮和连接壳体

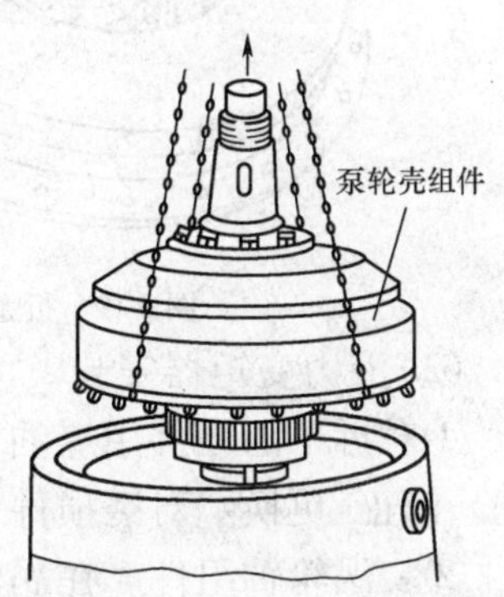

图 2-14　拆下泵轮泵壳组件

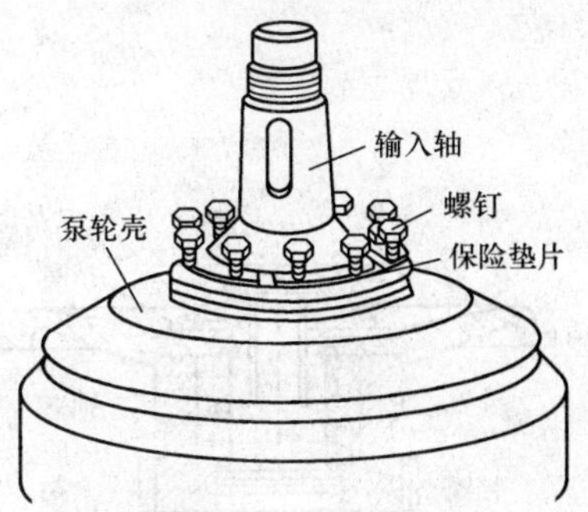

图 2-15　拆输入轴

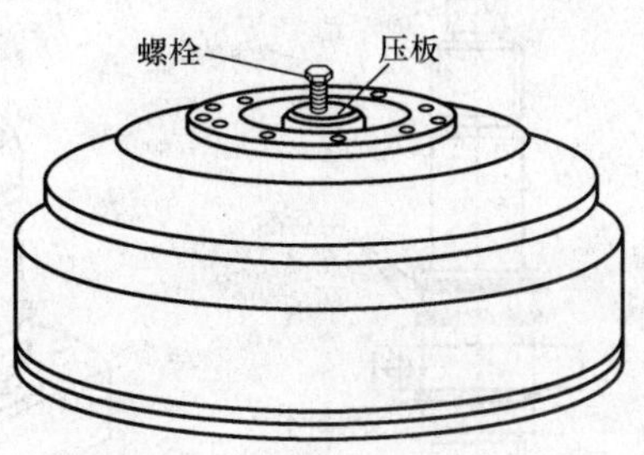

图 2-16　拆涡轮轴端的压板

⑧拆开泵轮泵壳组件，如图 2-17 所示。

⑨拆导轮：拆下导轮内的螺栓，取下导轮，如图 2-18 所示。

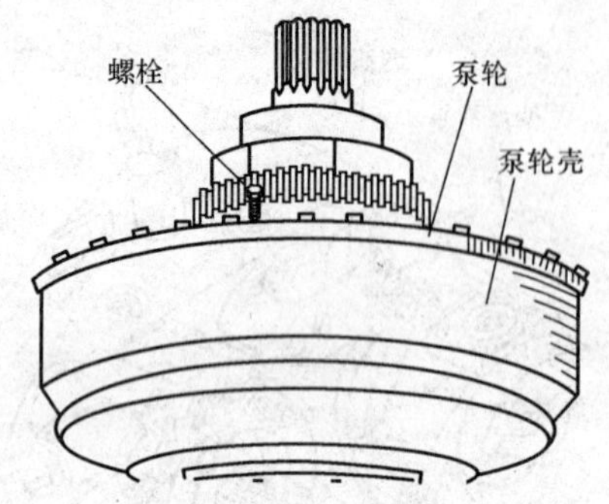

图 2-17　拆开泵轮泵壳组件

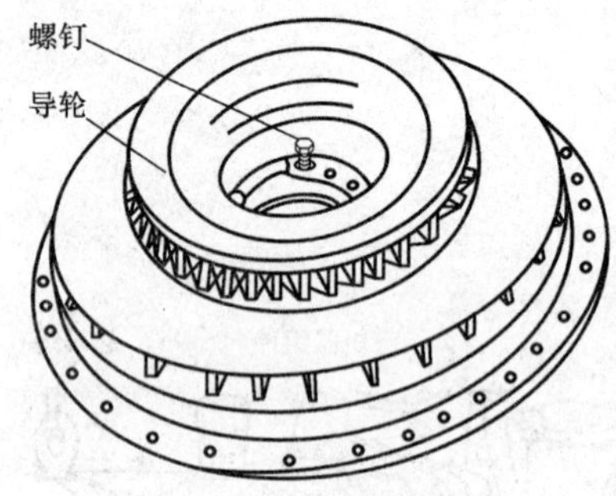

图 2-18　拆导轮

⑩拆泵轮：拆下泵轮与齿轮联结的螺栓，拆下泵轮，如图 2-19 所示。

⑪从导轮座上拆下齿轮：取下导轮座上的挡圈，拆下齿轮与导轮座，拆下轴承，取下密封环，如图 2-20 所示。

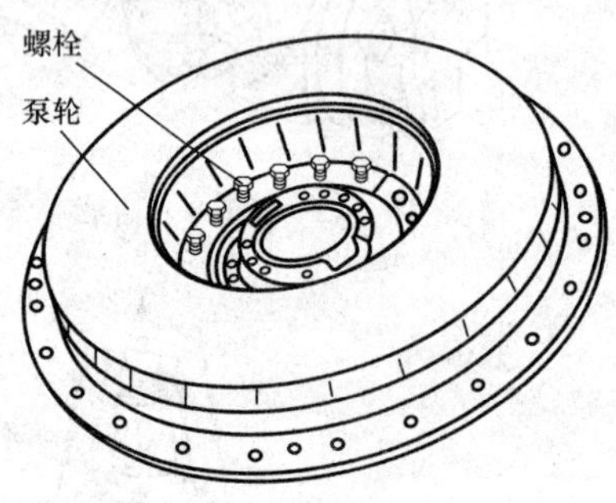

图 2-19　拆泵轮

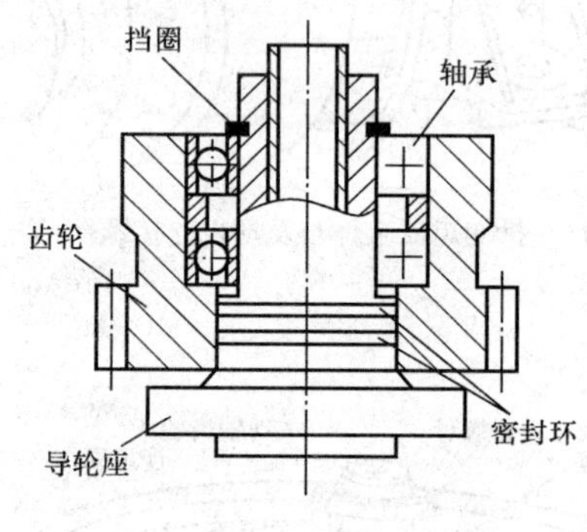

图 2-20　拆齿轮

(2)液力变矩器安装

①对拆下的零件用煤油、汽油或专用清洗液进行清洗、吹干。对重要配合部位按规定要求检验、修正、更换。对磨损件、密封件、纸垫应更换。

②装涡轮轴组件。在涡轮轴上装轴承、挡圈及密封环，并配装上销，如图 2-21 所示。

③在导轮座上装隔套和密封环，如图 2-22 所示。

④装导轮座总成，如图 2-23 所示。

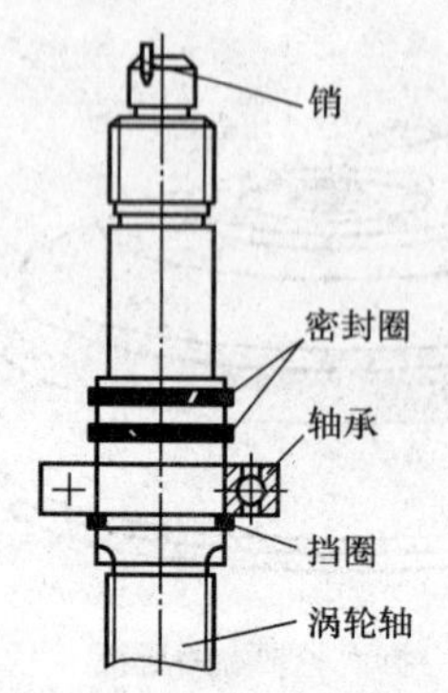

图 2-21　装涡轮轴组件

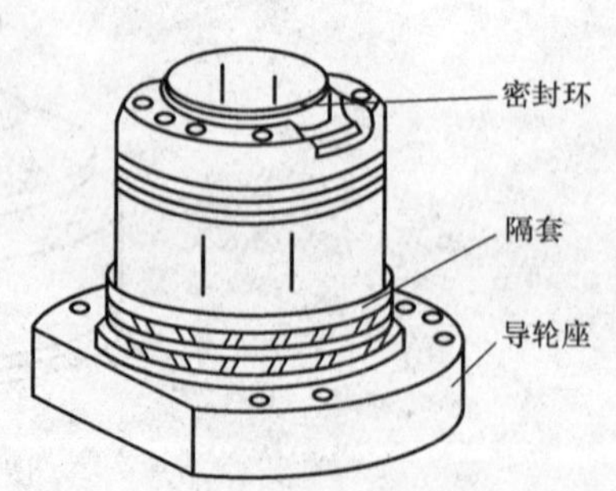

图 2-22　在涡轮座上装隔套及密封环

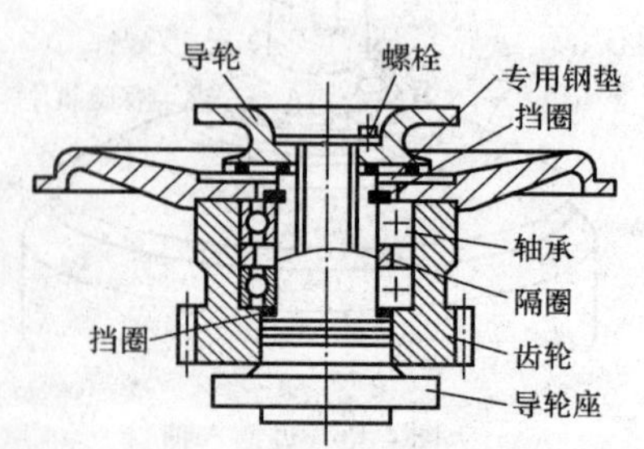

图 2-23　装导轮座总成

a. 在导轮座上装上齿轮、挡圈、轴承、隔圈、挡圈。

b. 在齿轮上用螺栓固定泵轮。

c. 在导轮座的小端平面用螺钉固定导轮。

⑤将涡轮轴组件装入导轮座内，使涡轮轴轴承与导轮座凸台平面接触，如图 2-24 所示。

⑥在涡轮轴输入端，装挡圈，套上涡轮，再装上轴承及泵壳，注意泵壳与泵轮连接面采用纸垫。将组件反向，拧紧螺栓。说明：在装泵壳前，先用手盘动涡轮，应能灵活转动，涡轮与泵轮间隙均匀，如图 2-25 所示。

⑦在涡轮输入端轴承面上装上压板及螺栓。说明：泵壳组件应能在导轮座上轻松转动，无轻重感觉，无卡滞现象，如图 2-26 所示。

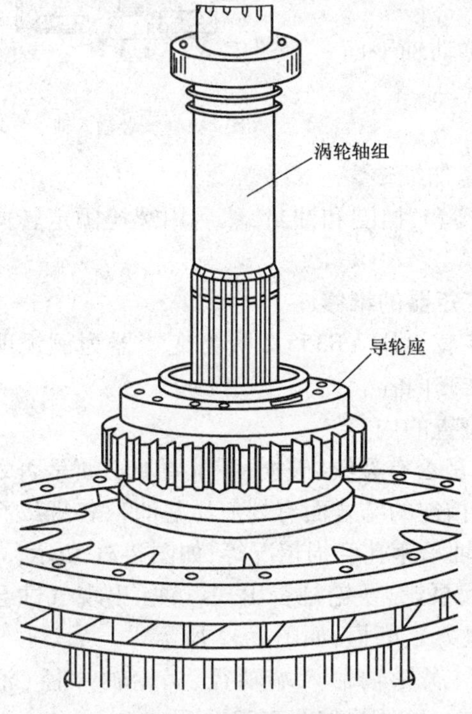

图 2-24　装涡轮轴组件

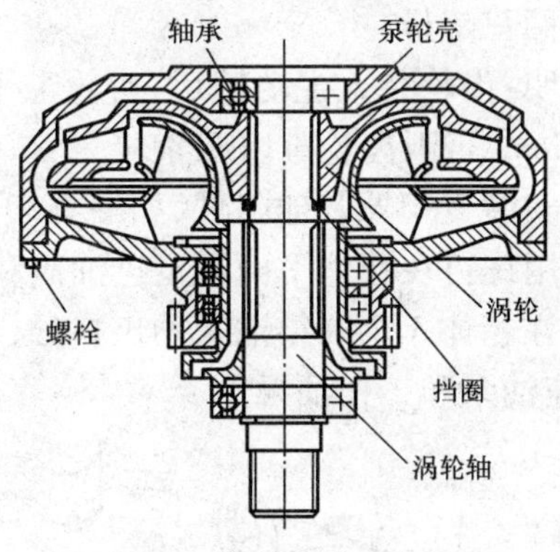

图 2-25　装涡轮等部件

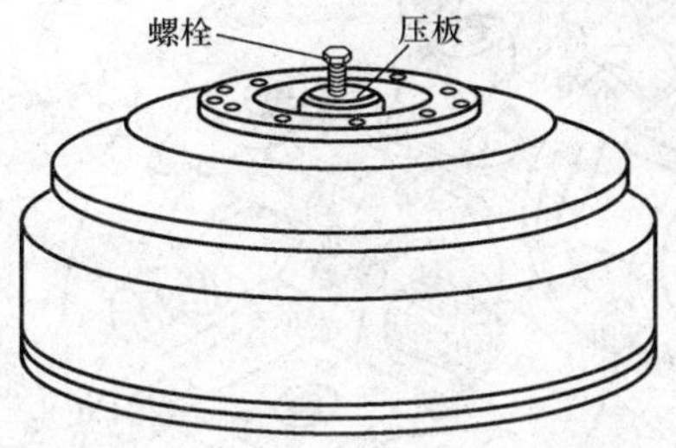

图 2-26　装压板

⑧配铰定位销，安装输入轴，如图 2-27 所示。

⑨箱体组装，如图 2-28 所示。

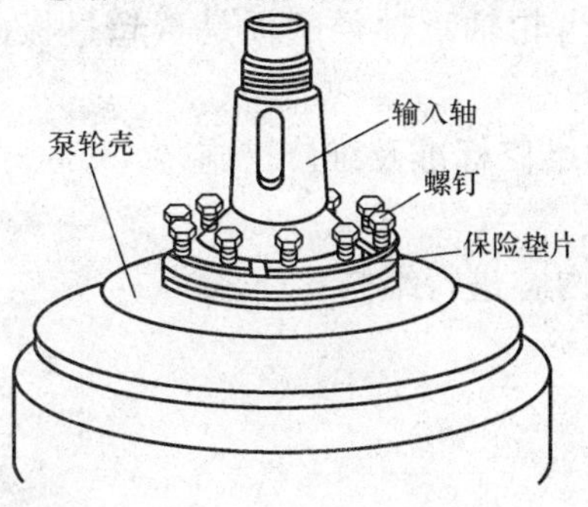

图 2-27　安装输入轴

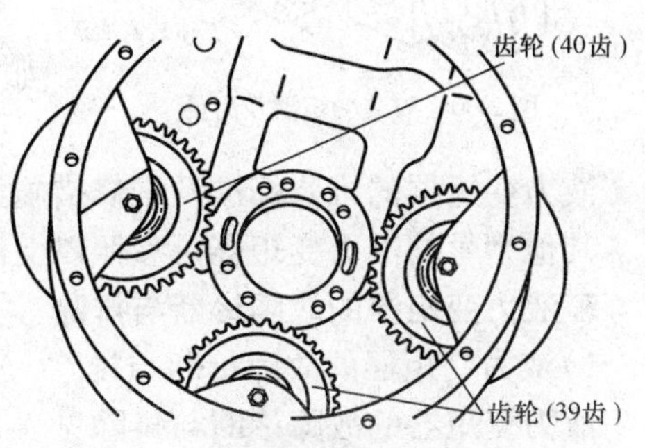

图 2-28　箱体组装

a. 给油泵传递动力的 3 只齿轮事先装好轴承、挡圈和芯轴。

b. 箱体法兰边朝上，用螺栓紧固 3 只齿轮。

⑩变矩器的组装，如图 2-29 所示。

a. 在箱体孔口 $\phi100$ 处装上轴承挡圈。

b. 在箱体导轮座结合面贴上纸垫。

c. 将泵轮泵壳组件吊入箱体内，导轮座平面非均布的螺孔方向要对准箱体，从箱体下方装好轴承盖，注意加纸垫，装好油封，拧紧螺栓。

d. 用螺栓装好连接壳体，再装齿轮、压板，最后按规定转矩紧固两只螺母。

说明：齿轮装入主动轴后，齿轮上平面应高出主动轴平面 1 ~ 1.5mm，否则齿轮难以压紧。

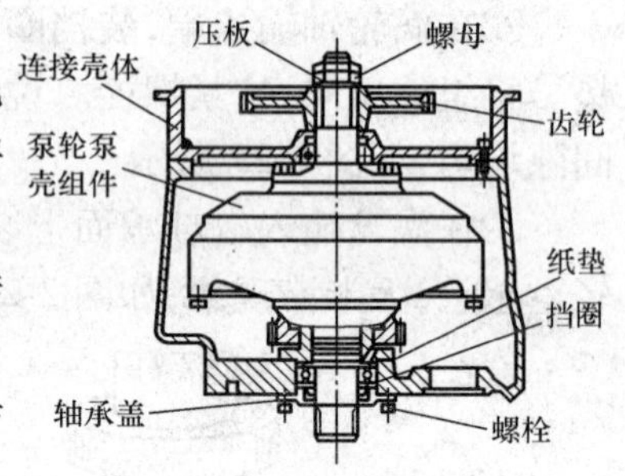

图 2-29　安装输入轴

⑪安装变矩器其他附件，如图 2-30 所示。

a. 用螺钉在箱体平面固定进油阀和出油阀，注意加纸垫。

b. 在箱体 3 个联结油泵的出口处，各安装好连接套、挡圈和油封，然后用螺栓固定转向油泵、变速油泵和工作油泵。

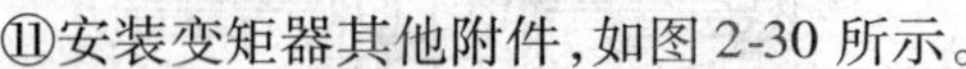

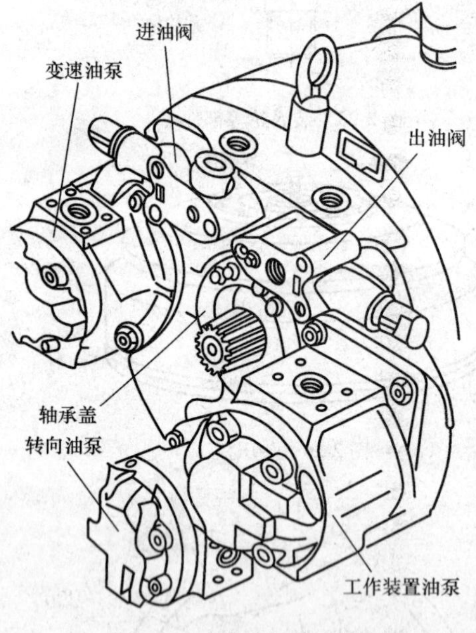

图 2-30　安装变矩器及附件

4. 液力变矩器的维修

以 Z30 装载机用 YB355-2 液力变矩器为例说明液力变矩器的维修内容。

1）主要检查的内容

（1）箱体是否有裂纹、破损；各重要加工面是否划伤（特别是与孔相连的结合面有划痕易漏油）；各螺纹孔是否损坏；箱体轴承座孔磨损情况等，如图 2-31 所示。

（2）涡轮、泵轮、导轮是否出现气蚀（出现气蚀会增大液体流动阻力）、磨损，如图 2-32 所示。

（3）泵轮、涡轮轴输入端轴径、涡轮轴外径（油封处）磨损是否超过极限，如图 2-33 所示。

（4）涡轮轴输出端轴径磨损是否超过极限，如图 2-33所示。

（5）导轮座安装齿轮轴承轴径磨损是否超过极限，如图 2-33 所示。

2）液力变矩器的维修标准及维修措施

液力变矩器的维修标准及维修措施见表 2-1。

其他型号的液力变矩器可参照以上液力变矩器的维修内容进行维修。

5. 液力变矩器的故障诊断与排除

1）液力变矩器的故障诊断与排除

液力变矩器的故障诊断与排除见表 2-2。

2）液力变矩器的故障诊断与排除实例

某 ZL-30C 型装载机工作时，变矩器齿轮室透气孔处向外窜油，随着使用时间的加长变速器油底中油位逐渐升高。

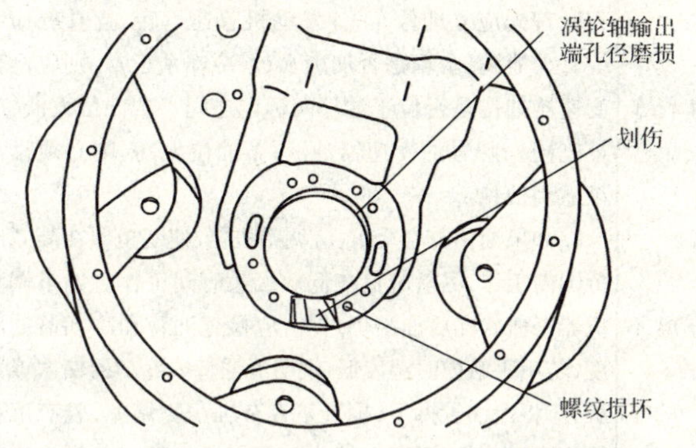

图 2-31 检查箱体

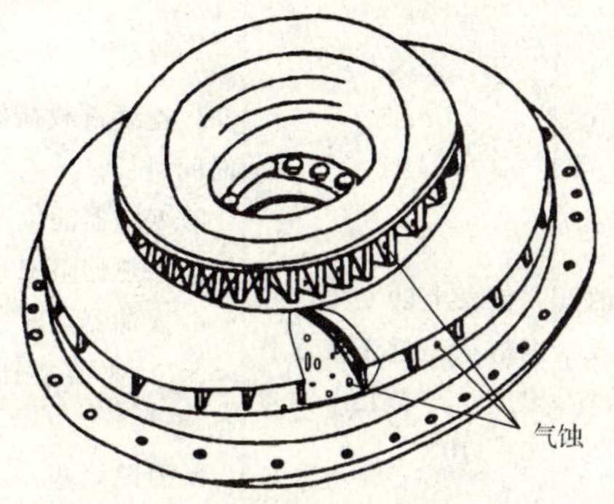

图 2-32 检查三元件气蚀

故障原因：该装载机变速器、变矩器为分体式结构。一般是由于工作装置油泵或转向油泵轴端骨架油封损坏所致。

故障诊断与排除方法：

将工作泵的固定螺钉松开，并向外移动使之工作装置油泵与变速油泵之间有少量缝隙。然后，起动装载机并操纵动臂及转斗缸作动作，如果发现从缝隙处漏油（严重时呈油流状，轻微是断续滴油），即可判定是工作装置油泵轴端骨架油封损坏，否则须检查转向油泵；可以用相同方法，起动装载机后左右打转向盘，如果漏油，即可判定是转向油泵轴端骨架油封损坏。在检查油封轴径处轴径磨损不超过极限的情况下，可分别更换轴端骨架油封进行排除。

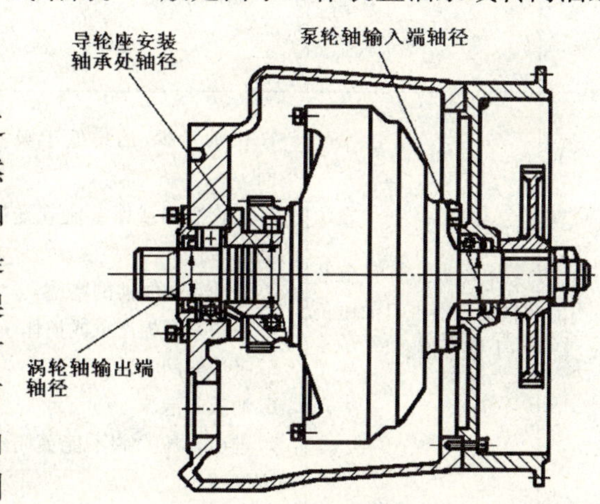

图 2-33 检查各轴径尺寸

液力变矩器的维修标准及维修措施 表 2-1

序号	磨损部位		判断标准		维修措施
			标准尺寸（mm）	极限尺寸（mm）	
1	泵轮输入端轴径（油封处）		$\phi65^{0}_{-0.074}$	-0.18	刷镀或更换
2	涡轮轴输出端轴径（油封处）		$\phi55^{0}_{-0.03}$	-0.18	刷镀或更换
3	油环（涡轮轴）	宽度	$3.2^{-0.03}_{-0.06}$	2.8	更换
		厚度	$2.5^{+0.01}_{-0.10}$	2.2	
4	油环（导轮座）	宽度	$3^{-0.03}_{-0.06}$	2.6	更换
		厚度	$2.5^{+0.01}_{-0.10}$	2.2	
5	箱体安装涡轮轴输出端轴承孔径		$\phi100^{+0.022}_{-0.013}$	+0.028	刷镀或更换
6	导轮座安装齿轮轴承外径		$\phi125^{+0.026}_{-0.014}$	+0.032	刷镀或更换
7	泵壳安装涡轮轴输入端轴承孔径		$\phi110^{+0.035}_{0}$	+0.040	刷镀或更换
8	进口压力		0.56MPa		调整
9	出口压力		0.28～0.45MPa	≮0.15MPa	调整

液力变矩器的常见故障诊断与排除 表 2-2

故障	故 障 现 象	故障原因分析	故障诊断与排除方法
油温过高	仪表上的变矩器温度指示超过正常工作温度(正常工作温度70~110℃)	1. 连续重载荷作业或高速行车时间过长 2. 变速器油位过低或过高 3. 散热器阻塞 4. 滤油器堵塞 5. 变速器换挡离合器分离不彻底 6. 管路堵塞 7. 变矩器内油压过低 8. 变矩器零件损坏 9. 轴承配合松旷或损坏	1. 首先应立即停车,让发动机怠速运转,查看冷却系统有无泄漏,水箱是否加满水;若冷却系正常,则应检查变速器油位是否位于油尺两标记之间。若油位太低,应补充同一牌号的变速器油液;若油位太高,则必须排油至适当油位 2. 如果油位符合要求,应调整机器,使变矩器在高效区范围内工作,尽量避免在低效区长时间工作。如果调整机器工作状况后油温仍过高,应检查油管和冷却器的温度,若用手触摸时温度低,说明泄油管或冷却器堵塞或太脏,应将泄油管拆下,检查是否有沉积物堵塞,若有沉积物应予以清除,再装上接头和密封泄油管。若触摸冷却器时感到温度很高,应从变矩器壳体内放出少量油液进行检查。若油液内有金属粉末,说明轴承松旷或损坏,导致工作轮磨损,应对其进行分解,更换轴承,并检查泵轮与泵轮驱动壳体紧固螺栓是否松动,若松动应予以紧固
供油压力过低	当发动机油门全开时,变矩器进口油压仍小于标准值	1. 供油量少,油位低于吸油口平面 2. 油管泄漏或堵塞流到变速器的油过多 3. 进油管或滤油网堵塞 4. 液压泵磨损严重或损坏 5. 吸油滤网安装不当 6. 油液起泡沫 7. 进出口压力阀不能关闭或弹簧刚度减小	如果出现供油压力过低,首先应检查油位,若油位低于最低刻度,应补充油液;若油位正常,应检查进、出油管有无泄漏,若漏油,应予以排除。若进、出油管密封良好,应检查进、出口压力阀的工作情况;若进、出口压力阀不能关闭,应将其拆下,检查其上零件有无裂纹或伤痕,油路和油孔是否畅通,以及弹簧刚度是否变小,发现问题应及时解决。如果压力阀正常,应拆下油管或滤网进行检查。如有堵塞,应进行清洗并清除沉积物;如油管畅通,则需检查液压泵,必要时更换液压泵。如果液压油起泡沫,应检查回油管的安装情况,如回油管的油位低于油池的油位,应重新安装回油管
变矩器漏油	1. 变矩器与发动机的连接处漏油 2. 变矩器加油口或放油口位置处漏油	1. 变矩器后盖与泵轮接合面不可靠 2. 泵轮与泵轮驱动壳体连接处连接螺栓松动或密封件老化或损坏 3. 加油口或放油口连接螺栓松动或有裂纹等	发现漏油应及时检查漏油部位。如果从变矩器与发动机的连接处漏油,说明泵轮与泵轮驱动壳体连接螺栓松动或密封圈老化,应紧固连接螺栓或更换 O 形密封圈;如果漏油部位在加油口或放油口位置,应检查螺栓连接的松紧度以及是否有裂纹等
工作时有异响		1. 涡轮固定挡圈损坏,涡轮与泵轮工作面摩擦 2. 齿轮轴承、花键等磨损严重,间隙增大 3. 管道吸进空气,或油量不足	1. 首先检查是否漏油或变矩器的油量和质量,必要时紧固或更换油管,添加或更换新油 2. 检查工作油中是否有铝末,若有应分解液力变矩器,查出原因并更换相应零部件;若无应检查轴承是否损坏,工作轮连接是否松动或与发动机连接松动情况。若出现上述情况,应进行紧固、调整或更换新轴承
串油	油从气窗或透气塞中冒出	工作装置油泵或转向油泵轴端骨架油封损坏	更换油封

课题三 动力换挡变速器

动力换挡变速器目前广泛应用于各种公路工程机械上,分为定轴式和行星齿轮式两种类型。

国外公路工程机械主要应用行星齿轮式动力换挡变速器,且采用多行星排多挡位的变速器,部分采用电液控制系统可以实现自动或半自动控制,便于驾驶员集中精力操纵工作装置,减轻驾驶员的劳动强度。如图2-34所示为CAT966D轮胎式装载机行星齿轮式动力换挡变速器。

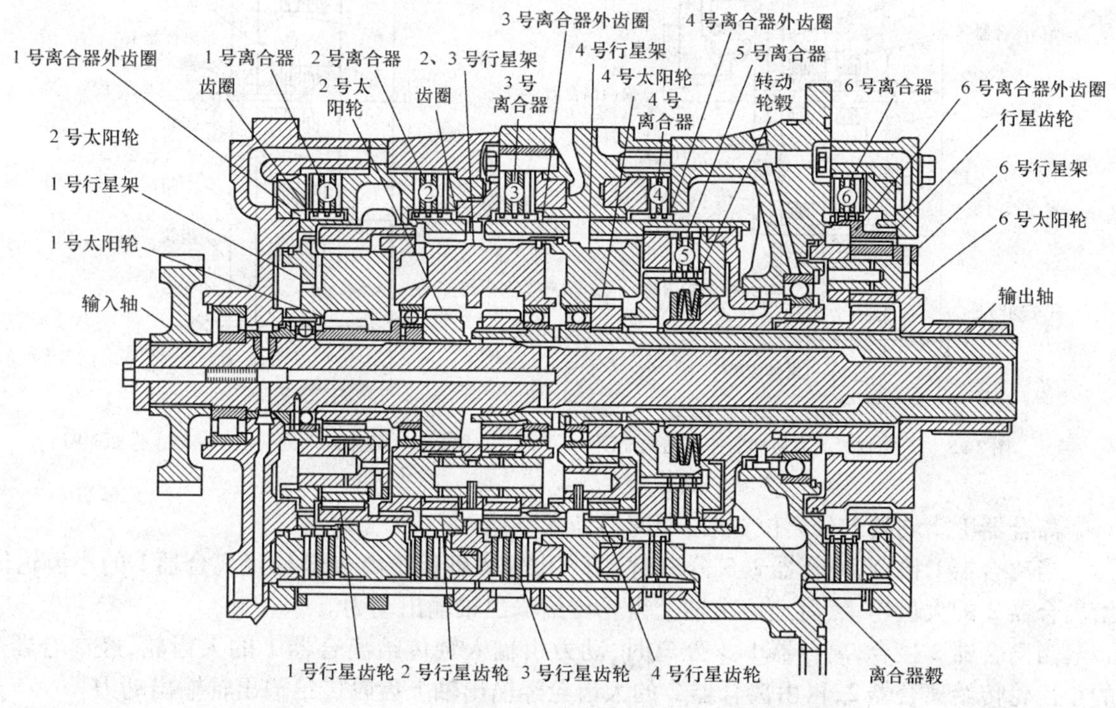

图2-34 CAT966D轮胎式装载机行星齿轮式动力换挡变速器

国产公路工程机械动力换挡变速器以定轴式为主,如高档装载机、平地机中采用了德国ZF公司(进口或柳州合资生产)的(单涡轮3元件变矩器+4进3退)定轴式动力换挡变速器,如图2-35所示。部分装载机厂家或部分产品采用(单涡轮3元件变矩器+4进4退,4进2退或3进3退)定轴式动力换挡变速器。ZL50系列装载机多采用双涡轮四元件变矩器+2进1退行星齿轮式动力换挡变速器。

一、动力换挡变速器的基本工作原理

1.定轴式动力换挡变速器的工作原理

动力换挡变速器的挡位变换是通过操纵液压离合器来实现的。其基本结构原理如图2-36

所示。它由动力输入轴、液压离合器1、2、中间轴、输出轴、齿轮组成。离合器1的大齿轮通过花键固装在输入轴上，且主动片通过主动毂与大齿轮联结在一起，由动力输入轴带动旋转。从动片和小齿轮的轮毂固装在一起，可绕输入轴单独旋转。离合器2的大齿轮及小齿轮的安装同离合器1。

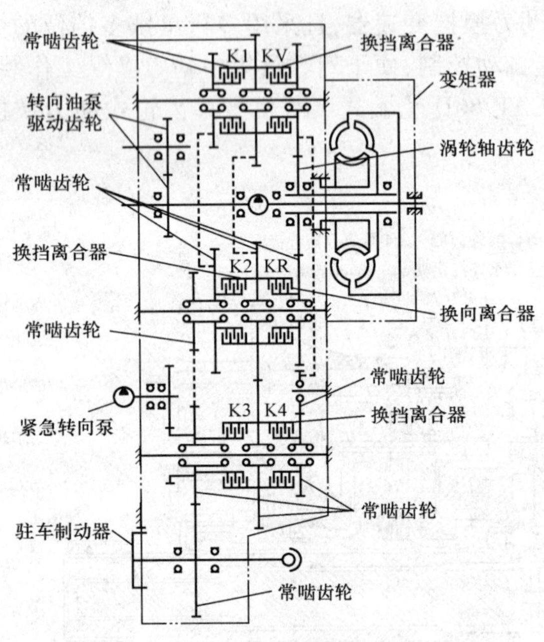

图2-35　ZF定轴式动力换挡变速器结构简图

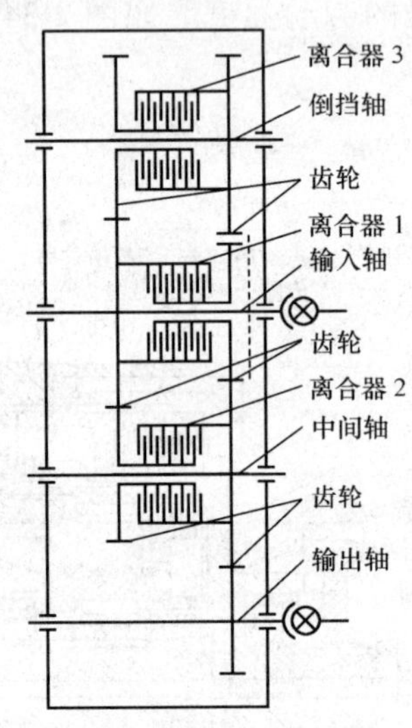

图2-36　定轴式动力换挡变速器工作原理图

离合器1、2均处入分离位置时，变速器处入空挡。

当离合器1接合，离合器2、3分离时，动力由输入轴传给离合器1，经离合器1的小齿轮传给离合器2的大齿轮，然后经输出轴上齿轮传给输出轴输出动力。

当离合器2接合，离合器1、3分离时，动力由输入轴传给离合器1的大齿轮，经离合器2的小齿轮传给离合器2，再由离合器2的大齿轮经输出轴上齿轮传给输出轴输出动力。

上述动力换挡变速器的传动中齿轮与轴的位置固定，故称为定轴式动力换挡变速器。

倒挡原理：定轴式动力换挡变速器一般是通过倒挡离合器来实现机械的反向行驶。如图2-36中，离合器3为倒挡离合器，当离合器3接合，离合器1、2分离时，动力由输入轴传给离合器1的大齿轮，经离合器3的小齿轮传给离合器3，再由离合器3的大齿轮传给离合器2的大齿轮经输出轴上齿轮传给输出轴输出动力。

2. 行星齿轮式动力换挡变速器变速原理

1）单排行星齿轮变速原理

如图2-37所示，它主要由太阳轮、齿圈、行星齿轮架和3个行星轮等零部件组成。行星轮滑套在行星轮架上，同时和太阳轮、齿圈相啮合。在太阳轮、齿圈、行星架3个基本元件之间可任选两个元件为动力输入和动力输出元件，采用制动或其他方法使另一元件固定或给定速度旋转，单排行星齿轮传动变速器就会以某一传动比传递动力。如果改变约束元件，则动力输入与输出元件的传动比将随之改变。若所有元件均无约束,行星齿轮将失去作用。

系统传动比的计算公式为:

$$传动比(i)=\frac{被动元件的齿数}{主动元件的齿数}$$

此处,行星齿轮架也可成为被动元件或主动元件,但行星齿轮架没有齿数,因行星齿轮是内外啮合,其形量必大于齿圈,故想象中的行星架的齿数 $Z_C = Z_1 + Z_2$,根据三元件齿数的多少,太阳轮(Z_1)、齿圈(Z_2)、行星齿轮架(Z_C)三者的大小关系可确定 $Z_C > Z_2 > Z_1$,如图 2-38 所示。由此关系可判断不同组合传动关系,确定升速挡、降速挡或倒挡。判定挡位的关键是"行星架的状态",其规律如下:

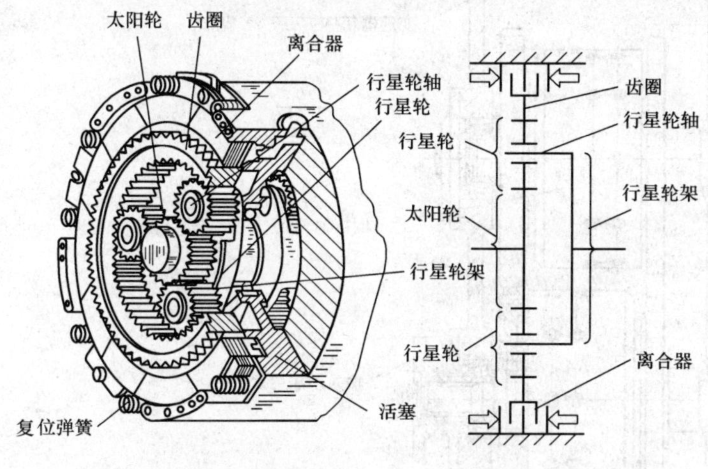

图 2-37　行星齿轮变速原理图

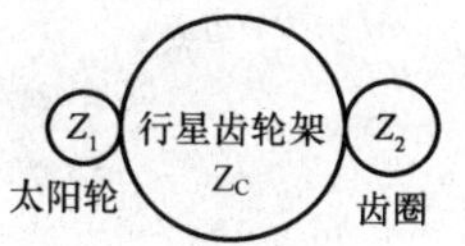

图 2-38　行星齿轮系统三元件的形量关系

①当行星架被动时,必为降速挡,$i>1$。

②当齿圈制动时,太阳轮主动,行星齿轮架被动,为最低挡,$i>1$。

③当行星架主动时,必为升速挡,$i<1$。

④当行星齿轮架制动时,必为倒挡。

⑤连接任何两个元件时,必为直接挡,$i=1$。

2)行星齿轮式动力换挡变速器变速原理

行星齿轮式动力换挡变速器由两个或多个行星排齿轮传动构成。通过操纵离合器或制动器实现各个挡位的变换。当所有的离合器(或制动器)全部释放时,为空挡;当齿圈制动,太阳轮主动,行星齿轮架被动时,为最低挡;当太阳轮主动时,为降速挡;连接任何两个元件时,为直接挡。

倒挡原理:行星齿轮动力换挡变速器行星齿轮传动中常以太阳轮为主动轮,常将齿圈或行星架进行约束(制动)。当行星齿轮架制动,太阳轮主动,齿圈被动时,为倒挡。

二、典型的动力换挡变速器

1. 定轴式动力换挡变速器

PY180 型平地机 6WG180 电液变速器,PY180ZF 液力变矩器—变速器或 ZL30 装载机

BTD4208 变速器等均为定轴式动力换挡变速器。

图 2-39 是国产 ZL30 装载机常用的 BTD4208 定轴式动力换挡变速器。其结构特点为:液力变矩器和动力换挡变速器为分开式。变速器由 4 根轴,3 个换挡离合器和一个换挡拨叉组成。具有 4 个前进挡、两个倒挡。

1)变速传动机构

变速器的传动机构由输入轴总成、中间轴总成、倒挡轴总成、换挡拨叉等组成。

输入轴总成、中间轴总成各装有一个多片湿式前进挡摩擦离合器,倒挡轴总成装有一个多

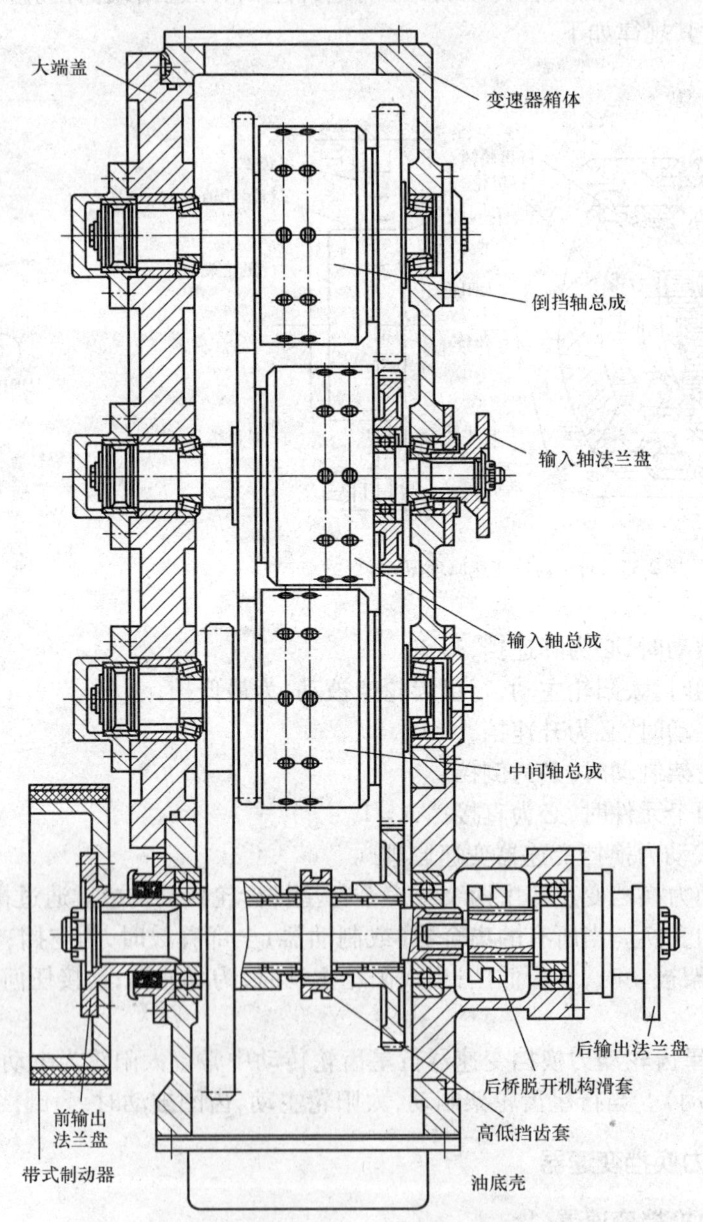

图 2-39　ZL30 装载机 BTD4208 变速器构造图

片湿式倒挡摩擦离合器。高低挡的变换采用机械式操纵，靠拨动换挡拨叉来实现。

2)操纵机构

变速器的操纵机构主要由变速操纵阀、高低挡滑套及其操纵手柄、后桥脱开机构滑套及其操纵手柄组成。此外，变速器输出端装有带式制动器，供机械在停车制动时用。

(1)变速操纵阀

如图 2-40 所示，变速操纵阀包括制动安全阀和变速阀。阀体上的 *A* 孔通变速器组合阀。当移动变速滑阀时，压力油便可以分别流入换挡离合器 I、换挡离合器 II 或换挡离合器 III，从而使变速器得到前进或后退各挡。

制动安全阀的工作原理：

当踏下制动踏板时，来自制动总泵的压力油通入制动滑阀，推动滑阀杆，切断工作油油路（*A* 与 *B* 不通）使变速器处于空挡，从而保证了制动可靠。

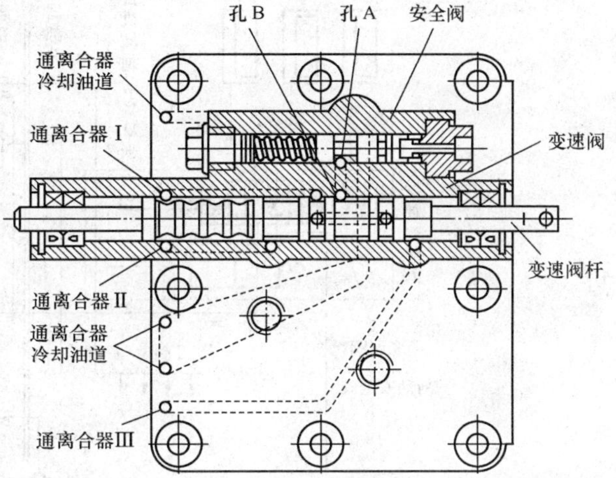

图 2-40　变速操纵阀示意图

(2)高低挡滑套及操纵杆

当滑套在图 2-39 中向左时为低挡，即 I、II 挡、倒 I 挡，当向右移动时为高挡，即 III、IV 挡、倒 II 挡，中间位置无输出。

操纵杆有 3 个停留位置，即高、空、低。

用高低挡滑套换挡必须在挂空挡的情况下，并在机械停车后进行，否则会发生冲击。

(3)后桥脱开机构

在图 2-39 中，当操纵操纵手柄使后桥脱开机构滑套位于左面的位置，动力可传向后桥；位于右面的位置，将切断传向后桥的动力。

后桥脱开机构的变换必须在停车后进行。

3)液压操纵系统的原理及组成

液力传动装置的液压操纵系统原理如图 2-41 所示。图中双点划线右半部分的元件由变矩器等组成。

左半部分是由变速操纵阀、油缸（离合器）、滤清器、油箱（由油底壳和箱体构成）等组成。

变矩器泵轮运转时，通过传动齿轮驱动主油泵运转，从油箱吸油输出压力油，通入变速器组合阀。变速器组合阀由变速压力阀、进油压力阀和限流片组成。进入组合阀的工作油在变速压力阀的作用下，首先保障操纵用油，然后再经变速压力阀输往变矩器。变速操纵油压及变矩器进口油压分别由变速压力阀、变矩器进油压力阀来控制，其油压分别为 1.1 ~ 1.5MPa 和 0.3 ~ 0.6MPa（怠速时变矩器进口压力为 0.1 ~ 0.2MPa）。当变矩器的进口油压超过进口压力阀的调定值时，阀口便打开，油溢供给变速器、变矩器淋油达到润滑、降温的目的。变矩器出口压力阀将变矩器的出口压力控制在 0.05 ~ 0.15MPa 范围内。由出口压力阀流出的油液经散热器后流往变速器润滑系统。

4)换挡液压离合器

变速器的输入轴总成,中间轴总成和倒挡轴总成结构相似,各有一个结构相同的核心部件换挡液压离合器。

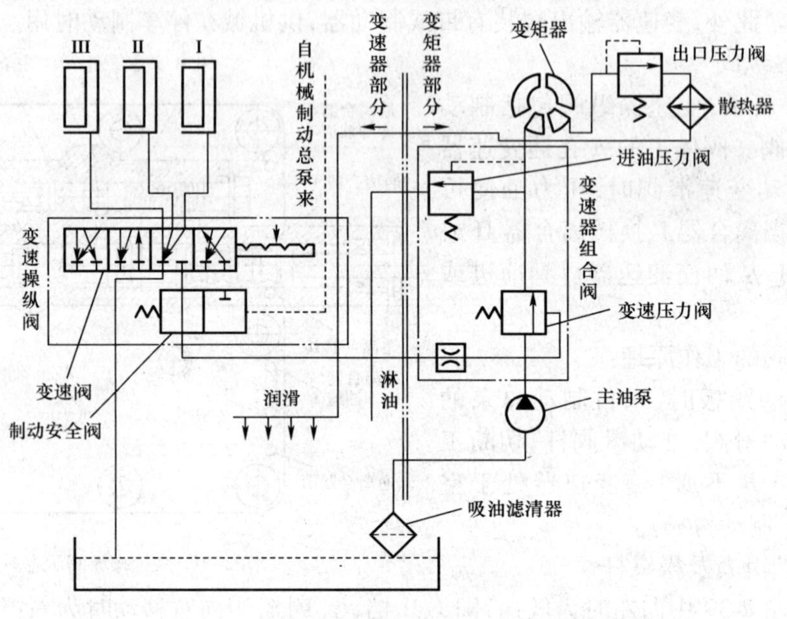

图 2-41　油路系统原理图

换挡液压离合器,由传动轴、离合器壳、活塞、粉末冶金片、摩擦片、复位弹簧、离心倒空阀组成,如图 2-42 所示。

主动离合器片是铜基粉末冶金摩擦片,共 6 片。从动离合器片材质为 65Mn 共 5 片,并有 5mm 的凹度,装配时凸面向着活塞端。

其工作原理为:

(1)接合时:来自变速操纵阀的液压油,经箱壁和埋在大端盖内的管道流进传动轴中的油道再进入活塞腔,使活塞向前移动,压紧主从动离合器摩擦片,传动轴就和从动齿轮一起转动,将动力输出。

(2)分离时:压力油切断,离心倒空阀自动打开,活塞在复位弹簧的作用下迅速复位,主从动离合器摩擦片分离,从动齿轮空转,停止动力输出。

5)离心倒空阀(泄油阀)

在离合器壳的内侧,相对于活塞的一角,装有离心倒空阀,如图 2-43 所示。在换挡离合器分离时,作用在活塞右侧的压力油必须迅速卸压,活塞才能迅速复位。但是由于离合器壳旋转,液压油在离心力的作用下被甩到离合器壳的内侧壁上,阻碍了活塞的迅速复位,即换挡离合器不能迅速分离。因此须安装一泄油阀将这部分油液卸掉。

离心倒空阀工作原理为:

如图 2-43a)所示,当离合器接合时,钢球在受到离心力 F_L 的同时还受到左侧油的压力 F_y 作用,此时油压作用在钢球上的分力大于离心力,迫使钢球压紧在泄油孔的圆弧密封带上,将

右侧的泄油孔堵住，离心倒空阀处于关闭状态。

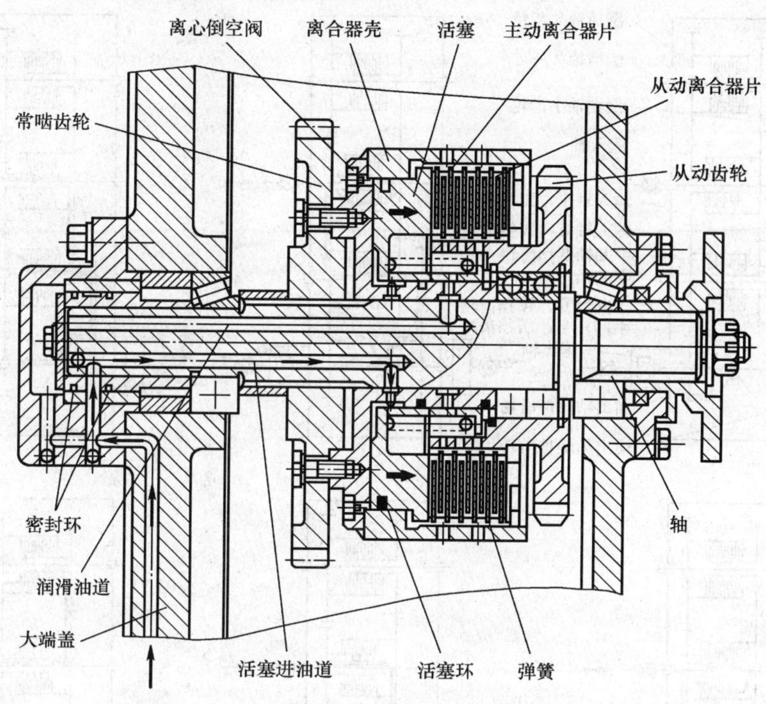

图 2-42　换挡液压离合器构造图

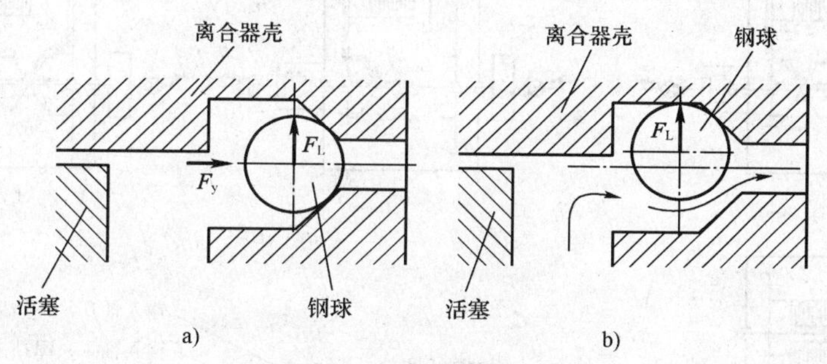

图 2-43　离心倒空阀工作原理图

如图 2-43b）所示，当离合器分离时，钢球左侧的油压消失，在离心力的作用下钢球的一侧脱离密封带，使离心倒空阀处于开启状态，因离心力而甩在内壁的液压油就会从泄油孔迅速泄出，经换挡离合器的外壳流回变速器的油底壳。

6）变速器各挡动力传递路线

ZL30 装载机变速器各挡动力传递路线如图 2-44 所示，动力传递顺序见表 2-3。

2. 行星齿轮式动力换挡变速器

627 型铲运机、ZL50 系列装载机、美国 CAT 轮式装载机、日本小松 D85A-12 型推土机等机械均采用行星齿轮式动力换挡变速器。

图2-45所示是国产ZL50系列装载机常用的行星齿轮式动力换挡变速器，由液力变矩器

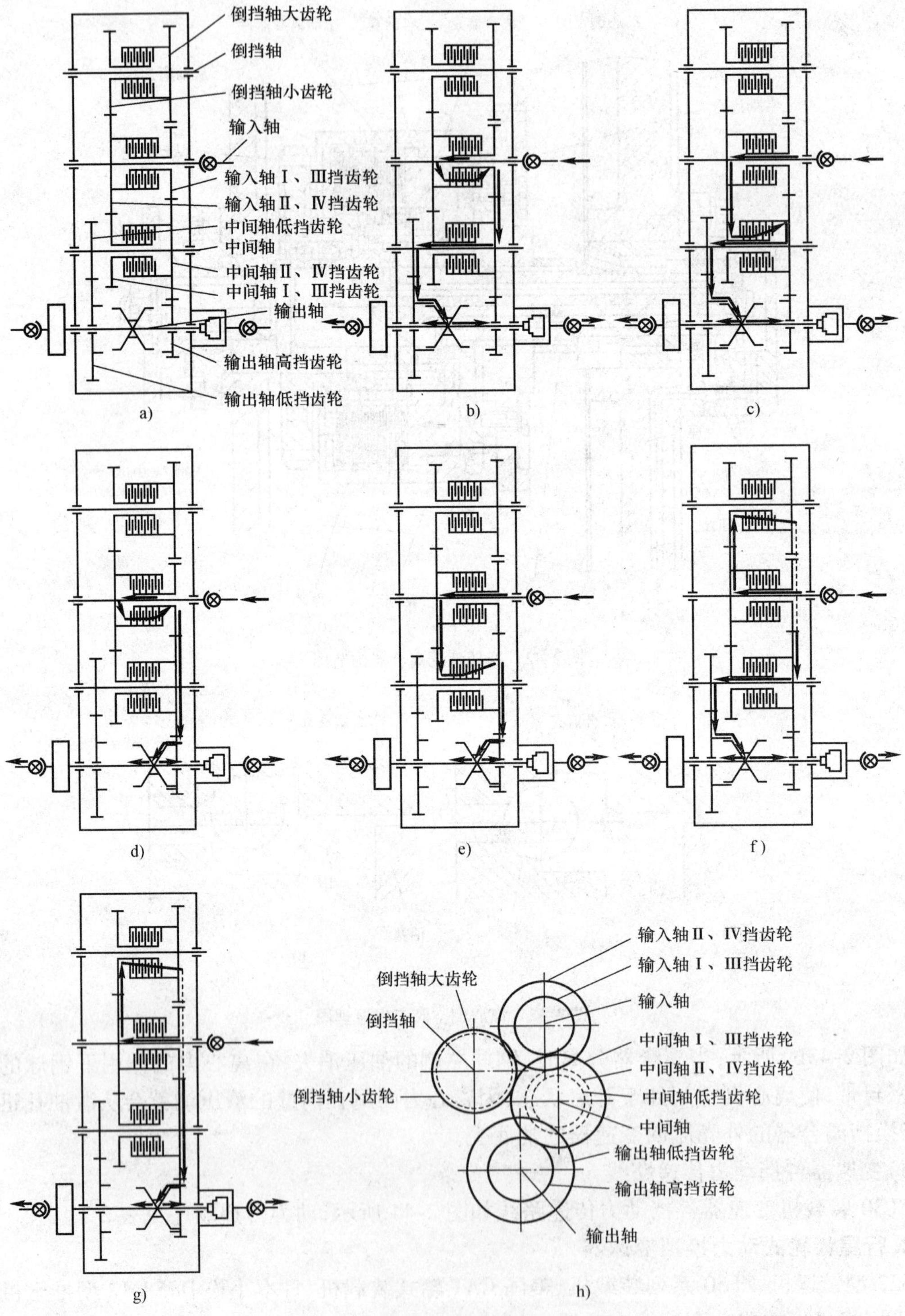

图 2-44　ZL30 装载机变速器挡位传递路线

a)空挡；b)前进Ⅰ挡；c)前进Ⅱ挡；d)前进Ⅲ挡；e)前进Ⅳ挡；f)倒退Ⅰ挡；g)倒退Ⅱ挡；h)从变速器输入端看

和动力换挡变速器组成。因采用了双涡轮液力变矩器，故动力换挡变速器仅用了两个行星排，具有两个前进挡、一个倒挡，液力变矩器与动力换挡变速器共壳体。

ZL30 装载机变速器各挡动力传递顺序　　表 2-3

挡位＼操纵杆		I	II	III	拨叉（高低挡滑套）
前进	I	√			←
	II		√		←
	III	√			→
	IV		√		→
空挡					中位
倒退	I			√	←
	II			√	→

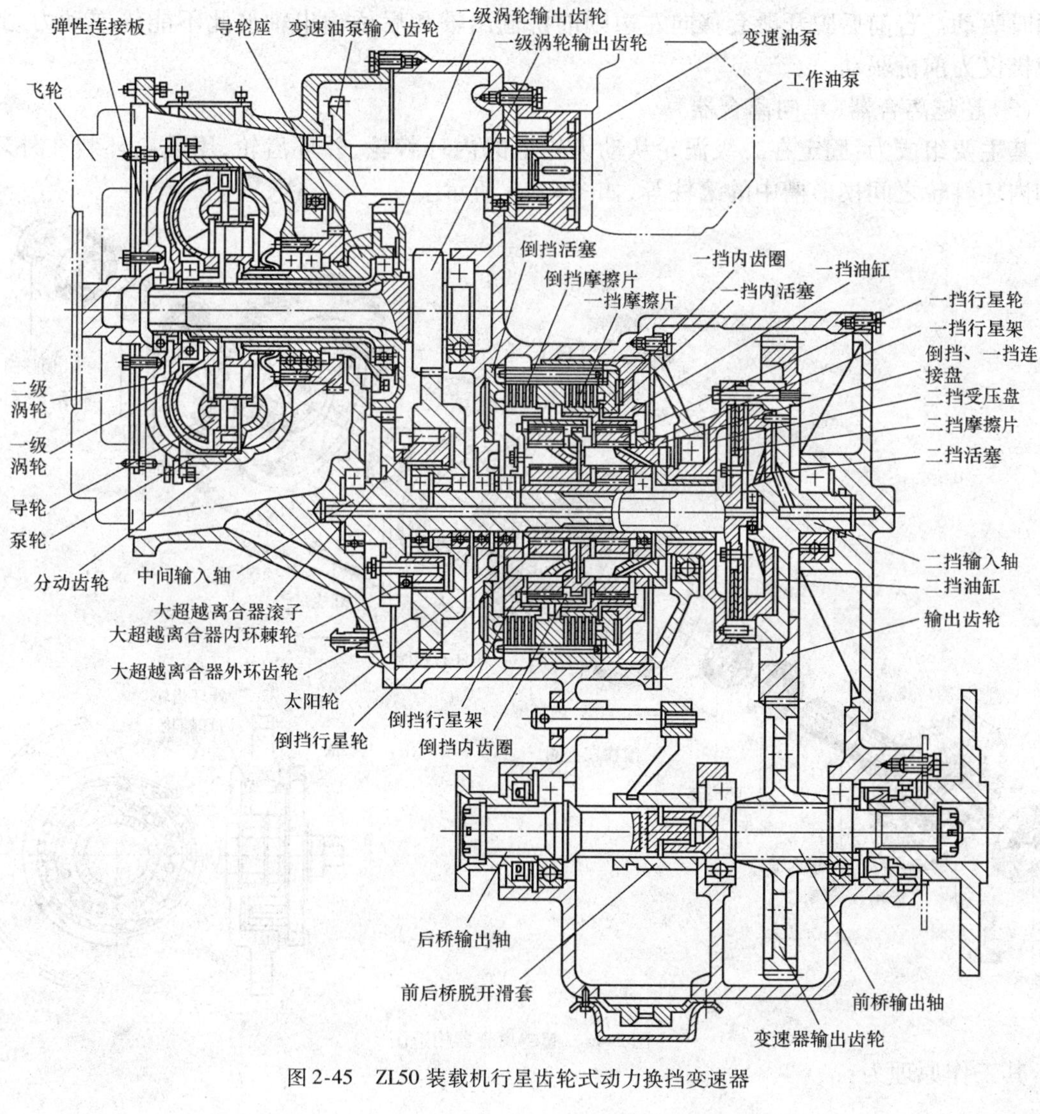

图 2-45　ZL50 装载机行星齿轮式动力换挡变速器

1)变速传动机构

(1)动力输入

液力变矩器的二级涡轮的动力经输入二级齿轮(轴)传至中间输入轴(变速器的输入轴),液力变矩器一级涡轮的动力传至输入一级齿轮,再传至大超越离合器的外环齿轮。(当外负荷较小时,因变速器中间输入轴比大超越离合器的外环齿轮的转速高,使大超越离合器空转。此时二级涡轮单独工作。)变速器内左、右两个行星排的太阳轮、行星轮、齿圈的齿数均相同。两个行星排的太阳轮制成一体,并以花键分别与变速器的输入轴及二挡输入轴连接。左行星排的齿圈、右行星排的行星架、二挡受压盘三者通过花键连为一体。左行星排的行星架和右行星排的齿圈分别设有倒挡离合器(制动器)、一挡离合器(制动器)。

(2)动力输出

变速器动力经右行星排的行星架、二挡受压盘传给输出齿轮,再与前桥输出轴上固装的齿轮啮合,若前后脱开滑套移向右边则后桥输出轴由前桥输出轴带动一起旋转,此时装载机前后桥同时驱动。若前后脱开滑套移向左边则前桥输出轴和后桥输出轴彼此不能传递动力,此时装载机仅为前桥驱动。

(3)超越离合器(单向离合器)

其主要组成为:固定在二级涡轮从动齿轮上的内环棘轮、外环齿轮,用隔离环装在外环齿轮和内环棘轮之间楔形槽中的滚柱等,如图2-46所示。

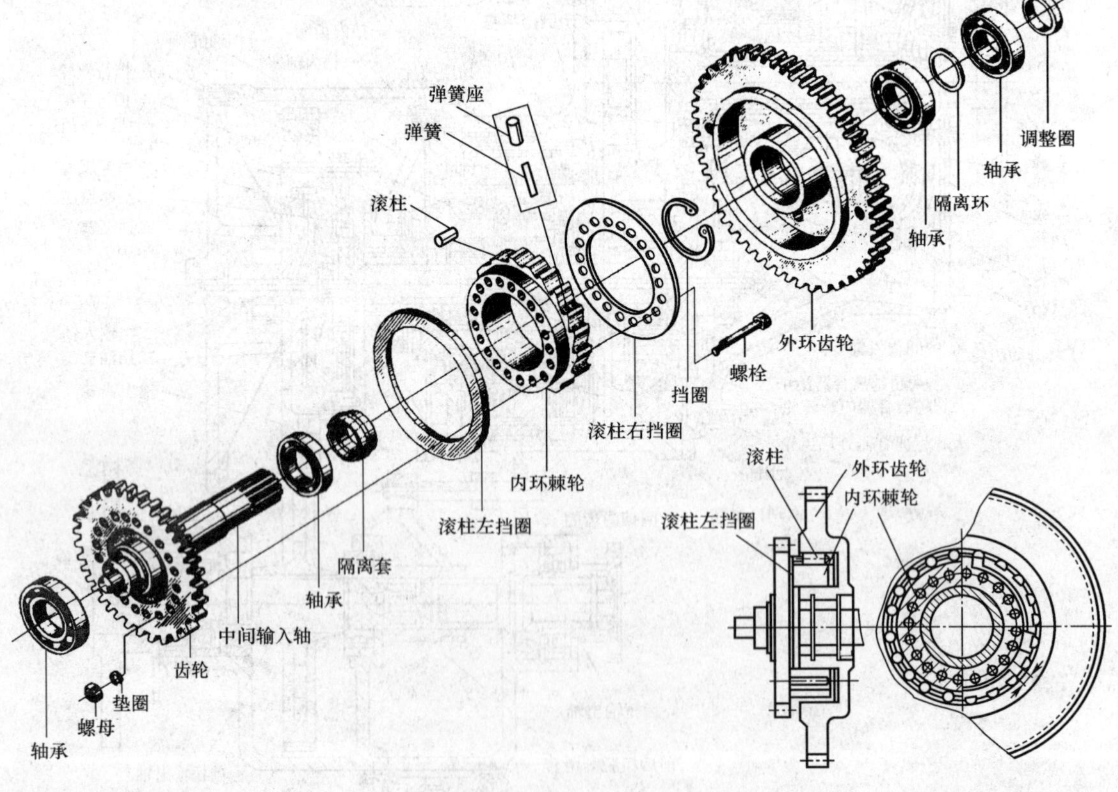

图2-46　超越离合器构造图

其工作原理为:

如果内环棘轮转得比外环齿轮快，则两者各自旋转；如果内环棘轮转得比外环齿轮慢，滚柱就挤在楔形槽中，外环齿轮带动内环棘轮，两者一齐转动。即高速低载时，超越离合器脱开，一级涡轮空转，二级涡轮单独传递转矩。重载时，内环棘轮转速降低，一级涡轮与二级涡轮一起传递转矩。

2）变速器的挡位传递路线

图2-47中加深部分为挡位传递路线。

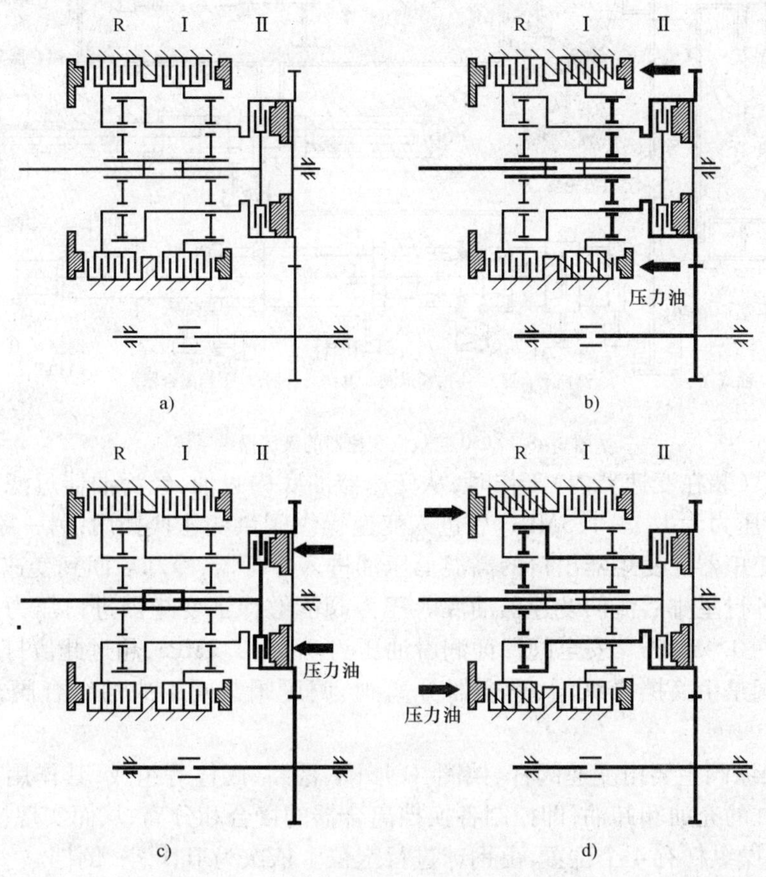

图2-47　ZL50装载机变速器挡位传递路线

a）空挡；b）前进Ⅰ挡；c）前进Ⅱ挡；d）倒挡

空挡：

此时，一、倒挡离合器及二挡离合器均处分离状态，如图2-47a）所示。

前进一挡：

此时，一挡离合器接合，其他两离合器均处分离状态，如图2-47b）所示。

前进二挡（直接挡）：

此时，二挡离合器接合，一、倒离合器均处分离状态不起作用，2-47c）所示。

倒挡：

此时，倒挡离合器接合，其他两离合器均处分离状态，2-47d）所示。

3）液压操纵系统

ZL50 装载机变速器的液压操纵系统如图 2-48 所示。该系统主要由变速齿轮泵、液压油滤清器、变速操纵阀、冷却器及管路等组成,用以保证变速器的正常工作和冷却。

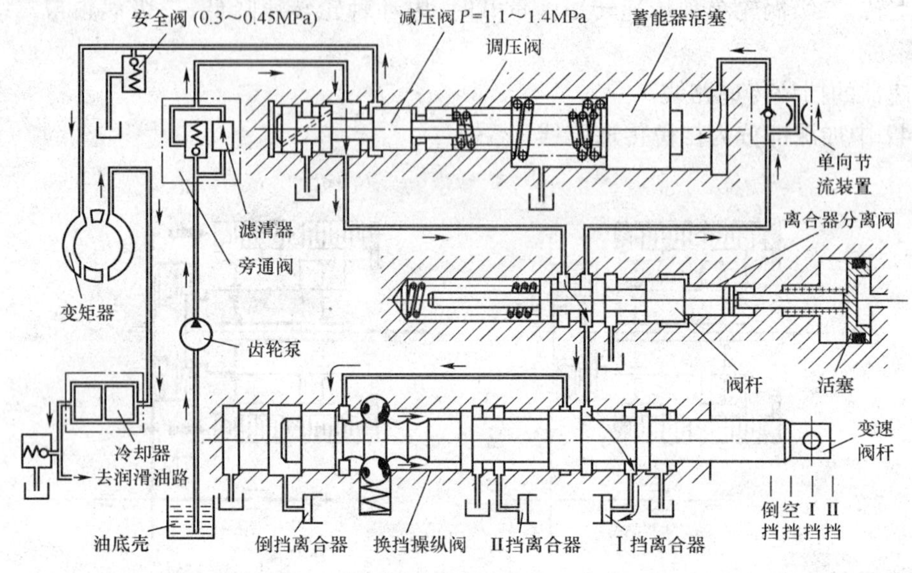

图 2-48 ZL50 装载机变速器的液压操纵系统

变速齿轮泵(装在变速器内)工作时,从变速器油底内吸油,经滤油器过滤后分两路:一路经调压阀调压(压力为 1.1 ~1.5MPa)后进入变速操纵阀供变速换挡用;另一路经变速器箱壁油道进入液力变矩器。变矩器出口的高温低压油进入冷却器,冷却后回到变速器,润滑超越离合器及变速器各行星排后流回变速器油底。压力阀能够保证变矩器进口压力为 0. 56MPa,出口压力为 0. 28 ~0. 45MPa。安全阀保证润滑油压为 0. 1 ~0. 2MPa,超过此值打开泄压。

变速操纵阀是由换挡操纵阀、离合器分离阀、调压阀共同组成的组合阀,具体构造如图 2-49所示。

(1)换挡操纵阀主要由变速阀杆、挡圈、O 形圈、油封、阀体等组成,其作用是:用来操纵各换挡离合器油缸的充油和卸油,即控制各换挡离合器的接合和分离,从而实现换挡。换挡操纵阀为方向阀,其操纵杆有 4 个位置,由钢球进行定位。依次为 II、I、空、倒挡。

移动变速操纵杆,就能进行各个挡位的转换。当阀杆处于某一挡位时,该挡位的离合器便通有压力油,处于接合状态,其他挡位的离合器均与回油油路相通而卸油,处于分离状态。如图 2-48 所示为 I 挡通有压力油,处于接合状态;其他离合器均与回油油路相通而卸油,处于分离状态,变速器处于 I 挡。当阀杆在空挡位置时,进入变速操纵阀的压力油处于关闭状态,所有离合器都卸油,变速器处于空挡。

(2)离合器分离阀主要由制动阀杆、弹簧、气阀座、气阀杆、圆柱塞、O 形及 Y 形密封圈、气阀体、阀体等组成,如图 2-49 所示。其作用是:当机械制动时,变速器的换挡离合器能自动分离,使变速器自动脱挡,从而减少内燃机的动力消耗,达到节油的目的。

其工作原理如图 2-50 所示。

当机械不制动时,分离阀杆和气缸活塞杆在弹簧的作用下处于右端位置,从调压阀来的压力油和换挡离合器油路相通,换挡离合器充满压力油,从而保持该挡位正常工作。

当机械制动时,压缩空气进入气缸,推动气缸活塞杆和分离阀杆处入左端位置,从调压阀来的压力油被关闭,换挡离合器油路与回油路相通,换挡离合器中的压力油被卸掉,离合器分离。

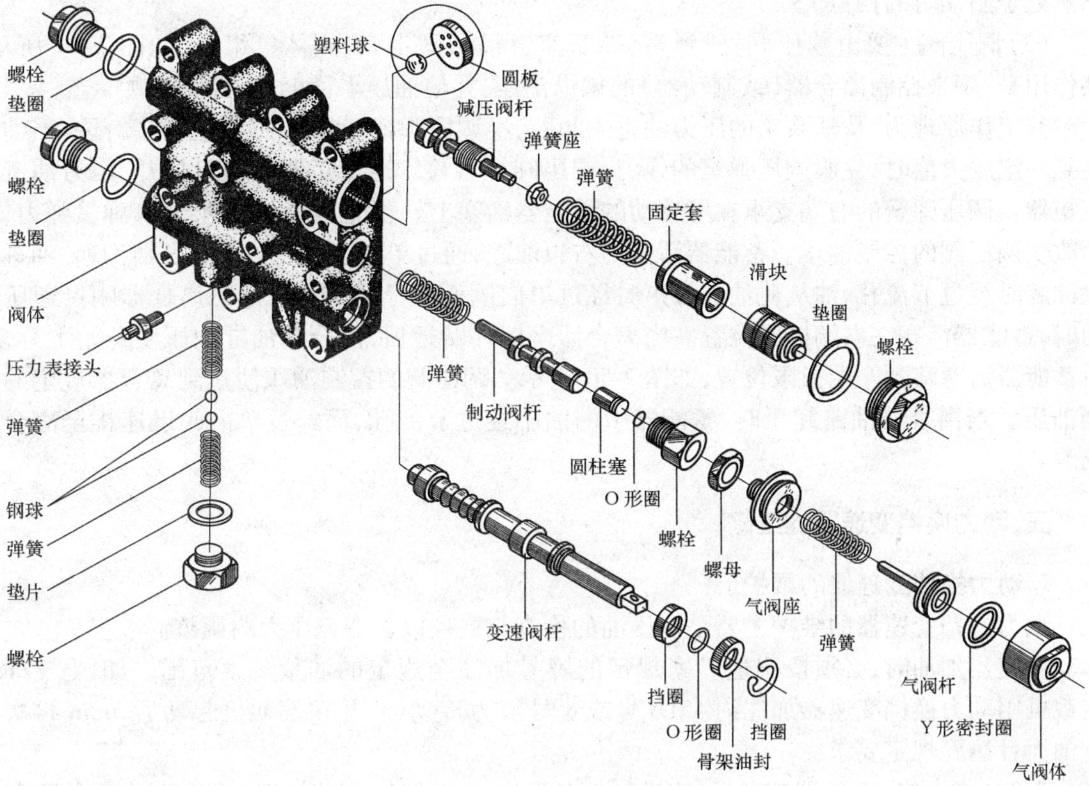

图 2-49 变速操纵阀分解图

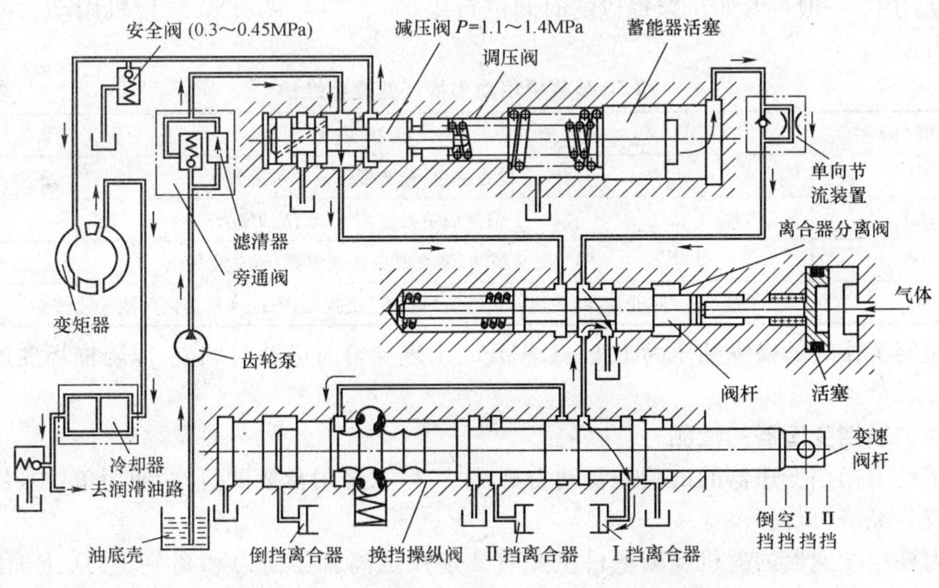

图 2-50 ZL50 装载机离合器分离阀、调压阀工作原理图

制动解除后,分离阀杆和气缸活塞杆在弹簧的作用下仍将处于右端位置。在不改变挡位的情况下,从调压阀来的压力油和换挡离合器油路又相通,换挡离合器充满压力油,变速器将仍然处于制动时的挡位。

(3)调压阀主要由减压阀杆、弹簧、弹簧座、滑块、固定套、阀体等组成,如图2-49所示。其作用是:用来控制离合器(或制动器)的操纵油压,并使油压平稳上升,实现平顺接合。

其工作原理为:从油泵来的压力油进入阀腔,经调压阀杆上的斜油道至阀杆端部。当油压达到一定压力值时,克服调压弹簧的弹力,调压阀杆右移。通变矩器的油口打开,压力油流向变矩器。调压弹簧的右端支承在可移动的蓄能器活塞上。蓄能器活塞移动,改变弹簧弹力,从而改变调压阀的控制油压。蓄能器活塞的右边油腔,通过单向节流装置和离合器沟通,油进入此油腔时经过节流孔,油从此油腔排出时经过单向阀而不经过节流孔。当离合器刚接通压力油时,蓄能器活塞在右端极限位置。当离合器摩擦片贴近后,离合器油缸油压便开始上升,最后蓄能器活塞移到左端极限位置,如图2-50所示。调压阀的控制油压便达到离合器规定的控制油压。当离合器油路卸压时,蓄能器中的油不经过节流孔,而经过单向阀迅速排至离合器油路。

三、动力换挡变速器的维修

1. 动力换挡变速器的维护

动力换挡变速器的维护主要是液压油的检查与更换以及变速压力的调整。

变速器加油时,必须按制造厂家规定的牌号加注至规定的油量刻度范围。如国产ZL50装载机用动力换挡变速器加注约45L6号或8号液力传动油,并在发动机起动后5min再次检查油面且达到规定要求。

新的(或大修)变速器装车后,应进行12h磨合,3个挡位各运行4h,磨合期内负荷不得超过70%,磨合结束后应清洗变速器油底壳、滤网并更换新油,并检查紧固螺栓。

在使用中,一般可参照厂家提供的时间进行维护,表2-4为ZL50装载机用动力换挡变速器维护方案。

ZL50装载机用动力换挡变速器维护 表2-4

时间(h)	维护内容
50	检查油位;检查变速器操纵装置等
200	清洗或更换滤清器、清洗油底壳
600	更换新油;清洗或更换滤清器、清洗油底壳
2400	对变矩器、变速器进行解体检查,更换易损件,视情更换其他零部件

变速器工作时的操纵油压为1.1~1.4MPa,出现异常时应及时调整,以防损坏变速器内部零件。

2. 动力换挡变速器的检测

由于动力换挡变速器的试验需要动力源,生产厂家采用台架试验,而使用单位采用就机进行检测较为经济可行。

动力换挡变速器的就机检测项目主要有变速换挡离合器压力和调节压力(主油路压力)检测,另外还有变速器换挡迟滞时间的检测。

下面以小松 D85-18 型推土机用动力换挡变速器为例讲述其检测方法。

1)动力换挡变速器前进一挡或倒退一挡离合器压力的检测

把工作装置放于地面,锁上停车制动器。

(1)停止发动机,取下随动阀前部盖子,再取下变速阀上部盖,取下测试堵头,安装接头、测试软管、压力表(2.5MPa)。

(2)起动发动机,变速杆置于前进一挡或倒退一挡,读取压力值。

(3)检测标准:测量进口油温为 70 ~ 80℃时;标准油压为 1225kPa。

2)动力换挡变速器调节压力的检测

(1)变速杆置于空挡,锁上停车制动器。

(2)停止发动机,取下变速器上部的测试堵头,安装接头、测试软管、压力表(6MPa)。

(3)起动发动机,在高速空转条件下检测并读取数值。

(4)检测标准:测量进口油温为 70 ~ 80℃时;标准油压为 2255 ~ 2648kPa。

3)动力换挡变速器换挡迟滞时间的检测

(1)变矩器油温为 70 ~ 80℃,发动机为全速。

(2)记录下将变速杆从空挡移至任意挡位,履带刚刚开始转动时所需的时间。

(3)检测标准:时间为 0.2 ~ 0.8s,若过长可能是离合器打滑或进油压力不足。

其他型号的动力换挡变速器的检测可参照上述方法依据各自的检测标准进行。

3. 动力换挡变速器拆装

以国产 ZL50 装载机用双涡轮动力换挡变速器为例,讲述动力换挡变速器的拆装过程。

1)动力换挡变速器的拆卸

(1)放油并取下油底壳:拆下放油螺塞将油放净,拆下变速器油底壳固定螺栓,依次取下油底壳、垫子、滤网支架,如图 2-51 所示。

(2)拆下变速换挡阀,如图 2-52 所示。

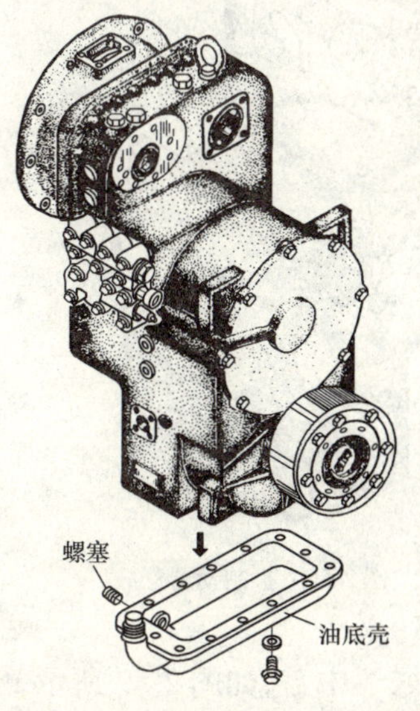

图 2-51　放油及拆油底壳

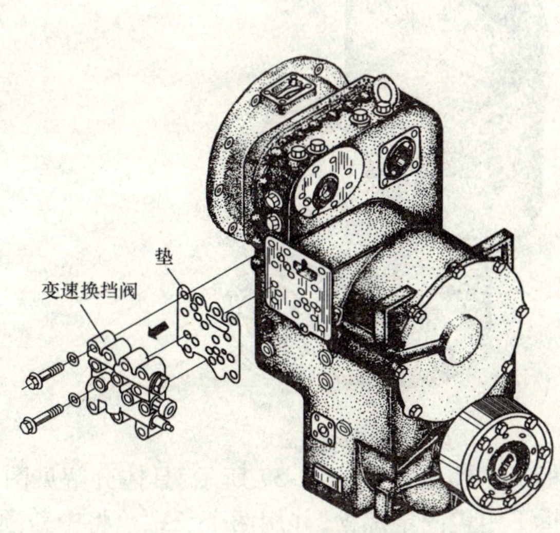

图 2-52　拆变速换挡阀

(3)拆下液力变矩器总成:拆卸过程中将转向泵驱动齿轮及轴,变速油泵驱动齿轮及轴取出,如图2-53所示。该变速器变矩器和变速器为一体,拆卸过程一般要拆变矩器,变矩器拆装在此不多述。

(4)取下超越离合器总成:用两个长螺栓将超越离合器总成顶出来,如图2-54所示。

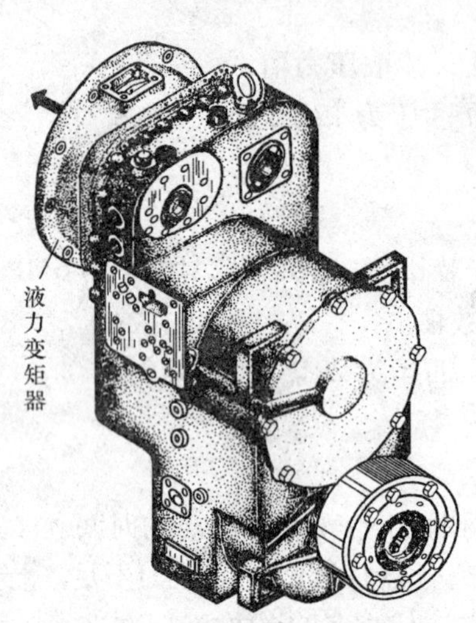

图2-53 拆液力变矩器总成

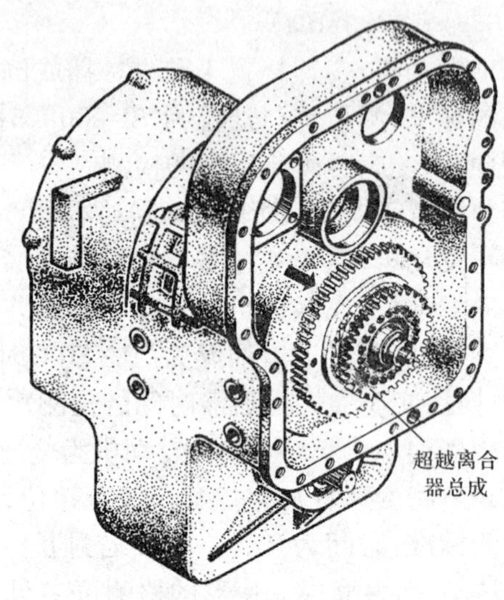

图2-54 拆超越离合器总成

(5)拆下制动器总成:打开锁片,取下两个固定螺栓,依次取下制动鼓、制动蹄片总成,如图2-55所示。

(6)拆后端盖:取下固定螺栓,并用两个长螺栓将后盖顶出,如图2-56所示。

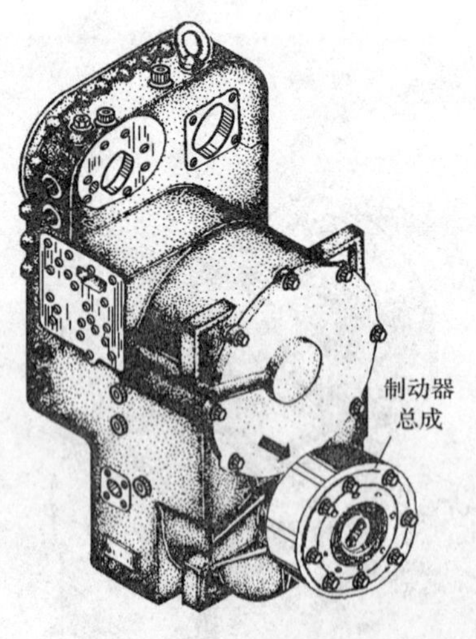

图2-55 拆制动器总成

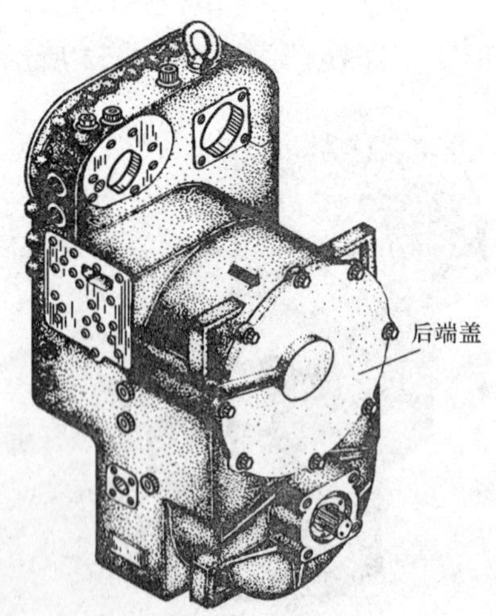

图2-56 拆制动器总成

(7)拆下三轴总成,如图2-57所示,具体分解见图2-58。

(8)拆下中盖固定螺栓,并用两个长螺栓将中盖顶出,取下中盖,如图2-59所示,然后依次取出:

①一挡油缸体及固定板。

②一挡活塞：用两个螺栓将专用工具固定在活塞上将其拉出，并取下内、外密封环。

③15 根弹簧销轴及复位弹簧。

④ 8 张摩擦片(主从动片各 4 张)和一挡内齿圈。

⑤受压盘、一挡行星架、行星齿轮，倒挡内齿圈及太阳轮。

⑥摩擦片隔离架总成。

⑦圆柱销。

⑧8 张倒挡摩擦片。

⑨倒挡行星架和倒挡行星轮。

⑩倒挡活塞及内、外密封圈：取法同一挡活塞。

(9)拆除四轴总成，如图 2-60 所示。

①撬开前输出轴固定螺母锁片，拆下固定螺栓，取下凸缘盘。

②用专用工具将前输出轴油封座取出。

③取出拉杆销轴和拨叉。

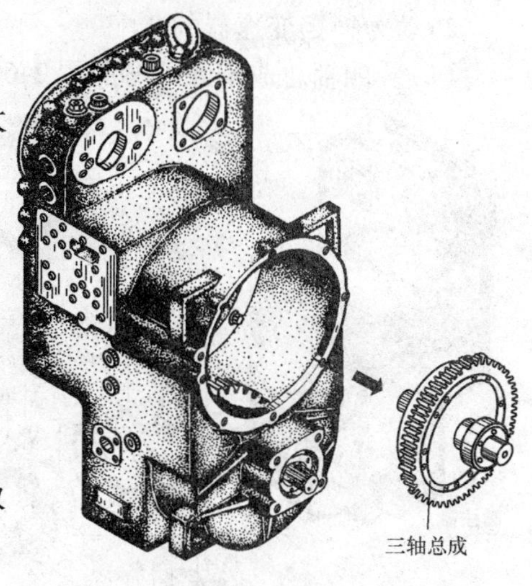

图 2-57 拆三轴总成

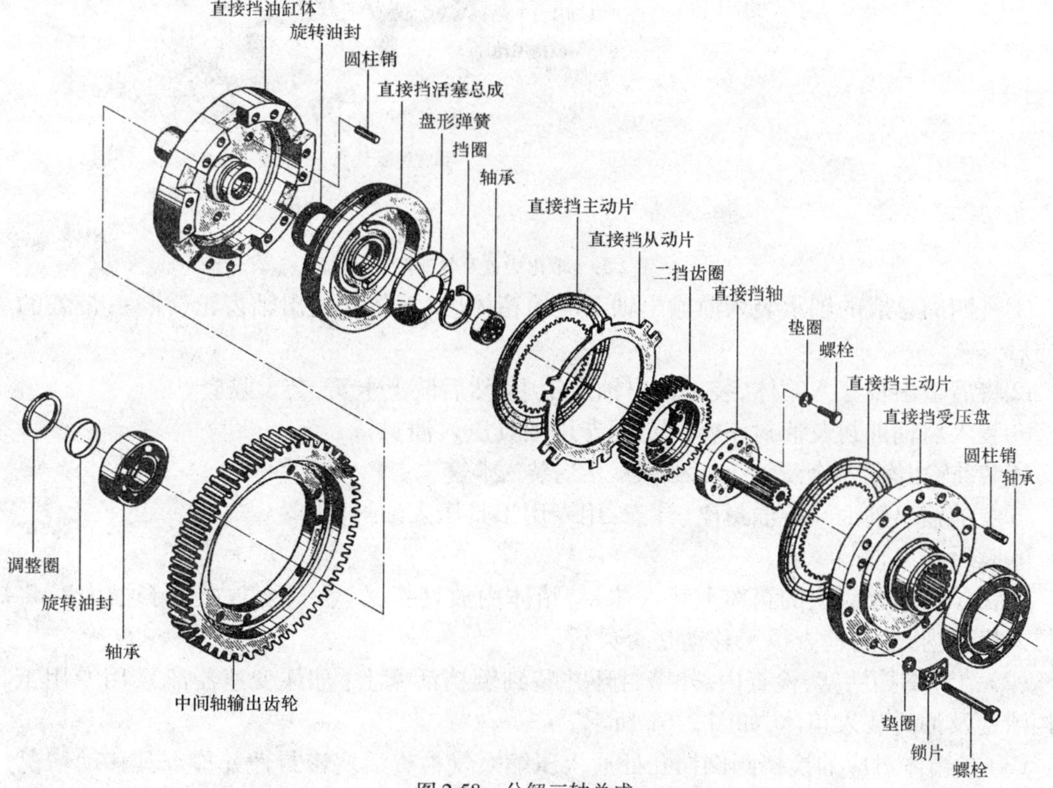

图 2-58 分解三轴总成

④撬开后输出轴固定螺母锁片，拆下固定螺栓，取下凸缘盘。

⑤用专用工具将后输出轴油封座取出，并取出后输出轴的卡簧。

⑥再取出前输出轴的卡簧,并取出前输出轴及滑套。

⑦取出后输出轴,并把输出轴齿轮取下。

2)动力换挡变速器的装配

(1)装四轴总成步骤可参照图 2-60 进行:

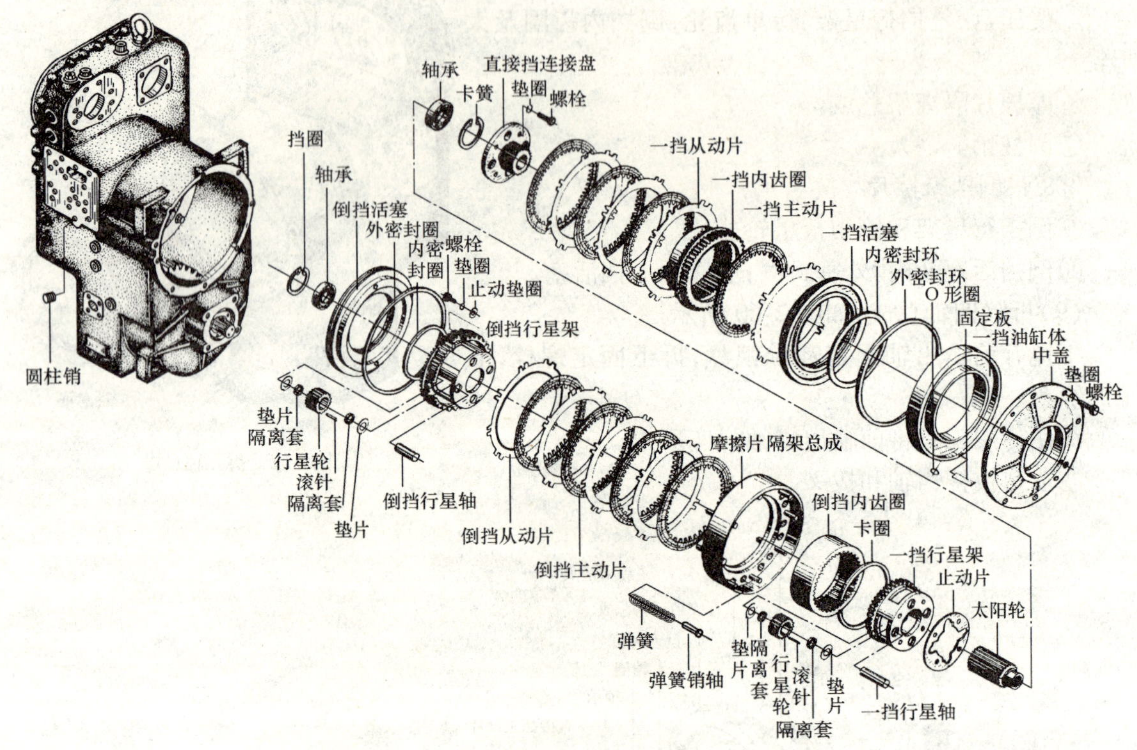

图 2-59　取出中盖及各部件

①将四周总成的轴承装入前输出轴对应的箱体内,再装入输出轴齿轮(注意:带毂的一端朝向后)。

②将后输出轴穿入箱体,装入输出轴齿轮中,然后装上卡簧,装上隔套。

③装入后轴油封及油封座(注意:用专用工具压入油封)。

④装前输出轴、滑套及轴承装入箱体,然后装入卡簧。

⑤装前输出轴油封及油封座(注意:用专用工具压入油封)。

⑥装后输出轴凸缘。

⑦在拉杆销轴对应的箱体上装入油封,箱体内放好拨叉(拨叉要放入滑套槽内),将拉杆销拧入拨叉内,然后检查拨叉移动是否灵活。

(2)清洗倒挡活塞,检查内、外密封环并装到倒挡活塞上(加注变速器油),用专用工具将倒挡活塞及油封装入箱体,如图 2-61 所示。

(3)在箱体对应的换挡阀倒挡孔处通入压缩空气检查活塞密封性并检查其移动情况(一、二挡也可采用此法),如图 2-62 所示。

(4)清洗倒挡各主、从动摩擦片,先将 1 片倒挡从动摩擦片装在倒挡活塞上,如图 2-63 所示。

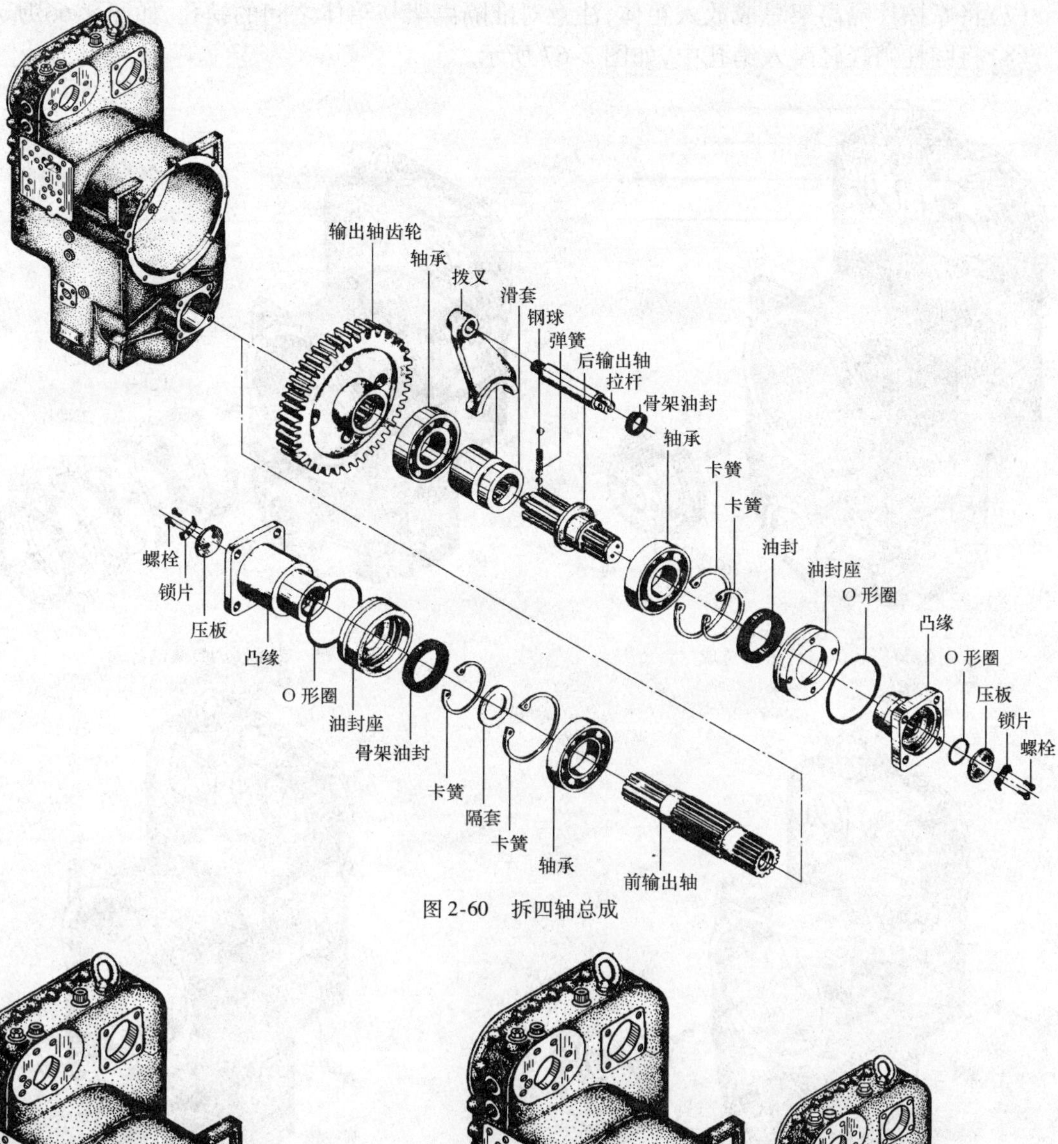

图 2-60　拆四轴总成

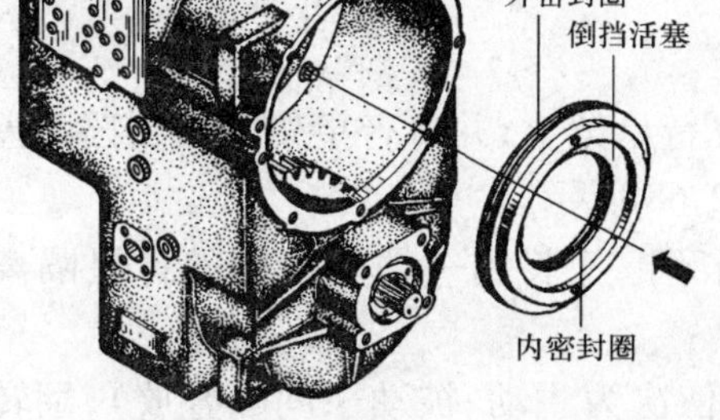

图 2-61　装轴承及倒挡活塞

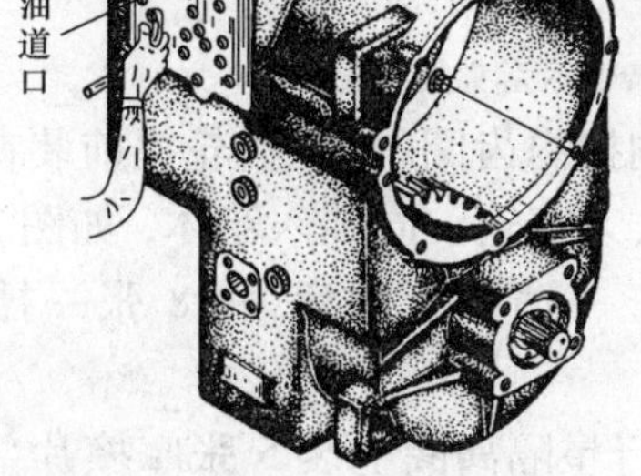

图 2-62　检查活塞密封性

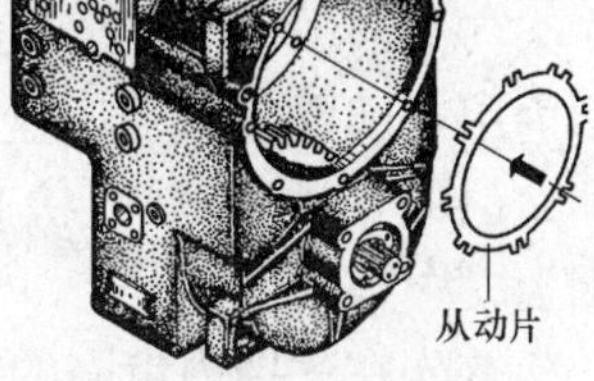

图 2-63　装从动摩擦片

(5)装倒挡行星架总成,并检查其转动情况,如图 2-64 所示。

(6)将剩余 7 张摩擦片按主动、被动间隔次序装在倒挡行星架上,如图 2-65 所示。

(7)将摩擦片隔离架总成放入箱体,注意对准隔离架与箱体之间的销孔,如图 2-66 所示。

(8)将圆柱销轻轻敲入销孔中,如图 2-67 所示。

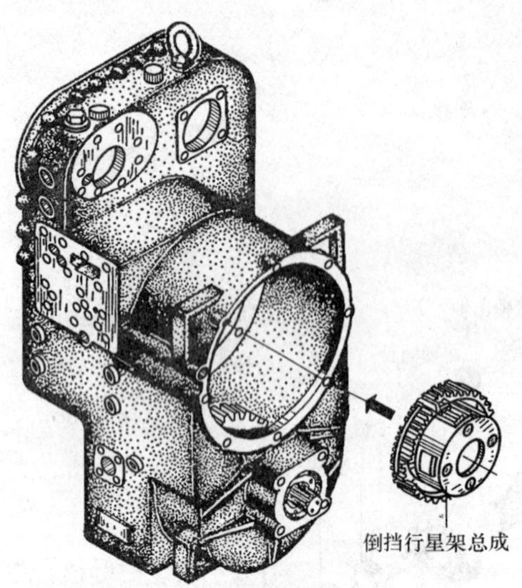

图 2-64　装倒挡行星架总成

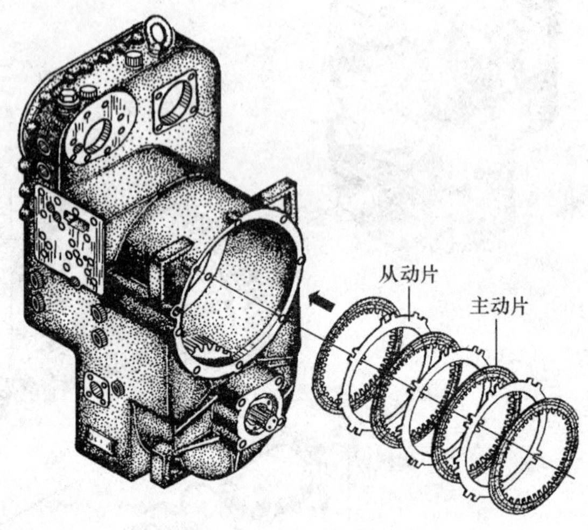

图 2-65　装剩余主、从动片

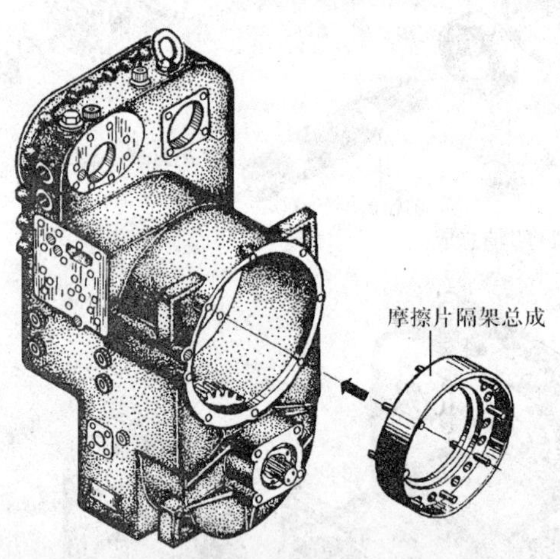

图 2-66　装摩擦片隔离架总成

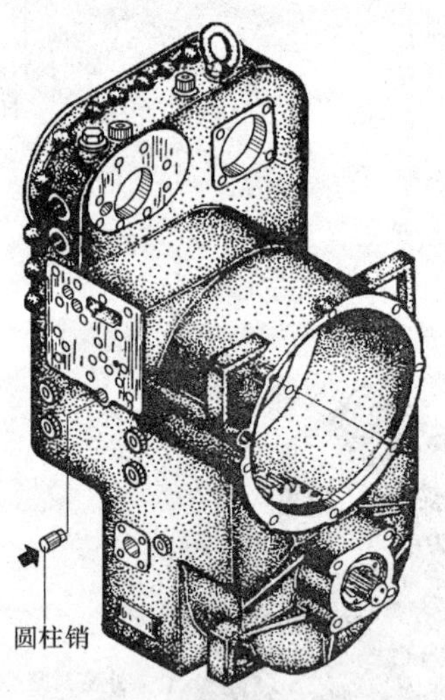

图 2-67　装圆柱销

(9)将一挡行星架及倒挡内齿圈(行星齿轮提前装在行星架上,并将行星架装在倒挡内齿圈内用卡圈定位)、受压盘、太阳轮一同装入箱体, 如图 2-68 所示。

(10)清洗摩擦片,检查一挡内齿圈后,将 8 张一挡摩擦片装到一挡内齿圈的行星隔离圈上:

首先在一挡内齿圈的行星隔离圈上装 5 张摩擦片(依次为主动、被动…间隔叠放),翻转后将 5 张摩擦片和一挡行星隔离圈装入箱体,并按被动、主动、被动的次序装好后 3 张摩擦片,如图 2-69 所示。

(11)将倒挡、一挡的被动摩擦片对齐后装 15 根销及复位弹簧,如图 2-70 所示。

(12)清洗一挡活塞,将一挡活塞及油封装好后装入一挡缸体(加注液压油),然后将定位板装在箱体上(定位板与摩擦片隔离架总成、一挡缸体的槽对应),缸体上的油孔(注意:装O形圈)对准箱体上的油孔,将一挡缸体装入箱体,如图2-71所示。

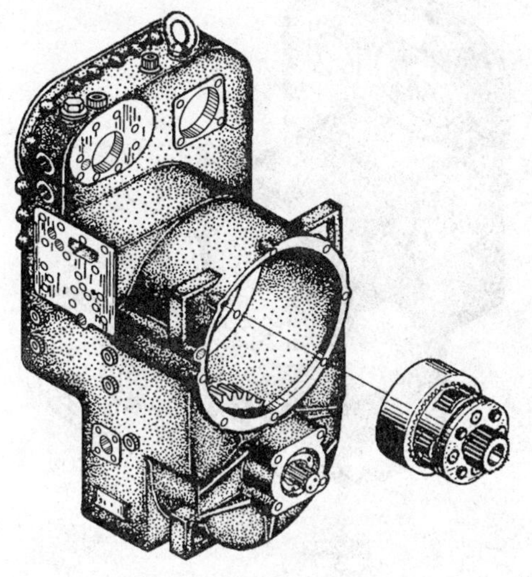

图2-68　装一挡行星架等部件

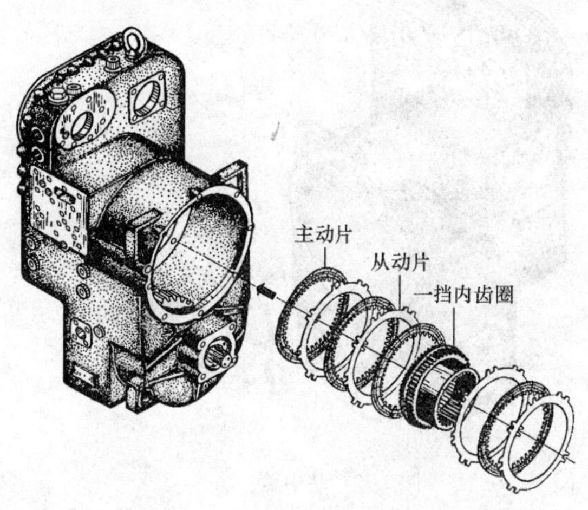

图2-69　装一挡内齿圈及主、从动片

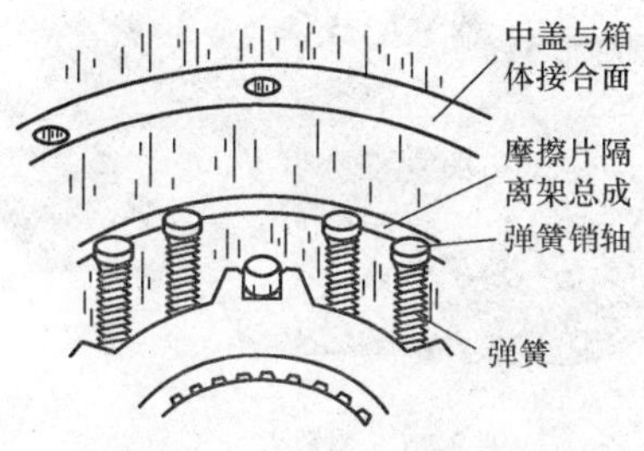

图2-70　装弹簧及弹簧销轴

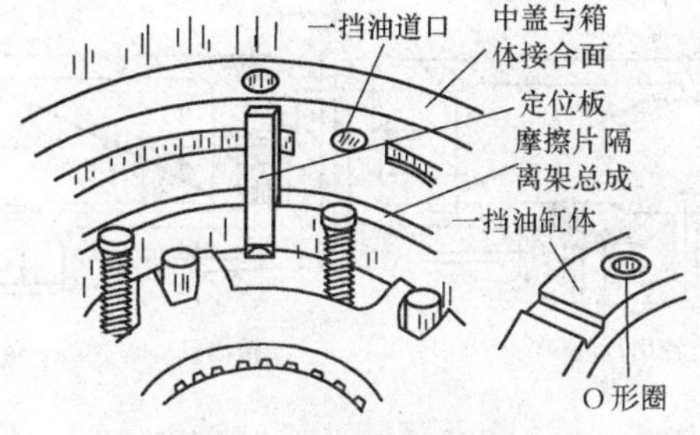

图2-71　装一挡油缸体

(13)装入中盖:用两只长螺栓现将中盖压入,然后装入其他螺栓,最后取出两只螺栓再拧入两只螺栓,并按顺序(对角)及规定力矩(120~140N·m)紧固好,如图2-72所示。

(14)将三轴总成(将各零件装配好)装入箱体,如图2-73所示。

(15)装后端盖:

①测量后端盖与轴承端面装配间隙:后端盖与轴承端面的间隙δ应为0.30~0.40mm,即$\delta = B - [D - (A + C)]$,目的是防止变速器后端盖安装后将轴承咬死,如图2-74所示。图2-75所示为测量箱体平面与轴承上端面的距离A。图2-76所示为测量后端盖中间轴承孔的深度B及后端盖中间凸缘平面与盖箱结合面的高度D。C为密封垫的厚度,后端盖与轴承端面的间隙大小δ,即通过此密封垫的厚度大小调整来实现。

②将后端盖装在箱体上(注意:边缘二挡油道口和中间油道口上的油封应装好且注意方向),拧紧力矩为80~120N·m。

(16)装制动器总成,如图2-77所示。

(17)装超越离合器总成,如图2-78所示。

(18)装液力变矩器总成:装配过程中将转向泵驱动齿轮及轴,变速油泵驱动齿轮及轴要一同装入,注意在变矩器壳体和变速器箱体之间加垫片并涂密封胶,如图 2-79 所示。

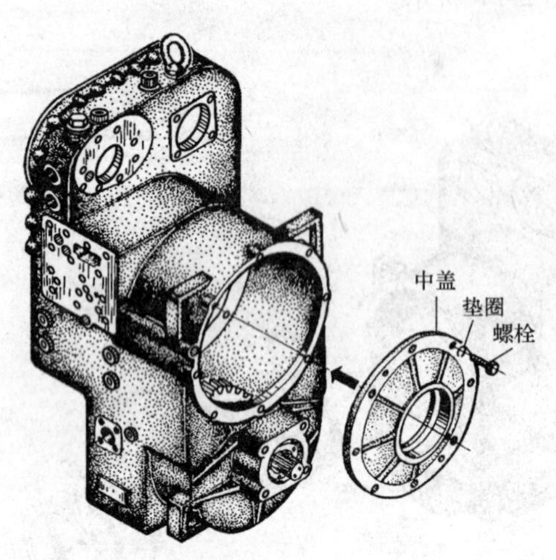

图 2-72 装中盖

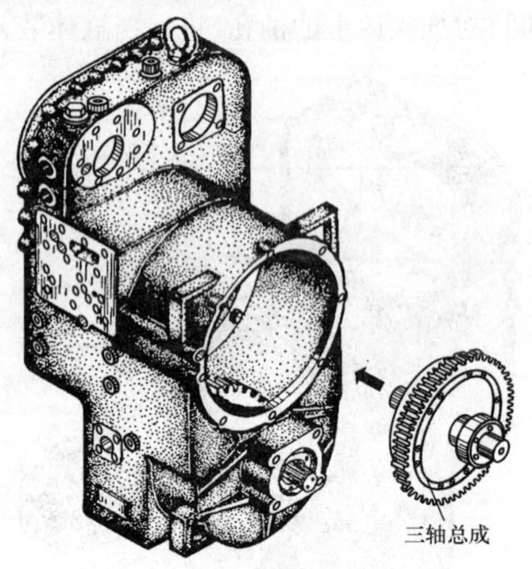

图 2-73 装三轴总成

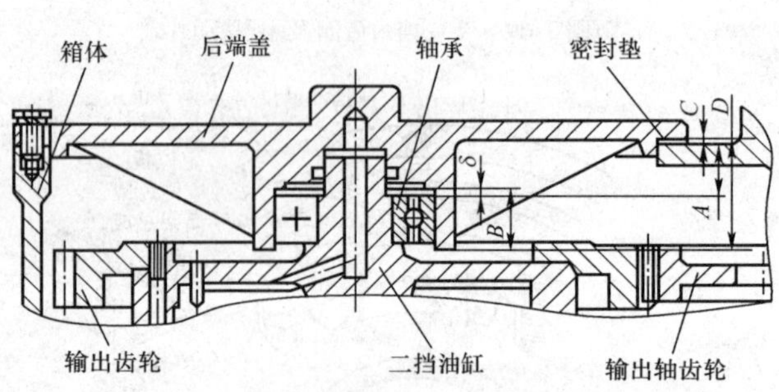

图 2-74 后端盖与轴承端面装配间隙的确定

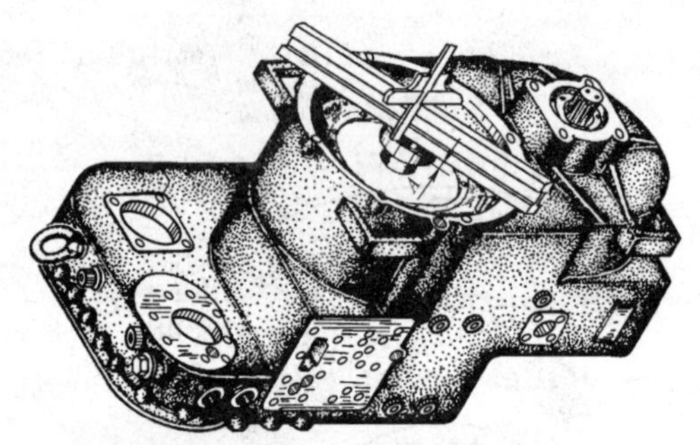

图 2-75 测数据 A

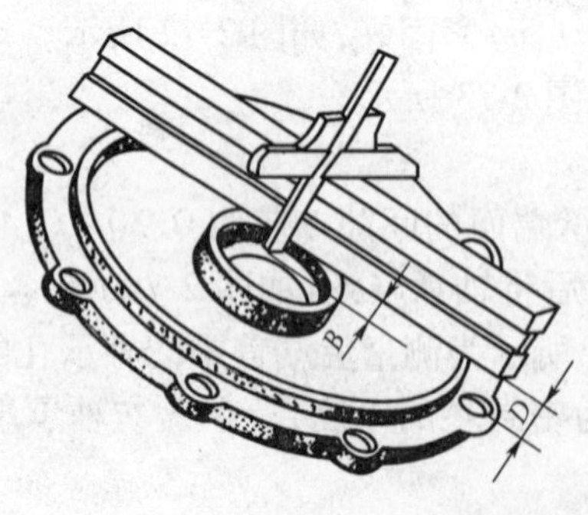

图 2-76 测数据 B、D

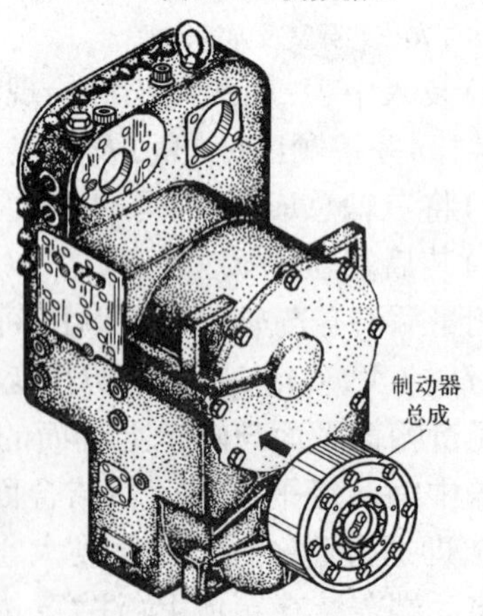

图 2-77 装制动器总成

(19)装变速换挡阀的方法如图 2-80 所示。

(20)装油底壳的方法如图 2-81 所示。

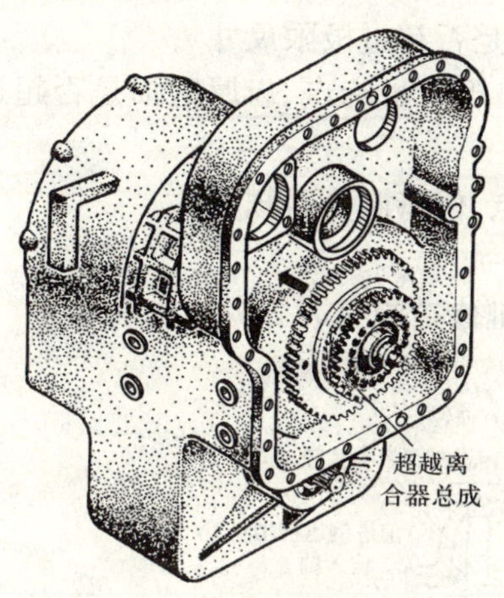

图 2-78 装超越离合器

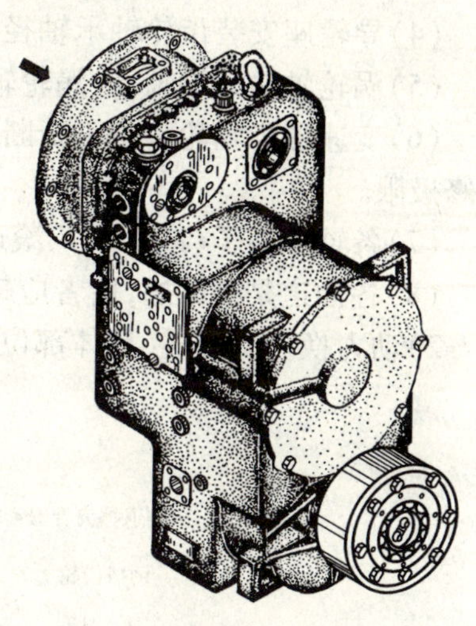

图 2-79 装液力变矩器总成

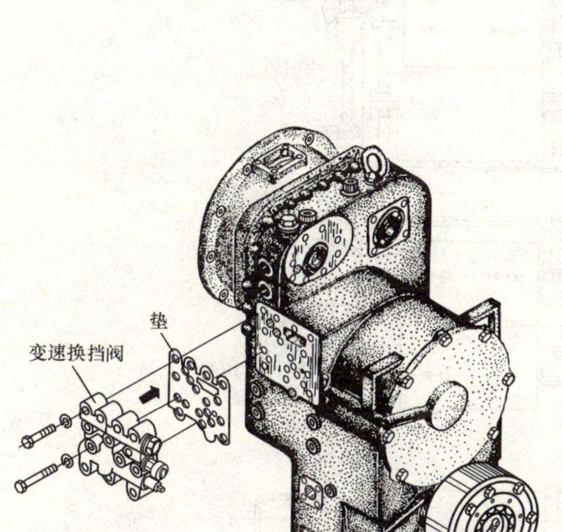

图 2-80 装变速换挡阀

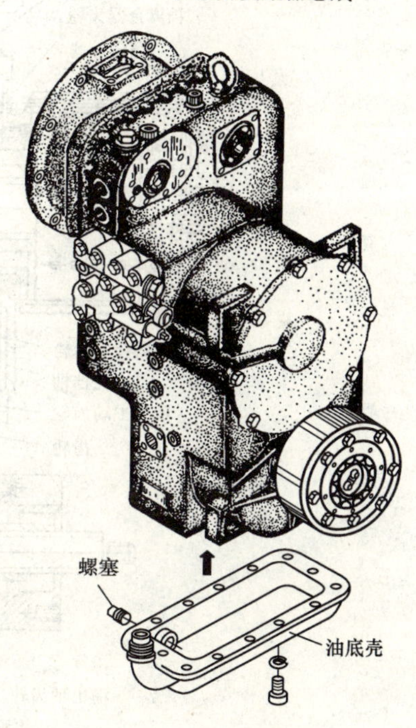

图 2-81 装油底壳

4. 动力换挡变速器维修

下面以 Z30 装载机定轴式动力换挡变速器为例说明动力换挡变速器的维修。

1)检查的主要内容

(1)箱体是否有裂纹、破损;各加工面是否碰伤;各螺纹孔是否损坏;箱体轴承座孔磨损是否超限。

(2)换挡离合器的活塞及油缸工作表面磨损是否超过极限尺寸;活塞密封环尺寸是否超过极限尺寸;主、从动摩擦片是否烧蚀、翘曲变形及厚度是否超过极限尺寸。

(3)各换挡轴轴径与轴承配合情况,是否超过极限尺寸。

(4)导轮座安装齿轮轴承轴径磨损情况,是否超过极限尺寸。

(5)涡轮轴输入端轴径、涡轮轴外径(油封处)磨损情况,是否超过极限尺寸。

(6)变速器齿轮轮齿是否折断、渗碳层是否疲劳剥落或出现大量麻点、齿厚磨损是否超过维修极限。

(7)各轴承滚子(或滚珠)、滚道是否出现疲劳剥落或麻点,保持圈是否损坏。

(8)各油道是否畅通,堵者应疏通。

2)动力换挡变速器(具体部位参见图2-82)维修标准及维修措施见表2-5。

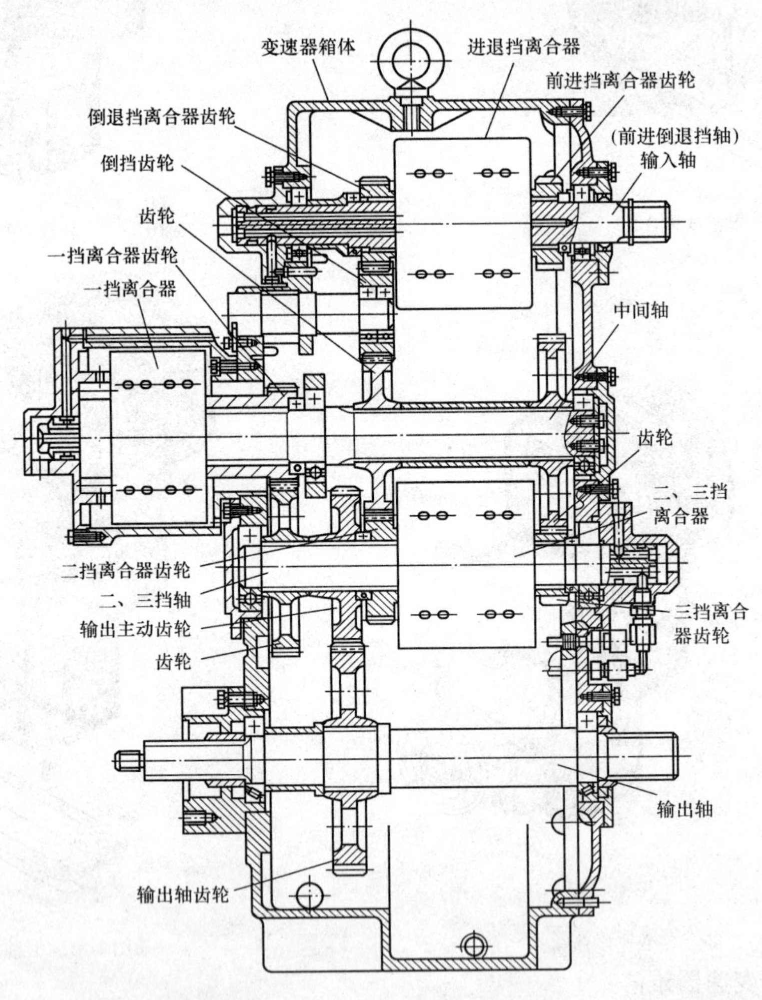

图2-82 ZL30装载机动力换挡变速器结构图

其他型号的动力换挡变速器可参照以上动力换挡变速器的维修内容进行维修。

5. 动力换挡变速器的故障诊断与排除

1)动力换挡变速器的故障诊断与排除

由于不同生产厂家采用的动力换挡变速器型号不同,其变速器的故障有不同之处,现以ZL50系列装载机用行星齿轮式变速器为例说明动力换挡变速器的常见故障及故障诊断与排除方法,详细内容见表2-6。其他型号的变速器可参照此法进行诊断与排除。

动力换挡变速器的维修标准及维修措施　　表2-5

序号	检修项目	判断标准					维修措施
		标准尺寸(mm)	公差(mm)		标准间隙(mm)	维修极限(mm)	
			轴	孔			
1	前进倒挡轴径与轴承配合间隙	50	+0.018 +0.002	0 -0.012	-0.002 ~ -0.030	+0.001	更换
2	前进倒挡轴径与轴承配合间隙	45	+0.018 +0.002	0 -0.012	-0.002 ~ -0.030	+0.001	更换
3	前进倒挡轴承与箱盖配合间隙	90	0 -0.015	+0.01 -0.025	+0.025 ~ -0.025	—	更换
4	前进倒挡轴承与箱盖配合间隙	85	0 -0.015	+0.01 -0.025	+0.025 ~ -0.025	—	更换
5	中间轴轴径与轴承配合间隙	55	+0.03 +0.011	0 -0.015	-0.011 ~ -0.045	-0.008	更换
6	中间轴轴承与箱盖配合间隙	90	0 -0.015	+0.01 -0.025	+0.025 ~ -0.025	—	更换
7	中间轴轴径与轴承配合间隙	50	+0.018 +0.002	0 -0.012	-0.002 ~ -0.030	+0.001	更换
8	中间轴轴承与箱体孔配合间隙	100	0 -0.015	+0.022 -0.013	+0.037 ~ -0.013	—	更换
9	二、三挡轴轴径与轴承配合间隙	45	+0.018 +0.002	0 -0.012	-0.002 ~ -0.030	+0.001	更换
10	二、三挡轴轴径与轴承配合间隙	45	+0.018 +0.002	0 -0.012	-0.002 ~ -0.030	+0.001	更换
11	二、三挡轴轴承与箱盖配合间隙	100	0 -0.015	+0.010 -0.025	+0.025 ~ -0.025	—	更换
12	二、三挡轴轴承与轴承盖配合间隙	100	0 -0.015	+0.010 -0.025	+0.025 ~ -0.025	—	更换
13	输出轴轴径与轴承配合间隙	55	+0.030 +0.011	0 -0.015	-0.011 ~ -0.045	-0.008	更换
14	输出轴轴承与箱体孔配合间隙	115	0 -0.018	+0.035 0	+0.053 ~0	—	更换
15	主动片厚度	$1.5_{-0.2}^{0}$	—	—	—	1.30	更换
16	从动片厚度	2.5 ±0.04	—	—	—	2.25	更换
17	轴端油封环	宽度 $4_{-0.215}^{-0.14}$				3.5	更换
		高度 $2.3_{-0.0125}^{+0.050}$				2.0	
18	活塞油封环	宽度 $4_{-0.215}^{-0.14}$				3.5	更换
		高度 $2.5_{+0.03}^{+0.1}$				2.1	
19	前进挡离合器齿轮与中间轴齿轮啮合间隙	0.16 ~0.33					更换
20	中间轴齿轮与三挡离合器齿轮啮合间隙	0.16 ~0.33					更换

续上表

序号	检修项目	判断标准					维修措施
		标准尺寸(mm)	公差(mm)		标准间隙(mm)	维修极限(mm)	
			轴	孔			
21	倒挡离合器齿轮与倒挡齿轮啮合间隙	0.16~0.33					更换
22	中间轴齿轮与倒挡齿轮啮合间隙	0.16~0.33					更换
23	中间轴齿轮与二挡离合器齿轮啮合间隙	0.16~0.33					更换
24	输出齿轮副啮合间隙	0.185~0.395					更换
25	输出齿轮与一挡离合器齿轮啮合间隙	0.16~0.33					更换
26	挡位阀体、阀杆配研间隙	0.01~0.015					更换

动力换挡变速器的常见故障诊断与排除 表2-6

故障	故障现象	故障原因分析	故障诊断与排除方法
变速器变速压力低	1. 挂上某个挡位后,不能立即起步 2. 挂任何挡位后,都不能立即变换速度	1. 离合器活塞密封环损坏 2. 某挡油路密封圈损坏 3. 主油泵损坏 4. 主油道漏油 5. 调压阀失灵 6. 换向阀磨损 7. 变速器滤油器堵塞 8. 变速器油底壳油位过低	1. 所有挡位变速压力都低 先检查油底壳油位是否过低,若过低应添加相应型号的变速器油;若正常,可先检查主油道管接头是否漏油,变速操纵阀有无漏油,若漏油应紧固或更换垫子;若不漏油,可在主油道上接上油压表检测压力,若压力与仪表盘上的数值基本相符且过低,说明主油泵或调压阀有故障应检修。若压力正常,应先拆检换向阀是否磨损造成内部泄漏,若正常,应拆开变速器检查各换挡离合器活塞密封圈,损坏者应更换 2. 个别挡位变速压力低 先检查该挡油道是否漏油,若漏油应检修。若不漏油应拆开变速器检查换挡离合器活塞密封圈,损坏者应更换
变速器挂不上挡	1. 各个挡位均挂不上 2. 某个挡位挂不上 3. 制动后挂不上挡	1. 变速压力低 2. 变速操纵杆失灵 3. 变速操纵阀主油道堵塞 4. 某一油道堵塞 5. 制动联动阀杆不复位 6. 气制动总阀推杆位置不对 7. 气制动总阀复位弹簧失效 8. 气制动总阀活塞杆卡死	1. 所有挡位都挂不上 先检查变速压力是否过低(可参照上述解除方法)。若过低,应排除;若正常,应检查变速操纵杆是否失灵,若失灵,应调整好。若没失灵,应检查变速操纵阀主油道是否堵塞,若堵塞应检查并排出之 2. 某个挡位挂不上 先检查该挡油道是否堵塞,若堵塞应检修。若没堵塞应拆开变速器检查换挡离合器摩擦片是否卡死不动,并检修 3. 制动后挂不上挡 先检查刹车连动阀杆是否复位,若不复位,应拆检变速操纵阀。若复位,应检查气制动总阀推杆位置是否正确,若不正确应重新调整。若正确,应检查气制动总阀复位弹簧是否失效,若失效应检修。若正常,应检查气压制动总阀活塞杆是否卡死。若卡死,应拆检制动总阀活塞杆及膜片

续上表

故障	故障现象	故障原因分析	故障诊断与排除方法
驱动力不足	铲掘工作时无力	1. 发动机输出动力不足 2. 变速压力过低 3. 变矩器油温过高 4. 变矩器涡轮损坏 5. 驻车制动器没松开 6. 换挡离合器打滑 7. 变矩器油压过低	1. 检查驻车制动是否解除,若没解除,应解除;若解除应进行下一步骤 2. 变速器处于空挡,可通过猛踩加速踏板查听发动机响声来判断发动机动力是否正常,若不正常,应检修发动机;若正常,应检查变速压力是否过低。若过低,应按照变速压力过低的故障排除。若正常,应检查变速器油温是否过高,若过高,应排除之;若正常,应检查变矩器油压是否正常,若正常,应拆开变速器检查换挡离合器是否打滑并找出原因
变速器油温过高	机械正常工作时,仪表上的温度指示超过正常工作温度(正常工作温度70~110℃,最高不超过120℃)	1. 变速器油底壳油位过低 2. 连续高负荷工作时间过长 3. 工作油液变质 4. 滤油器或冷却器堵塞 5. 回油压力过低(小于0.15MPa) 6. 变速压力过低造成换挡离合器打滑、换挡离合器分离不清	1. 检查变速器油底壳油位是否过低。若过低,应加油液至规定位置;若正常,应确认连续高负荷工作时间是否过长,若过长,应停机冷却 2. 检查油质是否变差或变质。若变质或变差,应更换油液;若正常,应进行下一步骤 3. 检查滤油器或冷却器是否堵塞。若堵塞应排除,若没有堵塞,应进行下一步骤 4. 测量变速压力。若过低,应参照变速压力过低原因进行检修;若正常,应拆检换挡离合器 说明:对于有些导轮采用单向超越离合器的工程机械,此处还应考虑单向超越离合器是否失效打滑

2)动力换挡变速器的典型故障诊断与排除实例

(1)现象

某ZL50装载机在低速、重载时工作有力,低载时的工作(或行驶)速度与重载时没有区别,且变矩器油温升高得很快。

(2)故障原因分析

该机型采用的是国产双涡轮液力变矩器加行星式动力换挡变速器,具有两前进、一后退三个挡。高速低载时,超越离合器脱开,一级涡轮空转,二级涡轮单独传递转矩。重载时,内环棘轮转速降低,一级涡轮与二级涡轮一起传递转矩。从上述故障现象看来,该变速器高速低载时,超越离合器没有脱开,一级涡轮不能空转,导致没有高速,且变矩器始终处于高负荷状态油温便会上升很快。

可以断定超越离合器的滚柱损坏卡死在工作位置,使外环齿轮和内环凸轮始终处入接合状态。

(3)故障诊断与排除

首先拆下变速器并将液力变矩器进行分解,拆下超越离合器后对其进行分解发现有部分滚柱磨损严重,且滚道磨损也较严重,滚柱卡死,从而使超越离合器失去单向运转能力。更换新超越离合器后,装车试验,故障消除。

思考题

1. 液力传动与机械传动有何不同?

2. 试述国内外常用液力变矩器的共同点。

3. 画简图说明液力变矩器的工作原理。

4. 液力变矩器能否替代主离合器?

5. 举例说明液力变矩器常见故障的诊断和排除方法。

6. 说明ZL50装载机离合器分离阀的工作原理。

7. 简述换挡液压离合器的工作原理。

8. 画简图说明ZL50装载机各挡位传递路线。

9. 定轴式动力换挡变速器用换挡离合器为什么要安装离心倒空阀(泄油阀)?简述其工作原理。

10. 动力换挡变速器与机械式换挡变速器有哪些异同点?

11. 举例说明动力换挡变速器常见故障的诊断和排除方法。

12. 动力换挡变速器为何要与液力变矩器配合使用?

Danyuansan

单元三

公路工程机械行驶系

1. 轮式公路工程机械行驶系的功用、组成及结构原理；

2. 履带式公路工程机械行驶系的功用、结构及工作原理。

1. 分析轮式公路工程机械行驶系的故障，进行故障诊断和排除的实际操作，并进行维修；

2. 分析履带式公路工程机械行驶系的故障，进行故障诊断和排除的实际操作，并进行维修。

课题一　概　　述

一、功用

公路工程机械传动系在解决了发动机的特性与使用要求之间的矛盾后，还必须设置一套将所有部件连成一体，并把从传动系接受的转矩转化为驱动力，使公路工程机械运动的机构，这套机构称为行驶系。行驶系的主要功用如下：

(1)将发动机传来的转矩转化为使机械行驶(或作业)的牵引力；

(2)承受并传递各种力和力矩，保证机械正确行驶或作业；

(3)将机械的各组成部分构成一个整体，支承全机质量；

(4)吸收振动、缓和冲击，轮式行驶系还要与转向系配合，实现机械的正确转向。

二、分类

公路工程机械的行驶系可分为轮式机械行驶系和履带式机械行驶系两类。

1. 轮式机械行驶系

轮式机械行驶系由于采用了弹性较好的充气橡胶轮胎以及应用了悬挂装置,因而具有良好的缓冲、减振性能,而且行驶阻力小,故轮式机械行驶速度高,机动性好。尤其随着轮胎性能的提高以及超宽基超低压轮胎的应用,使轮式机械的通过性能和牵引力都比过去有了较大的提高。故近年来采用轮式机械行驶系的机械已日益增多,轮式机械在公路工程机械中的比例也越来越大。

轮式机械行驶系与履带式行驶系相比,它的主要缺点是附着力小,通过性能较差。

2. 履带式机械行驶系

履带式行驶系与轮式机械行驶系相比,它的支承面大,接地比压小,一般在 0.05MPa 左右,所以在松软土壤上的下陷深度不大,滚动阻力小,而且大多数履带板上都有履齿,可以深入土内。因此,它比轮式行驶系的牵引性能和通过性能好。

履带式行驶系的结构复杂,质量大,而且没有像轮胎那样的缓冲作用,易使零部件磨损,所以它的机动性差,一般行驶速度较低,并且易损坏路面,机械转移作业场地困难。

由于轮式机械行驶系和履带式行驶系各自有比较突出的优点,所以两种行驶系在公路工程机械上的应用都比较广泛。

课题二　轮式机械行驶系

一、轮式机械行驶系的组成、功用

轮式机械行驶系一般由车架、车桥、车轮和悬挂(悬架)装置组成,如图 3-1 所示。车轮分别安装在车桥的两端。为减少机械车辆在不平路面上行驶时车身所受到的冲击及车身的振动,车桥又通过悬挂装置与车架连接。

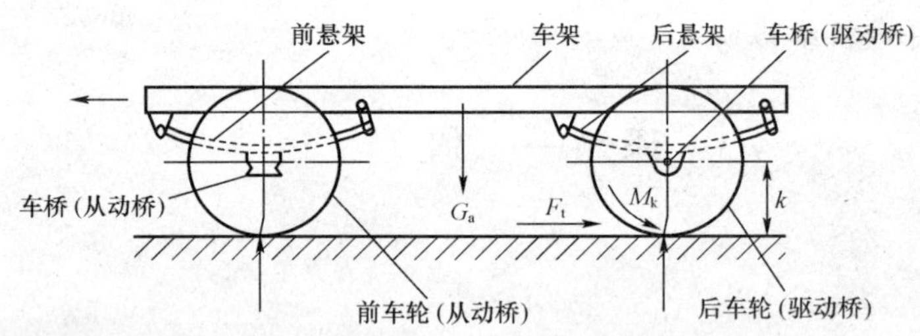

图 3-1　轮式行驶系组成

公路工程机械的悬挂多数为刚性的,也就是把车架和车桥直接地连接起来,主要是为了提高机械作业时的稳定性。行驶速度大于 40 ~ 50km/h 的起重机采用汽车底盘,行驶系用钢板弹簧性悬架,可缓和行驶中的冲击、振动。

随着轮式公路工程机械行驶速度的提高,为了获得良好的减振效果,一些大、中型机械逐渐采用了油气悬挂。

二、车桥

1. 功用与分类

1)功用

(1)公路工程机械车桥通过与车架连接以支承机械的重力;

(2)将车轮所受到的各种外力或力矩传到车架,如牵引力、制动力、侧向力及各种力矩等;

(3)承受路面对机械的冲击。

2)分类

轮式公路工程机械的车桥根据车桥的作用可分为4种:驱动桥、转向驱动桥、转向桥和支承桥。

在前面的章节里我们已介绍过驱动桥,而支承桥仅起支承机械重力及安装车轮的作用,其结构较简单,常用于挂车上。本课题中简单介绍转向驱动桥。

2. 转向驱动桥

转向驱动桥除支承机械重力外,还兼起驱动、转向作用。在诸如稳定土拌和机、轮式挖掘机、装载机、轮式摊铺机等机械上常采用转向驱动桥。公路工程机械转向驱动桥同一般驱动桥一样,由主传动器、差速器、半轴、和桥壳组成。但转向时转向车轮需绕主销偏转一个角度,故与转向轮相连的半轴必须分成内外两段,其间用万向节(多用等角速万向节)连接,主销也必分成上下两段。

主传动器、差速器、半轴、和桥壳在第一课题已讲述。轮式挖掘机的转向驱动桥,如图3-2所示。

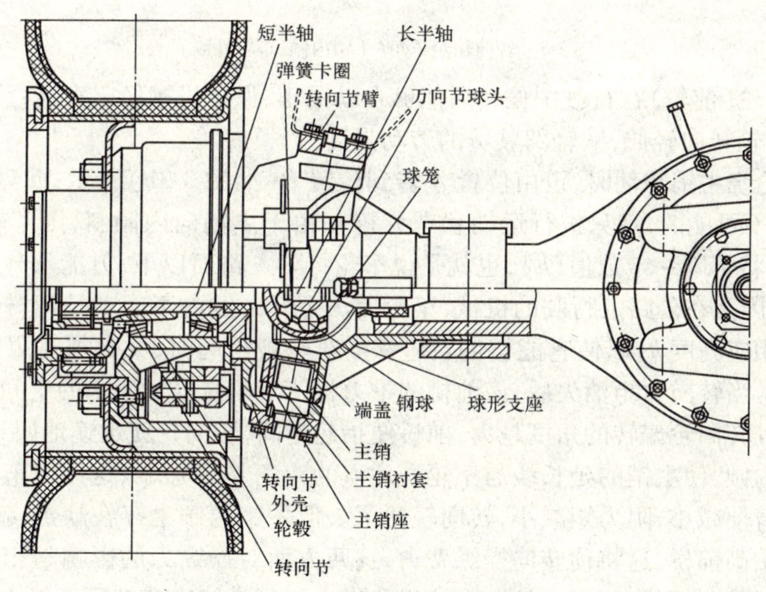

图3-2 轮式挖掘机的转向驱动桥

该转向驱动桥采用球笼式万向节机构,以实现前轮的转向。球笼式万向节由短半轴、弹簧卡圈,长半轴、万向节球头、钢球、球笼、端盖及油封等组成。

万向节内部装配时已加注有4号二硫化钼润滑脂,在一般情况下不需加油润滑,只有当大修或遇有特殊情况必须检修时方可拆开检修。

轮毂通过两个滚锥轴承支承在转向节外端的轴颈上,轴承的紧度可用外端的调整螺母加以调整,然后通过锁圈及固定螺母锁紧。轮毂外圆的接盘上,用螺栓固装着车轮。

3. 转向轮定位

对于汽车,以及前轮为转向轮的整体车架式公路工程机械,为了保证其直线行驶的稳定

性、转向轻便以及减少行驶中轮胎的磨损，在机械制造时就将转向轮、主销相对于前轴倾斜一定的角度，包括：主销内倾、主销后倾、转向轮外倾和转向轮前束，这种具有一定相对位置的安装叫转向轮定位。

1）主销内倾

主销内倾即主销在横向平面内并不垂直地面而是其上端向内倾斜一角度 β，称为主销内倾，如图3-3所示。其功用为：

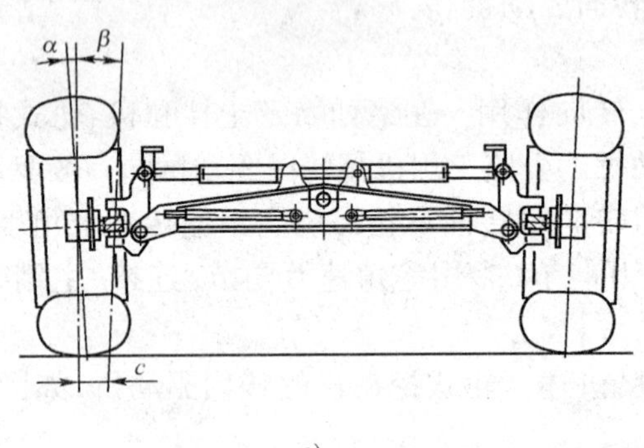

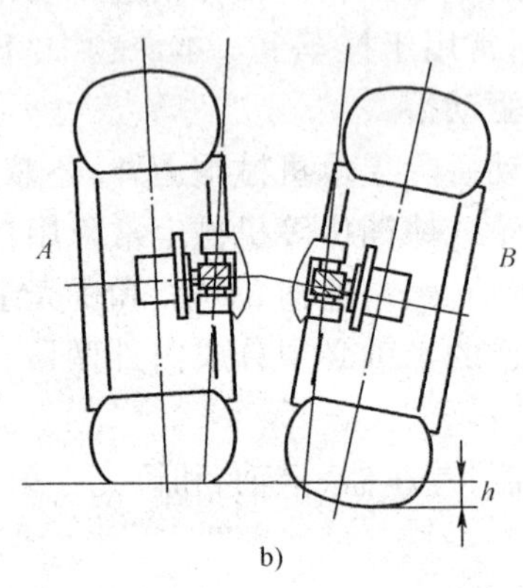

图 3-3　转向轮定位角（主销内倾、车轮外倾）

（1）使转向轮（前轮）在行驶中偏转后能够自动回正，保证机械稳定直线行驶；

（2）使转向轮转向轻便，减轻驾驶员的劳动强度。

当转向车轮绕主销转动时，设由位置 A 转到位置 B（如图 3-3b）所示，此处假设车轮偏转180°，实际上是不可能的，现只进行运动状态分析），由于主销向内倾斜，则车轮高度（在车架不动的情况下）将下降一定数值（h），也就是说车轮将陷入路面以下，方能从 A 转到 B，实际上这是不可能的，因为在公路上行驶的机械，车轮无法下降。但由于运动是相对的，所以车轮便由路面抬高一相应高度 h，以使它能够偏转过来。车轮被抬起时，又必须克服前桥的重力，使前桥重心抬高。当转向力矩消失后，该前桥的重力将使车轮恢复到原来的中间直线行驶位置，即自动回正。且转向轮偏转的角度越大，前桥便抬起越高，转向轮就迅速地回到中间位置。

同时主销内倾，使主销的延长线与车轮着地点的距离 C 缩短了，这样在车轮转向时，路面对车轮的阻力臂便减小，阻力矩减小，转向轻便了。但主销内倾也存在缺点：就是主销内倾后导致转向时要抬高前桥，这将使转向操纵费力，这两方面对操纵力的影响是相互矛盾的，当内倾角适当，矛盾的两方面可相互抵消。在这里我们主要是为解决自动回正能力的问题，从而保证机械直线行驶的稳定性，故一般的公路工程机械都设有内倾角，同常 $\beta \leq$ 8°，C 为 40 ~ 60mm。对于采用低压轮胎的公路工程机械，因其车速较低，加之穿梭式作业，道路行驶机会少，故这些公路工程机械上并没有采用主销内倾角。

2）主销后倾

主销在机械车辆的纵向平面内上端向后倾斜一角度 γ，称为主销后倾，如图 3-4 所示。其功用为：增加机械车辆直线行驶的稳定性，并使转向后的车轮自动恢复到直线行驶状态。

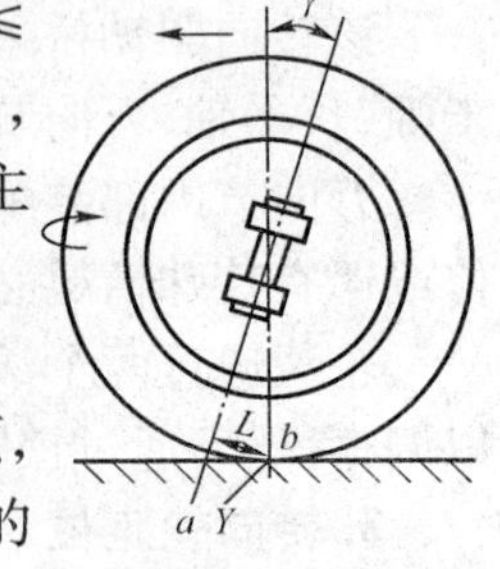

图 3-4　主销后倾角

当主销向后倾 γ 角度时，其轴线与路面交点 a 位于车轮与路面接触点 b 的前面，这样接触 b 到主销轴就形成了一段距离 L，当机械转弯时，如向右转弯，此时由于机械本身离心力的作用，在车轮与路面的接触点 b 处，引起路面对车轮作用一个向心反作用力 Y，反力 Y 形成了使车轮绕主销轴线旋转的力矩 Y_Z，其方向与车轮偏转的方向相反。当操作人员松开转向盘时，车轮在此力矩作用下，将自动恢复到中间直线行驶位置。

当机械直线行驶时，若转向车轮偶然受到外力作用而偏转时，机械会立刻偏离直线行驶方向，与此同时，即产生一个相应的力矩 Y_Z，使转向车轮自动回正，从而保证了机械直线行驶的稳定性。因此，上述力矩又称为稳定力矩。

稳定力矩也不能过大，若稳定力矩太大，则在转向时为克服此力矩，驾驶员就要在转向盘上施加较大的力（即转向盘沉重）。而稳定力矩的大小取决于力臂 L 的数值，故主销后倾角不宜过大，一般后倾角不超过 2°～3°。在一些公路工程机械上，由于采用了弹性较好的低压或超低压轮胎，从而使稳定力矩增大。再加上一些公路工程机械倾向行驶频繁，因此，这些机械（如轮式推土机）的主销后倾角可以减小到接近于零，甚至为负值。

3）转向轮外倾

在设计机械车辆时，预先使转向轮向外倾斜与绷向垂直平面形成一微小角度 α，这叫转向轮外倾，如图 3-3a）所示。

转向轮外倾的功用为：

（1）使机械车辆的载重负荷和路面对车轮的冲击载荷主要集中在转向节根部的大轴承上，以减轻轴端负载，从而使转向节不易折断。

（2）防止承载后车轮在满载情况下正常行驶，对转向轮说来，要求它尽可能在垂直于路面的平面内滚动。但另一方面，在主销和衬套之间、轮毂轴承处等有相对运动的地方都有一定的间隙，这些间隙都会对转向轮有一定的影响。因此，如果在空车时，车轮刚好垂直于地面，则满载时，由于有上述间隙和车桥受载变形的影响，车轮就会向内倾斜。这样使得转向轮载荷移向轮毂小轴承一端，转向节轴端部的负荷增大，其后果将是：

①转向节轴易从根部断裂；

②轴端小轴承及固定螺母的负荷量增大，严重时可能使固定螺母滑脱，导致转向轮脱落，造成事故；

③车轮内倾现象随各部分间隙的增大而加重，严重时使车轮在行驶中出现半滚半滑现象，加速轮胎内侧的磨损。

为了解决车轮会出现的内倾现象，在制造时，就使转向轮有一定外倾角 α，以便使机械车辆在满载时车轮接近于垂直路面而防止内倾现象的发生。

此外，转向轮外倾后，还可使轮胎接触地面的中点到主销轴线的距离缩短，从而进一步减小了阻止转向轮偏转的力矩，使转向轻便。

一般转向轮外倾角 α 约为 1°左右。

4）转向轮前束

如图 3-5 所示，前束就是从俯视图上看，看转

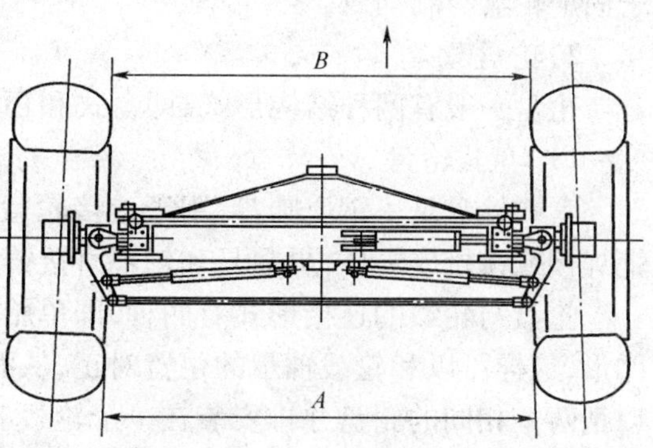

图 3-5　转向轮前束

向轮的中心平面不平行，前端的距离 B 小于后端距离 A，$A-B=\delta$，δ 值称为前束值，单位为 mm。

清除转向轮外倾后，车轮在滚动时产生的向外滚的趋势，可防止车轮在地面上出现半滚动、半滑动的现象，减小轮胎的磨损，保证转向相互平行地直线行驶。

通常前束值 δ 在 2～12mm 范围内，其大小可通过调整转向横拉杆的长度来调整。

转向轮定位除前束可以自由调整外，其余均在制造时即已确定，大修时应按规定检查其数值，必要时校正之。

表 3-1 中列出主要机械车辆的转向轮定位数值。

常见机械车辆的转向轮定位数值　　表 3-1

车　型	主销内倾角 γ	主销后倾角 β	转向轮外倾角 α	转向轮前束 δ(mm)
轮式推土机	7°	0°30′	1°	7.7 ±2
74 式 III 挖掘机	0°	0°30′	0°	5～10
PY-160B	7°	0°30′	0°45′	2～5

三、车轮

1. 功用与组成

1）车轮的功用是：

（1）承受整个机械车辆的重力和负荷；

（2）传递各种力和力矩，保证车轮和路面间有足够的附着力；

（3）轮胎和悬架一起，共同缓和与吸收由于路面不平而产生的冲击和振动。

2）车轮主要由轮毂、轮盘、轮辋和轮胎等组成。

2. 车轮的结构

1）轮毂

轮毂是车轮的中心，通过内外轴承安装在车桥端部或转向节上。如图 3-6 所示，分别为从动轮和驱动轮的轮毂结构。

轮毂内的轴承一般采用一对滚锥轴承，轴承间隙通过调整螺母进行调整，然后用锁紧螺母锁定，以防松动而使车轮脱出。轴承用润滑脂润滑，通过油封防止漏油。轮毂上制有凸缘，便于固定轮盘与制动鼓。

2）轮盘

轮盘一般有两种结构形式，即盘式和辐式，用于连接轮毂与轮辋。

（1）盘式轮盘

盘式轮盘是一钢质圆盘，用于连接轮毂和轮辋，如图 3-7 所示。轮盘是经冲压制成，与轮辋焊接或铆接成一体，少数是和轮辋直接铸造成一体的。

轮盘与轮毂的连接形式有两种，即单胎和双胎之分，两种均采用螺栓连接。轮盘冲压成深凹形，这样可以和轮毂轴承的位置对正，从而保证车轮平面位置，并且当有必要安装双胎时，可以把两个相同的轮盘并排安装在一个轮毂上。

一些轮盘上开有较大的孔，目的是减小轮盘质量并有利于制动鼓的散热，在对轮胎充气时

也便于接近门嘴。轮盘上的6个螺栓孔加工成锥形,以便于用螺栓把轮盘固定在轮毂上时对正中心,如图3-8a)所示。

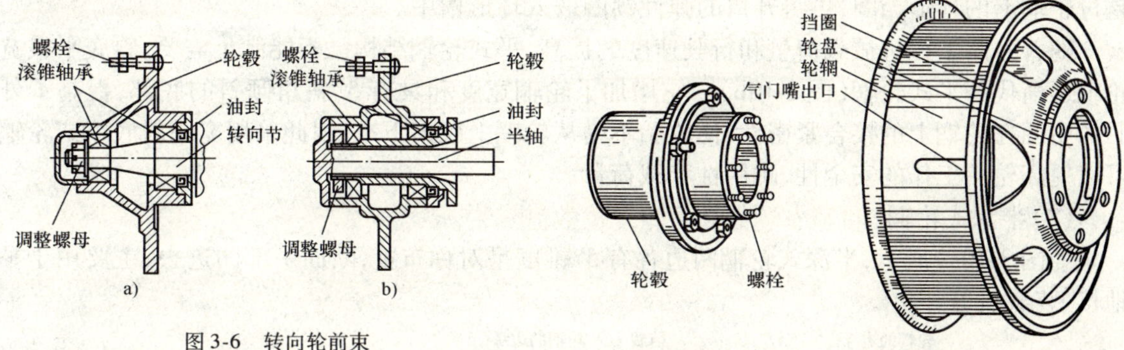

图3-6 转向轮前束

a)从动轮轮毂;b)驱动轮轮毂

图3-7 盘式轮毂

对于后桥负载比前桥大的机械车辆,如74式III挖掘机,为了不使后桥轮胎过载,后桥车轮采用双胎轮盘,即在同一车轮毂上安装了两套轮盘和轮辋,如图3-8b)所示。

在机械车辆的使用过程中,为了使各轮胎的磨损接近相等,应定期进行轮胎换位。为使双胎车轮换位方便,轮盘的螺栓孔两面均制成锥形,如图3-8b)所示内轮盘靠在轮毂凸缘外端面上,用具有锥形面的特制螺母固定在螺栓上。外轮盘紧靠着内轮盘,并用旋在特制螺母的外螺纹上的螺母来固定。

为防止螺母自动松脱使车轮飞出造成事故,一般左边车轮的固定螺栓采用左螺纹,右边采用右螺纹。即螺纹的拧紧方向均与车轮的转动方向一致。

(2)辐式轮盘

辐式轮盘如图3-9所示,由若干可锻铸铁辐条组成,并通常与轮毂铸成一体。轮辋则通过螺栓及衬块固定在轮辐上。为使轮辋与轮辐很好地对中,二者均制有配合锥面。

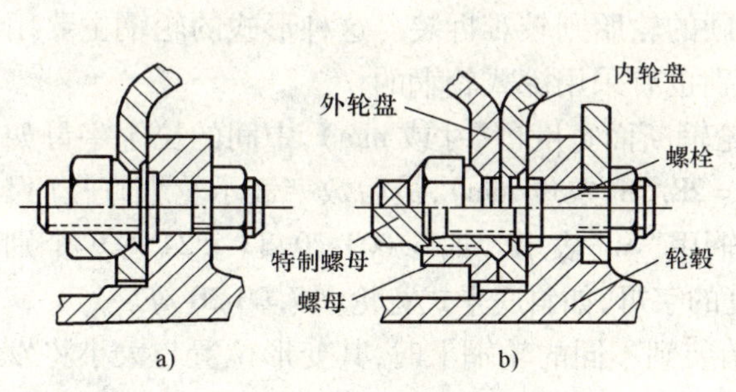

图3-8 轮盘与轮毂的连接形式

a)单胎;b)双胎

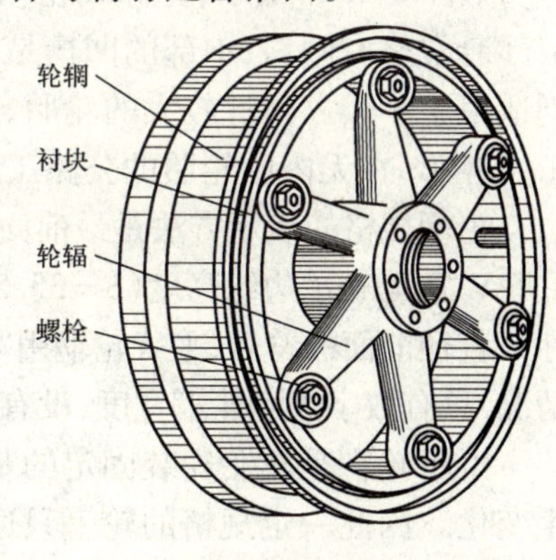

图3-9 辐式轮毂

3)轮辋

轮辋是用来固定轮胎的,其结构按断面形式可分为深式、半深式、平式和斜底平式4种结构形式,如图3-10所示。

(1)平式轮辋

平式轮辋有两种结构形式,即整体式和斜底平式。如图3-10a)为整体平式轮辋,它是应用较多的一种形式,多用于装载机、铲运机、起重机、挖掘机等。挡圈是整体的,而用一个开口锁圈来限制挡圈脱出。在安装轮胎时,先将轮胎套在轮辋上,然后套上挡圈,并将它向内推,直到越过轮辋上的环形挡圈,再将开口的弹性锁圈嵌入环形槽中。

随着公路工程机械载荷量和行驶速度的提高,平式轮辋结构已不能满足需要,斜底平式宽轮辋逐渐代替平式轮辋(图 3-10b)。它增加了轮辋宽度和具有 5°斜角倾斜的底部,提高了外胎的胎圈在轮辋上的接合紧密性,使轮胎不易从轮辋上脱落下来,因此采用宽基斜底平式轮辋可以提高轮胎工作的安全性、耐用性和载荷量。

(2)半深式轮辋

如图 3-10c)所示,半深式轮辋两边各有 5°锥度呈对称布置,断面中部凹进去,主要用于平地机、装载机等。

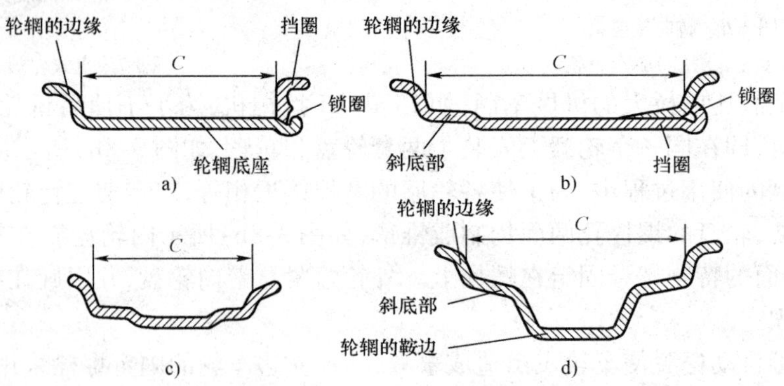

图 3-10　辐式轮毂

a)平式轮辋;b)斜底平式宽轮辋;c)半深式轮辋;d)深式轮辋

(3)深式轮辋

如图 3-10d)所示,称深式轮辋或称整体式轮辋。其上带有凸肩,用以安放轮胎的胎圈,凸肩部通常略有倾斜,中部的凹槽是为了便于安装外胎。深式轮辋结构简单、刚度大、质量小,特别适用于小尺寸弹性较大的轮胎,尺寸较大,较硬的轮胎则较难拆装。这种形式的轮辋主要用于小客车,在无内胎轮胎的公路工程机械上,个别也有采用深式轮辋的。

轮辋规格的表示方法是最前面的数字表示轮辋断面宽度(尺寸或 mm),中间的拉丁字母如 S、T、V、R 等表示边缘高度($S=35.5$、$T=44.5$、$R=28.58$,单位 mm),最后数字表示轮辋直径(尺寸),直径前面的符号,平式轮辋用“-”,深式轮辋用“×”表示。如 6.00T-20,8V×24 等。个别情况,只有数字表示轮辋宽度,没有表示边缘高度的字母,如斜底平式宽轮辋 7.00-20 等。

由于轮辋是轮胎安装固定的基础,同一轮胎装到不同的轮辋上时,其变形位置与大小将发生变化。因此一定规格的轮辋只适合一定规格的轮胎,必要时也可配用规格与标准轮辋相近的轮辋,否则轮胎会造成早期损坏。

4)轮胎

轮式机械车辆是通过轮胎和地面接触的,由于军用公路工程机械行驶速度普遍较高,为了保证良好的附着性能,有效地缓和行驶中的冲击和振动,几乎都采用充气轮胎。所产生的冲击和振动大部分由胎内的压缩空气吸收,少部分由胎壁来吸收。

(1)轮胎的分类

①根据轮胎结构形式的不同可分为充气轮胎和实心轮胎两种。在军用公路工程机械上主要应用充气轮胎;实心轮胎只用于在较好的水平路面上行驶的车辆,如仓库、码头上使用的小型起重机械、叉车等。

充气轮胎按其结构不同,又可分为有内胎和无内胎轮胎。

有内胎轮胎在滚动时,内、外胎之间,内胎与衬带的接触表面之间发生摩擦,由此发热而增加滚动时的能量消耗。无内胎轮胎则无上述缺点,因而逐步得到发展。

②充气轮胎按胎内的压力的不同可分为高压胎、低压胎和超低压胎3种,其充气压力分别为:

高压胎:0.50~0.70MPa;

低压胎:0.15~0.45MPa;

超低压胎:0.05~0.15MPa。

高压胎吸收振动和冲击的能力较差,在公路工程机械上一般不用。低压胎外形尺寸大,弹性较好,能增大接地面积,在松软的路面上行驶时下陷小,能提高机械的通过性能,在凹凸不平或碎石路面上行驶时能很好地吸收冲击与振动,缓冲性能好。所以采用低压胎能改善底盘在不平路面上行驶的平顺性和在松软地区行驶的通过性。目前公路工程机械几乎全部采用低压胎。超低压胎适用于作业和行驶道路较为复杂的公路工程机械上。

③按轮胎断面的宽度不同可分为标准轮胎、宽基轮胎和超宽基轮胎3种。

标准轮胎即普通轮胎,其断面形状近似圆形(断面高度与宽度之比 $H/B=0.95\sim1.15$)。

宽基及超宽基轮胎其断面形状近似椭圆形(断面高度与宽度之比 $H/B=0.5\sim0.7$)。

因为宽基及超宽基轮胎比标准轮胎宽度大,从而接地面积也大,接地比压小,在松软路面上行驶的通过性能好,同时牵引力也大。另外由于使用的气压较低,故又能改善驾驶性能和行驶的稳定性。超宽基轮胎增大了转向时的阻力,在硬路面上行驶时,由于变形大,滚动阻力损失将有所增加。目前公路工程机械广泛采用宽基及超宽基轮胎。

④按轮胎的结构不同又可分为普通轮胎、子午线轮胎和无内胎轮胎等3种。

(2)轮胎的结构

①普通充气轮胎

普通充气轮胎由外胎、内胎和衬带等组成,如图3-11所示。

a.内胎:内胎是一个环形软橡胶管,管壁上装有气嘴,空气由气门嘴压入使内胎具有一定的弹性。

气门嘴主要由座筒、气门芯、气门芯盖等组成。座筒底部的凸缘通过内胎上的小孔插入内胎中,并用螺母夹紧在两个垫圈之间。气门芯装在座筒内。它由紧固螺母、衬套、芯体、密封圈、芯杆、弹簧等组成,如图3-12所示。活门在弹簧的作用下紧靠在衬套上,衬套的环形槽内嵌有密封圈,当旋紧固紧螺母时,衬套被压紧在座筒的锥形座上。气门芯盖旋在套筒端部,其内装有橡胶垫,以防漏气。盖上制有槽口,以利于拆装。

在给轮胎充气时,活门被空气压力顶开,压缩空气进入内胎。充气结束后,在弹簧及压缩空气作用下,活门紧压在衬套上,以防空气漏出。需要放气时,可压住活门杆或旋出固紧螺母,将气门芯取出。

b.外胎:外胎是一个保护内胎的有一定强度的弹性外壳。它主要由胎面、胎体和胎圈组成,如图3-13所示。胎体由帘布鞋层和缓冲层所组成。帘布层是外胎的骨架,用以保持外胎

的形状和尺寸，承受车轮受压时胎内的张力，它通常由若干层涂胶的帘布按一定角度黏合而成。其中帘线材料有棉线、人造丝、金属丝和尼龙丝等。缓冲层在胎面和帘布层之间，由较稀疏的挂胶布组成，可吸收胎面的冲击，保护帘布层，同时可使胎面胶与帘布层结合得更牢固。

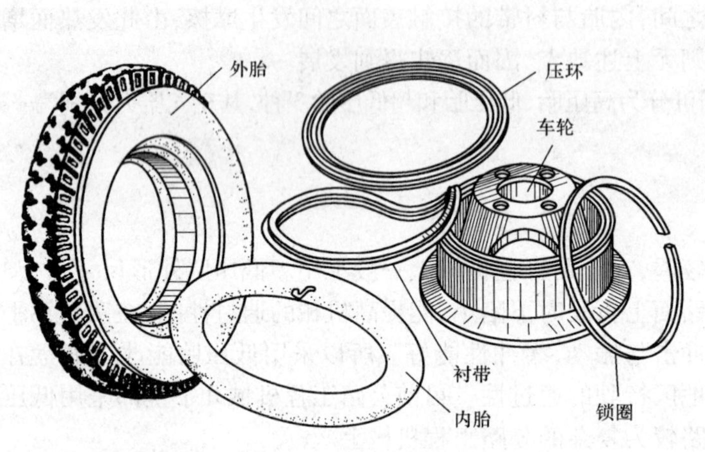

图 3-11　轮胎的组成

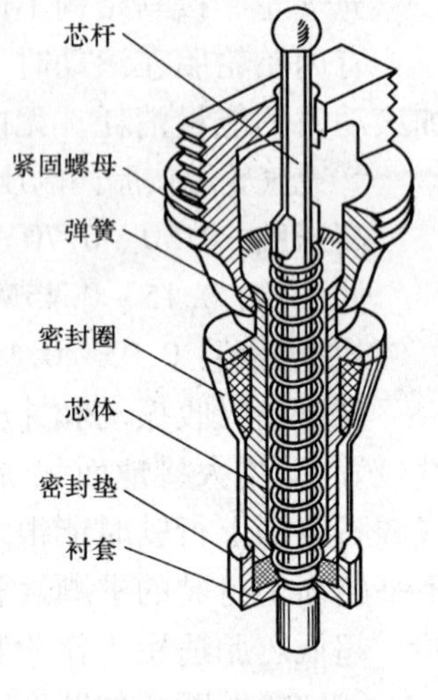

芯杆
紧固螺母
弹簧
密封圈
芯体
密封垫
衬套

图 3-12　气门嘴构造

胎面是外胎的最外一层，包括胎冠、胎侧和胎肩三部分组成。胎冠用耐磨的橡胶制成，它直接承受摩擦，减轻帘布层所受的冲击，并能防止帘布层和内胎受损伤。为使轮胎得到良好的附着性能和防止车轮横向滑动，在胎面上制有各种花纹。胎肩是胎冠和胎侧的过渡部分，其作用为保护帘布层侧壁免受潮湿与损伤。

胎圈由钢丝圈、帘布层包边和胎圈包布组成。它具有很大的刚度和强度，可使外胎牢固地装在轮辋上。

c. 衬带：衬带是一个带状橡胶环，它衬在内胎下面，使内胎不与轮辋及外胎的硬胎圈直接接触，以防止内胎擦伤或卡到胎圈和轮辋之间而夹伤。

②子午线轮胎

子午线轮胎与普通轮胎结构有所不同，其特点如下：

a. 子午线轮胎的帘布层帘线与胎面中心线成 90°角，帘线这种布置情况很像地球上的子午线，所以称为子午线轮胎，如图 3-14 所示。

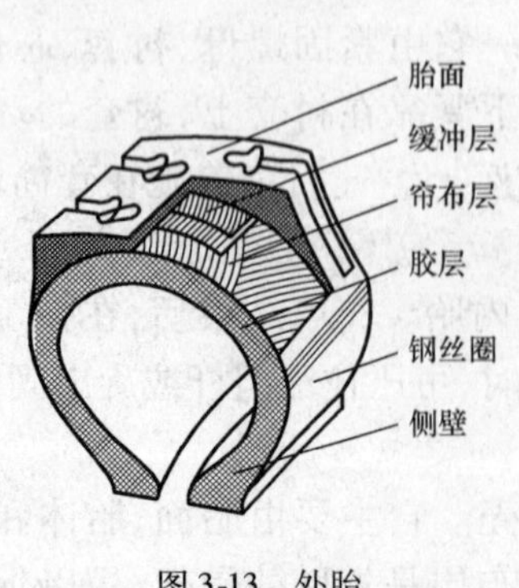

图 3-13　外胎

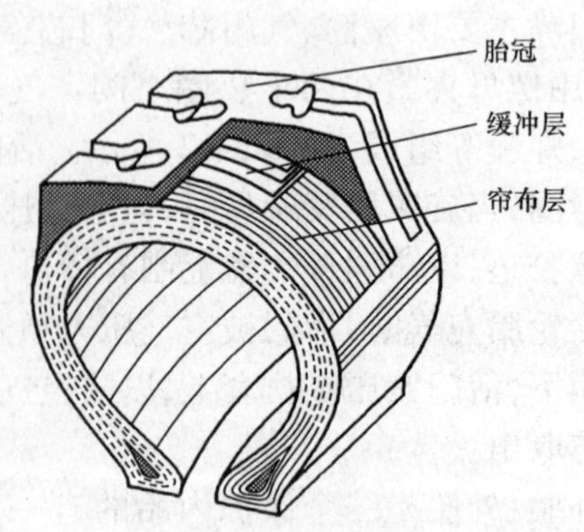

图 3-14　子午线轮胎

由于帘线的排列方向与轮胎的主要变形方向一致，因此能充分利用帘线的强度，故子午线轮胎的帘布层数比普通轮胎约可减少40% ~50%，且结构强度与径向弹性好，增大了轮胎的接地面积，提高整机的附着性能。

b.帘线在周围方向上的联系只靠橡胶来实现，为了承担行驶时产生的较大的切向力，子午线轮胎采用了与胎面中心线夹角较小（10° ~20°），用强度高、伸张小的织物帘布或钢丝帘布制成的多层缓冲层。缓冲层像一层刚性环带一样紧紧在胎体上，大大提高了胎面的刚性，使之在滚动过程中起着类似履带的功能，大大地提高了驱动性能和耐磨性能。这种轮胎比普通轮胎的寿命高50%以上，还可节省燃料5% ~10%。

子午线轮胎使用的轮辋与普通轮胎相同，二者可以相互代替，但使用中普通轮胎与子午线轮胎不能在同一机上混装。

③无内胎轮胎

图3-15所示为无内胎轮胎断面结构。其外形与普通轮胎没有区别，但它无内胎和衬带，外胎的内表面为一层有良好气密性的气密层，有与内胎相似的作用。无内胎轮胎的气门嘴装在轮辋上，用橡胶垫密封。为了使轮胎胎圈与轮辋更好地贴合而不漏气，在其配合处的胶圈座有约5°的倾斜度，并采用过盈配合。

无内胎轮胎与有内胎轮胎相比，其优点是提高了机械行驶的安全性，因为轮胎被刺穿时漏气缓慢。由于不存在内、外胎之间的摩擦，并可通过轮辋直接散热，故工作温度低，使用寿命长，且结构简单、质量小。如WD-140推土机和部分CR-8推土机采用的是无内胎轮胎。

无内胎轮胎的缺点是途中修理比较困难。

(3)轮胎的尺寸标记

轮胎的尺寸标记方法目前世界通用的有英制和公制两种。我国采用的是英制，标记方法如图3-16所示。

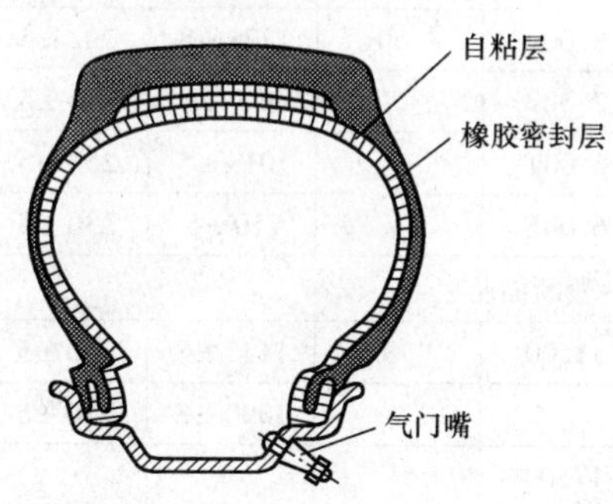

图3-15　无内胎轮胎端面结构

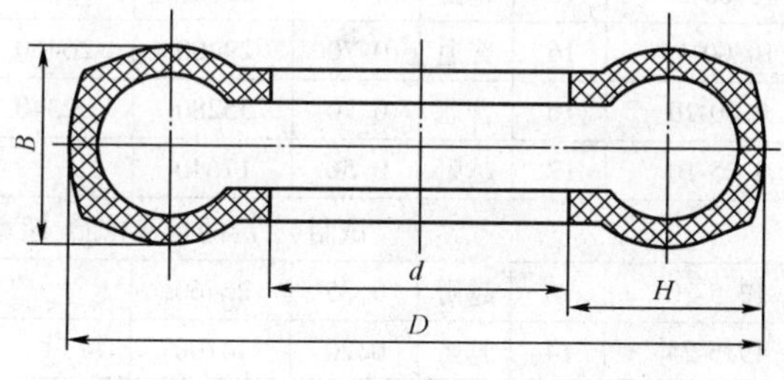

图3-16　轮胎的标记

高压胎用"$D \times B$"表示，其中D为轮胎的外径，B为轮胎的断面宽度，单位均为英寸，"×"表示高压胎。例如34×7，即表示外径为34英寸，断面宽度为7英寸的高压胎。对于普通轮胎，由于断面宽度B约等于断面高度H，因此安装外胎的轮辋直径d可按$d = D - 2B$计算。

低压胎用$B - d$表示。B为轮胎断面宽度，d为轮胎内径，"－"表示低压胎。例如"9.00-20"即表示断面宽度为9英寸，轮胎内径为20英寸的低压胎。超低压胎的标记方法与低压胎相同。

宽基或超宽基轮胎与普通轮胎虽然外径相同，但轮胎断面尺寸较大，在尺寸的标记上两者也不相同，普通轮胎的断面宽度是小数点后两位，以"00"表示（如16.00-24），宽基轮胎是小数点后一位，以 5 表示（如 12.5-20）。

根据国家标准规定，在外胎的两侧有规格、制造厂、商标、层级、最大负荷、相应气压和生产编号等标记。有些还标有汉语拼音字母以区别胎体帘线。其含义如下：

M（或无字）表示棉帘线轮胎；

R 表示人造丝帘线轮胎；

N 表示尼龙帘线轮胎；

Z 表示子午线轮胎；

G 表示钢丝帘线轮胎；

ZG 表示钢丝子午线轮胎。

表 3-2 列出了我国公路工程机械用轮胎规格。

公路工程机械和平板车轮胎 表 3-2

类型			气压（MPa）	轮胎负荷（N）			适用轮辋形式	允许使用轮辋形式	轮胎充气后主要尺寸（mm）	
轮胎规格	帘布层数	轮胎花纹		15（km/h）	30（km/h）	45（km/h）			外直径	断面宽
21.00-25	20	越野	0.28	80360	75460	71540	15.00	17.00	1770 ± 10	590 ± 8
21.00-24	20	越野	0.28	80360	75460	71540	15.00	17.00	1770 ± 10	590 ± 8
18.00-25	28	越野	0.60	88200	82810	77910	13.00	15.00	1610 ± 10	510 ± 7
18.00-24	20	越野	0.35	71540	67620	63700	13.00	15.00	1590 ± 10	500 ± 7
17000-32	24	越野	0.50			78400	13.00	15.00	1780 ± 10	470 ± 7
16.00-24	16	越野	0.32	52430	49000	47040	10.00VA	11.25	1460 ± 10	425 ± 7
16.00-20	16	普通	0.32	47530	44100	42140	11.25	13.00	1360 ± 10	445 ± 7
14.00-24	24	越野	0.65	61250	58800	54880	10.00v		1360 ± 10	375 ± 7
12.00-24	16	越野	0.60	35280	33320	31360	8.00v	8.50v	1228 ± 8	292 ± 5
10.00-15	16	普通	0.70	29400	26460		7.50v		935 ± 8	280 ± 5
9.00-20	16	普通	0.70	35280	32340		6.00T		1018 ± 5	250 ± 5
8.25-10	12	越野	0.56	17640			6.00F		710 ± 5	230 ± 5
试制、生产的宽基轮胎、超宽基轮胎和大型一般断面胎										
12.5-20	16	越野	0.35	26460			11.00		1145 ± 8	370 ± 5
19.5-24	14	越野	0.20	44100			17.5		1390 ± 8	510 ± 8
20.5-25	16	越野					17.00			
24.25	16	越野	0.28			50960	19.50		1524	580
24.00-35	24 实际层数	越野	0.65			176400	17.00		2200	630

（4）轮胎的花纹

公路工程机械的作业要求和路面条件各不相同，轮胎的胎面花纹形式也不同。其主要作用就是保证轮胎和道路之间的附着力。其主要形式有以下几种：

①纵向花纹，是一种沿轮胎回转方向的条形，波纹形等花纹，如图 3-17a）所示。花纹沟占接地面积 18% ~20%。由于其抗侧滑能力强，操纵稳定，适用于拖拉机的转向轮。

②横向花纹(越野花纹),对轮胎回转方向来说是横向配置的,在车轮平面内产生良好的附着力,但横向稳定性差。横向花纹又可分为无方向性的和有方向性的两种。

无方向性的横向花纹(岩石型花纹)是一些横跨胎面的波纹形花纹,如图3-17b)所示。花纹沟占接地面积30%,与有方向性的相比,接地幅宽,而沟槽窄,所以耐切伤和耐磨性好,但牵引性稍差。

有方向性的横向花纹(牵引形花纹)是指八字形和人字形花纹,如图3-17c)所示。其沟槽占接地面积的50%。按指定方面行驶时(胎面中心部位花纹首先接触地面),前者能保证在松软土地上或雪地上的附着力,并具有较好的自清泥作用,但耐磨性较差些。

图3-17　轮胎的花纹

a)纵向花纹;b)岩石型花纹;c)牵引型花纹;d)混合花纹;e)块状花纹

③混合花纹的中间部分是纵向而两肩是横向的花纹,如图3-17d)所示,其花纹沟占接地面积30%。它兼有两者的优点,中间纵向花纹能保证操纵稳定,两肩横向花纹可提供驱动力和制动力,并具有较好的耐磨性和耐切伤的性能。

④块状花纹是一种由密集的小凸块组成的人字形花纹,如图3-17e)所示,当载荷增加时,接地面积容易增大,因而接地压力小、浮力大,在松软地面上能很好地发挥作用。

另外,按花纹沟槽的深度,轮胎花纹还可分为标准槽花纹、深槽花纹和超深槽花纹。后两者的花纹槽深分别为标准槽花纹的1.5倍和2.5倍。深槽花纹有如下特点:

(1)耐磨性大幅度提高。同一作业条件下深槽可以提高50%,超深槽可以提高150%。

(2)耐切伤能力提高。由于厚度大,即使受到同样程度的切伤,对轮胎的损害也较小。

(3)发热大。深槽花纹轮胎由于厚度大,内摩擦加剧,积蓄起来的热量不易散失,特别是胎肩部温度很容易升高。

由于以上特点,深槽轮胎用于短距离使用的自卸车、自行式铲运机,超深槽花纹轮胎在土方运输机械上不使用,只在速度小于8km/h的推土机上使用。

四、车架

1.功用和要求

车架是整个机械的基体,机械上所有的零部件、工作装置以及驾驶室等都间接或直接地装在其上,并保证它们具有一定的相互位置。

车架支承着机械的大部分质量,而在机械行驶时,它还承受着由各有关部件传来的力和力矩,当道路、场地崎岖不平时还要承受更大的冲击载荷。

车架应具有足够的强度和刚度,以防止其受力过大时被破坏或产生过大的变形以影响其正常的工作。如图3-18为平地机车架,图3-19为美国CAT966D装载机车架。

2.类型和结构

由于公路工程机械的作业条件比较复杂,机型也较多,故各种机型的车架结构也各有不同,但一般可以分为整体式车架和铰接式车架(又称拆腰式)两种类型。

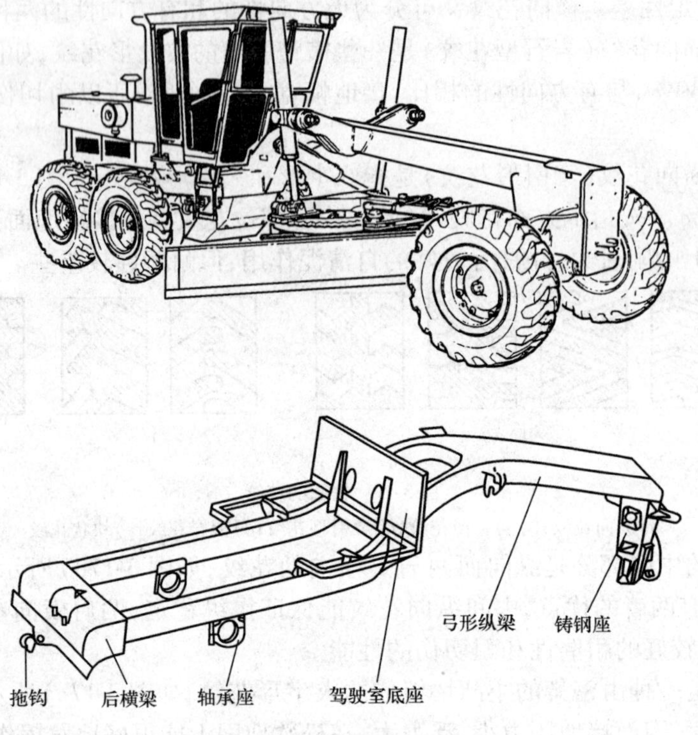

图 3-18　平地机车架

1)整体式车架

整体式车架是由两根纵梁和若干根横梁用铆接或焊接的方式组合起来的完整的框架结构,其特点是刚性比较好,机械的稳定性好。在公路工程机械中,如各种型号的轮式推土机、74式 III 挖掘机、74 式装载机、PY-160B 平地机等均采用这种车架。因不同机型的工况及工作需要不同,故其车架差异也较大,下面主要分析两种形式的整体车架。

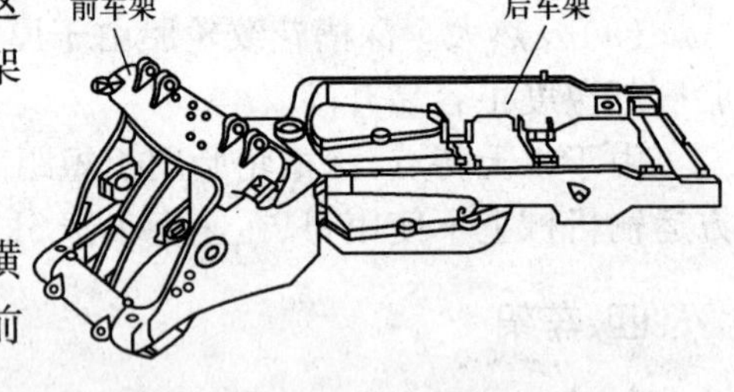

图 3-19　装载机铰接式车架立体图

(1)轮式推土机车架

轮式推土机车架为整体梁式结构,主要由纵梁、横梁、铲刀油缸支架、推架支承、前后桥支架、蓄电池箱、前后挡泥板、牵引钩等组成,如图 3-20 所示。

车架纵梁由特制钢制成,前桥支架用螺栓与前驱动桥相连并用挡块固定。后桥支架与后驱动桥以铰接的形式连接,后驱动桥可在后桥支架的衬套内摆动,因此 4 个车轮在高低不平的路面上能同时着地,最大摆动角为 7°左右,由限位块来限位。推架支承是用来连接铲刀的推架,支承球和推架的连接柄用瓦块相连,支承球磨损后可拆卸更换。铲刀油缸支架焊接在车架的前部,其两个叉轴靠衬套和半环固定,并在两个衬套内自由转动,以适应油缸的摆动。两个蓄电池箱焊接在车架纵梁尾部两侧。活动盖板用来检视变速器与变矩器工作。

(2)74 式 III 挖掘机车架

74 式 III 挖掘机车架主要由纵梁和横梁等焊接而成，如图 3-21 所示。

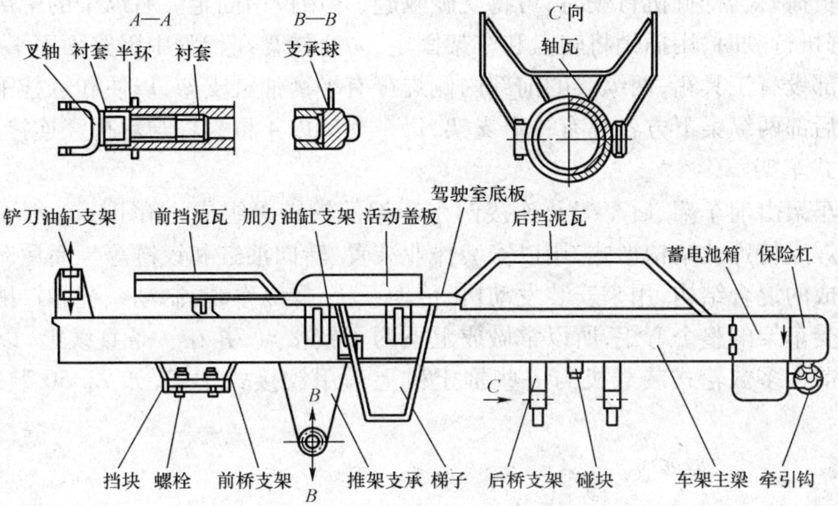

图 3-20　轮式推土机车架

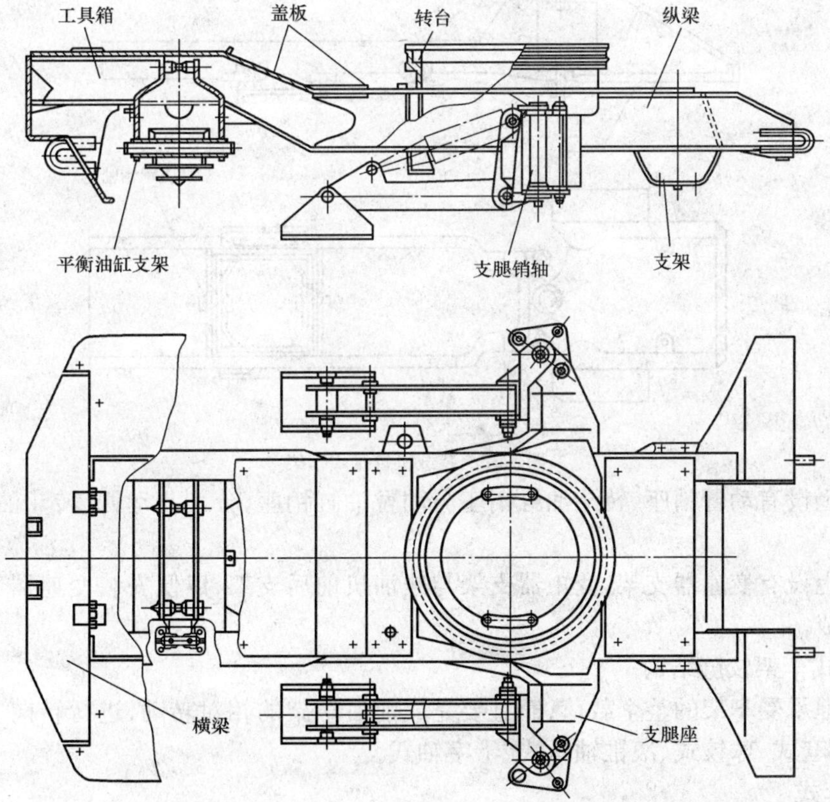

图 3-21　74 式挖掘机车架

车架的上部焊接着转台，并铺有盖板。在两侧纵梁上各焊接一个支腿座，支腿通过销轴与其铰接。

当挖掘机作业时，通过液压支腿油缸的作用，使支腿落于地面，以增大作业时的稳定性，并减轻轮胎的负荷。当挖掘机行驶时，可将支腿收起，并用铰销固定。右纵梁的中部焊有一个插管，以便挖掘机行驶时，用插销将转盘和车架固定，防止转盘在行驶中因路面不平而自由转动。

车架前部设有工具箱，两纵梁的前部内侧焊接有平衡油缸支架，以便和悬挂平衡装置相连接。车架的后部两纵梁下方各焊有一个支架，每个支架以 4 根螺杆与后桥壳连接。

2）铰接式车架

铰接式车架由前车架、后车架及连接两个车架的铰链等组成，如图 3-22 所示。前车架一般都用钢板焊成特殊的结构形式，用以安装作业装置、转向油缸和铰链等。而后车架常采用型钢和钢板做成的混合结构，用来安装发动机、传动系统、操纵系统、制动系统和铰链装置等。铰链因为要承受车架的整个弯矩，所以常做成上下两个铰接点，并在一条直线上，以增加它的抗弯能力。目前大多数轮式装载机与一些推土机上采用铰接式车架，如 ZL-50 装载机、TL-180 推土机等。

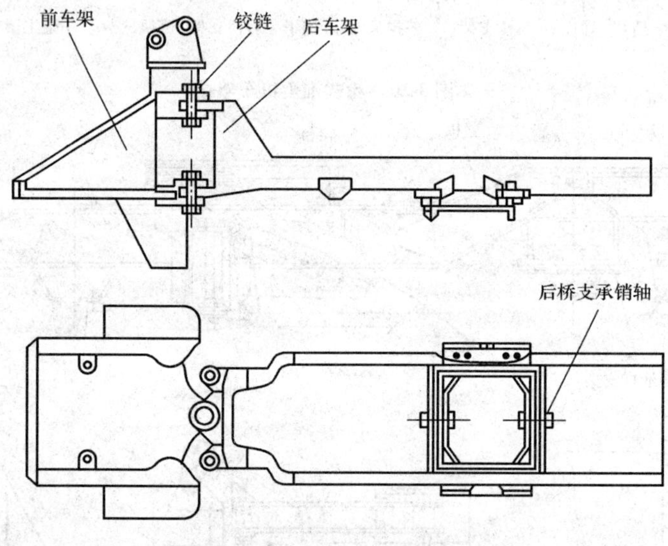

图 3-22　装载机铰接式车架

前车架上设有动臂销座、转斗油缸销座与动臂油缸销座，分别与动臂、转斗油缸以及动臂油缸相铰接。

后车架上设有变速器支架、变矩器支架与柴油机前后支架，以便安装变速器、变矩器以及柴油机等总成。

3）铰接式车架铰链结构

铰链不但承受车架的整个载荷，而且要完成前后车架的相对转动，进行转向，其结构形式有 4 种，即销套式、球铰式、滚锥轴承式、十字轴式。

（1）销套式

如图 3-23 所示，销套式铰链在前车架和后车架上均开有垂直销孔，销套压入后车架的销孔中，销轴插入销孔后，通过销板锁在前车架上，不能转动。因此，前后车架可绕销轴相对偏转，而使整个机械转向。垫圈的作用是避免前后车架直接接触而造成磨损。

销套式铰链的特点是结构简单,工作可靠。但上、下铰链销孔的同心度要求较高,所以上下铰点距离不宜太大,装载机 ZL20、ZL30、PY160 平地机、YZZ8 型组合式振动压路机等均采用此种形式。

(2)球铰式

如图 3-24 所示,球绞式铰链的销轴用锁板锁定,在前车架的销孔处装有关节轴承,即球头和球碗。球碗由上、下两块构成,增减调整垫片即可调整球头与球碗的间隙。关节轴承可通过油嘴定期注入润滑脂来润滑。

由于关节轴承可使销轴的受力状况得到改善,同时上、下铰链孔的同心度比销套式要求低,因此可增大上、下铰链的距离,以减小销轴的受力。装载机 ZL70、ZL90、YZ10B、BW160A 压路机等采用这种形式的铰链。

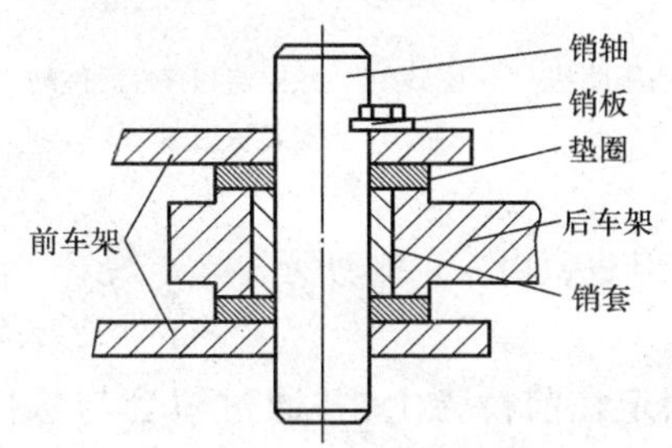

图 3-23　销套式铰链

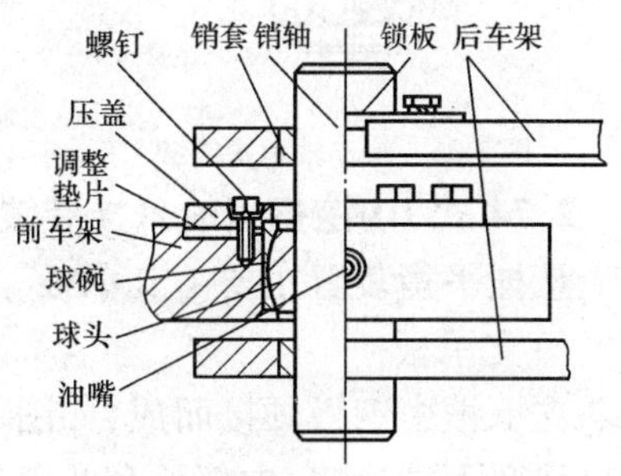

图 3-24　球铰式铰链

(3)滚锥轴承式

如图 3-25 所示，滚锥轴承式铰链的销轴用弹性销固定在后车架上，前车架销孔处装有滚锥轴承。由于采用了滚锥轴承，使滑动摩擦变为滚动摩擦，使得前后车架的偏转更加灵活，润滑方便、防尘性好，但结构较为复杂。装载机 ZL20、ZL30、PY160 平地机等采用此种结构。

(4)十字轴式

如图 3-26 所示,十字轴式铰链前后车架的偏转更加灵活,润滑方便,便于拆装和维修。CA25(YZ10)系列振动压路机采用此结构。

五、悬挂装置

悬挂装置是公路工程机械的重要组成之一,它是车架与车桥之间一切传力连接装置的总称。它的功用是把路面作用在车轮上的垂直反力(支承力)、纵向反力(牵引力和制动力)和侧向反力以及这些反力所造成的力矩都传递到车架(或承载式车身)上,以保证公路工程机械的正常行驶。

现代公路工程机械悬挂装置尽管有各种不同的结构形式,一般都由减振器、弹性元件和导向机构三部分组成,如图 3-27 所示。

1. 轮式推土机悬挂装置

轮式公路工程机械一般都采用刚性悬挂装置。在行驶时为了使 4 个车轮都能同时着地,以便可靠地传递力和力矩,并缓和路面对机构造成的冲击和振动,一般有一个桥(后桥或前桥)与车架采用铰接式连接(刚性悬挂的一种形式)。

轮式推土机采用的是后桥与车架铰接式连接。后驱动桥能在后桥支架的衬套内摆动，因此 4 个车轮在高低不平的路面上能同时着地，其最大摆角为 7°，由限位块来加以限制。前驱动桥借助于螺栓与前桥支架相连并用挡块固定。

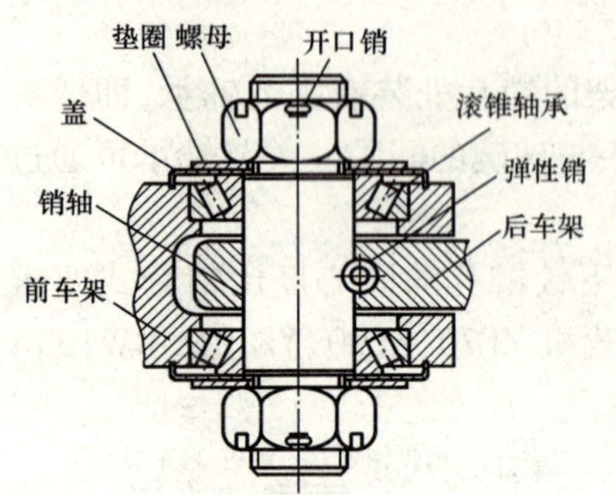

图 3-25　滚动轴承式铰链

轴承盖
关节轴承
十字轴
后车架
前车架

图 3-26　CA25（YZ10）系列振动压路机十字轴式铰链

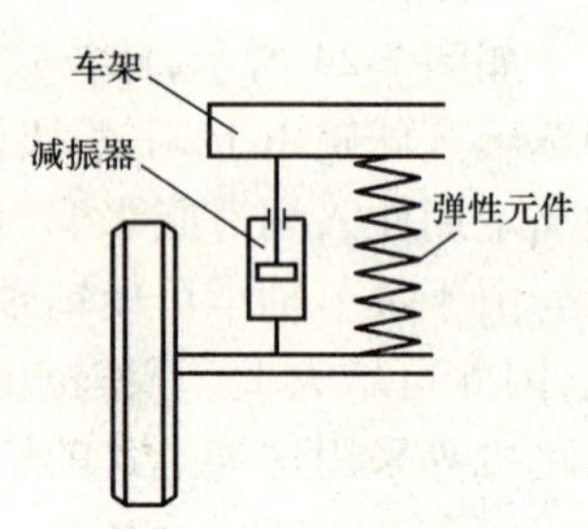

图 3-27　减振器和弹性元件的安装示意图

2. 74 式 III 挖掘机的悬挂装置

悬挂平衡装置主要由支承板、悬挂油缸、悬挂分配阀等组成，如图 3-28 所示。

1）支承板

支承板由钢板焊接而成，如图 3-29 所示，两端用螺栓固定在前桥壳上，并通过短套与悬挂油缸柱塞下端连接，中部长套孔以平衡销和车架上的油缸支架铰接。

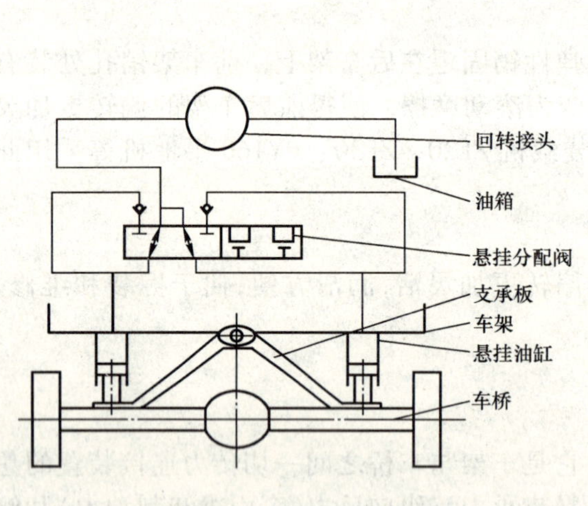

图 3-28　悬挂平衡装置的油路及组成

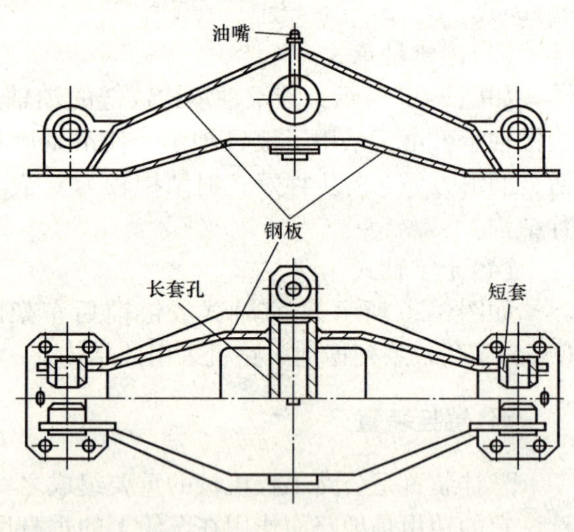

图 3-29　支承板

2）悬挂油缸

悬挂油缸由缸体、缸套、柱塞等组成，如图 3-30 所示。

缸套通过螺纹装在缸体内，柱塞装在缸套内，可做轴向移动。为防止灰尘进入缸内和油液外漏，在缸套的入口处装有防尘圈和两个 O 形密封圈。缸体左端焊接着缸底，缸底中部有轴孔，并装有球形衬，用以安装轴销。

3）悬挂分配阀

悬挂分配阀是在控制汽缸的作用下进行工作，使两个悬挂油缸彼此相通或互相闭锁，以分

别适应行驶和作业的需要。

悬挂分配阀主要由阀体、阀杆、限位铁、单向阀及进出油管等组成,如图 3-31 所示。

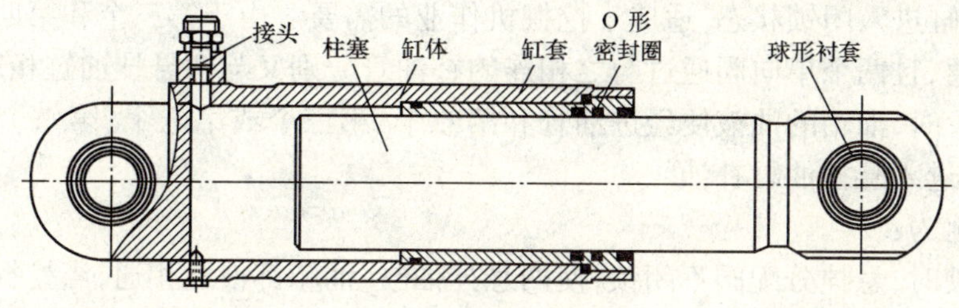

图 3-30　悬挂油缸的组成

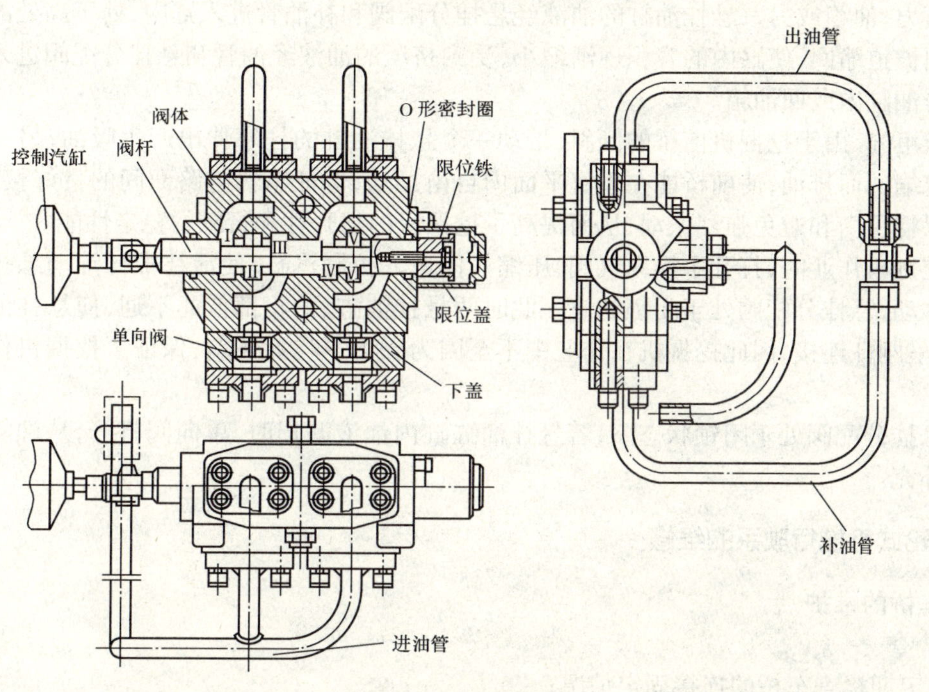

图 3-31　悬挂分配阀

阀体固定在车架中间横梁上,中部有安装阀杆的轴向孔,并在轴向孔内有 6 个环形油槽。自左数起,第一个油槽与左上口相通,通过接头和出油管与左悬挂油缸相通;第二个油槽通过中部左接头与进油管相通;第三个油槽与阀体的左下出口(即左单向阀)相通;第四个油槽与右上口相通,并通过接头和另一出油管而与右悬挂油缸相通,第五个油槽通过中部右接头也与进油管相通;第六个油槽与右下出口(即右单向阀)相通,阀杆装在阀体内,左端与控制汽缸活塞推杆连接,右端通过螺钉与限位铁连接,限位盖用螺钉固定在阀体上。两个单向阀结构相同,分别装在下盖上。两个下出口通过补油管与悬挂油缸相通。

当阀杆在中立位置时(图 3-31 左上所示位置),第一个油槽与第二个油槽相通,第四个油槽与第五个油槽相通,由于进油管在阀体的入口处分成两个并列油管分别与第二个油槽和第五个油槽相通,所以两悬挂油缸和油箱经分配阀都彼此相通,可使油缸活塞杆根据地形情况自由伸缩,以适应挖掘机的行驶。

当阀杆在控制汽缸的作用下向右移动12mm后，原来第二个与第一个油槽间和第四个与第五个油槽间的通路均被切断，同时，第二个油槽与第三个油槽相通，第五个油槽与第六个油槽通，故悬挂油缸进入闭锁状态，适应于挖掘机作业的需要。由于第三个和第四个油槽分别与两个单向阀相通，且两个单向阀通过与之相连的补油管分别又与两悬挂油缸相通，所以当悬挂油缸的油液缺少时，油箱的油液便经进油管和第二个、第三个或第五个、第六个油槽打开单向阀，再经补油管进入悬挂油缸补油。

其工作情况为：

挖掘机行驶时，悬挂分配阀不闭锁，使两悬挂油缸、油箱都彼此相通，当挖掘机行驶在不平的道路上时，前桥便产生倾斜。此时，处于低处的悬挂油缸柱塞自动伸出，使缸内的容积增大而产生吸力，油箱或另一悬挂油缸的油液经悬挂分配阀和补油管进入缸内，处于高处的悬挂油缸柱塞则被迫缩回，使缸内的容积逐渐缩小，受到挤压的油液经油管和悬挂分配阀进入处于低处的悬挂油缸内或回油箱。

由上可知，由于挖掘机前桥的倾斜，带动一个悬挂油缸的柱塞伸出产生吸油，另一个悬挂油缸柱塞缩回而排油，使前桥能在垂直平面内自由摆动，保证车辆与路面间的良好接触，使机身基本保持平衡和避免强烈振动，从而提高了挖掘机的越野性和行驶的稳定性能。

当挖掘机作业时，打开手操纵气阀，压缩气体进入控制汽缸，使活塞推杆推动悬挂分配阀的阀杆移动，悬挂分配阀处于闭锁状态。此时两悬挂油缸、油箱都彼此不通，使悬挂油缸与前桥、车架呈刚性连接，因此挖掘机在作业中不至因为受力不均而倾斜，保证了挖掘机作业的稳定性。

在悬挂分配阀处于闭锁状态下，若悬挂油缸缸内油液漏损时，单向阀打开，从油箱进油及时进行补充。

六、轮式机械行驶系的维修

1. 车桥的维护

1）检查

（1）定期检查车桥的连接固定情况；

（2）定期检查车轮轴承的松紧率，必要时进行调整；

（3）定期检查主销间隙，必要时更换主销或主销衬套。

2）前轮轴承的调整

（1）取下轴端防尘盖；

（2）用千斤顶顶起车轮；

（3）打直锁片，旋出固定螺母，取下垫圈和锁圈，拧松调整螺母1/4圈，转动车轮，此时车轮应转动自如，不拖滞和没有蹄片的摩擦声，否则应先检查油封和调整制动器的间隙；

（4）一边转动车轮，一边将调整螺母逐渐拧紧，直到用手推转车轮感到有阻力时为止；

（5）将调整螺母反转1/6～1/8圈使锁销进入锁圈孔内，并装上锁圈；

（6）用手转动车轮，应转动自如，没有拖滞现象；用手晃动车轮，不应感到有明显的间隙；

（7）装上垫圈，旋紧固定螺母，再次检查轴承紧度，合乎要求后，将锁片牢牢锁住固定螺母，以防松动；

(8)装回防尘盖,放下车轮,取出千斤顶。

调整过的轴承,在行驶中应注意检查轮毂的温度,如果温度稍有升高属正常,如果烫手则是轴承过紧,必须进行调整。

2. 轮式机械行驶系主要零部件的修理

1)车架的修理

先用机械法或化学法将车架表面的泥土、油污及锈迹清除干净,然后进行损伤检验。

(1)车架的损伤及检验

车架的损伤有弯曲、扭曲、歪斜变形,裂纹或开裂,各支承面、安装面磨损,铆钉松动等。

①车架变形的检验

用长直尺放在纵梁上平面及侧平面,测量直尺与纵梁间隙即为梁的弯曲量。整个车架可用拉线法检验,如图3-32所示。检查 L_1 与 L_2 尺寸差及两线相交处线间距离即可知车架左右方向歪斜及对角的翘曲。一般要求 L_1 与 L_2 尺寸差不大于2mm,线间距离不大于4mm。也可将车架放在平台上,检查前后轴与平台的距离差,即可知车架的翘曲与扭曲。

②车架裂纹及铆接质量的检验

用直观检视法及敲击法检查,车架应无裂纹或开裂现象,各铆接部位的铆钉应无松动现象。

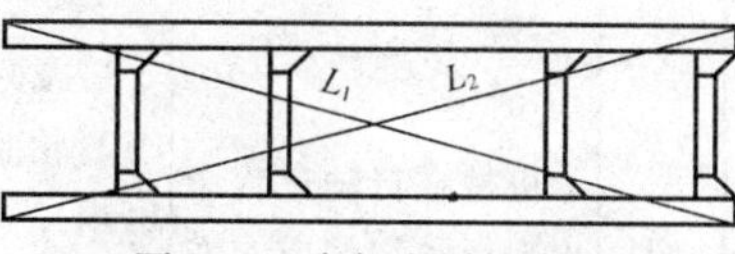

图3-32　车架变形的检验

③车架磨损的检验

车架上安装各总成和部件的安装面、支承面应无明显磨痕,安装孔应无失圆现象。

(2)车架的修理

①车架变形的修理

车架弯曲、扭曲或歪斜变形超过允许限度时,应进行校正。车架变形多用冷压校正,热校正会影响车架刚度与强度。校正时多在车架上进行,可用大型压力机或螺旋加压机构进行校正。变形较大时,可将构件取下,校正后重新装配。

②车架裂纹的修理

车架产生裂纹或焊缝开裂时,可用高强度低氢型焊条电焊或气焊。裂钢壁厚小于6mm时可单面焊,壁厚为6~8mm时应双面焊。重要部位或因强度不足而产生裂纹时应加焊补板。采用单面补板时应在另一面焊接裂纹;采用双面补板时,只焊补板不焊裂纹。

③车架的重铆

铆接松动时,应去除旧铆钉,绞圆铆钉孔后重新铆接。铆径直径大于12mm时应热铆。铆后零件间应贴合牢靠,用敲击法检验铆接质量,声音应如同整块金属一样清脆。

④车架磨损的修理

各总成和部件的安装面、支承面磨损后可用堆焊或增焊补板法修复。安装孔磨损后可用加大尺寸、镶套或焊补法修复,应注意安装孔的位置精度。

2)轮胎的检修

(1)轮胎的损坏形式主要有胎面磨损、分层脱落、冲击爆裂、表面裂口和机械损伤等。轮胎出现上述损伤后,应及时予以修复或更换。

(2)安装有内胎的轮胎时,外胎内表面及衬带上应涂一层滑石粉;

(3)并装双轮胎时,双胎应具有相同的花纹、直径和气压,不同类型的轮胎不得混装;

(4)安装有方向花纹轮胎,应按规定方向装配;

(5)拆装无内胎轮胎时,不得损坏圈包布和轮辋台肩的配合面,否则,可引起漏气。

2. 轮式机械行驶系的故障诊断与排除

轮式机械行驶系常见故障诊断与排除方法见表3-3。

轮式机械行驶系常见故障诊断与排除方法　　表3-3

故障	故障现象	故障原因分析	故障诊断与排除方法
异响	轮式机械行驶过程中,从前后悬架发出异常声音	1. 减振器: (1)减振器工作不良 (2)减振器安装松动 2. 转向器调整不当,在车架上安装松动 3. 前车轮轴承松动,悬架各连接处松脱及润滑不良	1. 应对症予以排除 2. 应予以紧固 3. 应予以调整和紧固 4. 应视情况予以排除
行驶不稳定	机械在行驶过程中出现行驶跑偏或左右摇摆、机械振动大等持续发生的行驶不稳定现象	1. 减振器衰减或损坏 2. 轮胎胎压不正确或不均匀、轮胎大小不同或过度磨损 3. 机械超载或机械载荷不均匀会导致行驶不稳定 4. 前轮轴承调整过紧、前轮定位不正确也会出现行驶不稳定 5. 悬架球铰过紧 6. 后桥壳弯曲、车架不正会造成行驶不稳定	1. 视情检查减振器,必要时更换之 2. 检查轮胎气压,视情更换轮胎 3. 应避免超载并力求装载均匀 4. 检查车轮定位,对轴承调整不当应进行调整 5. 应进行重新调整 6. 校正车架,应进行调整,或更换相关零件
轮胎异常磨损	1. 胎面中央部分过度磨损 2. 胎面两肩磨损与胎壁磨损 3. 胎面胎侧锯齿状磨损 4. 单边磨损	1. 充气过量 2. 充气不足,轮胎气压太低 3. 前束不正确 4. 前轮定位不正确,特别是车轮外倾角过大时,使车轮朝外倾斜太多,导致轮胎单边负荷过重;路面路拱过大	1. 使用轮胎压力表检查轮胎的充气压力 2. 同上法 3. 检查并视情况调整前束 4. 检查前轮定位

课题三　履带式机械行驶系

履带式机械广泛应用于推土机、挖掘机、摊铺机、铲运机等公路工程机械中,本课题主要讲述其行驶系的组成、工作原理、故障诊断与检测。

一、履带式机械行驶系的功用与组成

履带式行驶系的功用是支承机体及机械的全部重力,将发动机传到驱动轮上的转矩转变

成机械行驶和进行作业所需的牵引力，传递、承受各种力、力矩，缓和路面不平引起的冲击、振动。

履带式行驶系通常由车架、行驶装置、悬架三大部分组成，如图3-33所示。一般将支重轮、托带轮、引导轮及缓冲装置都装在台车架上，构成一个整体，称之为台车。履带式机械左右各有一个台车。

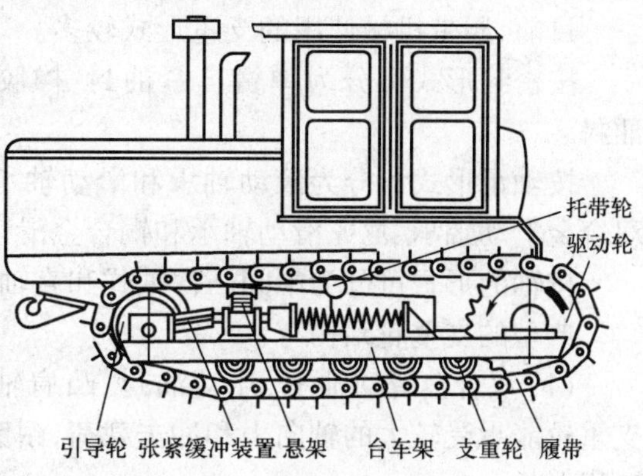

图3-33 履带式行驶系的组成

二、行驶装置

履带式机械的行驶装置有结构完全相同的两部分，分别装在机械的两侧。主要由驱动轮、台车架、支重轮、托带轮、引导轮、缓冲装置及履带等组成，如图3-34所示。

1. 驱动轮

驱动链轮是用来卷绕履带的，使最终传动传来的驱动力矩转变为驱动力。它安装在最终传动装置的从动轮轮毂上，一般是由中碳钢铸成，齿面进行热处理以提高其耐磨寿命。

驱动轮一般有整体式和组合式之分。

整体式驱动轮是将齿圈、轮毂制成一体。

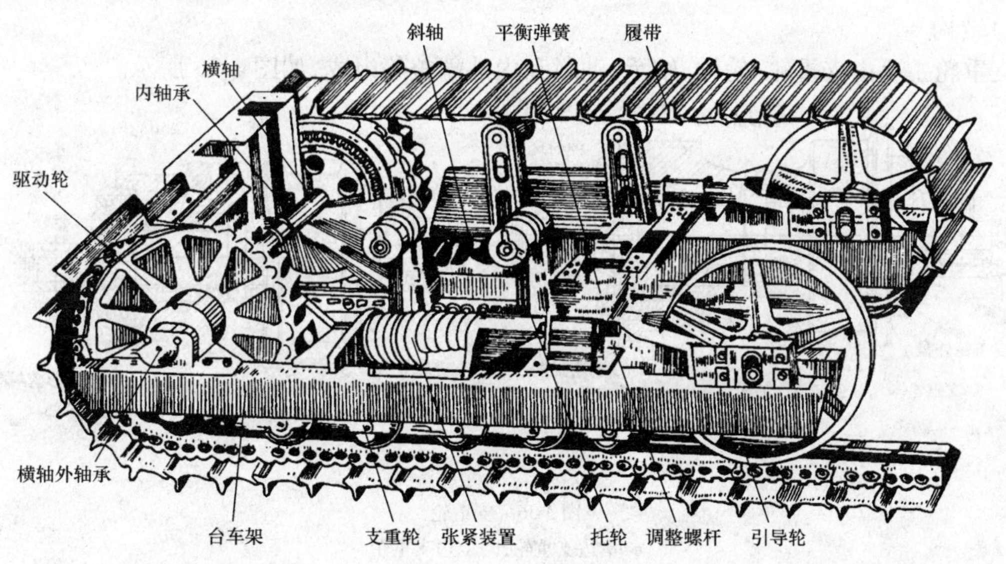

图3-34 履带式行驶装置

组合式驱动链轮如图3-35所示，由若干块齿圈节组成齿圈，当个别轮齿损坏时，可个别更换，从而降低成本。也有将全部齿圈制成一体，然后与轮毂装配。目前多数履带式挖掘机、沥青摊铺机等公路工程机械采用此种结构形式。

2. 支重轮

1）功用

用于支承机械的重力，并将重力分布在履带上。同时还依靠滚轮凸缘夹持链轨不使履带

横向滑脱（脱轨），保证机械沿履带方面运动，支重轮用螺钉固定在轮架下面。

2）分类

目前，履带机械使用的支重形式较多。

按密封形式可分为弹簧自紧油封、橡胶皮碗油封和浮动油封。

按轴承形式可分为滚动轴承和滑动轴承。滑动轴承又有双合金滑动轴承、尼龙滑动轴承和铜合金滑动轴承。

按轴的形式可分为中间凸肓轴式和直轴式。

典型的支重轮结构有：

图 3-35　组合式驱动轮

（1）双合金滑动轴承、浮动油封、凸肩轴式支重轮。这种支重轮能承受较大的轴向力和冲击载荷，耐磨性好，密封可靠，因此被定为各类履带推土机的通用形式。

（2）双合金滑动轴承、浮动油封、直轴式支重轮。这种支重轮结构简单，零件少，工艺性好，但承受轴向力稍差，因此被定为各类履带挖掘机的通用形式。

履带式机械的支重轮的凸缘有单边和双边之分。双边能很好地对履带起导向作用，防止履带脱出，但滚动阻力较大。为减少滚动时的摩擦力，在 T_2-120A 推土机每侧 5 个支重轮中有两个双边、3 个单边的。在 TY-180 推土机每侧 6 个支重轮中有两个双边、4 个单边的。

3）结构

支重轮主要由支重轮、轮轴、轴承、油封和内外端盖等组成，如图 3-36 所示。

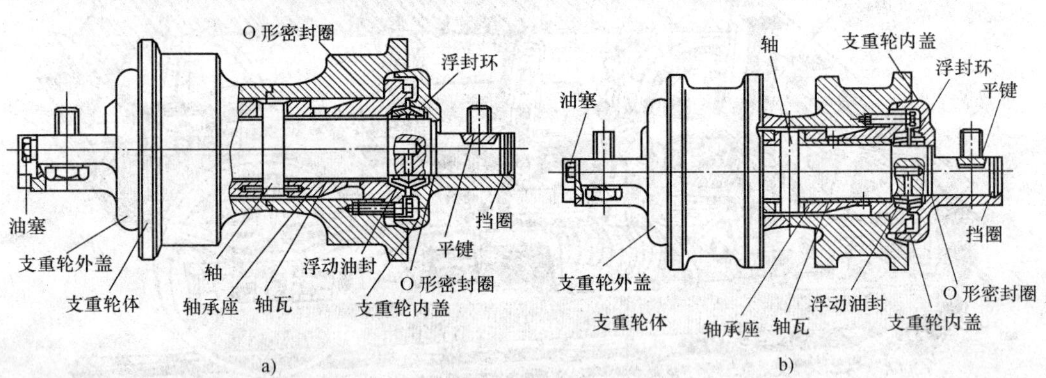

图 3-36　支重轮

a）单边支重轮；b）双边支重轮

轮轴穿过滚轮，其中央有凸肩，凸肩的两侧装有轴承。轴承为双合金滑动轴承，它由轴承座与铜套轴套组成。轴承座外边凸缘用螺钉固定在滚轮的端面。铜衬套以凸缘紧靠在轴的凸肩上，并用销钉与轴壳连接。这样整个轴承就随滚轮在其轴上转动。油封用于防止润滑油外漏和泥水、污物进入，以有效的保护零件不受损坏。浮动油封的结构简单，密封性能好，可保证润滑油长时期在摩擦面上工作，延长了维护周期，一般每隔 6 ~ 8 个月换一次油。支重轮通过轴两端的端盖固定在台车架下面。为便于固定和防止轮轴转动及轴向移动，把内外盖和轴两端制成平面，并在其内平面上制有梯形键槽，此键槽装在台车架梯形键上。轮轴外端装有注油

口螺塞,可通过油道注油润滑轴承。

3. 托带轮

1)功用

托带轮的功用是将履带上部托起,防止履带下垂过大,减小履带在运动中产生的跳动和侧向摆动。靠近驱动轮的托带轮,还能减小因驱动轮旋转而将履带沿驱动轮的切线方向甩动时所产生的履带下垂,托带轮通过支架安装在台车架上。

2)结构

因托带轮受力小,工作时泥水的侵蚀较少,故结构简单。托带轮主要由滚轮、轮轴、轴承、油封、端盖、支架等组成,如图3-37所示。

滚轮通过两个锥形滚柱轴承装在轮轴上。轮轴内装有与支重轮油封结构相同的浮动油封,外端拧有锁紧螺母,轴承间隙可通过拧动螺母来调整。滚轮外端用端盖密封,其盖上拧有注油孔螺塞。轮轴装在支架上,并用止动螺栓固定,防止转动。

4. 引导轮

1)功用

引导轮安装在台车的前部,它主要用来引导履带的行驶方向,并借助缓冲装置使履带保持一定的紧度,减小履带在运动中的跳动,从而减小冲击载荷以及额外的功率消耗,并防止履带脱轨。

2)结构

引导轮的结构与支重轮基本相同,如图3-38所示。

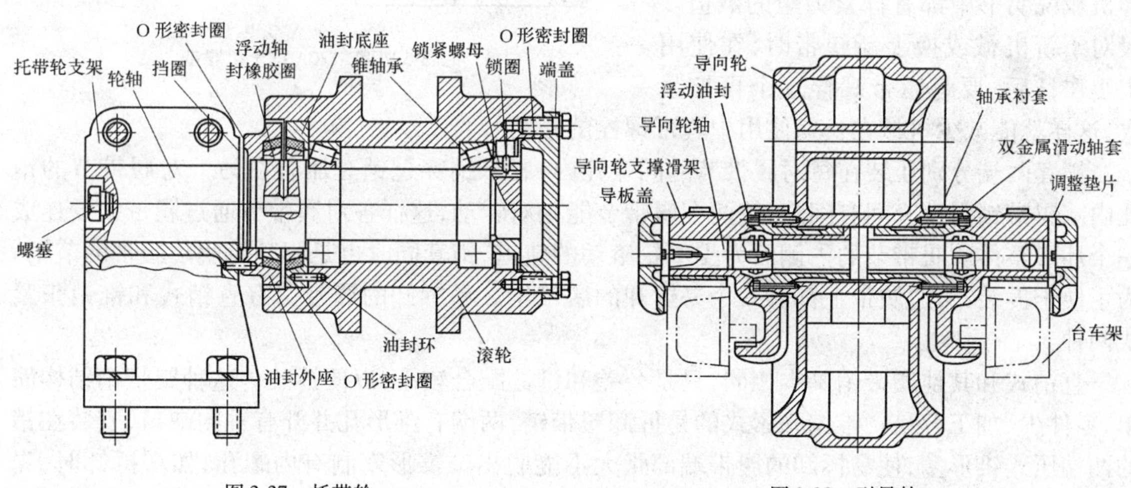

图3-37　托带轮

图3-38　引导轮

滚轮的直径一般比驱动轮大,它的上方位置比驱动轮缘低,这样可以使履带在运动时顺势前滑,以减小运动的阻力。

引导轮通过轮轴和轴承安装在轴座上,并用锥形止动螺栓使轮轴固定。轴座通过两个支承弹簧、滑板浮动在轮架前端的导板上。轴座外侧装有外盖板。外盖板与轴座间装有调整垫片,它的下面被挡在上导板的外侧。轴座内侧制有钩形导板。钩形导板的钩面钩在侧导板的下面。外盖板与轴座用螺栓固定为一体,并与两导板保持有一定的间隙。轴座后端固定在叉

形臂上，这样引导轮就被夹持在轮架上，且不能左、右、上、下移动和侧向倾斜，只可沿导向板前后移动。

5. 履带

1）功用

履带用来将整个机械的重力传给地面、并保证机械有足够的牵引力。履带直接和土壤、砂石等较复杂地面接触，并承受地面不平所带来的冲击和局部负荷，因此，履带除应具有良好的附着性能外，还要有足够的强度、刚度和耐磨性。

2）结构

履带由支承板、履带销和销套组成，如图 3-39 所示。支承板上制有履齿，履齿分单齿式、双齿式和三齿式 3 种。单齿式牵引性能好，推土机多采用这种形式的履带板。双齿式和三齿式转向阻力小，一般装载机、挖掘机多采用这种形式的履带板。

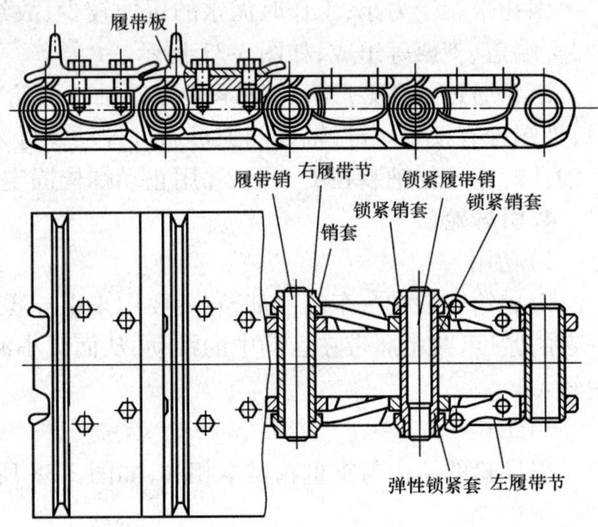

图 3-39　T2-120A 推土机履带

支承板用螺栓固定在履带节上。在拧紧螺栓时，要有一定的预紧力，从而使支承板和履带不易滑动和松动，减少螺栓被剪断的可能性。

螺栓的预紧力矩有一定的要求，在各种机械说明书中都有拧紧力矩的数值。一般对于新机械或换上新履带时，在使用一个工作日后，要将履带螺栓逐个再拧紧一次，这样就能减少机械在长期使用中履带螺栓的松动。

销套两端分别压装在每对履带节的同端孔内，履带销穿过销套压装在另一对履带节的销孔内。履带销与销套间有间隙，使两个履带节能相对转动，这样各对履带节通过履带销铰连成一个环形整体。履带节的内侧面为支重轮滚动的轨道，销套同时也是驱动轮驱动履带的节销。为了便于拆装，每边履带上都有一个易拆卸的履带销。易拆卸的履带销有直销式和锥销张紧式两种。

直销式和其他履带销基本相同，只是公差和过盈配合较小，以便拆装。这种履带销结构简单，零件少，加工容易。锥销张紧式的易拆卸履带销，两端有锥形孔并开有轴向缺口，安装在销的两端压入锥形塞，使易拆卸的履带端部张大不能脱出。锥形塞制有内螺孔，如需拆卸时，先用螺杆拧入螺孔中，将锥形塞拨出，然后打出履带销。为防止锥形塞螺孔锈蚀，平时应用木塞堵死。

3）履带支承板

履带支承板根据各种不同的使用工况，其结构与尺寸也不相同，一般有如图 3-40 所示的几种类型：

标准形（图 3-40a）：有矩形履刺，宽度适中，适用于一般土质地面；

钝角形（图 3-40b）：切去履刺尖角，可以较深地切入土中；

矮履刺形(图 3-40c):矮履刺切入土中较浅,适宜在松散岩石地面作业;

平履板型(图 3-40d)、图 3-40e):没有明显履刺,适用于坚硬岩石地面上作业;

中央穿孔 I、II 型(图 3-40f)、图 3-40g):I 型履刺在履带板的端部,中间凹下;II 型的履刺是中部凸起,适宜于雪地或冰上作业;

双履刺或三履刺型(图 3-40h):接地面积大些,切入地面浅些,适宜于矿山作业;

岩基履板型(图 3-40i):用于重型机械上;

圆弧三角与曲峰式三角履带板型(图 3-40j)、图 3-40k):特别适合于湿地或沼泽地作业,接地压力可低到 0.02 ~ 0.03MPa。由于三角履带板有压实表土作用,且由于张角较大,脱土容易,所以即使在泥泞不堪的地面上,也有良好的"浮动性",不致滑脱,使机械具有较好的通过性和牵引性。履带支承板常用 $40Mn_2$ 铸成,厚度在 7 ~ 8mm 之间,宽度在 600 ~ 800mm 范围内。

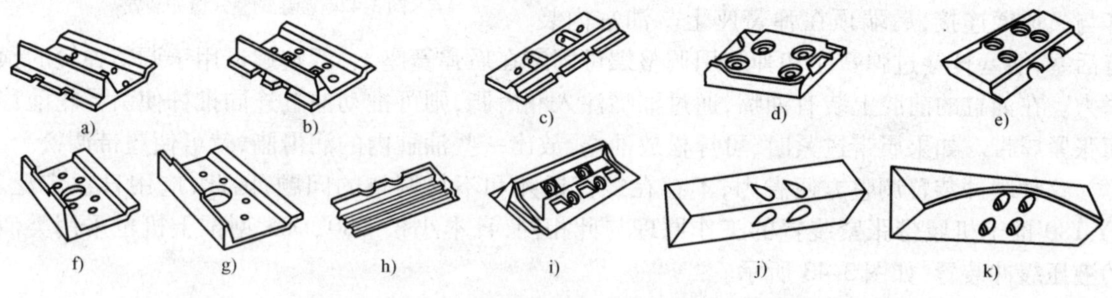

图 3-40　履带支承板的类型

6. 缓冲装置

1)功用

缓冲装置的主要功用是使履带保持有一定的张紧度,减少履带下垂和在运动时的跳动。同时当引导轮前遇有障碍物或履带卡入石块等硬物而使履带过于张紧时,它能允许引导轮后移,以避免损坏机件。越过障碍物后,引导轮又在缓冲装置弹簧的作用下恢复原位。

缓冲装置有机械调整式和油压调整式两种。

2)机械调整式缓冲装置

机械调整式缓冲装置主要由缓冲弹簧、拉紧螺杆、托架、活动支座、弹簧支座、调整螺杆和叉形臂等组成,如图 3-41 所示。早期生产的 TY-120、T-100 推土机等使用该种形式。

缓冲弹簧用拉紧螺杆压在托架和弹簧座之间,并用螺母固定。弹簧后端弹簧座以螺栓固定在后弹簧支座上,后弹簧支座焊在台车架上,以便弹簧后端定位。前端托架浮装在台车架上,并以其下面的凸缘限位,不使左右摆动,而只能沿台车架前后移动。托架后端固定着活动弹簧支座,支座前部拧有调整螺杆。调整螺杆前端穿过支架后,被夹紧在叉形臂后端孔内,这样,通过引导轮使履带张紧。当履带前方受到冲击时,冲击力再经引导轮、叉形臂、调整螺杆和托架使弹簧压缩以起到缓冲作用。

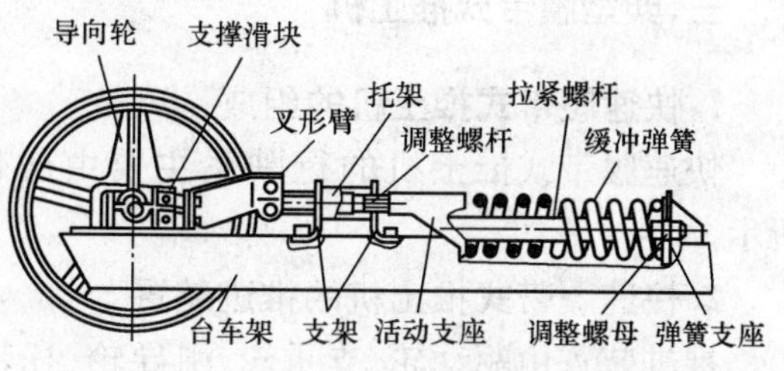

图 3-41　机械调整式缓冲装置

装好后的缓冲弹簧有一定的预紧力(相当于机重的0.8~1倍),预紧力过小,易造成弹簧变形,引起履带跳动,倒车转向时,也易使履带脱落。预紧力过大,会加速机件磨损。预紧力大小可通过拧动拉紧螺杆的固定螺母来调整。履带的松紧度,可通过调整螺杆来改变,但这种调整方式常因螺杆锈蚀使调整费力或不易调整。因此,这种缓冲装置逐渐被油压调整式的缓冲装置所代替。

3)油压调整式缓冲装置

油压调整式缓冲装置主要由弹簧、拉紧螺杆、油缸、活塞、推杆等组成,如图3-42所示。在T2-120A、TY-180等推土机上使用。

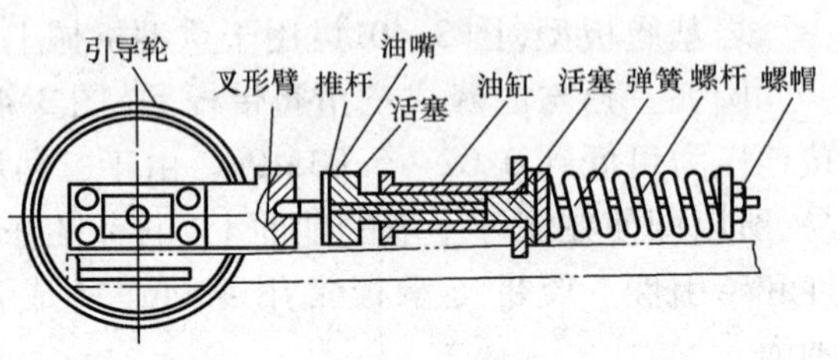

图3-42 油压调整式缓冲装置

这种装置与机械调整式的主要不同之处是以油缸—活塞组代替了调整螺杆。油缸前端通过推杆与叉形臂连接,后端顶在弹簧座上。油缸内装有活塞,活塞杆穿过弹簧座和弹簧用调整螺母固定在后弹簧座上,调整螺母用于调整弹簧的预紧力。在油缸的前腔上装有油嘴,通过油嘴注入润滑脂,则可推动油缸连同推杆使引导轮前移而张紧履带。如果履带过紧时,可拧松放油塞,放出一些油缸内的润滑脂,就可使履带调松。

这种缓冲装置调整方便省力,不存在螺杆锈死和不易调整的问题,因此,应用日益广泛。TY-180推土机履带张紧装置的工作原理与此相同,日本小松D80、D85型推土机也采用类似的液压缓冲装置,如图3-43所示。

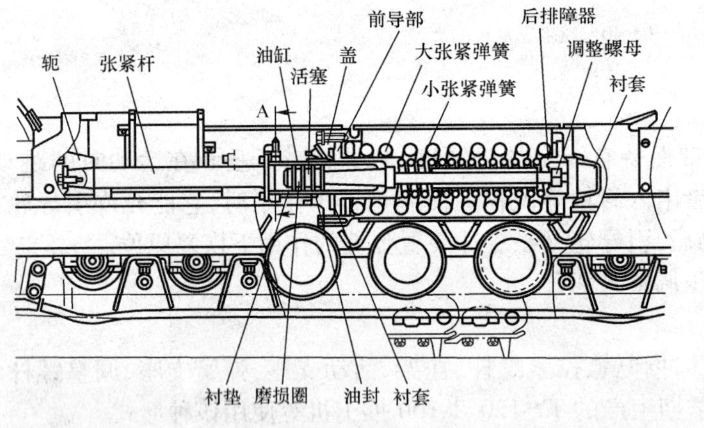

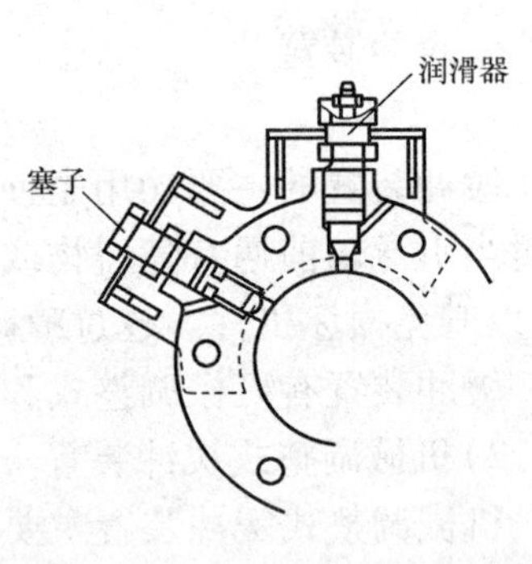

图3-43 D80、D85型推土机缓冲装置

三、典型履带式推土机

1.快速履带式推土机的组成

快速履带式推土机的行驶系主要由履带推进装置和悬挂(减振)装置组成,如图3-44所示。

2.快速履带式推土机的推进装置

推进装置由驱动轮、支重轮、引导轮、托带轮、履带、闭锁器(限制器)和履带调整器组成,见图3-44。

1)驱动轮

驱动轮为组合式驱动轮,装在车体后端左右两侧,用来将减速器传来的传给履带,使推土机行驶。它由齿圈、轮毂、带齿垫圈、固定螺塞及止动螺塞组成,如图3-45所示。

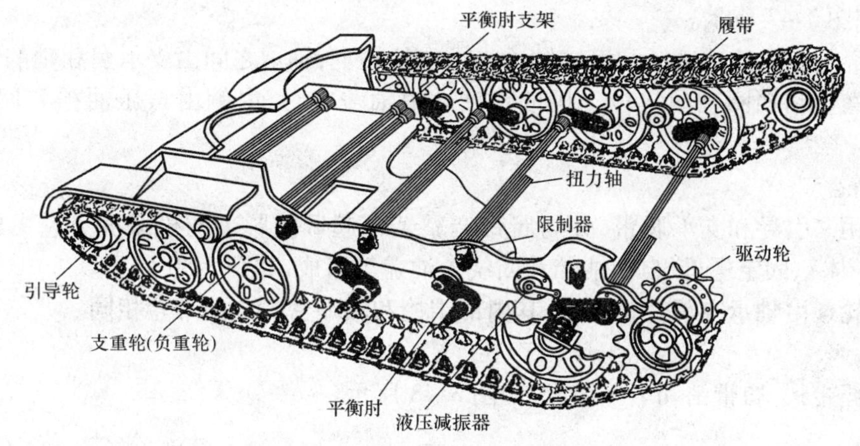

图3-44　快速履带式推土机行驶系的组成

侧减速器中的被动轴(空心的)以其花键部分内连被动齿轮,外连主动轮,由带齿垫圈和固定螺塞固为一体。

当被动齿轮被驱动,会带动被动轴与主动轮同时被驱动,使推土机前进或后退。

2)支重轮

支重轮用来承受推土机的重量和规正履带。支重轮由轮毂、轮盘、胶带、支重轮轴盖、固定螺母、滚珠轴承、滚柱轴承、支承套、衬木、挡圈、回绕挡油盖、自压油挡和隔圈组成,如图3-46所示。

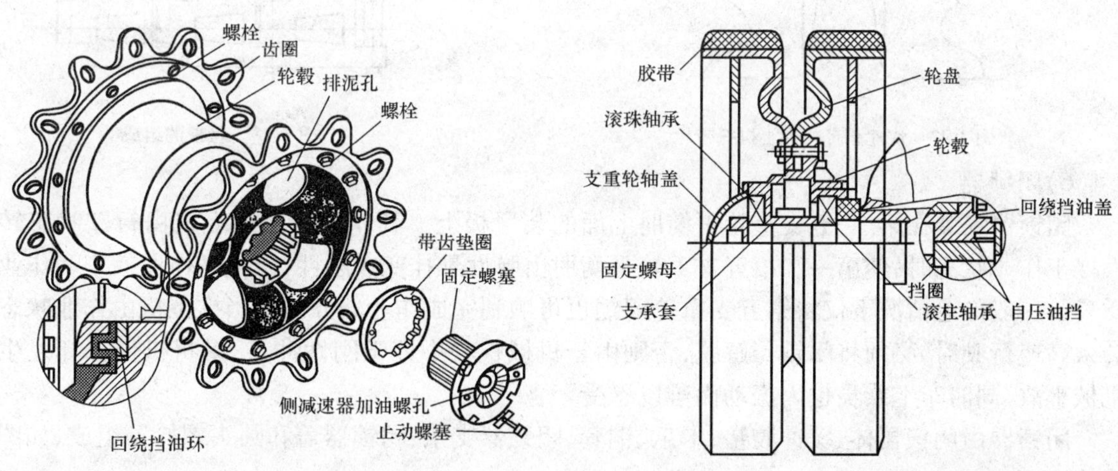

图3-45　快速履带式推土机驱动轮　　图3-46　快速履带式推土机支重轮

轮盘与轮毂用螺栓连接，通过滚柱和滚珠轴承支承在轴上，由固定螺母轴向定位。支重轮外端由轴盖密封，内端由自压油挡和回绕挡油盖密封。两轴承由轴上台肩和支承套定位。

3)托带轮

托带轮用来将履带上部托起,以防止过度下垂而产生跳动和可能发生的侧向摆动。它由轮毂、轮盘(两者铸成一体)、轴盖、固定螺母、滚球轴承、滚柱轴承、支承套、回绕挡油盖、自压油挡组成,如图3-47所示。

托带轮经轮毂由滚球轴承和滚柱轴承支承在轮轴上,轴承之间由支承套和轴的台肩定位,轴端由固定螺母和挡圈轴向定位。托带轮轴端由轴盖密封,内侧由自压油挡和回绕挡油盖密封。

4)引导轮

引导轮用来引导和支承履带,并与履带调整器一起调整履带的松紧度。它由轮毂、滚轮(两者铸为一体)、固定螺母、自压油挡和回绕挡油盖等组成,如图3-50所示。

滚轮经轮毂由轴承支承在轮轴上,其内部结构和轴端密封与托带轮相同。

5)履带

履带由履带板、履带销和卡环组成,如图3-48所示。

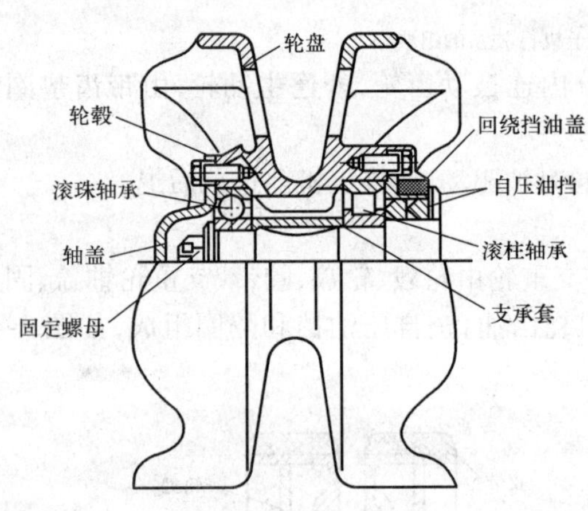

图3-47　快速履带式推土机托带轮

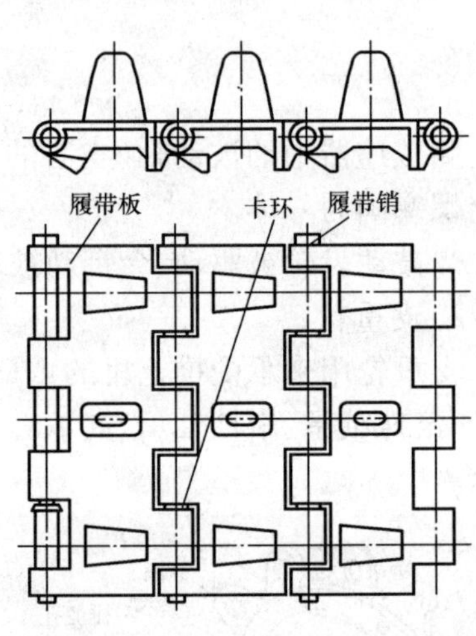

图3-48　履带的组成

6)闭锁器

闭锁器安装在第一、五支重轮平衡肘上面的装甲板上。其作用是当推土机由行驶状态转入推土作业状态时,使第一和第五支重轮平衡肘由弹性悬挂变成刚性,以提高作业效率和作业质量。一般作业情况下仅将第五支重轮闭锁也可顺利完成作业任务。而当推土机由作业状态转入高速行驶时,必须将闭锁器解脱,否则由于机械行驶中处于刚性冲击,易将机件振坏发生机械事故,同时车上乘员也因振动而难以忍受。

闭锁器由闭锁器体、缓冲胶垫、卡爪、铜套、闭锁器支架、闭锁器盖和圆头螺栓等组成,如图3-49所示。

当推土机由高速行驶转入推土作业时,将闭锁器上盖打开,用螺丝刀将卡爪撬出,用扳手转动闭锁器体,使圆头螺栓顶住平衡肘,使平衡肘变成刚性后,再将卡爪卡住,盖上盖即可推土。作业完毕后,推土机转向高速行驶时,立即将闭锁器盖打开,解脱卡爪,将闭锁器体转向紧挨侧装甲板,使闭锁器体上的圆头螺栓不再顶住平衡肘,从而使平衡肘变成弹性悬挂。此时将卡爪卡住，盖上盖后，才能高速行驶。

7）履带调整器

履带调整器用来调整履带的松紧度，它由蜗轮、蜗杆、铜衬套和、固定螺母、卡爪和螺帽等组成，如图3-50所示。

蜗轮用内花键孔套装在曲壁轴的花键部分上，然后用固定螺母轴向定位。蜗轮与蜗杆常啮合，蜗杆与轴制为一体。轴两端通过衬套支承在壳内、衬套端面装有调整垫片，可以调整蜗杆轴向位置。

当需要调整履带时，卸下螺母和止动垫圈，转动蜗杆轴端方形部分，即可进行履带调整。履带调好后，必须装复止动垫圈和螺母，以防蜗轮、蜗杆错动相对位置，使履带松脱。

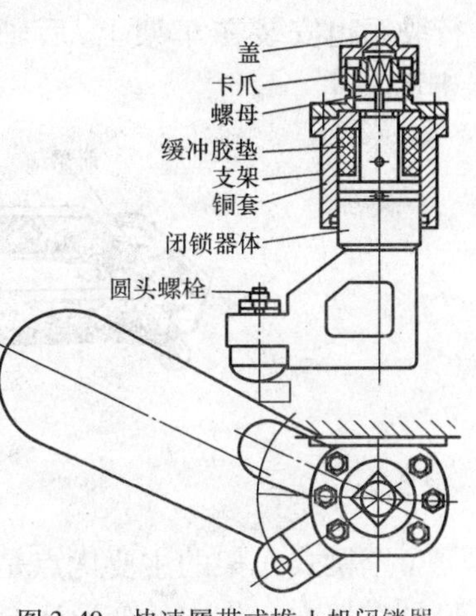

图3-49　快速履带式推土机闭锁器

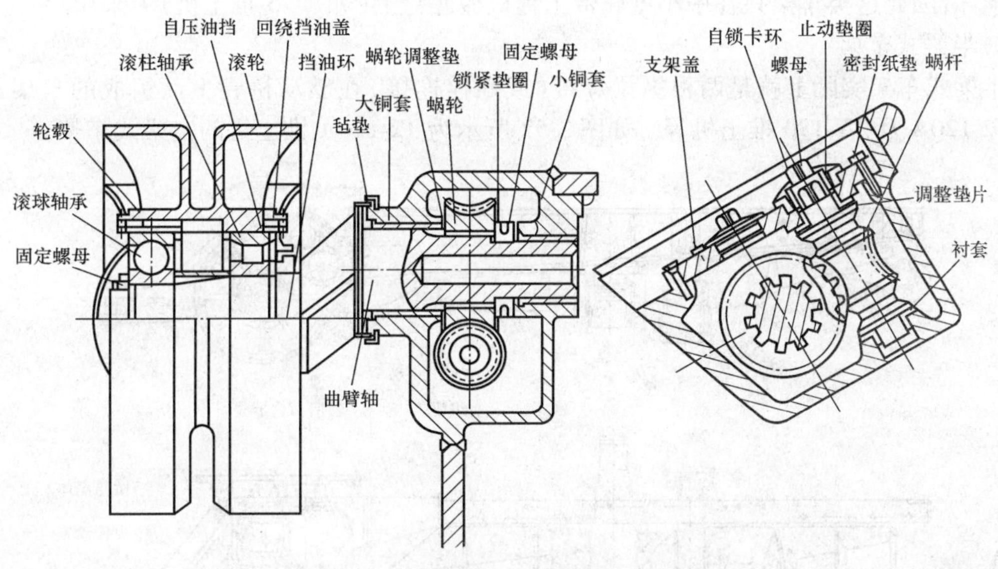

图3-50　快速履带式推土机引导轮及履带调整器

四、车架

1. 功用与分类

履带式机械的车架是全机的骨架，用来安装所有的部件和总成，使全机成为一个整体。

履带式机械车架有全梁车架、半梁式车架两种。

2. 结构

1）全梁式车架

全梁式车架是一个完整的框架，如图3-51所示为T-75推土机的全梁式车架，由槽钢做成的纵梁和、前梁、后轴等组成。在纵梁的下方安装着两根横梁和。发动机为三点支承，前端用摇摆支座安装在前梁上，后梁经左右两点装在前横梁上。变速器与驱动桥连成一体，也是三点支承在车架上，变速器前端用球形垫圈支承在后横梁上，驱动桥箱用两个支承安装在后轴上。

行驶系也安装在车架上,后轴的两端安装驱动轮,台车轴安装台车,纵梁前端安装有缓冲装置。

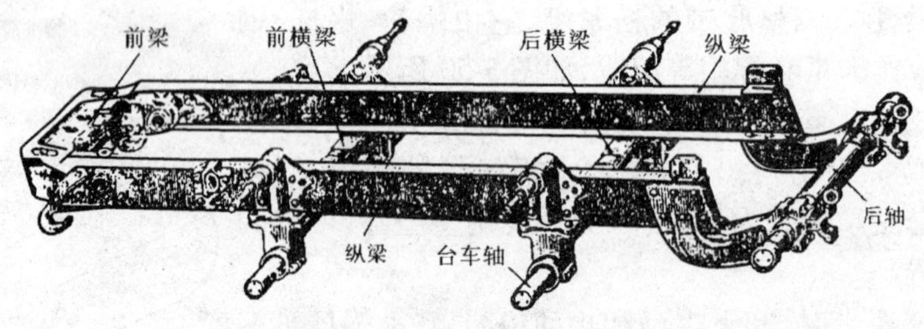

图 3-51 T-75 推土机全梁式车架

全梁式车架的主要优点是各部件拆装方便,但车架本身增加了金属消耗使机械质量增加。另外车架在工作中的变形还会使各部件之间的相互位置发生变化,从而破坏零件的正常工作,引起损坏,因此这类车架只在中小型履带工程机械底盘上(如 T-75 推土机)上采用。

2)半梁式车架

半梁式车架实际上就是两根纵梁焊接(或螺栓连接)在驱动桥壳上而组成的车架,如 T-100、T2-120A 及 TY-180 推土机等。如图 3-52 所示为 T2-120A 推土机的半梁式车架。

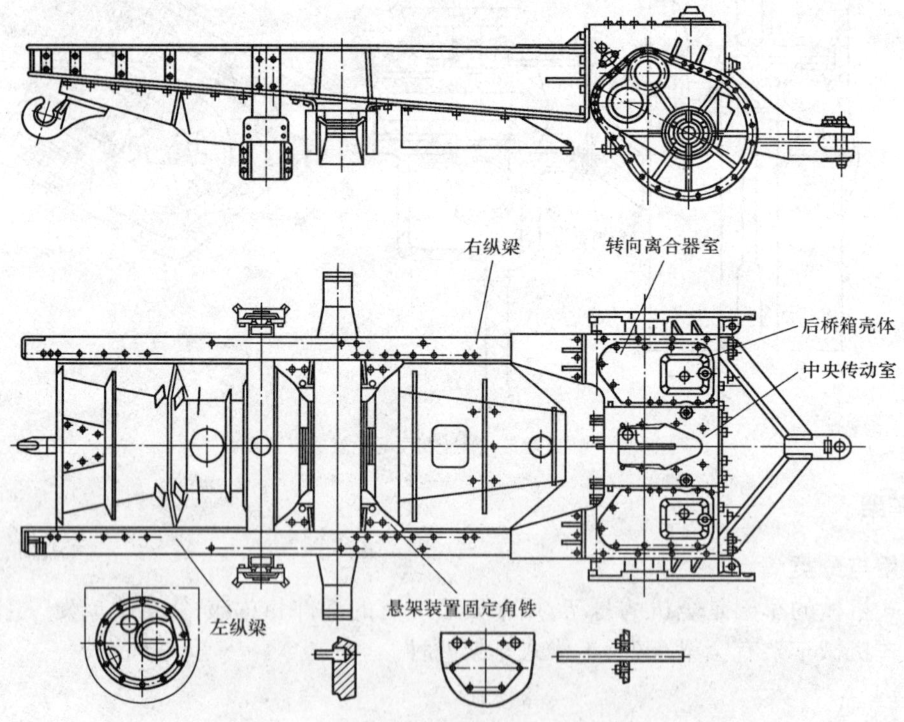

图 3-52 T2-120A 推土机的半梁式车架

两根纵梁是用前窄后宽的槽钢制成。为了加强其强度,中部焊有加强角铁。纵梁上还有三角形钢板和前支承梁用以安装变速器和支承悬架等部件。有些机械纵梁前端用螺栓固定着横梁,而 T2-120A 没有前横梁,而是以发动机前支承和散热器的钢外罩分别作为前横梁和加固板。

五、悬架

1. 功用与分类

悬架是车架和行驶装置的连接部件。其功用是将机体的重力全部或部分地传到支重轮上，再通过支重轮传给履带；在行驶与作业中履带和支重轮所受到的地面的冲击也由悬架传到机架上。悬架具有一定的弹性以缓冲击力，保证机械行驶和作业中的平稳和驾驶员的舒适。

通常，悬架可分为弹性悬架、半刚性悬架和刚性悬架3种。机体的重力完全经弹性元件传递给支重轮的叫弹性悬架；部分重力经过刚性元件，而另一部分重力经刚性元件传递给支重轮的叫半刚性悬架；机体重力完全经刚性元件传递给支重轮的叫刚性悬架。对于行驶速度较低的公路工程机械，为了保证作业时的稳定性，通常采用半刚性悬架或刚性悬架。对于行驶速度较高的公路工程机械，为了使其有较好的行驶平顺性和稳定性，克服采用弹性悬架后在低速作业时易出现的振动现象，有些已采用更为先进的油气悬架，如快速履带式推土机。在高速行驶时其悬架为弹性的，而在低速作业时为刚性的。

2. 刚性悬架

刚性悬架主要用于履带式挖掘机等作业时不行驶的机械上，因为这类机械要求作业时有较好的稳定性，以提高作业效率和安全性。如图3-53所示为W1001挖掘机刚性悬架，机架通过两根横轴穿入台车架的孔内固定，与台车架成刚性连接，这种悬架结构即为刚性悬架的一种类型。

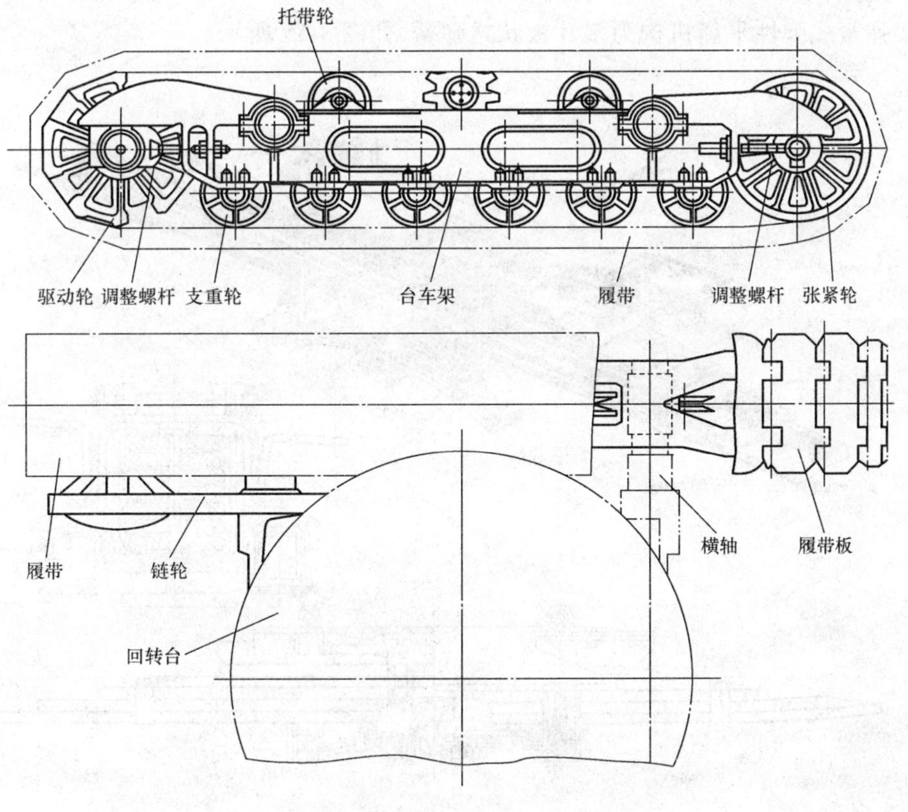

图3-53　W1001挖掘机刚性悬架

3. 半刚性悬架

半刚性悬架在履带式推土机上广泛采用，主要由台车架和弹性平衡机构组成。

1）台车架

台车架（也称八字架）是铸焊组合式结构，以两根槽钢为主体焊成的箱形断面梁作为它的纵梁。铸成箱形断面的斜撑梁与纵梁焊成一体成为“八字架”，斜撑梁后端通过轴承铰接，这样整个台车与机架形成刚性铰接的关系。因此在推土机行驶中如遇路面不平时，台车架可与机体间绕半轴产生上下方向的相对摆动，从而避免机件因受力变形而损坏，如图3-54所示为日本小松 D80、D85 型推土机左台车。

另一方面中以防止工作时台车架因受到较大侧向力而向外张开，保持两车架始终处于平行关系。

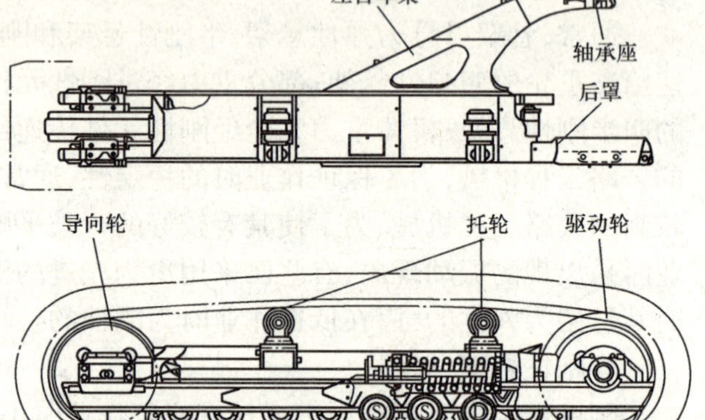

图 3-54　D80、D85 型推土机左台车

2）弹性平衡机构

弹性平衡机构有悬架弹簧式和胶块式两种。

（1）悬架弹簧式

悬架弹簧式弹性平衡机构为多片板状式弹簧，如图 3-55 所示。

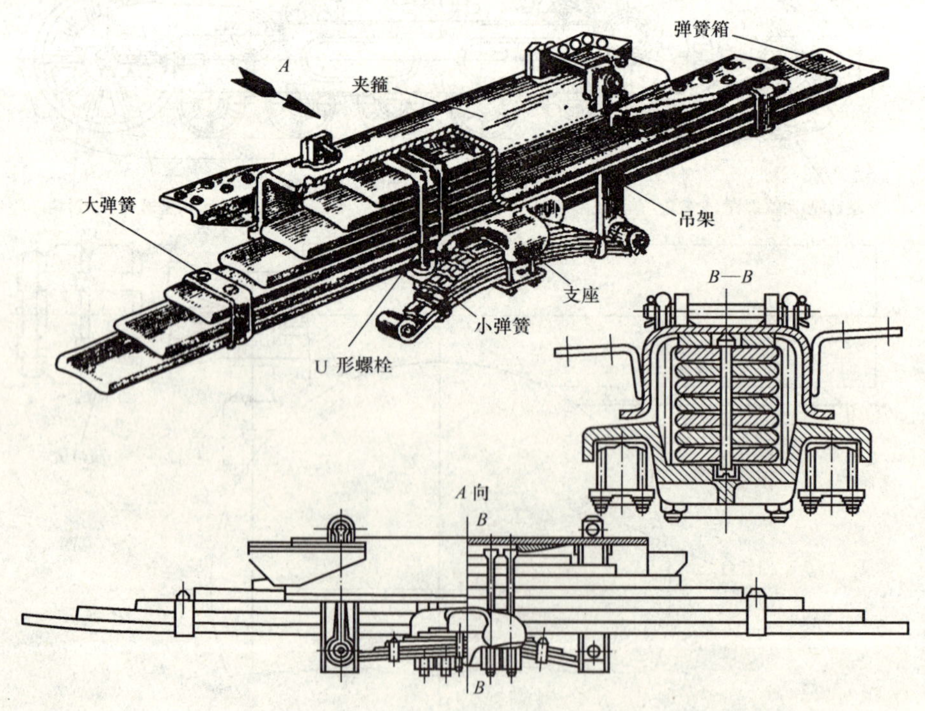

图 3-55　悬架弹簧式弹性平衡机构

它由一组大弹簧和两组小弹簧组成。大弹簧组由7片不同长度的钢板叠成,其中央穿一螺栓固定,并用4个U形螺栓固定在弹簧支座上。下边较长的3片钢板两端还有夹箍(点焊)固定,以防错位。支座两边的凸耳支承在两组小弹簧的中部。每组小弹簧由8片长度不同的钢板叠成,并用两个U形螺栓固定。下边4片也用夹箍(点焊)紧固。最下边一片的两端制成耳环,由销轴通过衬套与吊架下端连接。两组小弹簧同端的吊杆穿过弹簧箱孔后,用销轴铰接在弹簧箱上。弹簧箱通过三角铁以螺栓与车架连接。这样通过小弹簧和吊架将大弹簧压紧在箱上。

小弹簧安装好后,有一定的预紧力。当机械在复杂地面行驶时,若一边的履带上升或降落,大弹簧的相应端也随着上升或下降,此时支座将摆动一定角度使小弹簧进一步变形,以促使大弹簧恢复原来位置,并保持机械平稳行驶。

由于弹簧变形时,中部受弯曲力矩最大,两端渐小。因此,各片长度不等,使弹簧组两端薄,而中部厚。因弯曲变形时,弹簧钢板两边应力最大,所以弹簧钢板制成中间薄而两边厚。

上述形式的悬架弹簧结构较复杂,在T2-120推土机上则取消了前后小弹簧,其悬架弹簧结构如图3-56所示。

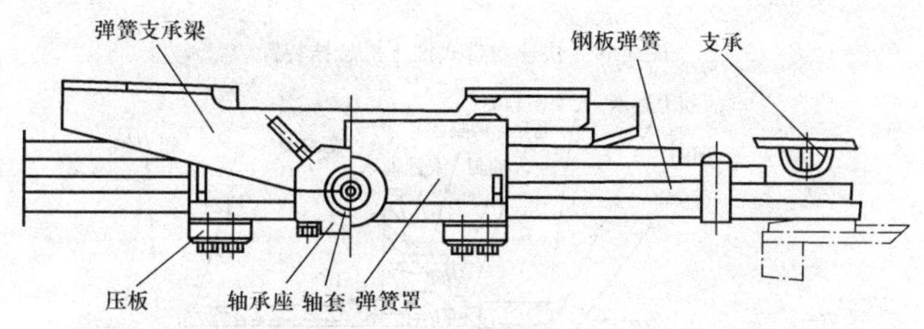

图3-56　悬架弹簧式弹性平衡机构

(2)胶块式

T2-120A推土机取消了悬架弹簧,换成了平衡梁,成为胶块式刚性平衡机构。胶块式刚性平衡机械是由一根横置的平衡梁、橡胶垫片和支座组成,如图3-57所示,其特点是缓冲减振效果好,结构简单。

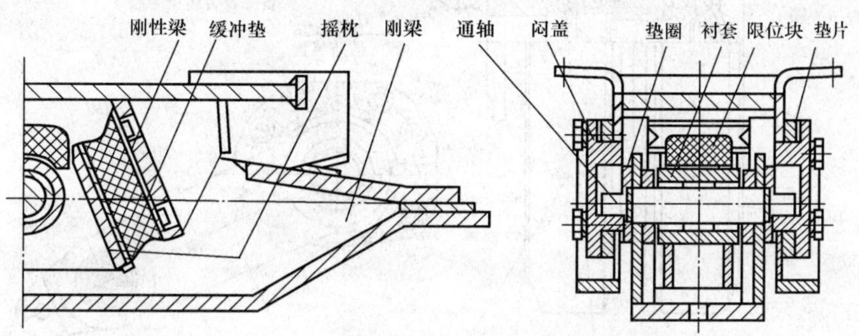

图3-57　T2-120A推土机刚性平衡梁

4. 快速履带式推土机的悬挂装置

快速履带式推土机的悬挂装置由平衡机构、限制器和液压减振器组成,如图3-58所示。

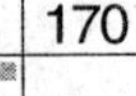

1）平衡机构

平衡机构主要由支架、平衡肘、扭力轴等组成，如图3-59所示。

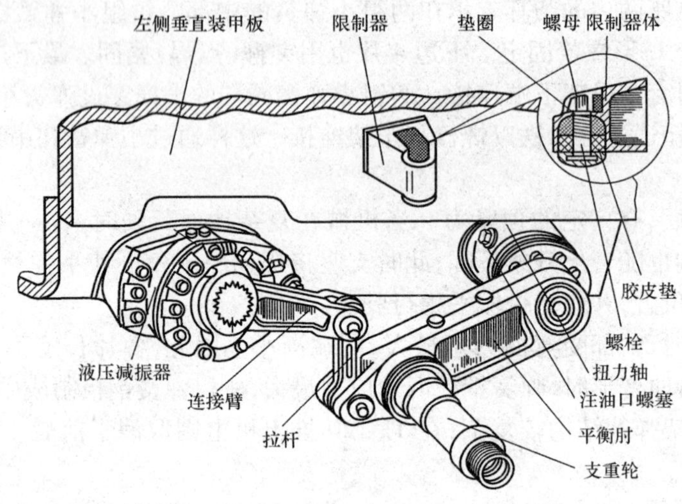

图3-58　快速履带式推土机悬挂装置

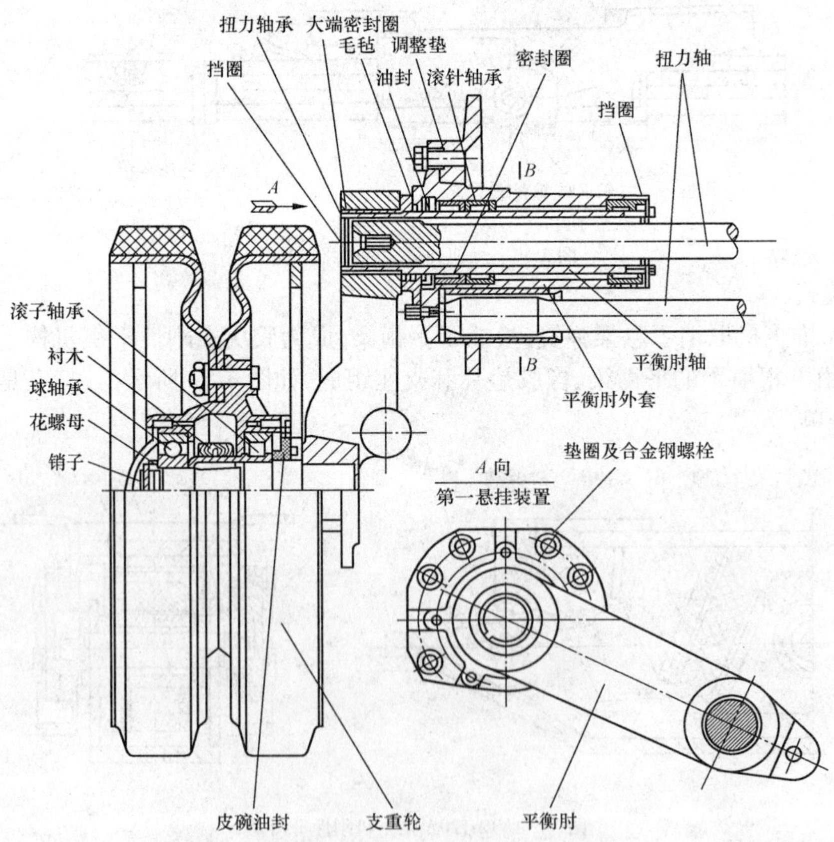

图3-59　快速履带式推土机支重轮及平衡机构

支架均焊在车体上，支架孔内装有平衡肘外套，并用螺栓固定。与支架结合面间装有调整垫，用以调整支重轮的轴向位置、平衡肘轴通过三排滚针轴承装在外套内，上有注油口及螺塞，用来加注滑滑脂；孔的外端面有平衡肘固定盘和调整垫，用来限制平衡肘轴的轴向移动；此外还装有自压油挡和毡垫，防止泥水浸入和润滑脂流出。平衡肘轴是空心的，轴一端的内圆有花键的孔内，作为固定点。两端齿数不等，用于调整平衡肘的安装角度。扭力轴端装有卡环、挡盖和密封垫，用来防止泥水浸入和限制轴向移动。扭力轴的端面上有“左”、“右”字样，有“左”字的与左侧等一、二、三、四和右侧等五平衡肘相连，有“右”字的与右侧第一、二、三、四和左侧等第五平衡肘相连。每侧第一、二扭力轴直径为47mm，其余为42mm。

2）限制器

限制器焊在车体上，用来限制平衡肘上升的高度，防止扭力轴由于扭转角度过大而损坏。它由限制器、胶垫、垫圈和螺栓及螺母组成。

3）液压减振器

液压减振器固定在车体两侧，分别与左、右第一、五平衡肘相连，用来衰减车体的振动。它由减振器体、隔板、叶片及轴、减振器盖、连接臂和拉杆等组成，如图3-60所示。

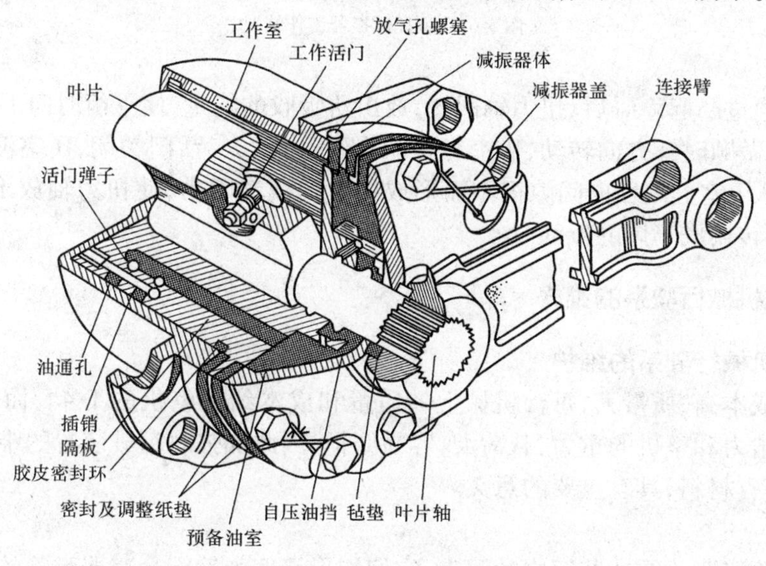

图3-60　液压减振器

减振器体固定在车体侧装甲板上，其上有加油孔及螺塞和放气孔螺塞，通常涂红漆的为加油孔螺塞。隔板装在减振器体内，隔板上的隔墙与叶片配合，将内腔分成4个工作室；隔板上的弧形槽和垂直圆孔与盖的凹槽构成预备室，使被自压油挡挡回的油能流回预备室；隔板外端有油槽、气槽和环槽，油槽和气槽分别与减振器体上的油孔和气孔相通，环形槽内装有胶皮密封环。叶片与轴制成一体，两叶片上均装有工作活门。工作活门由活门体、弹簧和螺母组成。轴支承在减振器体和隔板中间孔内，轴外端制有花键。减振器盖和隔板一起固定在减振器体上。盖与隔板之间，隔板与减振器体之间均装有纸质调整垫，用来调整自压油挡的变形量。连接臂的小端通过拉杆与平衡肘的连接耳相连，在连接臂与盖之间的槽内装有毡垫。

其工作情况如图3-61所示。

(1)缓冲

推土机在行驶中遇有土堆或凸起障碍使支重轮受到冲击时,车体由于惯性作用,仍保持原来状态,而支重轮则上对车体上升,此时液压减振器的液体顶开活门由Ⅰ室流向Ⅱ室。因液体通过活门的阻力较小,使扭力轴能充分扭转而吸收能量,因而缓和了对车体的冲击。当平衡肘转到与限制器接触时,就不能再转,而直接推动车体,保证了扭力轴不致因扭转角过大而损坏。

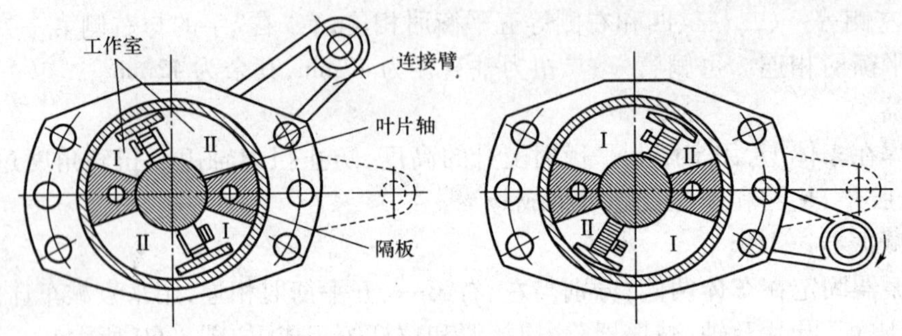

图3-61 液压减振器工作情况

(2)减振

在支重轮通过凸起障碍后,扭力轴回转,放出所吸收的能量,使平衡肘向下摆动,带动支重轮下移时,叶片做顺时针方向转动,Ⅱ室容积减小,压力增大,活门关闭,Ⅱ室液体经叶片与体间径向间隙流入Ⅰ室。因径向间隙很小而形成很大的流动阻力,使扭力轴放出的能量很快衰减,而不能全部转换成车体的振动。

六、履带式机械行驶系的维修

1. 履带式机械行驶系的维护

行驶装置成本高、质量大,每台机械上的质量和成本约占整机的1/4。而且它在作业时,承受较大的冲击力和整机的重力,载荷大,容易磨损,因此加强对行驶装置的维护,对充分发挥机械的效能、节省材料,具有重要的意义。

1)维护

要经常消除张紧—缓冲装置中的泥土,它们如果堵塞弹簧圈会减弱弹簧的缓冲能力,造成履带和缓冲装置产生过大应力。

泥土填塞在驱动轮的轮齿穴内,粘附在履带节销的周围,会使驱动轮的轮齿加速磨损,所以要及时清除掉。

在使用中履带会变松,主要是因履带销与销套磨损所引起。太松的履带除了会影响本身的使用寿命外,还会引导轮的凸缘侧面,支重轮与托带轮的缘边以及驱动轮的齿侧“擦边”,加剧它们与履带节的磨损,尤其是在转向时还会有脱轨的危险。

此外,由于磨损使履带的节距加大,使节销与驱动轮在齿顶部啮合,导致驱动轮齿顶部磨损。但履带也不能调整得太紧,太紧的履带会加剧销与销套、履带节、引导轮与驱动轮等的磨损。此外,还消耗一部分额外功率,在运转时发热,引起履带销与销套表面退火,进一步加剧磨损。

2）检查与调整

（1）履带紧度的检查和调整

①机械调整式履带松紧度的检查方法如下：

a. 把推土机开到平坦地形上迅速驻车；

b. 用撬杠将履带从托链轮处撬起，撬起高度应为 40 ~ 50mm，高度大则履带松，高度小则履带紧，如图 3-62 所示。

②机械调整式履带的调整方法如下：

a. 松开调整螺杆前端与叉形臂的固定螺栓；

b. 转动调整螺杆，使螺杆伸长履带变紧，反之则松，直到调整到松紧度正常为止（图 3-62 所示）；

c. 开动机械使履带的紧度分布均匀，然后重新检查松紧度；

d. 紧度调整好后，拧紧叉形臂固定螺栓。

为保证调整螺杆与弹簧支座的可靠性连接，必须注意使叉形臂后端与支架前端面之间的距离不大于 210mm。如果大于 210mm，履带仍很松时，可去掉一节履带，如图 3-63 所示。

图 3-62　履带紧度的检查

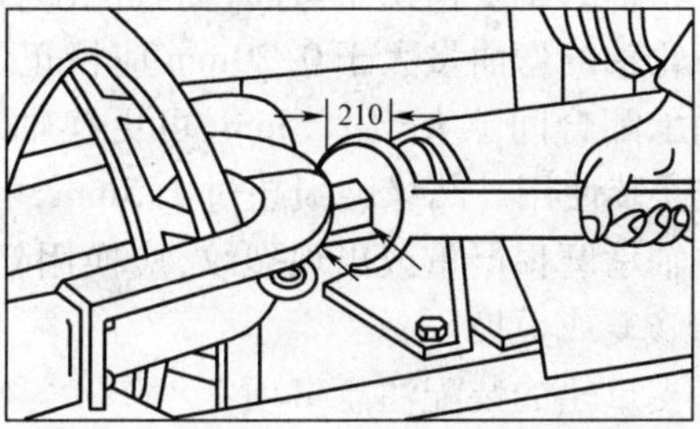

图 3-63　履带紧度的调整

③对油压调整式履带进行检查和调整时，将机械开到平坦地面上，在引导轮和托带轮之间的履带板上面放一直木板条，木条中央到履带板上平面的距离应为 30 ~ 40mm，否则应进行调整。其方法如下：

a. 卸下护板，露出放油塞及注油嘴，若履带过松可用注油枪向注油嘴注入润滑脂，直至履带松紧度合适为止；

b. 若履带过紧可拧松放油塞泄出一些润滑脂，若润滑脂不能充分泄出时，应使履带比正常略松些，在较软地面上作业时，则应比正常略调紧些。

（2）托带轮轴承的调整

托带轮的维护除滚轮轴向游隙调整方法与支重轮不同外，其他基本相同。其轴向游隙为 0.03 ~ 0.15mm，此间隙过大过小时应进行调整，其方法如下：

①卸下托带轮的端盖，并撬出锁紧螺母的卡环；

②拧紧锁螺母至不可再拧的位置；

③退回锁紧螺母 1 ~ 2 个齿，然后装上卡环和端盖；

④调好后，用手转动滚轮应灵活自由转动，无阻滞现象。

(3)引导轮外盖板与上导板间隙调整

外盖板与上导板接触面严重磨损,会使其间隙增大,而引起整个引导轮部分左右摆动,机械行驶中造成引导轮与链轨切磨。这时,应对其间隙进行检查调整。外盖板与上导板外侧正常间隙为1~1.5mm。过大、过小可通过增减外盖板与轴座间的垫片为调整。减垫片时间隙变小,反之则大。但每侧垫片不多于两片,并保持侧向间隙基本一致。若间隙过大,调整后仍不符合要求时,应焊修磨损部位。

(4)引导轮内盖板钩面与侧导板底面间隙的检查

在拧出支承弹簧压紧螺钉15~20mm时,应有1~6mm间隙,若此间隙大于10mm,应焊修磨损部位。

2.履带式机械行驶系主要部件的修理

1)支重轮的修理

轮体的主要损伤是滚道(外圆)及导向凸缘磨损、轮体裂纹、轮体孔磨损等。

轮体滚道、凸缘磨损严重,轮体裂纹,均应更换。轮体孔磨损后与轴承配合间隙超过0.2mm,可更换轴承或轮体。

轮轴的主要损伤是弯曲,与轴承配合的轴颈及凸缘的磨损。

轮轴的弯曲量大于0.20mm应校正,校正时可在弯曲处加热到450~500℃。轴颈磨损后与轴承配合间隙大于1.5mm,可更换轴承或轮轴。有些轮轴单边磨损达0.80mm时,可转动180°安装使用。凸缘磨损超过1.5mm,可堆焊修复或更换轮轴。

轴承磨损严重或出现裂纹,应换用新件。油封损坏、老化等应更换。封油面划痕、不平可研磨修复或更换。

支重轮的装配注意事项:

(1)轴向间隙应为0.1~0.65mm,否则可通过增减轴承座与轮体间的垫片来调整;

(2)油封密封面必须清洁并涂少量机油或润滑脂,不得歪斜,O形橡胶圈不得扭曲;

(3)轴端注油螺塞应按规定力矩(18~22N·m)拧紧;

(4)组装后支重轮体应转动灵活,无晃动,轮体注满润滑油后倾斜一定角度转动,不应漏油。

2)托轮的修理

托轮的修理可参照支重轮的维修方法。

托轮的装配注意事项:

(1)托轮轴向标准间隙为0.10~0.13mm,允许使用间隙为1.5mm,超出允许值应换新件;

(2)托轮轴轴向位置应正确,压装前应将托轮架加热至300℃;

(3)托轮轴轴向间隙应正确,滚子轴承可用轴端螺母调整;滑动轴承可用轮盖与轮体间垫片调整;

(4)油封安装前,应在45~65℃机油中软化30min,安装要求与支重轮相同;

(5)安装前滑动表面应涂润滑剂;

(6)装后用一手之力应能灵活转动,且不得漏油。

3)导向轮的检修

导向轮的修理可参照支重轮的维修方法。

导向轮的装配注意事项：

(1)有些导向轮有方向性，组装时应注意；

(2)油封安装应正确，其要求同支重轮；

(3)油端注油螺塞拧紧力矩与支重轮相同；

(4)滑动摩擦面安装前应涂以润滑剂，装后轮体应转动灵活，无卡阻和漏油现象。

4)张紧装置的修理

调整螺杆弯曲变形，应冷压校正，螺纹损坏应更换螺杆。

张紧弹簧弯曲量大于10mm、自由长度减少20mm，弹力减弱或断裂，均应更换弹簧。弹簧中心杆折断时应更换。

活塞密封件损坏应予更换。油缸与衬套配合间隙增大到0.5mm以上时，应更换衬套。缸体与活塞配合面磨损后，可珩磨缸体，更换加大尺寸的活塞与活塞环，也可同时更换油缸和活塞。

张紧装置的装配注意事项：

(1)调整螺杆装配时应在螺纹处涂抹石墨润滑脂；

(2)安装时应将张紧弹簧压缩至一定长度。安装后中心杆螺母距后弹簧座应有6～10mm间隙；

(3)油缸孔应涂抹润滑脂，安装后打入压力为30MPa润滑脂时应无漏油现象。

5)履带的修理

履带的损伤主要有滚道表面及导向侧面磨损、断裂、螺栓孔磨损等。

滚道磨损大于10mm，或履带节断裂，应予更换。螺栓孔磨损失圆，可堆焊后重新钻孔或更换履带节。

履带销及销套的主要损伤是磨损，且易产生单边磨损，使二者的配合间隙增大、节距增长。配合间隙大于0.70mm时，可将销与销套转动180°安装。若间隙大于3mm或已转位使用过，销或销套与履带节配合过盈量消失，均应更换销或销套。

销套外径磨损磨损量大于3mm时，应予更换。

履带板的损伤主要有履刺和着地面的磨损、履带板断裂、螺栓孔磨损等。

履刺磨损严重，可堆焊修复或更换履带板。着地面磨损使履带板过薄或履带板断裂，应更换新件。螺栓孔磨大1mm应堆焊后重新钻孔或更换履带板。

履带总成的装配注意事项：

(1)履带销、销套与履带节的过盈量约为0.2～0.4mm，装配时需用能产生800kN压力的设备；

(2)履带销端部防尘圈不得漏装；

(3)履带板与履带节安装时，螺栓应按规定力矩拧紧，二者之间的缝隙应大于0.40mm；

(4)装配后的履带总成铺平拉紧时，直线度误差要求：每10块履带板长上不大于4mm，全长上不大于10mm。

3.履带式机械行驶系的故障诊断与排除

履带式行驶系常见故障及排除方法见表3-4。

履带式行驶系常见故障及排除方法　表3-4

故　障	原　因	排除方法
支重轮、引导轮、托带轮漏油	1. 各橡胶密封圈硬化、变形或损坏 2. 油封贴合不严 3. 有泥沙进入内、外端盖内，油封被损坏 4. 油封压紧弹簧折断 5. 装配不当，油封位置改变	更换 重贴 清洗更换油封 更换 重新正确安装
履带脱轨	1. 履带过松 2. 引导轮、支重轮、托带轮凸缘磨损过度，驱动轮轮齿磨损变尖 3. 轮架变形	调整 更换或修复 检查校正
链轨和各滚轮偏磨	1. 轴承间隙过大或过小 2. 轮架变形 3. 驱动轮、支重轮、托带轮的对称中心不在一条垂直平面内 4. 引导轮偏斜 5. 半轴弯曲，驱动轮歪斜 6. 托带轮歪斜 7. 同侧支重轮对称中心线不在一直线上 8. 驱动轮装配靠里或靠外	调整 检查校正 检查校正 检查校正 检查调整 检查调整 检查调整 检查调整

思考题

1. 行驶系的主要功用有哪些？
2. 轮式机械行驶系与履带式行驶系相比有何优缺点？
3. 车桥有几种结构形式？各有何特点？
4. 车轮定位参数有哪些？各有什么作用？前束值如何测量和调整？
5. 子午线轮胎与普通轮胎相比有何优点？
6. 为什么说车架是整个工程机械的基体？其结构特点和要求如何？
7. 整体式车架与铰接式车架相比各有何特点？
8. 轮式装载机为何常采用铰接式车架？
9. 如何检验车架发生变形？
10. 如何检查和调整履带的松紧度？
11. 液压减振器的工作原理如何？
12. 工程机械上为什么设置悬挂装置？一般它由哪几部分组成？

Danyuansi

单元四 公路工程机械转向系

1. 轮式公路工程机械转向系的功用、组成及结构原理；
2. 履带式公路工程机械转向系的功用、结构及工作原理；
3. 全液压转向系的构造、工作原理。

1. 分析轮式公路工程机械转向系的故障，进行故障诊断和排除的实际操作，并进行维修；
2. 分析履带式公路工程机械转向系的故障，进行故障诊断和排除的实际操作，并进行维修。

课题一 概　述

一、转向系的功用

公路工程机械在行驶或作业中，根据需要改变其行驶方向，称为转向。控制机械转向的一整套机构，称为工程机械的转向系。

转向系的功用是使工程机械按照其需要保持稳定的直行驶或准确灵活地改变行驶方向（即转向）。

转向系对工程机械的使用性能影响很大，转向系性能的好坏，对于保证工程机械的行驶安全，减轻驾驶人员的劳动强度和提高作业生产率具有重要的意义。

二、转向系的基本要求

尽管转向系有很多种类，结构上也各有特点，但都应尽量满足以下基本要求。

1. 各车轮形成统一的转向中心

车轮转向时，各车轮应处于纯滚动而无侧向滑移的运动状态，否则将会增加转向阻力以及加剧轮胎磨损。为此，转向时各车轮要绕统一的转向中心转动。

图 4-1 所示为偏转车轮转向时的情形。由图可知，两个偏转的前轮从各自的轴线与驱动轮（后轮）轴线交于一点 O，称该点为瞬时转向中心。

此外，两驱动轮应各有不同的转速，这样在驱动轮绕瞬时转向中心转动时，才不致产生滑移而是纯滚动。

2. 工作可靠

转向系在工作中要避免出故障，这对整机性能的充分发挥和安全工作关系重大。因此对所选用的材料和具体结构都要求工作可靠。

3. 操纵轻便

转向时，操纵转向盘的力要尽可能小，路面对车轮的冲击力应尽量小地反传到转向盘上。这对减轻驾驶员的劳动强度，保证安全是很重要的。

4. 转向灵敏

转向盘的转动角度与车轮偏转大小应配合好。一般来说，转向盘转过一定的角度，车轮偏转角度越大，则转向越灵敏，反之，灵敏性就愈低。但过于灵敏也不好，那样会使操纵沉重。另外，转向盘至转向轮间应有一定的传动可逆性，使转向轮能自动回正，驾驶员有一定的路感，又不至于“打手”造成驾驶员的疲劳感和不安全感。

三、转向系的分类

根据轮式机械转向方式的不同可分为 5 种。

1. 偏转前轮式转向

偏转前轮式转向是通过前轮偏转一定的角度来实现机械转向，如图 4-2 所示。偏转前轮

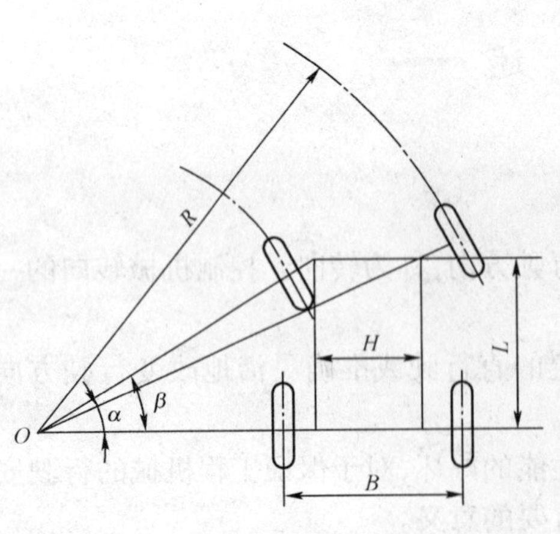

图 4-1 偏转车轮转向

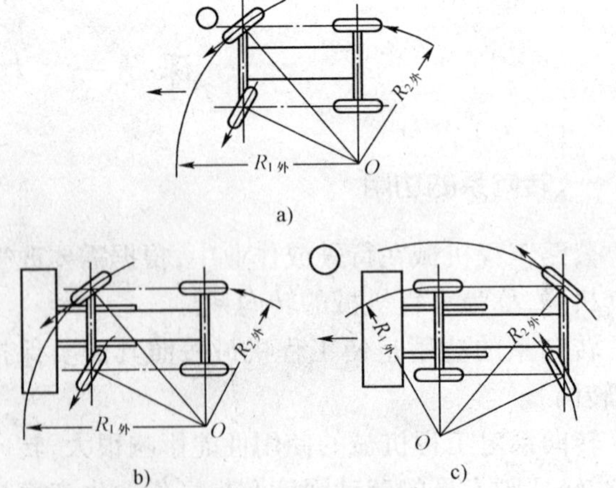

图 4-2 偏转前轮、后轮转向

a) 偏转前轮式转向；b) 偏转前轮转向（工装在前）；c) 偏转后轮式转向

转向时，外侧前轮的转弯半径最大，其经过的距离也最大。在行驶及作业过程中，驾驶员易于利用前轮是否避过障碍来判断机械的行驶路线，有利于行车安全。

2. 偏转后轮式转向

有不少轮式工程机械，因为前方装有推土铲刀、装载铲斗等工作装置（见图 4-2b），这时，如果仍然采用偏转前轮式转向，不仅前轮的偏转角会受到工作装置的限制，而且由于前轮载荷增大，转向阻力增加，因而将增加轮胎的磨损，使转向困难，操纵费力。此时为了解决上述矛盾，一些前方安装工作装置的机械采用了偏转后轮式转向（见图 4-2c）。

偏转后轮转向时，外侧后轮的转弯半径最大，转向时驾驶员不能以前轮的位置来判断机械的行驶方向，故转向操纵比较困难。目前这种转向方式主要用于叉车、小型翻斗车上。

3. 偏转前后轮转向

对于有些操纵灵活性要求较高的工程机械采用了前后轮同时转向，如图 4-3 所示。这种转向方式可使轴距较长的工程机械具有较小的转弯半径，也可以使前后轮偏转方向一致，而形成斜行。斜行转向能够使机械缩短转向路程及时间，易于迅速靠近或离开作业面（见图 4-3b），平地机采用的即是这种形式。这种转向方式又可使机械实现单独前轮转向、后轮转向等，共可形成 4 种转向方式，其转向方式的变换是通过转向器达到的。

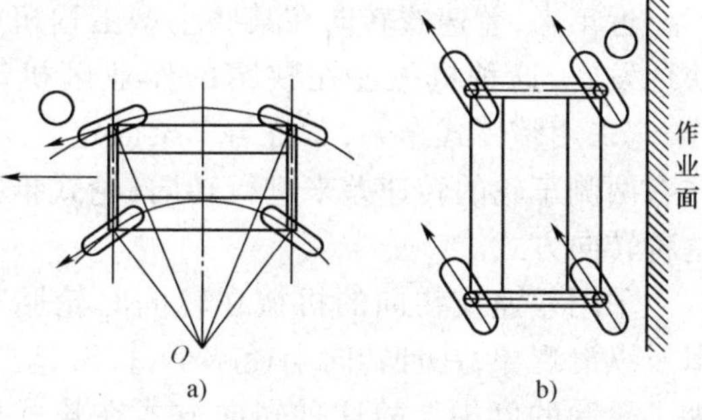

图 4-3　偏转全轮（前后轮）式转向

另外，对于在横坡上工作的机械，采用斜行可以提高其作业时的稳定性（见图 4-4c），对于较宽的工作装置的机械，如 PY-160B 平地机等，在工作时往往因作用力不对称而使机械行驶方向跑偏，采用斜行能减少或消除这种现象（见图 4-4b）。

4. 铰接式转向

在大、中型工程机械上，为了增大机械的牵引力，提高其通过性能及作业率，多采用全轮驱动，但是如果仍采用偏转车轮转向，则其结构将变得很复杂，因此铰接式转向就大量应用了，如装载机、推土机、压路机、平地机等广泛采用这种形式（见图 4-5）。

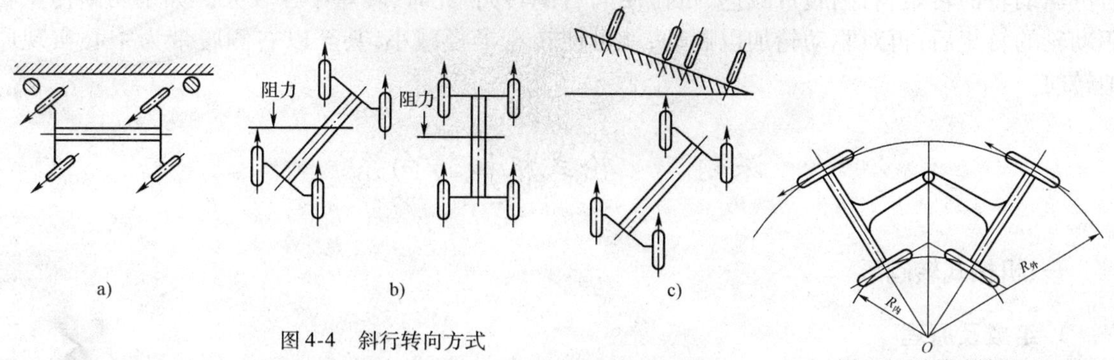

图 4-4　斜行转向方式

a）斜向转向情况；b）平地机采用斜行的工作情形；c）在斜坡上的工作情形

图 4-5　铰接式转向

这是因为铰接式转向具有以下明显的优点：

（1）不需要转向梯形机构，就能保证各车轮轮轴线的水平投影线交于一点，结构简单，转

向时轮胎基本无侧滑;

(2)不需要结构复杂的转向驱动桥,简化了传动系结构;

(3)工作装置装在分段的车架上,如铰接式装载机铲斗装在前车架上,转向时工作装置的方向与该段车架方向一致,这有利于作业时使工作装置迅速对准作业面,从而减少循环路程及时间,提高作业率。如ZL-40铰接式装载机与同类型偏转车轮转向的装载机相比,作业效率约提高20%。

(4)铰接式转向具有较小的转向半径,使机械能在狭小的地方工作,机械的机动性能有所提高。

但铰接式转向因没有前轮定位,其直线行驶稳定性较差,在外阻力不平衡时,常出现左右摇摆现象,转向稳定性也较差。

5. 差速式转向

近年来,差速式转向在某些小型工程机械中得到很快地发展,这种机械能在狭窄的作业区机动灵活地工作,它采用整体式车架,车桥与车架固定在一起,它依靠左右两侧车轮的转速差来进行转向,轮式推土机即采用这种转向方式。

采用差速式转向的机械在转向时轮胎有明显的侧滑及纵滑现象,并且转向半径越小,打滑越严重,因而增加了轮胎的磨损。故这种转向方式在轮式机械中很少采用。

履带式工程机械多采用差速式转向。它是利用转向机构改变传至驱动轮上的转矩,使两侧履带以不同的速度行驶而实现转向的(见图4-6)。

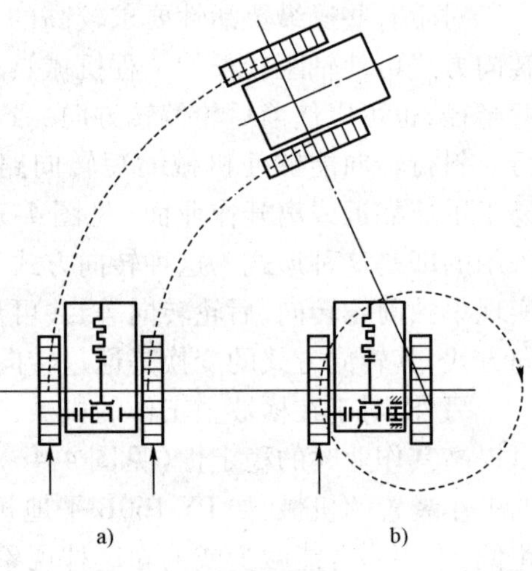

图4-6　差速式转向示意图

a)只分离右侧转向离合器;机械沿较大半径转向;b)分离右侧转向器,并完全制动驱动轮,机械原地转向

当履带式机械的转向离合器接合时,由中央传动传来的转矩,通过转向离合器传给两侧驱动轮,此时机械直线行驶。当驾驶员将右侧转向离合器分离,切断传至右侧驱动轮的转矩,右侧履带减速,机械便向右侧转向,此时,转弯半径较大。如果切断传至右驱动轮的转矩后,再对驱动轮加以制动,就可使转弯半径减小,甚至以右侧履带为中心实现原地转向。

课题二　轮式机械转向系

一、机械式转向系

1. 组成及原理

机械式偏转轮转向如图4-7所示。

它主要由转向盘、转向器和转向传动机构组成。转向盘通过转向轴和转向器相连,转向垂臂、转向纵拉杆、转向臂、转向节臂和、转向横拉杆组成转向传动机构。其中转向横拉杆、前轴

和两个转向节臂组成转向梯形机构。

转向时,驾驶员转动转向盘,通过转向轴带动转向器的蜗杆转动;通过和蜗杆啮合滚动(或曲柄销等)带动转向垂臂轴及转向垂臂,使之产生摆动;再通过转向纵拉杆和转向臂,使左转向节及左转向轮绕转向主销偏转。与此同时,左转向节臂通过转向横拉杆和右转向节臂,使右转向节及右转向轮绕右侧转向主销向同一方向偏转,机械则可实现转向。

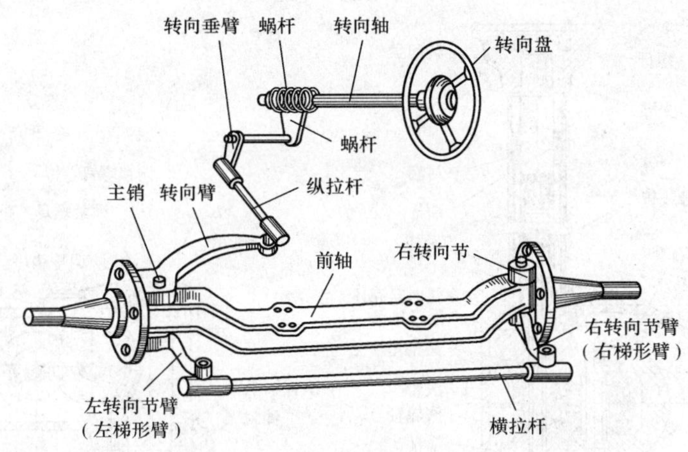

图 4-7 机械式偏转车轮转向

2. 转向盘及转向轴

工程机械上常用转向盘的外缘直径(单位:mm)有:$\phi425$、$\phi480$、$\phi500$。

转向盘的尺寸大小,直接影响到机械操纵的轻便性,故不同型号的机械选用不同规格的转向盘。

转向轴通常是一根整的无缝钢管,下端和转向器的主动部分(蜗杆或螺杆)连接,上端通过平键和转向盘中心的轴套连接。为了整车的布置和操纵方便,有的机械在转向轴上安装了万向节传动。

3. 转向器

1)功用及类型

转向器的功用是将驾驶施加于转向盘上的作用力矩放大(速度降低),传递到转向传动机构,使机械准确地转向。

转向器对力矩的放大主要是通过具有一定传动比的传动副来实现的,其传动比等于转向盘转角与转向垂臂相应的摆角之比。

工程机械上使用的转向器类型很多,常用转向器有球面蜗杆—滚轮式、蜗杆曲柄指销式和循环球式等,转向器由于具有使用可靠,传动效率高,可获得一定的可逆程度和所要求的角传动比,啮合间隙调整方便,制造工艺适合批量生产等优点,因此得到了广泛的应用。

2)转向器的结构

由于目前公路工程机械机械很少有采用蜗杆曲柄指销式转向器的,因此仅讲述以下两种形式的转向器。

(1)球面蜗杆滚轮式转向器

①结构

TL160 轮式推土机转向器主要由球面蜗杆、滚轮、滚轮架、转向器壳体等组成(图 4-8、图4-9)。

球面蜗杆与空心的转向轴焊接在一起,蜗杆两端通过滚锥轴承支承,壳体底部通过螺钉固定且有端盖,在端盖与壳体间装有调整垫片,轴承间隙可通过增减垫片来调整。

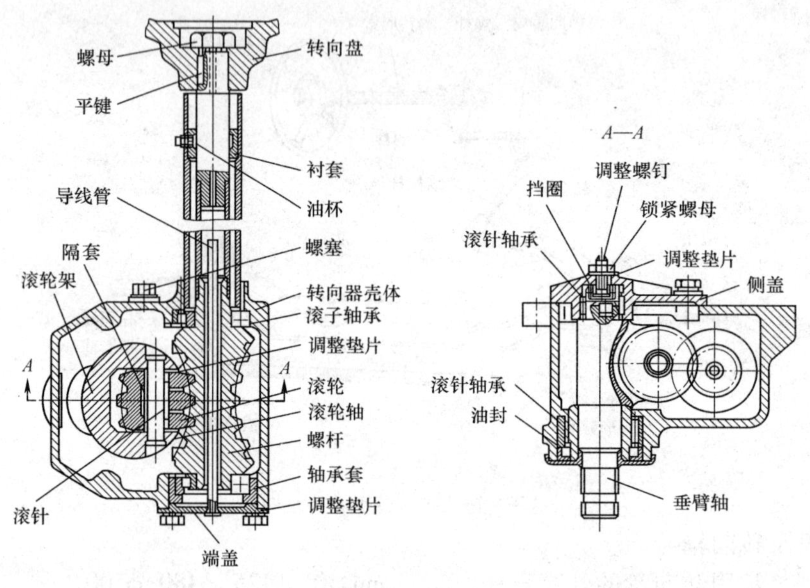

图 4-8　球面蜗杆滚轮式转向器

滚轮通过两滚针轴承支承在滚轮轴上,滚轮轴装于滚轮架上,两滚针轴承间有隔套,滚轮与滚轮架间装有耐磨垫圈,滚轮的球面表面上制有 3 道环状齿,并与蜗杆齿相啮合,组成啮合传动副。其优点是同时啮合工作的齿数多,承载能力大,传动效率高。

滚轮架与转向垂臂轴制成一体。垂臂轴通过滚针轴承有油封和护罩。侧盖上装的调整螺钉和固定螺母,调整螺钉拧入侧盖孔中,其端部伸入垂臂轴端部内孔中,并用挡圈和卡环限位。旋入或旋出调整螺钉,可调整滚轮与蜗杆的啮合间隙。因为滚轮和蜗杆装配后,在转向垂臂轴的轴线方向上有一定的偏心距,故只要改变垂臂轴的轴向位置,使滚轮离开或接近蜗杆,就可以增大或减小它们之间的间隙。

壳体通过螺钉固定在车架左纵梁上,其上有检视加油口,壳体内的齿轮油应加到和油口相平齐,由螺塞封闭。转向轴与衬套间的润滑是通过拧在套筒上的油嘴注油润滑。

②工作原理

转动转向盘,通过转向轴带动球面蜗杆旋转,滚轮在绕滚轮轴自转的同时,又沿蜗杆的螺旋线滚动(公转),从而带动滚轮架及转向垂臂轴摆动,通过转向传动机构使转向轮偏转。

③调整

转向器的调整,主要是调整蜗杆的轴承间隙或蜗杆与滚轮的啮合间隙。这两个间隙过紧会使转向沉重;过松又会使转向盘自由行程过大。因此,过松或过紧都须进行调整。

蜗杆轴承间隙的调整是通过增减转向器壳体和端盖之间的调整垫片来进行的。增加垫片轴承间隙大;减少垫片间隙变小。调整好后须进行检验。方法是用手转动转向盘时,转动应灵

活,用手推拉转向盘时,没有轴向移动则为调整合适。在有弹簧秤时,可用弹簧秤拉动转向盘外缘,其拉力在3~8N为合适。

蜗杆与滚轮啮合间隙的调整时,首先拧松侧盖上面的固定螺母,然后转动调整螺钉。旋进螺钉啮合间隙减小,反之则增大。调好后把锁紧螺母拧紧。

调整好后应进行检查。将转向盘从一边极限位置转到另一边极限位置,应转动自如,无沉重感觉;装上转向垂臂后,用手扳动垂臂应感觉不到有明显的间隙,并可带动转向盘左、右转动即为合适。同样,也可用弹簧秤拉动转向盘外缘的方法进行检查,其拉力应不大于10~30N,否则应重调。

调整时必须注意,因为蜗杆侧面节圆半径比滚轮节圆半径大,所以,当滚动处于与蜗杆不同位置啮合时,间隙也不同。滚轮位于蜗杆中间时其啮合间隙最小,而向左右转动时,间隙均随之增大,因此在检查和调整啮合间隙时,必须首先使滚轮在蜗杆的中间位置,然后再进行检查调整。

(2)循环球式转向器

循环球式转向器属可逆式转向器,其主要由螺杆、方形螺母、钢球、齿扇、转向器壳体等组成,如图4-10所示。如ZL-40装载机,CL7、627B、WS16S-2型铲运机等机械均采用此类转向器。下面以ZL-40(50)装载机转向器为例进行分析。

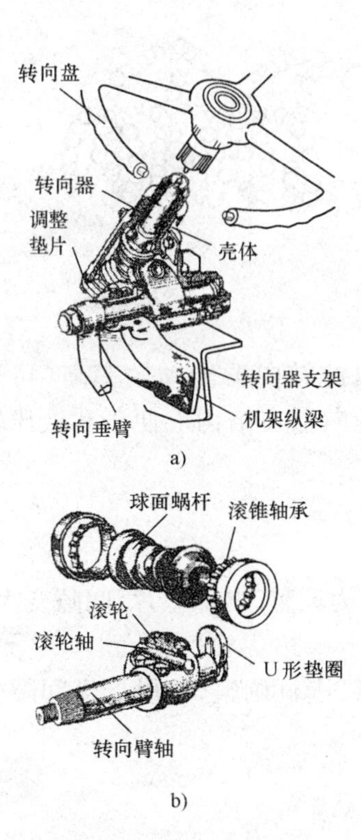

图4-9 转向器立体图

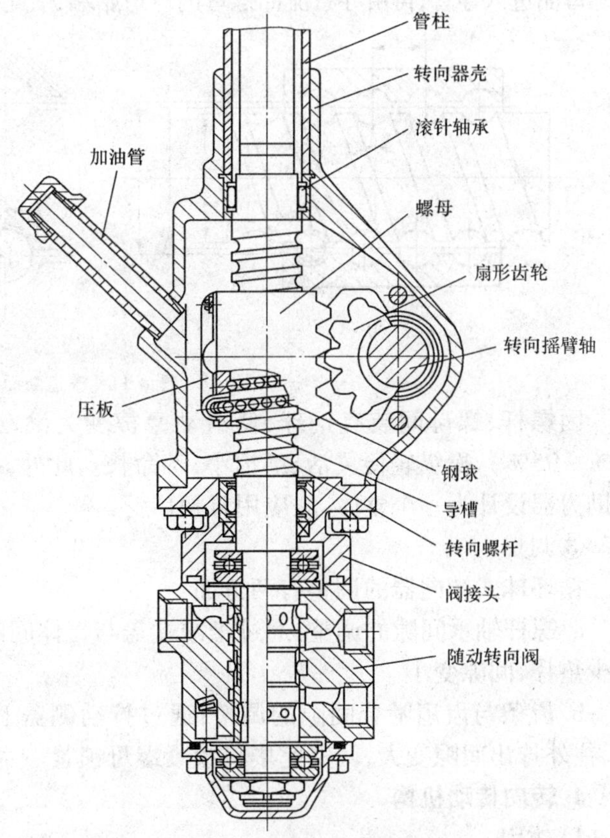

图4-10 循环球式转向器

①结构

循环球式转向器的传动副有两对,一对是螺杆、螺母,另一对是齿条、齿扇,在螺杆和螺母间装有钢球。

螺杆通过两端的滚锥轴承支承在壳体上,轴承间隙可通过端盖与壳体间的调整垫片和进行调整。螺母的内径略大于螺杆的外径,在螺杆和螺母上都加工出断面近似为半圆形螺旋槽,二者的槽相配合便形成近似为圆珠笔形断面的螺旋形滚道(见图4-11)。螺母侧面制有圆孔,钢球在此孔内,导管内也装满钢球。这样,两根导管和螺母内的螺旋形滚道组成了两个各自独立封闭的钢球"流道"。

齿扇与垂臂轴制成一体,并与螺母上的齿条相啮合,转向垂臂轴支承在壳体内的衬套上,在垂臂轴的端站嵌入调整螺钉的圆柱形端头。调整螺钉拧在侧盖上,并用螺母锁紧。因齿扇的高是沿齿扇轴线而变化的,故转动调整螺钉使转向垂臂轴做轴向移动,即可调整齿条与齿扇的啮合间隙。

②工作原理

当转动转向盘时,转向轴带动螺杆转动,通过钢球将力传给螺母,螺母就产生轴向移动。并通过齿条带动齿扇及与齿扇制成一体的转向垂臂轴转动,经转向传动机构使机械转向。与此同时,由于摩擦力的作用,所有钢球便在螺杆与螺母之间流动,形成"球流"。钢球在螺母内绕行两周后,流出螺母而进入导管,再由导管流回螺母内球道始端,依此循环流动,故称为循环球式转向器。

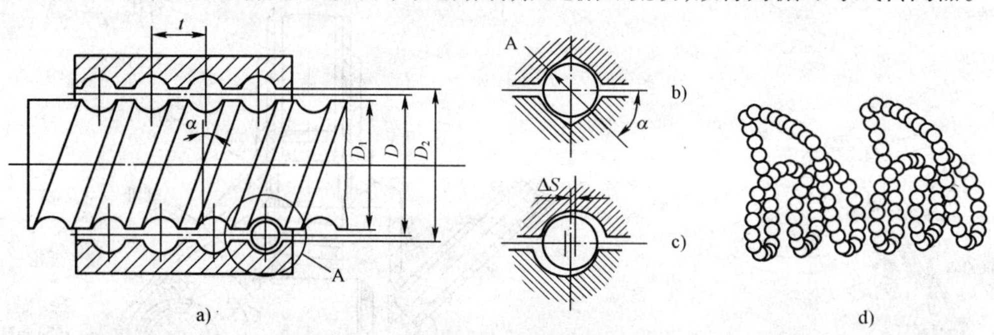

图4-11　滚道断面图

因螺杆、螺母间装有钢球,使滑动摩擦变为滚动摩擦,所以此转向器传动效率高(可达90%~95%)、操纵轻便灵活、磨损小、寿命长。此外,循环球式转向器在结构上便于和液压转向助力器设计为一个整体,故应用日益广泛。

③调整

循环球式转向器的调整有两方面:

a. 螺杆轴承间隙的调整:通过增减端盖与壳体间的调整垫片为调整,增加垫片,间隙变大,减少垫片,间隙变小。

b. 齿条与齿扇啮合间隙的调整:通过拧动侧盖上的调整螺钉进行调整,往里拧进间隙变小,往外拧出间隙变大,调整完毕将锁紧螺母锁紧。

4. 转向传动机构

1)功用

(1)转向传动机构的功用是:

①将经过转向器放大了的转向力矩传给转向车轮，使车轮偏转，达到转向的目的；

②承受转向轮在不平的道路上行驶所造成的振动和冲击，并把这一冲击传到转向器。所以，转向传动机构除应具有足够的强度外，还应具有吸振和缓冲的作用，并能自动补偿各连接处磨损后造成的间隙。

转向传动机构主要由转向垂臂、转向纵杆、转向臂、转向节臂等组成。机构转向时，各部件的相对运动不在同一平面内，故它们之间的连接均采用球铰连接，以防产生运动干涉。

2）结构与工作情况

（1）转向垂臂

转向垂臂与转向垂臂轴一般都采用锥形花键连接，并用螺母锁紧（见图 4-12）。为保证转向垂臂从中间（与地面垂直）向两边有相同的摆动范围，常在转向垂臂及其轴上刻有安装标记。垂臂与纵杆相连的一端一般做成锥孔，孔中装入球头销，并用螺母锁紧。

（2）转向纵拉杆

纵拉杆主要由球头销球头碗、弹簧、弹簧座、调整螺塞、杆身等组成。纵拉杆在转向时既受拉又受压，通常用钢管制成并尽量呈直线形，其结构如图 4-13 所示。

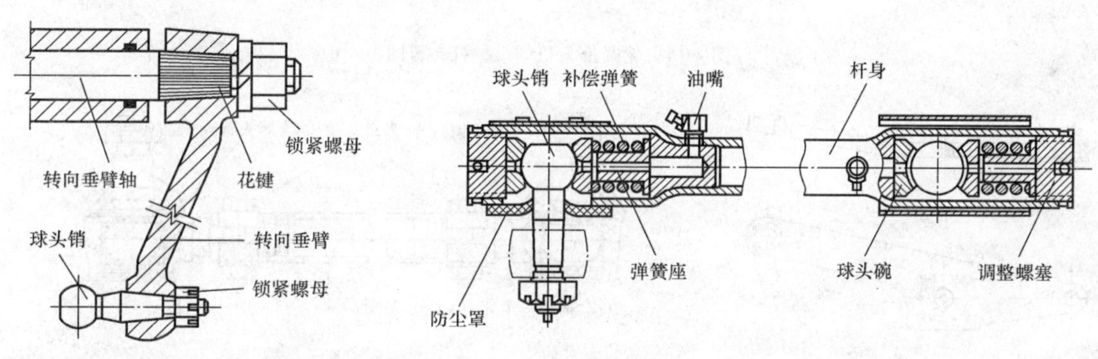

图 4-12　转向垂臂

图 4-13　转向纵拉杆

杆身两端略微扩大以便装入球头销，其中一个球头销与转向垂臂相连，另一球头销与转向臂连接。球头销两侧装有球头碗，组成球铰。在调整螺塞和弹簧的作用下，球头碗与球头销靠紧。两个弹簧的压紧方向不同，其作用是：自动补偿球头销磨损后产生的间隙，受到拉或压冲击时起缓冲作用，以减轻对转向器的冲击载荷。

转动调整螺塞可以调节弹簧预紧力，最大预紧力由弹簧座加以限制。弹簧座可以起到限制弹簧过载的作用，并防止弹簧折断后球头销从管孔中脱出。

另外，有些工程机械因其总体结构布置的需要，纵拉杆不止一个，例如图 4-14 为轮式推土机纵拉杆布置图。两个纵拉杆通过摇臂连接，摇臂的摆动受到两个调整螺钉限制。上纵拉杆通过球头销与转向垂臂相连，下纵拉杆与转向助力器相连，用以控制随动阀的运动。

（3）转向臂、转向节臂

转向臂通常是一端与转向节用螺钉连接，另一端通过锥孔和纵拉杆的球头销连接。两个转向节臂也是通过螺钉和转向节连接，另一端通过锥孔和转向横拉杆的球头销相连，如图 4-15 所示。

（4）转向横拉杆

转向横拉杆主要由杆身及球铰接头组成,如图4-16a)所示。

杆身由钢管制成,两端分别制有螺纹。两个接头拧在两端螺纹上,并用夹紧螺栓紧固。

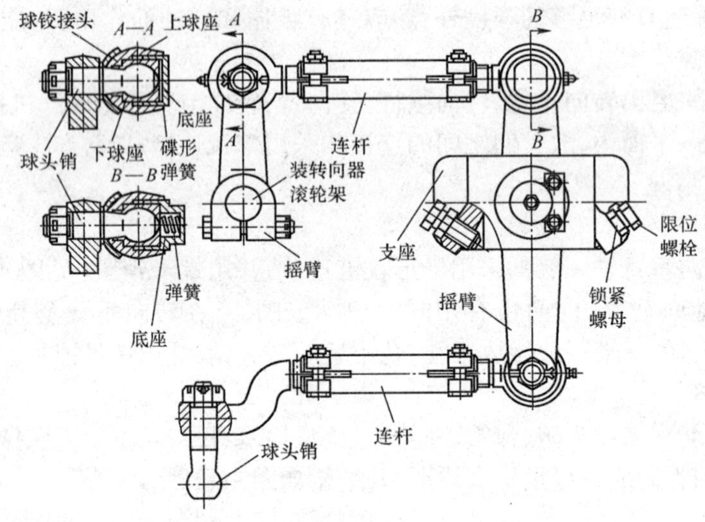

图4-14 轮式推土机的纵拉杆布置图

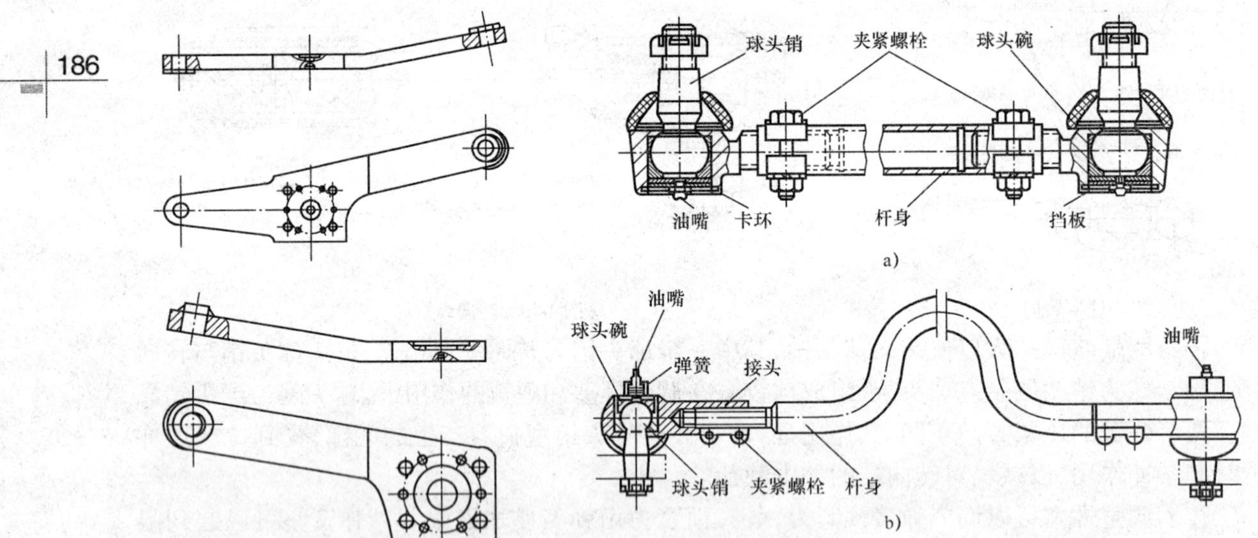

图4-15 转向臂、转向节臂

图4-16 轮式推土机转向横拉杆

球头销的锥形部通过螺母和转向节臂连接固定,球头部伸入接头空腔内,并夹装在上下球头碗之间。球头碗下部装有橡胶垫圈和挡板,并由安装在接头上的卡环限位。为消除球头和球头碗磨损后产生的间隙,在挡板和橡胶垫圈之间装的调整垫片。这样,因磨损产生的间隙较小时,可由橡胶垫圈自动消除,间隙大时可通过增加调整垫片来消除。

为润滑球头和球头碗,在挡板上装有油嘴。为防止尘土进入,接头上部装有防尘罩。松开两个夹紧螺栓,转动杆身,可以改变拉杆的总长度,以调整车轮的前束值。

有些机械的横拉杆因安装位置所限,中间部分制成弯曲的,杆身不能旋转。调整前束时,

可拧松接头上的夹紧螺栓，通过旋转接头来改变拉杆长度。轮式推土机横拉杆即是这种形式，如图4-16b)所示。拉杆右端的接头在出厂时已焊死，调整拉杆长度时，可拧松左边接有接头的夹紧螺栓，通过转动接头来调整。

有些机械，为使前束调整得比较准确，将横拉杆两端接头的螺距制成不相等的，一端大，一端小，调整时可先旋转某一端的接头，如旋进一圈就超过而退回一圈又达不到要求时，可旋转另一端的接头来配合进行调整。

(5)转向梯形机构

因为左右转向节臂、转向横拉杆及前轴所形成的四边形是一梯形，故称为梯形机构。

转向梯形机构的作用是保护转向时所有车轮行驶的轨迹中心相交于一点，从而防止机械转弯时产生轮胎滑磨现象，减少轮胎磨损，延长其使用寿命，还能保证车辆转向准确、灵活。

二、液压动力转向系

轮式公路工程机械由于整机质量和轮胎尺寸较大、行驶与作业条件较差，因此，其转向阻力(矩)也较大。此外，轮式公路工程机械因工作性质所决定，转向频繁，工作装置要完成各种连续动作，致使操作人员工作强度过大。在这种情况下，如果仍然用偏转车轮机械式转向系就很难实现操纵灵敏性和轻便性，所以，目前大多数轮式公路工程机械多采用液压动力转向系。液压动力转向是以动力装置(发动机等)输出动力为能源，通过液压系统将操纵转向盘上的操纵力增大，以液压动力的形式实现车轮或车架的相对偏转，从而达到轮式公路工程机械转向的目的。

1. 组成、类型和要求

1)组成

图4-17为液压助力式动力转向系，它由转向器、分配阀(转向阀)、动力缸(转向油缸)、液

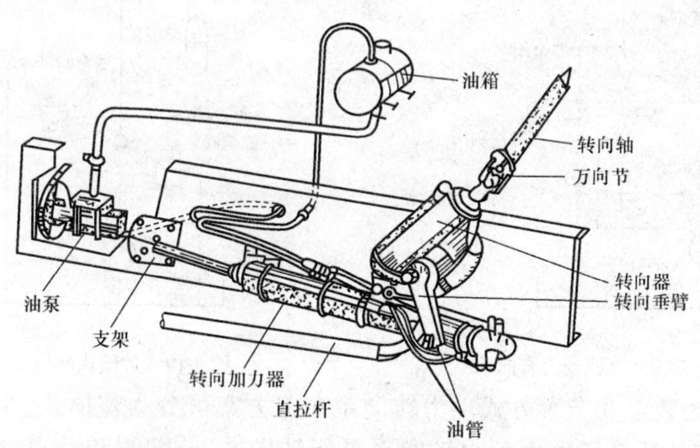

图4-17 液压助力式动力转向系组成

压油箱、油泵和管路等组成。液压动力转向所用高压油由发动机驱动的液压泵供给，转向助力器(又称转向加力器)由分配阀和动力缸所组成。动力缸内装有活塞，活塞杆伸出端固定在车架的支架上。通过转向盘操纵转向器，由转向器控制转向助力器中的分配阀，使液压泵输出的高压油进入动力缸无杆腔或有杆腔，活塞杆伸出或缩回，再通过转向纵拉杆及转向传动机构使

转向轮向左或向右偏转，从而实现轮式机械转向。在正常情况下，只需通过转向盘和转向器操纵分配阀。偏转车轮或车架所需的力主要由动力缸提供，因此转向操纵轻便。

2）类型

（1）按液压动力形式可分为液压助力式和全液式两种，其中的液压助力式动力转向系（见图4-17）。使用这种液压动力形式转向时转动转向盘的操纵力已不再是直接迫使车轮或车架偏转的力，而只是使转向助力器的分配阀（又称转向阀或随动阀）进行工作的力，偏转车轮或车架所需的力则是由动力缸（又称转向油缸）给予的。该型式转向系工作压力高（一般为7～16MPa），部件尺寸小、重量轻、结构紧凑、转向灵敏、工作平稳，无需额外润滑，并且对地面冲击能起缓冲作用，因此应用较广泛；全液压动力转向系取消了传统的转向器，全部靠液压传动系统来实现轮式机械转向。若发动机熄火或转向液压泵失效，靠手动油泵供给液压油仍可实现人力转向，这种形式的转向系在轮式公路工程机械上应用也较多。

（2）按液流形式可分为常流式和常压式两种，其中的常流式液压动力转向系如图4-18所示。常流式液压动力转向系是指轮式机械不转向时系统内液压油的是低压，分配阀在中间位置时油路畅通，从液压泵排出的液压油经分配阀和回油管回液压油箱，一直处于常流状态。动力缸活塞左、右腔都与低压回油管连通；常压式液压动力转向系如图4-19所示，轮式机械不转向时系统内液压油也是高压，分配阀关闭。常压式液压动力转向系需要蓄能器，液压泵排出的高压油储存在蓄能器中。当蓄能器达到一定压力后，液压泵卸载空转。

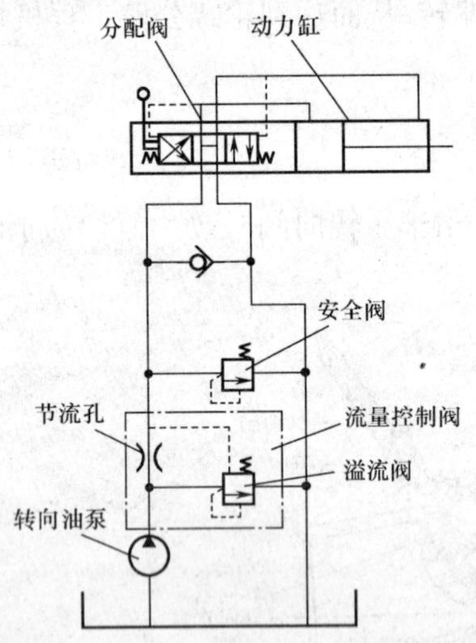

图4-18 常流式液压动力转向系

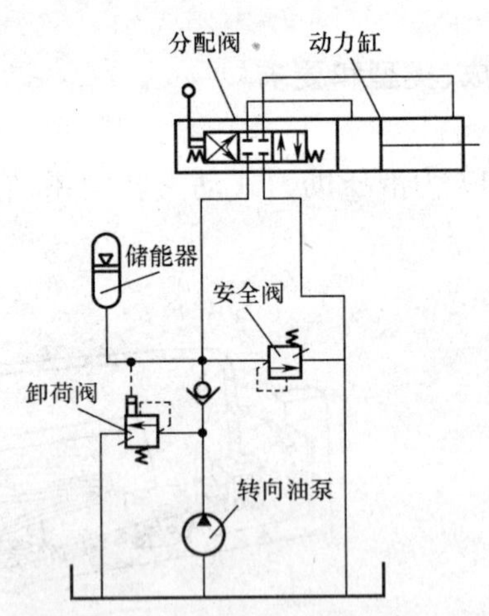

图4-19 常压式液压动力转向系

（3）按液压助力装置的布置方式动力转向系布置方案可分为整体式、半整体式和分置式。如图4-20所示。整体式液压助力动力转向系是指转向器、分配阀和动力缸三者为一体，该结构称为整体式动力转向器（见图4-20a）；半整体式液压助力动力转向系是指分配阀与转向器（或分配阀与动力缸）两者为一体，该结构分配阀装在转向器上的称为半整体式动力转向器（见图4-20b）；分配阀装在动力缸上的称为转向加力器（见图4-20c）。半整体式结构布置比较灵活，可采用现有的转向器。但管路布置比整体式复杂。分置式液压助力动力转向系是指转向器、分配阀和动力缸三者均分别独立布置，这种方式布置灵活性也较大，且可选用现成的转向器。

3)要求

(1)转向灵敏。自由行程和滞后时间要少,要求当操作人员以可能的最大转动速度(1.5r/s)转动转向盘时液压泵的供油量能保证向转向油缸供油;要求在2~3s内,即转向盘转动3~4.5圈时完成最大转向的供油。

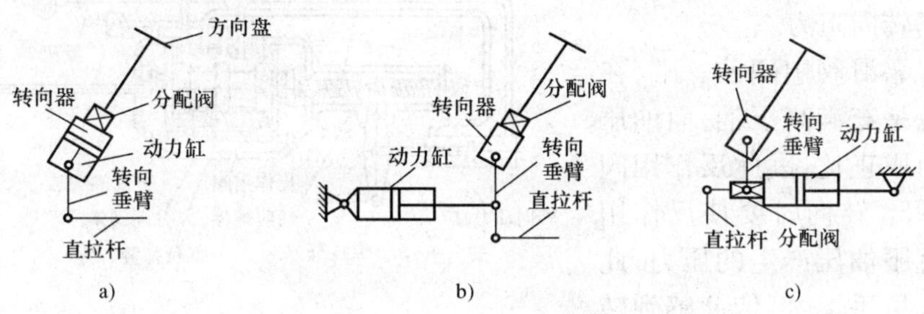

图4-20　液压转向助力装置布置方案

a)整体式;b)半整体式;c)转向加力器式

(2)转向系统工作稳定。当转向盘停止转动时,转向轮不能来回摆振。

(3)转向轮能自动回正。在车轮稳定力矩作用下,动力转向系统能保证转向轮自动回正。

(4)安全可靠。对于中、小型轮式机械,当转向助力器失效时(如发动机熄火、液压泵出故障等)能保证人力转向;对于大型轮式机械,应设有辅助转向机构。

(5)要有"路感"。动力转向系统应能及时地把路面阻力情况正比的反映到转向盘上,以便操作人员对路面情况有所感觉,有利于安全行驶。

(6)要有随动作用。转向轮的转角和转向盘的转角应保持一定的比例关系。

2. 结构及工作过程

1)液压助力式动力转向系

(1)组成

主要由转向器、分配阀、动力缸、液压油箱、油泵和管路等组成。

(2)工作过程

转动转向盘时由于转向轴、分配阀阀芯和转向螺杆装成一体,因转向阻力大,转向垂臂与转向螺母保持不动,因而转向螺杆相对转向螺母作轴向位移(转向螺杆移动的方向决定于轮式机械转向的方向),因此阀芯也随着移动,使油路发生变化。这时高压油经分配阀流入相应的动力转向油缸的工作腔内、推动活塞移动,再通过纵拉杆使转向轮动。在转向轮转动的同时转向螺母也与活塞一起(被活塞带动)产生相反的轴向移动,并在转向轮转过一定角度后使阀芯重新回到中间位置。如果需要继续转向,必须继续转向盘,这种分配阀芯的位移促使动力转向油缸活塞产生位移,而活塞的位移又反过来消除阀芯的位移的过程,称为"反馈"过程。"反馈"过程保证了转向轮的转动角度与转向盘的转动角度保持随动关系,因此分配阀又称为随动阀,如图4-21所示。

当动力转向系统元件(如液压泵)失效时,动力转向不但不能使转向轻便,反而增加了转向阻力。为了减小这个阻力,设置了单向阀,单向阀安装在分配阀的进油道与回油道之间。正常情况下进油道中的油压为高压、回油道为低压,单向阀被弹簧和油压所关闭,两油道不相通,液压泵失效时进油道变为低压，而回油道却有一定的压力（是由于动力转向油缸的活塞起泵油作用）。进、回油管的压力差使单向阀打开、两油道相通，液压油自动转向油缸的一腔（油液压力升高一腔）流向另一腔（油液压力降低一腔），便减小了转向阻力。

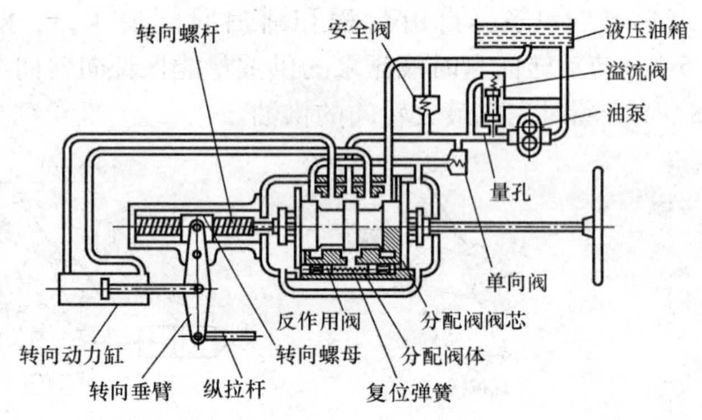

图 4-21　液压助力式动力转向系的组成与工作原理

反作用阀靠滑阀中间的一端，在转向过程中总是充满高压油，而油压又与转向阻力成正比，因此反作用阀起"路感"作用。转向时要使反作用阀移动必须克服油压产生的压力，此力传到操作人员手上，可依此感到转向阻力变化的情况。有的动力转向系统中没有反作用阀，故在转向阻力变化的情况下，操作人员手上的转向力大致差不多，也就没有道路感觉。

复位弹簧有两个作用：一是轮式机械直线行驶时，使阀芯保持在中间位置；二是使转向后阀芯能够自动回中。安全阀的作用是限制液压泵的最高压力，以避免液压泵及其他机构过载。溢流阀的作用是限制进入系统的流量，当发动机转速过高、液压泵排量超过某一定值时，多余的油液便经过溢流阀流向液压泵入口处。

（3）典型轮式机械液压助力式动力转向系

国产 ZL 系列装载机采用的液压动力转向系，如图 4-22 所示。转向器与分配阀（转向）制成一体，动力缸（转向油缸）单独布置，属于半整体式动力转向系，其转向器采用循环球式。这种方案对铰接式机械来说布置是比较方便的，同时灵敏度较高。另外，该液压助力式动力转向系统设有蓄能器，用较小功率的液压泵即能满足转向要求；当发动机熄火时，转向系统仍可继续工作一段时间。其缺点是：在分配阀与转向油缸之间有较长的连接管路，故转向稳定性较差；不能选用现成的转向器。

如图 4-22b）所示，转动转向盘时由于转向螺杆的转向螺母通过齿扇、转向垂臂和反馈随动杆与前车架相连，因此转向螺母不动，迫使螺杆相对螺母运动并带动分配阀阀芯移动，从而使液压泵与蓄能器内的压力油经分配阀流入左、右转向油缸相应一端而另一端回油。由于转向油缸的前腔（无杆腔）与转向油缸的后腔（有杆腔）相通，因此两个转向油缸相对铰接销产生同一方向的转向力矩，使前、后、后车架相对偏转。前、后车架的相对偏转推动反馈随动杆使转向带动转向螺杆上、下移动，使分配阀阀芯恢复到中间位置，切断液压泵向转向油缸供油通路，前、后车架停止相对偏转。只要继续转动转向盘，再次使分配阀把液压泵与转向油缸的供油通路接通才能继续转向。

ZL50 型装载机动力转向液压系统工作原理，如图 4-23 所示。

装载机直线行驶时分配阀（转向阀）处于中位，液压油从液压油箱经滤油器过滤后被液压泵送往单向溢流卸荷阀，而后装载机将会有两种状态：一是蓄能状态。当蓄能器内液压油油压还未达到 10MPa 时，压力油推开单向溢流卸荷阀中的单向阀流入蓄能器中，直到油压升至

10MPa 时单向溢流卸荷阀中的溢流阀开启卸荷。此时该阀中的单向阀在压力差作用下关闭，液压油经其溢流阀流回液压油箱。同时，左右转向油缸的进、回油路均封闭，即转向油缸两腔

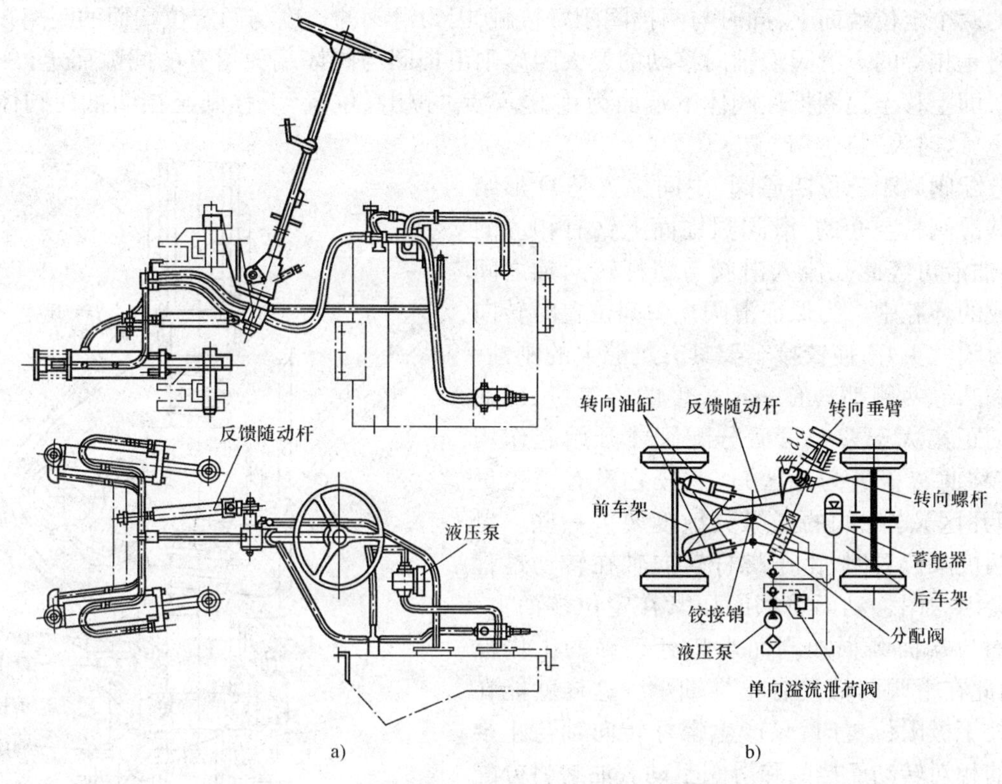

图 4-22　ZL50 型装载机液压助力式动力转向系

a) 结构组成；b) 工作原理

（有杆腔与无杆腔）无液压油作用，装载机行驶与作业方向保持原有工作状态。这时装载机前、后车架的连接亦具有一定的刚性。二是转向状态。右转转向盘时动力转向器中的分配阀处于右位，蓄能器首先供油，单向阀开启，液压油流入分配阀。此后液压泵供油，打开单向溢流卸荷阀中的单向阀与蓄能器供油汇合，经过分配阀的液压油由管路分别流入左转向油缸的无杆腔和右转向油缸的无杆腔与回油路相通，即通过管路、分配阀的另一油路通道流回液压油箱。这样就使左转向油缸伸长，右转向油缸缩短，装载机实现右转弯。装载机左转弯时分配阀处于左位，液压油流入分配阀的流向和转向油缸的伸缩情况与右转弯时的相反。

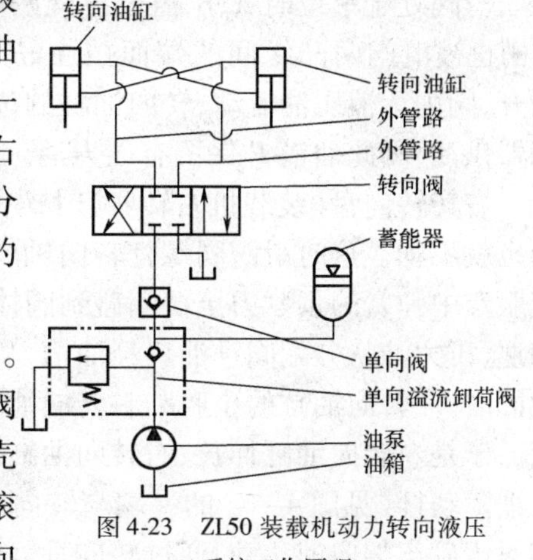

图 4-23　ZL50 装载机动力转向液压系统工作原理

动力转向器（转向器与分配阀）。如图 4-24 所示。ZL50 型装载机动力转向器与分配阀制成一体。分配阀与转向器是由 3 个分体用螺钉连成整体，通过转向器壳凸缘以螺钉固定在后车架上，螺杆转向轴支承在两个滚针轴承上，即减小了横向尺寸，又可能在转动时沿轴向

移动。分配阀滑阀的上端面被挡圈、止推轴承抵在螺杆转向轴的台肩上限定住，下端面则由锁紧螺母压紧垫片、止推轴承及挡圈做轴向定位。滑阀的中间位置是靠定中弹簧将柱塞压紧在阀体的两个定位端面上，同时与两挡圈刚好接触，因为滑阀的长度与两定位端面的距离在设计制造时是相等的。滑阀沿轴向移动的最大距离则由挡圈与阀体端面留有的间隙而定（一般为3mm），即上移至挡圈抵住阀体下端面为止，这就是“拉出”位置，下移则至挡圈抵住阀体上端面为止，这时为“推进”位置。

分配阀属于三位四通阀，中间位置是O形结构。其滑阀是空心的，滑阀圆柱面上钻有相应的油孔，油液可经此孔流入滑阀与螺杆转向轴之间所形成的环腔中。为保证滑阀在中间位置时转向油缸封闭的更好，使铰接车架具有足够大的刚性，在滑阀凸缘两侧都具有一定长度的覆盖量，即油阀移动距离大于覆盖量后分配阀才开始起作用（也有称此覆盖量为死区）。它较之没有覆盖量的（即开区）分配阀的操纵灵敏度要差一些。滑阀在两极限位置时，由于螺杆转向轴在转动过程中又会因力图移动而将挡圈压紧在定位端面上，使挡圈与端面磨损加剧而影响其正确的工作位置，为此在滑阀两端设有止推轴承。这样就能在滑阀处于极限位置时，只产生螺杆转向轴与止推轴承的相对转动而挡圈和滑阀不动。油封将分配阀与转向器两腔分开，使转向器的滚针轴承、钢球、转向螺母、转向垂臂轴等用油脂润滑，而分配阀中的止推轴承、滑阀等则通过回油口 O 内的旁通油孔 Q 进行回油润滑。分配阀通过改变滑阀的3个位置来给定液压油的流向。

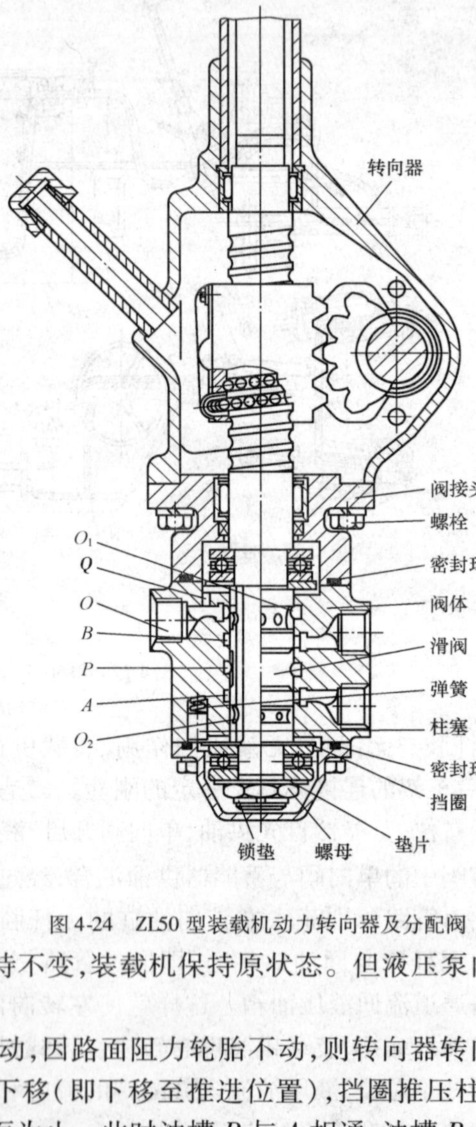

图4-24 ZL50型装载机动力转向器及分配阀

滑阀处于中位时 A、B 槽被滑阀两凸缘封闭，P 槽也被滑阀两凸缘间的端面挡住，P 与 A、B、O 断开，阀内无液压油流动，转向油缸的位置也就保持不变，装载机保持原状态。但液压泵向蓄能器供油，因此油槽 P 保留有压力油。

右转转向盘（装载机右转弯）时螺杆转向轴转动，因路面阻力轮胎不动，则转向器转向螺母也就不动。这时滑阀同螺杆转向轴一起沿轴向下移（即下移至推进位置），挡圈推压柱塞、克服定中弹簧的预紧力至挡圈碰到阀体上定位端面为止。此时油槽 P 与 A 相通、油槽 B 与 O 相通，压力油从分配阀进油口经油槽 P 与 A 流向左转向油缸的大腔和右转向油缸的小腔。与此同时，左转向油缸的小腔和右转向油缸的大腔回油经油槽 B 与 O_1 从回油口 O 流回液压油箱。于是左转向油缸伸长、右转向油缸缩短，铰接的前后车架相对转动，使装载机右转。由于反馈随动杆（见图4-47）的一端与转向垂臂连接，另一端和前车架铰接，因此又使反馈随动杆相对于后车架向前移动，通过转向垂臂的摆动使转向垂臂轴与齿扇（即扇形齿轮，它与转向垂

臂轴制成一体)转动,转向螺母驱使螺杆转向轴沿与转动转向盘时的相反方向做轴向移动,直至滑阀重新回到中间位置。此时转向油缸油路被滑阀隔断,故装载机停止转向。

左转转向盘(装载机左转弯)时滑阀进入"拉出"位置,其油路与上述相反。即油槽 P 与 B 相通,油槽 A 与回油口 O 相通。压力油从分配阀进油口经油槽 P 与 B 流向左转向油缸的小腔和右转向油缸的大腔。与此同时,左转向油缸的大腔和右转油缸的小腔回油经油槽 A、滑阀下端通油孔、油道 O_2 及滑阀上端通油孔,从油槽 O_1 经回油口 O 流回液压油箱。于是左转向油缸缩短,右转向油缸伸长,铰接的前后车架相对转动,使装载机左转。同样是由于前后车架的相对转动,通过反馈随动杆的作用使滑阀又重新回到中间位置,装载机也就停止转向。

定中弹簧不仅关系到转向器使用的可靠性,而且对轮式机械行驶稳定性也有影响。这是因为定中弹簧的作用是,在滑阀受到小于其预紧力作用条件下保持滑阀处于中间位置上,这包含两层意思:其一是在分配阀不工作时能使滑阀保持在中间位置;其二是为保持轮式机械直线行驶,车轮在自动回正过程中转向盘只是相应地转动,而滑阀仍处在中间位置。

动力转向油缸,如图 4-25 所示。ZL50 型装载机动力转向油缸采用单向双作用液压缸。缸头通过销轴与前车架连接,耳环通过销轴与后车架连接,液压缸两端均设有缓冲装置。转向油缸有左、右两个,左(右)转向油缸的有杆腔与右(左)转向油缸的无杆腔用高压软管相连,在液压油的作用下左(右)转向油缸伸长,右(左)转向油缸缩短,一推一拉使前车架相对后车架转动,实现装载机右转弯(或左转弯)。

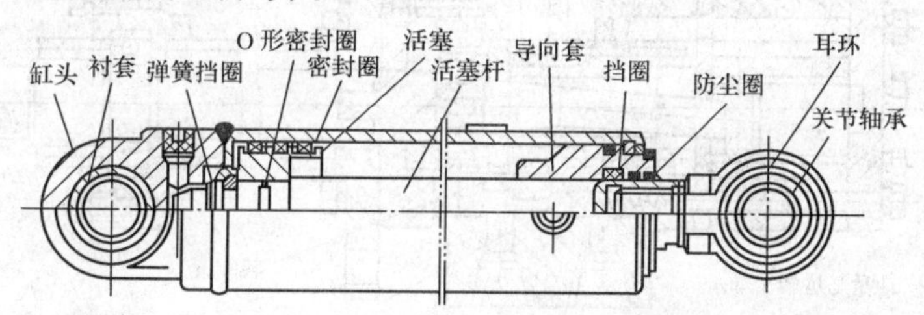

图 4-25 ZL50 型装载机动力转向油缸

2)全液压式动力转向系

全液压式动力转向系不采用传统的转向器和转向传动机构,也不采用转向助力机构,而是采用转阀式液压转向机构。它一般用在中、低行驶速度(不超过 50km/h)的轮式机械上。

(1)全液压式动力转向系的优缺点

这种转向系具有以下优点:

①转向操纵轻便灵活。全液压式动力转向要比机械式和液压式助力转向更轻便、灵活。

②安装布置容易。这种转向系统取消了转向盘与转向轮之间的机械连接,而是转向盘与转阀式液压转向器相连、转向油缸与转向轮相连,两根油管将液压转向器所控制的压力油按转向要求输送到转向油缸的相应腔内。

③尺寸小、结构紧凑。转向盘可以与转阀式液压转向器安装在一根轴上。

④维护简单方便。因为承受大载荷的零件少、整个装置需要维护部位少。

⑤发动机熄火时仍然保证轮式机械的转向性能。

由于具有上述优点,近来一些装载机、平地机、挖掘机、压路机、沥青混合料摊铺机及起重机等轮式公路工程机械均使用此转向液压系统。

该系统的缺点是：一旦油管破裂，轮式机械将失去控制。因此有些国家规定，这种转向系统只能用于最高速度为 40 ~ 50km/h 的轮式机械上。

全液压转向系统主要包括三大部分：转阀式液压转向器（由机械操纵的控制阀与液压油和容积定量机构即计量马达所组成）、转向油缸、液压泵等。

(2)转阀式液压转向器的结构

如图 4-26 所示，转阀式液压转向器由转阀体、转阀套、转阀芯、计量马达转子和定子、连接轴及销子等主要零件所组成。转阀体是转阀式液压转向器的壳体，其余的零件都安装在它的内部或侧面，其外表面上有 4 个安装油管的螺孔：连接进油管的是进油口 A，液压泵来的压力油经此口进入转向器；连接回油管的是回油口 B，液压油可由此口流回油箱；油口 C 和 D 分别与转向油缸的两腔相连。计量马达安装在转阀体的下端，转阀套放置在转阀体的内腔中，由计量马达的转子通过连接轴、销子带动着在转阀体内转动。转阀芯放置在转阀套的内腔中，由转向盘带动着旋转。

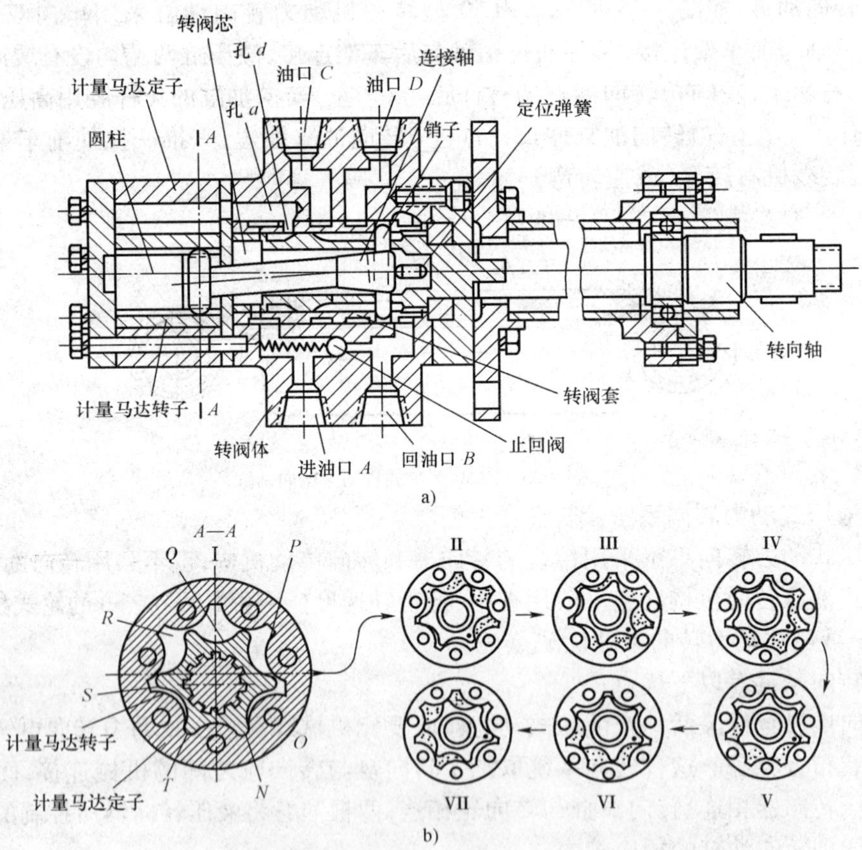

图 4-26 转阀式液压转向器

计量马达在全液压动力转向系中主要起反馈作用，即保证供给转向油缸的油量与转向盘的转动角度成正比。为了实现液压转向的随动作用，转向盘的轴与计量马达的转子之间是通过定位弹簧弹性连接的，并在结构上保证两轴间相对转过 10°以后才能一起旋转。计量马达

由定子与转子(见图 4-26b)组成。定子安装在转阀体的下端,它有 7 个内齿,转子在定子内旋转,它有 6 个外齿。定子与转子两者中心保持一个偏心距,转子以此偏心距为半径绕定子转动。转子在定子中按顺时针转动时,由转子的齿与定子的齿槽构成的封闭容积是变化的。以带黑点的 N 齿为例,从位置 I 转到位置 IV 的过程中 N 腔的封闭容积增大,这时 N 腔与进油口相通进行充油;从位置 V 转到位置 VII 时 N 腔容积逐渐缩小,此时 N 腔与通转向油缸的油口接通进行排油,从而使转向油缸活塞移动进行转向。I ~ VII 七个位置是转子顺时针沿定子的各个齿转一圈的情况,此时相当转子绕自身轴线反时针转过一个齿(见黑点 N 齿位置)。

带黑点的 N 齿转过一个齿时,其他各齿构成的封闭容积也在进行相应的进油与排油,因此转子转过一圈齿时也就相当于 $6 \times 7 = 42$ 个齿槽的油液被排出。为了保证计量马达各齿的封闭容积连续进油与排油,需要依靠由转阀芯与转阀套上的一圈孔 a 与 d(见图 4-26a)进行配油,因而转阀芯与转阀套也是计量马达的配油机构。

(3)转阀式液压转向器配油机构的工作原理

如图 4-27 所示,转阀式液压转向器配油机构的配油轴(相当转阀芯)上开有交错相隔的 6 条进油槽与 6 条排油槽,它们分别与通液压泵的环槽 a、通转向油缸的环槽 b 沟通。当配油轴带动转子转动时,液压泵来油就经配油轴上的进油槽送到转阀套上相应的进油孔中,并由此通往计量马达的吸油腔。与此同时,计量马达排油腔的油液经过转阀套上的排油孔、配油轴的排油槽把油引向转向油缸。

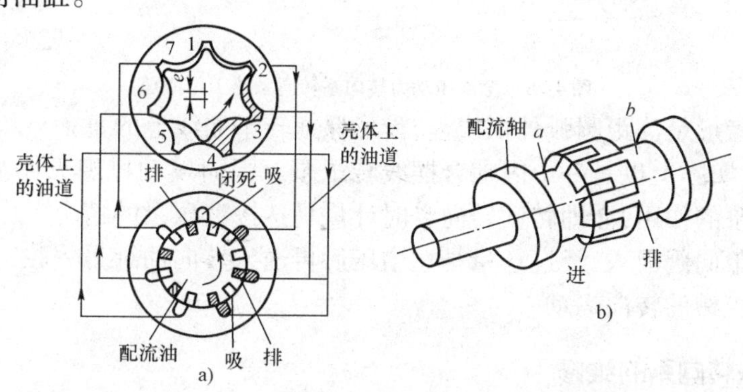

图 4-27　转阀式液压转向器配油机构的工作原理

a)配油孔连接图;b)配油轴

(4)全液压动力转向系转向系统的工作原理

轮式机械直线行驶时转阀芯和转阀套之间处于图 4-28 所示位置,液压泵来油从转阀体进入转阀套的 P 口并经转阀进入转阀芯,然后再从转阀体 O 口流出而排回到液压油箱,这时转向油缸不进油;机械转弯时(以右转弯为例)右转转向盘并带动转阀芯一起转动,由于转向盘与计量马达转子之间是弹性连接,而且设计保证定位弹簧的压缩力比转动转子的力要小,因而开始转阀套没有转动,而转阀芯相对转了一个角度,液压泵来油经 P 口进入转阀芯并经转阀上的 M_A 口流向计量马达的 M_A 口,再从计量马达的 M_B 口流向转阀上的 M_B 口,然后再经转阀上的 A 口流向转向油缸的 A 口,使转向油缸活塞移动而机械实现向右转弯。这时转向油缸 B 腔的液压油,经转阀排回液压油箱。在上述过程中,由于液压泵来油在进入转向油缸之前先经过计量马达,因而计量马达的转子在压力油作用下旋转,其旋转方向与转向盘一致。它的旋转带动了转阀套旋转,从而使因转向盘转动而造成的转阀开口消除,转阀又处于原先位置。这就保证了转向油缸活塞的移动始终追随转向盘的转动,转向盘停止转动时转向油缸活塞也就停止移动。

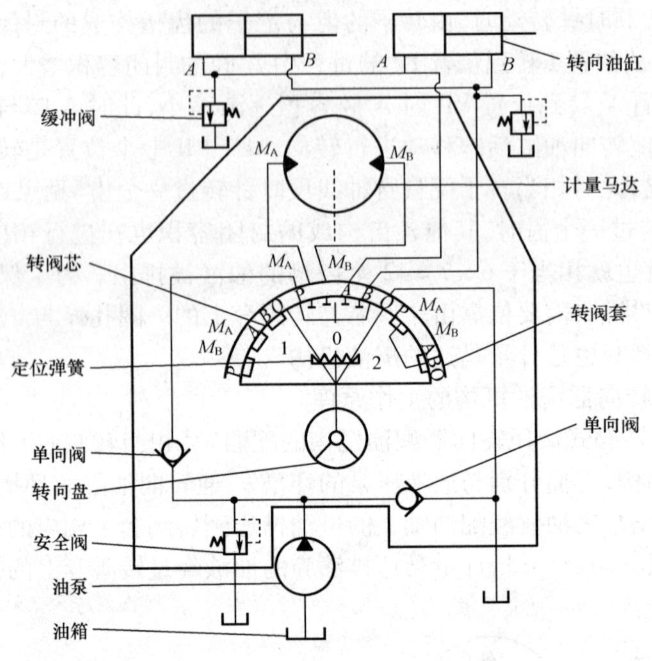

图 4-28　全液压动力转向系转向系统工作原理

计量马达的齿形是等距圆弧外摆线齿,齿形保证转子曲线上的每一点均成为啮合点,由上述可见,计量马达实际上也是一个内啮合摆线转子泵。因而发动机熄火而液压泵不供油是计量马达便起手动泵的作用,亦即转动转向盘时计量马达按液压泵的情况工作,此时将转向油缸一腔的液压油自单向阀吸入,经过计量马达增压后再送入转向油缸另一腔,从而可以实现发动机熄火时的轮式机械的转向运动。

三、轮式机械转向系的维修

1. 轮式机械转向系的维护

1)动力转向系统的维护

(1)正常维护

在例行维护作业中,应检查储油箱油面高度,保持在规定的范围内。油液不足应及时加注。检查液压系统及油管各接合面处有无漏油现象,如有漏油必须消除。检查动力转向装置,如转向器、转向垂臂和拉杆球节的紧固情况,以免在行驶中出现松动而危及行车安全。

(2)一级维护除进行例行维护作业内容外,还应将油箱、滤清器进行清洗,必要时更换滤芯,对动力转向装置各润滑点加注润滑脂;检查转向盘的自由行程,必要时进行调整。

(3)二级维护除进行例行维护和一级维护作业内容外,还应清洗各液压元件;检查主要液压元件的工作性能;更换转向器和液压系统的全部工作用油。

2)转向盘自由行程的调整

机械转向时,转向盘须先空转一个角度,使所有传力零件之间的间隙消除,转向轮才开始

偏转,转向盘的这一空转行程称为转向盘的自由行程。

由于转向器和转向传动机构中各传力零件受力而产生弹性变形,也使得转向轮偏转较转向盘晚。适当的自由行程可缓和冲击,使操纵柔和,避免驾驶员过度紧张。但自由行程过大,将使操纵不灵,转向困难,并增加驾驶员工作量;自由行程过小,使操纵过于灵敏,使驾驶员产生紧张,易疲劳。

(1)检查

用转向盘检查器检查,将前轮置于中间位置(即直线行驶位置),将检查器的刻度盘和指针分别夹持在转向器管柱和转向盘上,然后向左(或右)转动转向盘至感到有阻力时(记住指针所指位置),再反向转动至感到有阻力为止,这时指针在刻度上所划过的角度就是转向盘的自由行程。标准值:轮式推土机为30°;CL-7 铲运机为30°。

(2)调整

影响转向盘自由行程的原因较多，调整时应首先找出原因。在判断原因和部位时，通常是一人转动转向盘，另一个在机械下面观察。如果转向盘已转动了许多，而转向垂臂不转动，则原因在转向器部位；如转向垂臂已转动了许多，而转向轮并不偏转，则原因在转向传动机构。

若原因在转向器部分,就应对蜗杆轴承紧度和滚轮、蜗杆的啮合间隙进行调整。若原因在传动机构部分,就应调整拉杆球铰紧度和检查、紧固各连接部分。另外,轮毂轴承松旷和转向节主销磨损过度,均应调整修复。各种机械的调整方法如前所述。

3)前束的调整

前束值不符合要求,将会使前轮加速磨损,因此,修复总装或在维护时,均应检查和调整前束。

(1)检查

①将前束尺(如无前束尺也可用钢卷尺)两端水平地支承在两轮胎内侧边缘最小距离处,即前轮内侧面最前点,这一点与前轮中心线同高(见图4-29a)。

②移动游标尺并量出 A 值后,转动车轮至后方,最出 B 值,即得前束值 $B-A$。

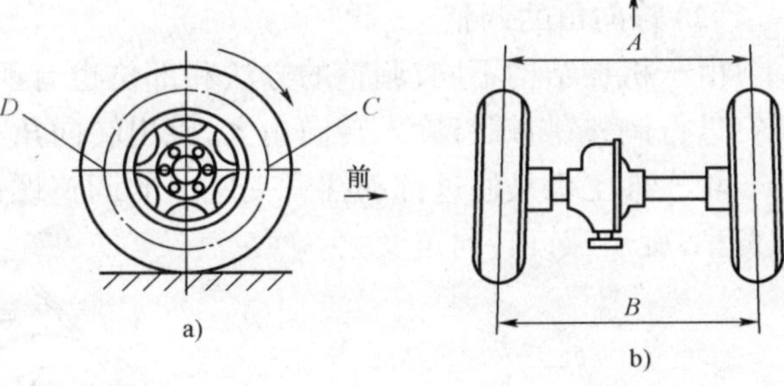

图4-29　前束的检查

前束的测量要符合厂家规定。轮式推土机、74 式 III 型挖掘机的测量位置可参照图4-29b),取两轮胎中心平面处的前后差值。

(2)调整

先把横拉杆两端夹紧螺栓松开,旋转横拉杆。如横拉杆是弯曲的不能旋转,应将拉杆一端从转向节臂上拆下旋转接头。使横拉杆伸长,前束增大;反之前束缩小。轮式推土机前束值为零,PY-160B 平地机为 2 ~ 5mm。

(3)调整时应注意事项

①调整时前桥左右车轮气压应保持相同。

②使用中的机械前束调整时前轮应着地。这是因为机械使用后,转向节主销和衬套、轮毂

轴承等已磨损，它们的配合间隙已变大，车轮位置不正，使测得的前束值与实际值将有误差，调整结果亦不会精确。

4）转向角的调整

转向角有左右之分，所谓左转向角即左转向轮从直线行驶的位置向左偏转到极限位置时所转过的角度，右转向角即右转向轮从直线行驶的位置向右偏转到极限位置时所转过的角度。转向角过大，机械急转弯时基电路，轮胎与地面横向滑磨以及车轮可能与工作装置或车架碰擦而加束轮胎磨损，而转向角过小，将使转弯困难，因此在修复后或发现转向角失常时，应及时调整。常见轮式机械的转向角见表4-1。

（1）转向角的检测

①转向角可用车轮转角仪进行检查（图4-30a）；

②在无仪器的情况下，也可用下述方法检查：

常见轮式机械的转向角

表4-1

机械型号	转向角	机械型号	转向角
轮式推土机	19°	PY-160B平地机前转向桥	50°
ZL-40装载机	35°	PY-160B平地机后转向驱动桥	14°
CL-7铲运机	90°		

a. 顶起转向桥，使车轮离开地面并处于直线行驶位置；

b. 在转向轮一侧或胎面中心的地面上工作一前后延长线；

c. 转动转向盘，使车轮向左或右偏转到极限位置，再在转向轮一侧或胎面中心的地面上作一前后延长线；

d. 用量角器测理出两条延长线相交的夹角，即是该机械的转向角，如图4-30b）所示。

（2）转向角的调整

由于机械结构不同，调整的方法和部位也有所不同。挖掘机是通过拧动前桥壳上的限制螺钉进行调整，将螺钉旋入转向角大；旋出转向角小。

轮式推土机是通过拧动摇臂支座上的调整螺钉进行调整，如图4-31所示。旋入螺钉转向角变小，旋出螺钉转向角变大。

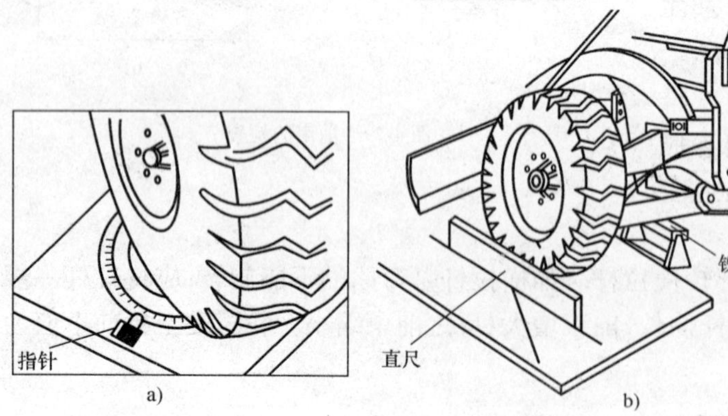

图4-30 转向角的检查测量

a）用车轮转角仪检查前轮转向角；b）用直尺检查测量前轮转向角

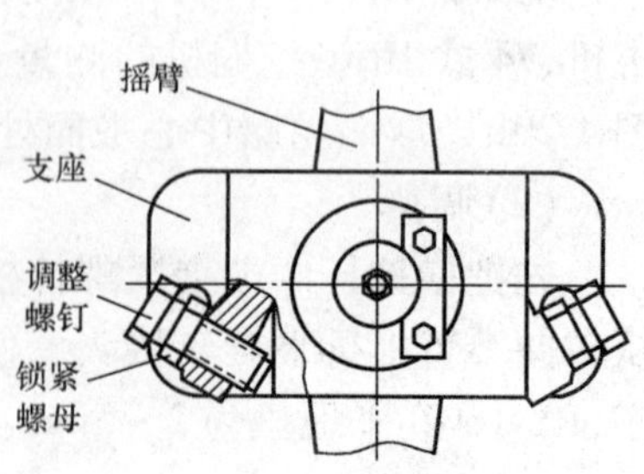

图4-31 轮式推土机前轮转向角的调整

在有些工程机械上转向角无法调整，其最大转向角靠限位块限制。

2. 转向器的拆装

以动力转向器为例。

1）转向器的拆卸

拆卸前把转向器外部擦洗干净（禁止用汽油清洗）。

（1）拆卸转子

①转动侧朝上，将安装法兰轻轻地夹入台钳上（用铜皮垫在转向器与虎钳之间），如图4-32所示。

②取下螺栓，再取下下端盖，然后取下O形密封圈，如图4-33所示。

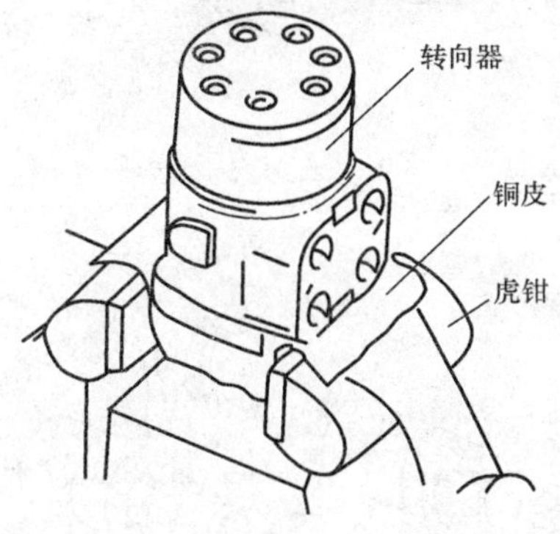

图4-32　装夹转向器

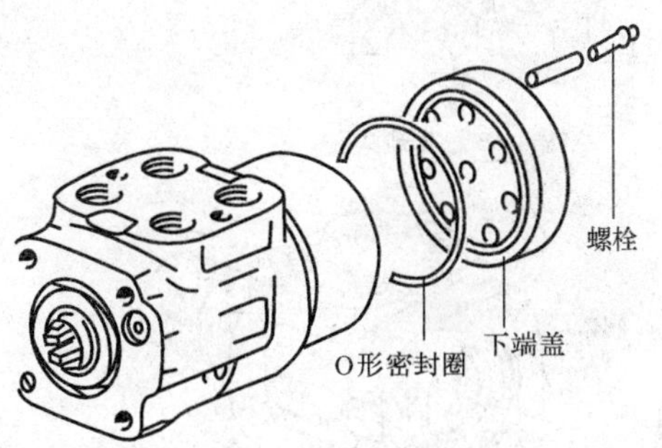

图4-33　拆下端盖等

③拉出转子组件，然后取下O形密封圈，取下衬套，如图4-34所示。

④取下联动轴，取下配油盘，然后从阀体上取下O形密封圈，如图4-35所示。

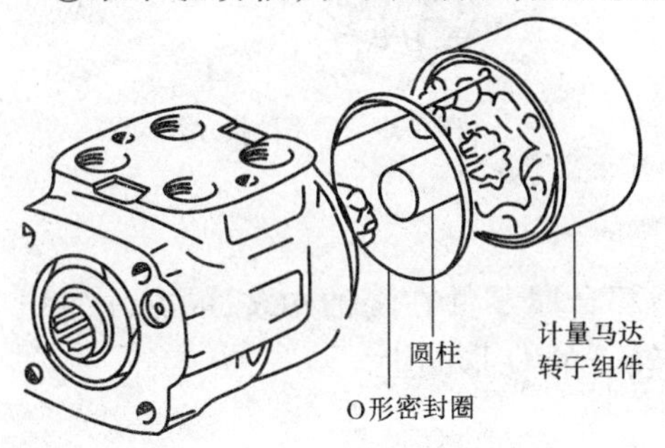

图4-34　拆计量马达转子组件

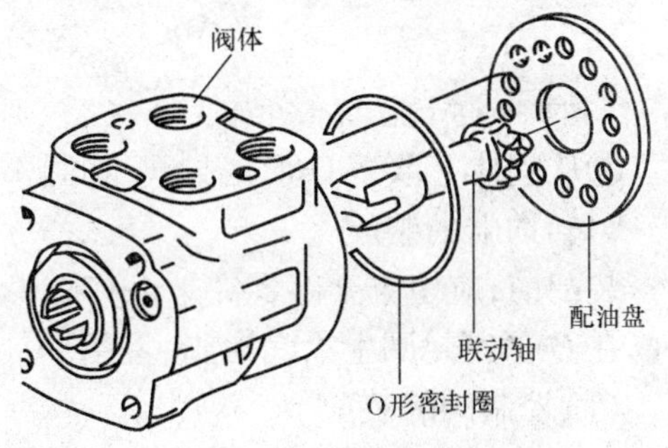

图4-35　取下配油盘等

（2）拆卸控制阀

①从台虎钳上取下阀体，将它放在干净的布上，要注意不得损坏已精加工表面，用螺丝刀将开口坏的尖端抬起来，再从阀体上取下来，如图4-36所示。

②转动阀芯和阀套，以便将拨销置于水平位置，然后用大拇指推进阀芯和阀套，并从阀体上取下滑环，依次取下挡环、滑环、密封圈，如图4-37所示。

③从阀体上按图中箭头所指方向推出阀芯和阀套，并从阀芯和阀套组件中拉出拨销，如图4-38所示。为防止阀芯和阀套组被卡死在阀体内，在拉出组件时，可以边推边缓慢地朝左、右两边转动阀芯和阀套组件。

④轻轻地将阀套内的阀芯推向前方，并用手小心地从阀芯中取出4片弹簧片，慢慢地转动阀芯，并从阀套后面将其拉出来（按图中箭头所指方向），如图4-39所示。

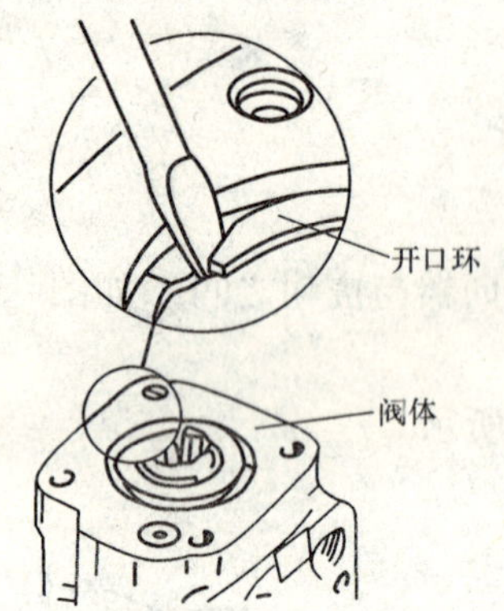

图4-36　拆开口环

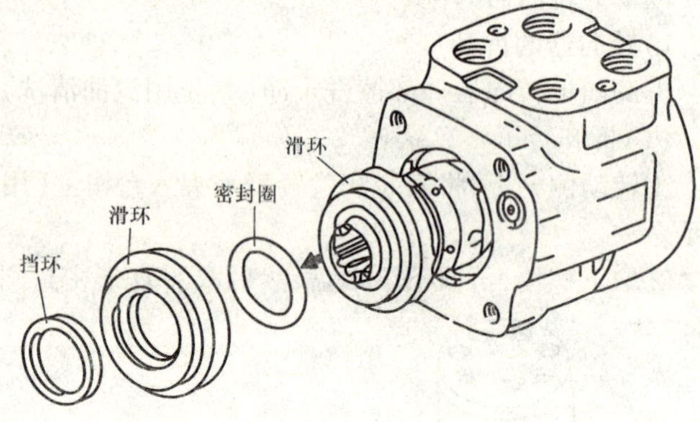

图4-37　取下滑环等

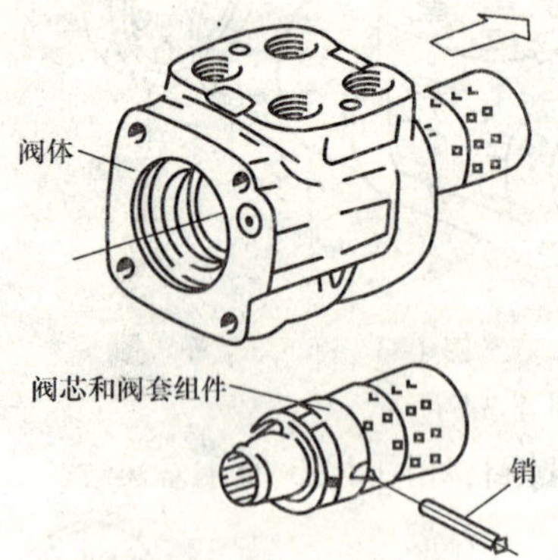

图4-38　拆阀芯和阀套组件等

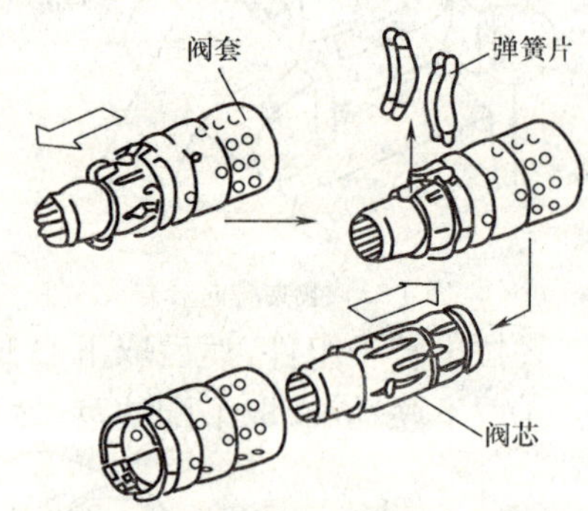

图4-39　取下弹簧片及阀芯

⑤从阀体上取下O形密封圈，如图4-40所示。

2）转向器的装配

装配前，应检查全部零件是否有损坏和毛刺，将全部金属零件在煤油中洗净，并用空气吹干。在O形密封圈上涂润滑脂，且用少量润滑脂涂在转子的O形圈上。

（1）控制阀的装配

①安装阀芯和阀套时，要使弹簧槽均位于一侧，如图4-41所示。

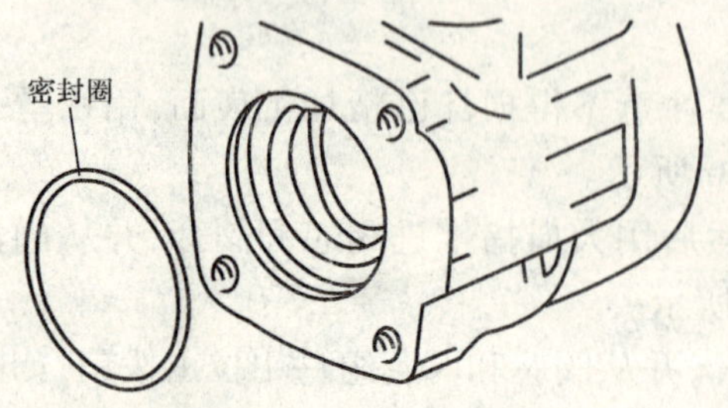

图4-40　取下O形密封圈

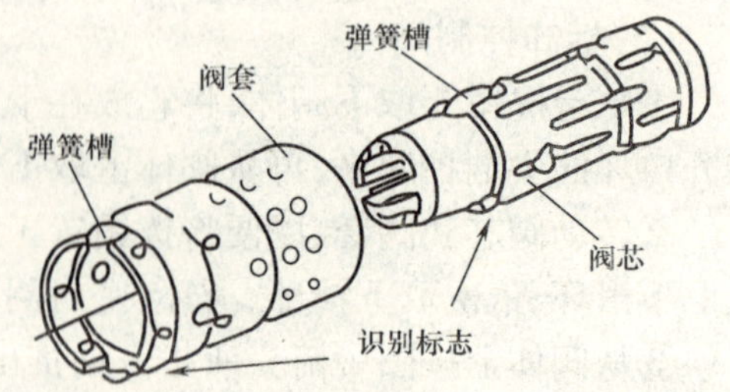

图4-41　装阀芯和阀套组件

注意:装配过程当中要转动阀芯,使它滑入,然后轻夹住阀芯的键槽部分,检查确认阀芯在阀套内能很好地转动。如有配合标记,要检查确认标记均已对齐。

②将阀芯和阀套弹簧槽的位置对齐,并放在工作台上,然后将弹簧片插进弹簧槽内,如图4-42所示。

③将拨销插入阀芯和阀套组件中去,如图4-43所示。

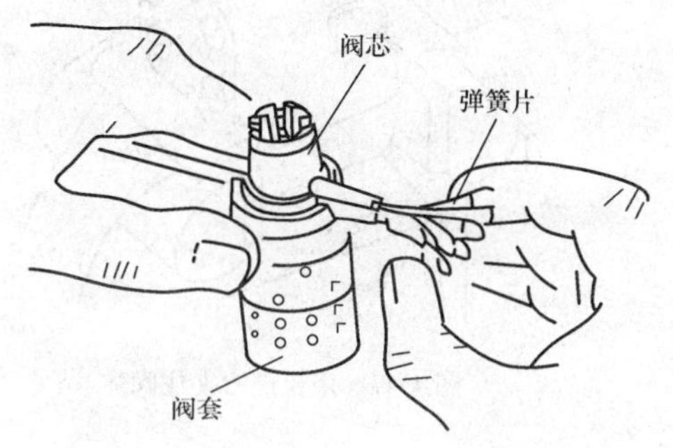

图4-42 取下弹簧片及阀芯

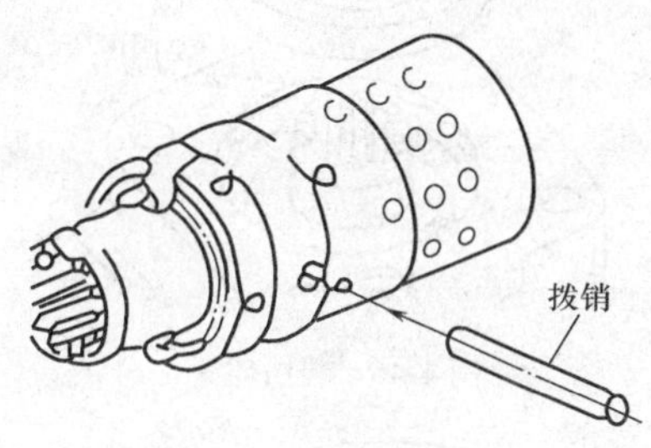

图4-43 装拨销

④按图4-44中箭头所指方向将阀芯和阀套组件插入阀体中,检查确认阀芯和阀套在阀体内能很好地转动。

⑤将O形密封圈装到阀体上,如图4-45所示。

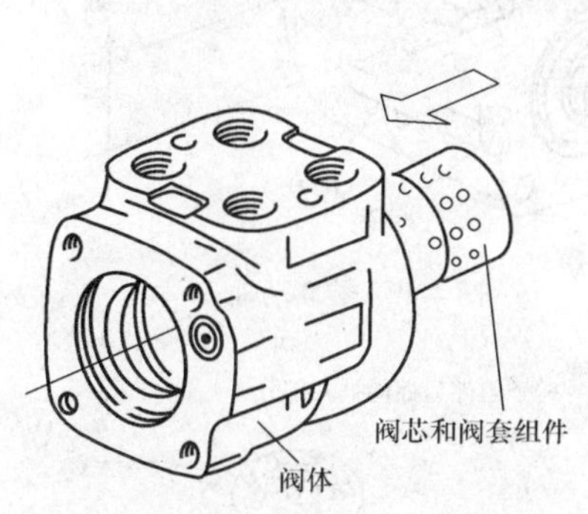

图4-44 取下弹簧片及阀芯

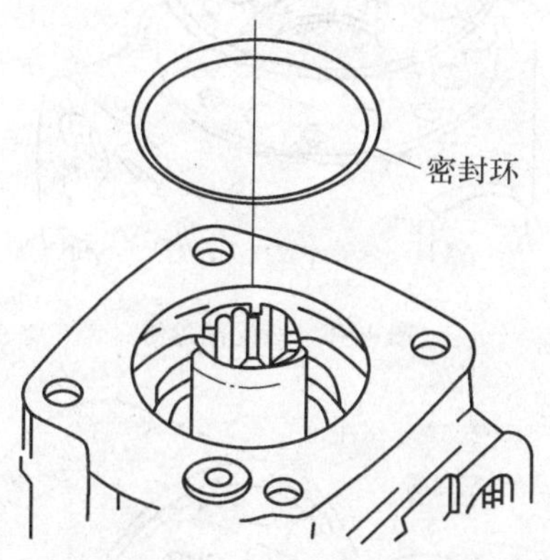

图4-45 装密封圈

⑥将挡环插入滑环,将开口环插到阀体上去,如图4-46所示。

(2)转子的装配

①将阀体的法兰用台虎钳轻轻夹住,如图4-47所示。

②将O形密封圈放入阀体中,放上配油盘,对齐螺栓孔的位置,如图4-48所示。

③转动阀芯和阀套组件,使阀体的孔表面与拨销平行,然后使联动轴与拨销啮合,为使定位准确,最好在联动轴端面画一条线,如图4-49所示。

④将O形密封圈插入转子中,然后将转子组件的O形圈的产端部装到隔板端上,将转子的凹槽和联动轴对齐,如图4-50所示。

⑤检查确认A、B、C、和D线均平行(转子和联动轴端面均有冲点标记,装配时应两点相对,如果装错,将会使转向盘自转,引起伤人事故),在不取下联动轴接头的情况下,为转子组

件的螺栓孔定位,如图 4-51 所示。

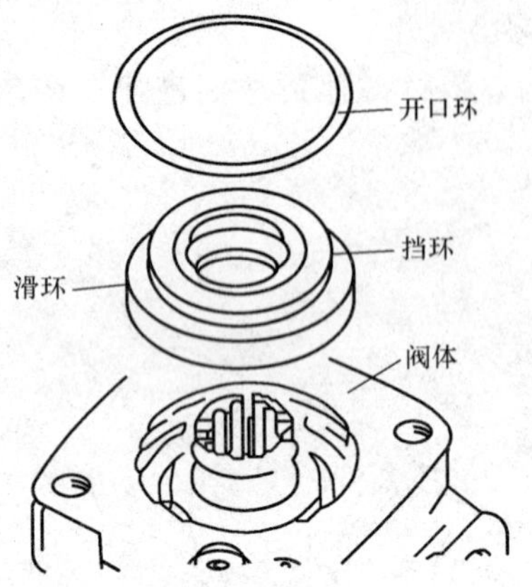

图 4-46　装挡环等

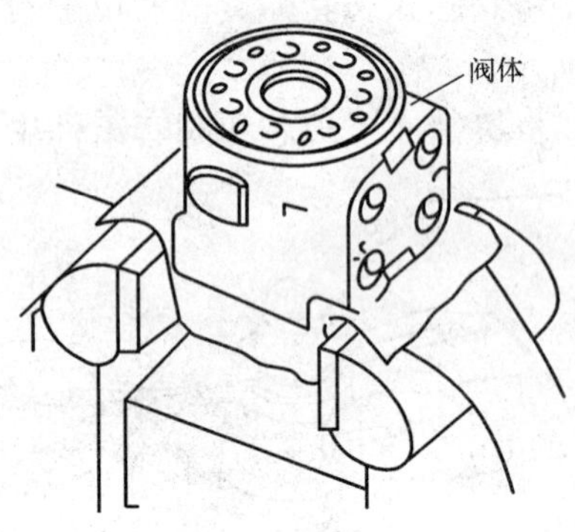

图 4-47　用台虎钳夹住阀体

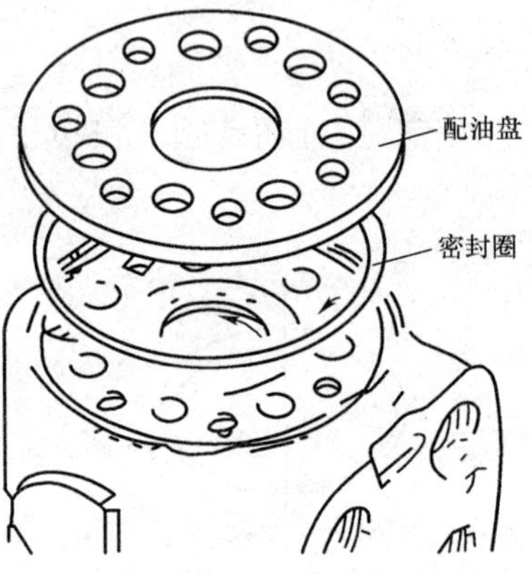

图 4-48　装配油盘等

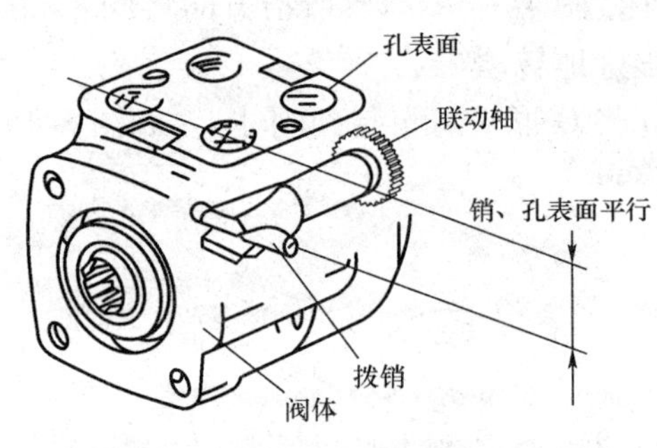

图 4-49　装联动轴

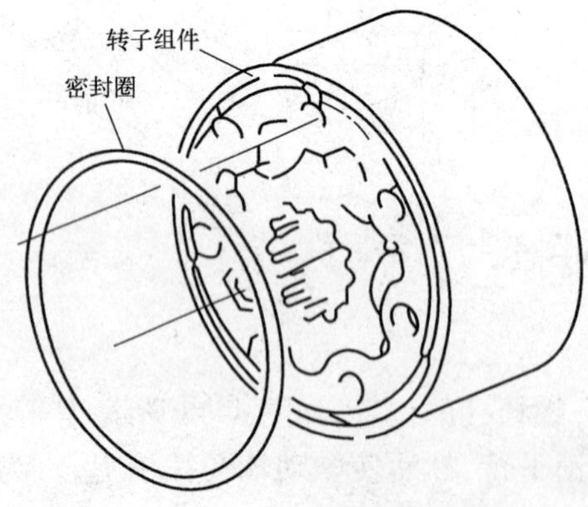

图 4-50　装转子组件等

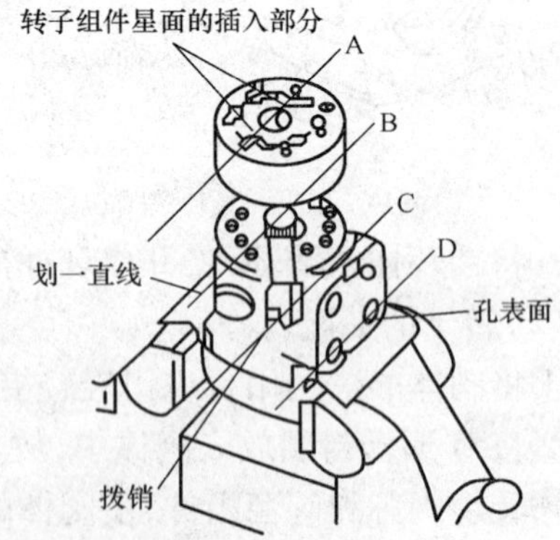

图 4-51　装联动轴

⑥将圆柱插入转子组件内,将端盖放到转子组件上,并与螺栓孔对齐,如图 4-52 所示。

⑦在螺栓的螺纹上涂润滑脂,图 4-53 中编号为 7 的螺栓中带有单向阀,在插入螺栓前将钢球装入,弹簧装上,最后拧紧端盖,并检查确认柱塞能否转动,并能自动回正。

3. 轮式机械转向系的维修

1）转向器的检修

以 ZL50 型装载机动力转向器（滑动分配阀）为例。

（1）零件的检验与修理

①转向器壳：检查转向器壳及其凸缘是否有裂纹，如有裂纹且只穿过一个转向器壳的固定螺栓孔，可用焊修。轴承座孔磨损超过允许极限尺寸时，应予更换。如轴承座孔磨损不严重时，也可将轴承外座圈或座孔刷镀，以恢复轴承与座孔间的配合紧度。

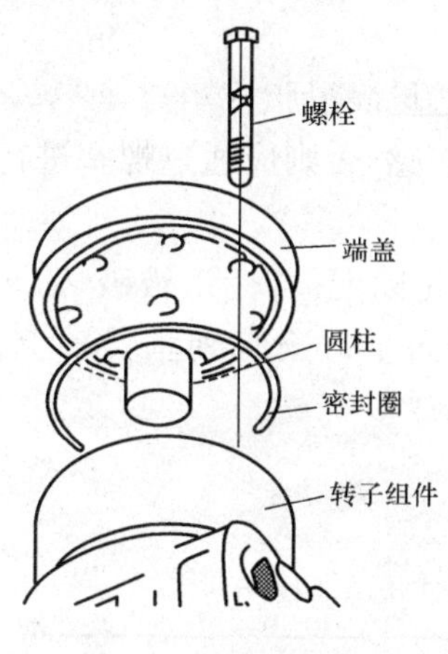

图 4-52 装圆柱及端盖

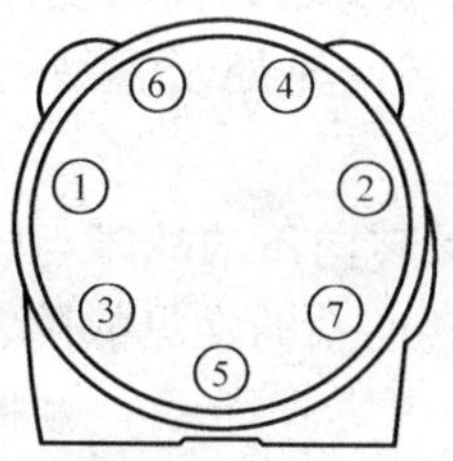

图 4-53 装单向阀

②转向螺杆—螺母传动副：螺杆、螺母螺旋槽不允许有拉毛、剥落、凹陷及麻点等过度磨损的损伤；否则，应予更换。螺杆钢球螺母传动副应成套更换。

③螺母球销曲柄及螺母齿条齿扇传动副：螺母球销座及球销工作表面不允许有凹陷、剥落及麻点等过度磨损的损伤。螺母齿条及齿扇牙齿工作表面不允许有阶梯状磨损。转向垂臂轴花键齿不应有扭曲变形等缺陷。转向垂臂轴轴颈磨损。

（2）转向器组装与调整

装用循环球式转向器机械的转向器在组装和调整时应注意的几个问题：

①在组装螺杆钢球螺母传动副时，不允许使用其他传动副的钢球。组装后，螺杆在螺母中能轻便平稳地转动，不允许有卡住现象。

②将螺杆钢球螺母传动副装入壳体后，应检查与调整螺杆轴承的紧度。轴承紧度调整合格后，螺杆应察觉不出有轴向间隙，转动螺杆时的转矩应为 0.4 ~ 1.6N · m。

③将螺母齿条调至中间位置，齿扇装入壳体后与齿条啮合，齿条中间的一个齿应插入齿扇中心齿间。

调整齿扇和齿条的啮合，方法是用调整螺钉使齿扇做轴向移动。齿扇与齿条正确啮合的条件是：将螺母齿条置于中间位置，检查齿扇和齿条的啮合间隙，螺杆的自由行程不应超过 6°，转动螺杆的转矩应为 2 ~ 2.8N · m。

④在安装螺杆油封和转向垂臂轴油封时，应采用专用工具，以免轴肩或轴上花键、螺纹划伤或挤伤油封。

动力转向系中液压元件的检修在《公路工程机械液压与液力传动》中讲授，在此从略。

2)机械式转向传动机构主要零件的检修

(1)横、纵拉杆出现裂纹,应予更换。横拉杆弯曲量大于2mm,应冷压校正。纵拉杆球头销孔磨损超过2mm,应予更换。球头销及座有明显磨痕,或球头销锥面磨损使其端面低于转向垂臂、纵拉杆臂、转向梯形臂锥孔端面不足1mm时,应更换。弹簧失效、橡胶防尘罩老化、破裂等,均应更换。

(2)转向垂臂、纵拉杆臂、转向梯形臂的检修。转向垂臂、纵拉杆臂、转向梯形臂出现裂纹,均应更换。转向垂臂花键扭曲变形,应予更换。

3)转向传动机构的装配

(1)装配时,应在球头销及球头碗配合表面涂抹适量润滑脂;

(2)球头销装好后,用手扳动应转动灵活且无松旷感,否则应通过螺塞进行调整;

(3)横拉杆两端的接头旋入长度应相同;

(4)转向垂臂安装到转向垂臂轴上时,应对准装配标记;若标记被破坏,可将转向盘转动中间位置,并使转向轮处于直线行驶位置,然后将转向垂臂安装到垂臂轴上,同时应重新做标记。

4.轮式机械转向系的故障与排除

1)机械式转向系的常见故障及排除方法(见表4-2)

机械式转向系的常见故障及排除方法 表4-2

故障	故障现象	故障原因分析	故障排除方法
转向沉重	转动转向盘时阻力较大	1.蜗杆上下轴承调整过紧 2.传动副啮合间隙过小 3.转向轴弯曲或管柱变形互相碰擦 4.转向节主销与衬套配合过紧或止推轴承缺油 5.横、纵拉杆球铰调整过紧或缺油 6.轮胎气压不足	调整轴承间隙 调整 校正修复 调整或注油 调整或注油润滑 充气到规定值
转向不稳	转向轮摇摆不定,转向盘不易控制	1.转向器内轴承磨损导致间隙太大 2.传动副啮合间隙太大 3.转向节主销与衬套的间隙太大 4.横、纵拉杆球头销磨损松旷或弹簧折断 5.前轮轮毂轴承调整太松或轮轴变形 6.前束值不正确 7.转向器安装松动	调整 调整 调整间隙 更换弹簧 调整修复 调整前束 紧固
跑偏	行驶或作业时间偏向一边	1.左右轮胎气不等或安装不正确 2.横拉杆臂弯曲变形	充气或正确安装 校正、修复
转向角不当	左右转向角不一致	1.转向垂臂在轴上安装不当 2.转向角限制螺钉调整不当	重新安装 调整

2)液压动力转向系的常见故障及排除方法

以装载机全液压转向系统常见故障为例说明液压动力式转向系统的常见故障及排除方法

见表4-3。

液压动力转向系统的常见故障及排除方法　　表4-3

故障	故障现象	故障原因分析	故障诊断与排除方法
转向沉重	慢转时较轻,快转时沉重	转向液压泵供油不足	检查转向液压泵。如有明显的沟纹与伤痕或吸入侧与齿轮接触处磨损深度超过0.12mm,应进行修理或更换
	慢转和快转转向盘时均沉重,且转向时无力	溢流阀内钢球单向阀失效	如钢球丢失,则补装钢球;如有污物卡住钢球,则清洗
	空负荷或轻负荷转向时转向盘较轻,增加负荷时沉重	液压转向器所配的溢流阀的压力低于工作压力或溢流阀被脏物卡住失效	调整溢流阀的工作压力,使达到规定的工作压力;如有脏物,应清洗溢流阀
	转动转向盘时,转向液压缸时动时不动	转向系统有空气,油箱中油量不足或者油的黏度过大	排除系统中空气,并检查转向液压泵吸油管路有无漏气,加油至规定油面,并使用规定的油液
转向失灵	转向盘不能自动回到中间位置,中间位置压降增加	转向器的弹簧片折断或装配位置不当	如果弹簧片折断,应予更换;如果位置不当,应按要求进行装配
	压力振摆明显增加,甚至不能转动转向盘	拨销折断或变形;联动轴开口处折断或变形	更换拨销或联动轴
	转向盘自转或左右摆动	转向器的转子与联动轴相互位置装错;转向器的复位弹簧片折断阀套与阀芯或阀体间卡死	拆下检修,如果弹簧片折断,应更换
	转向盘不能自动回中,中心位置压降增加,转向盘停止转动时,转向器不卸荷(使车轮跑偏)	转向柱与转向器阀芯装配不同心;转向柱轴向顶住转向器阀芯;转向柱转动时阻力大大;弹簧片折断	拆卸检查、调整、研磨重新;如弹簧片折断,应更换
不能人力转向	人力转动转向盘时,转向液压缸不动	系统有漏油停车时间过长等	拧紧接头,更换密封圈
	动力转向时,转向液压缸活塞到极端位置时,驾驶终点感不明显	转向器的转子与定子之间的径向间隙(0.01~0.25MPa)或轴向间隙过大	更换定子与转子
漏油	阀体、隔盘、定子及后盖结合面漏油	密封圈损坏	更换密封圈
	溢流阀盖与转向器结合面漏油	结合面有污物	清除
	溢流阀的调节螺栓处漏油	调节螺栓的刚性不足	更换
	溢流阀的限位螺栓处漏油	垫圈不平	磨平或更换

3）轮式机械转向系的故障诊断与排除实例

（1）故障现象

某 WY60 型轮式挖掘机，在行驶中急转弯时，经常会出现前轮转向迟缓的故障。

（2）故障原因、诊断与排除

该机械采用全液压偏转前轮式转向系统。当挖掘机在急转弯时出现轮转向迟缓现象时，可采用挂低挡加大油门的办法，看机械能否转向，如能转向，说明液压转向系统并不缺油，否则将根本无法转弯。根据挖掘机液压转向系统的工作原理，可以断定此故障是液压转向系统容积效率和系统压力过低致使油路不畅引起的。而造成液压转向系统容积效率低的原因主要是内泄漏严重造成的。通常可采用以下方法进行检查排除。

①当转向缸内活塞环与缸内壁的间隙过大或活塞环及垫片损坏时，高压腔内的高压油便会部分流入低压腔内，使实际进入高压腔内做功的高压油量减少，造成转向缸动作迟缓，致使机械转向不及时。检查办法：可将其转向缸卸下，换装到转向无故障的另一台轮式挖掘机上进行试验检查。如果换装后转向良好，说明转向缸本身没有问题；如果也出现转向迟缓现象，则证明故障就是出在转向缸的密封性能上。此时，可视情况更换密封件或总成。

②当挖掘机中央回转接头外壳的内圆柱面和密封圈严重磨损时，特使通过回转接头的整个油气系统在密封失效处相互串通，致使各系统的工作都不灵敏。转向时，其高压油漏入气路或其他液压管路（悬挂、支腿），从而使供给转向缸的液压油量减少。检查办法：向上拉车轮制动手操纵气开关，如果从其喷出的气体含有油雾，则说明中央回转接头磨损严重，已有油漏入气路中，此时需更换中央回转接头密封圈和修理中央回转接头。

③当低压管接头未拧紧管接头或油管破裂时，空气将进入液压转向系统，同样会造成转向迟缓。检查方法是：起动发动机，边转动转向盘边观察油箱，若油箱内冒气泡，则说明是低压油管漏气，应及时拧紧管接头或更换破损的低压油管。

④当转向器摆线齿轮马达的定子与转子的工作面和转阀的工作面磨损严重时，也会使实际通过转向缸的高压油减少。如果转向缸、中央回转接头性能完好；可在发动机熄火后将转向盘转到极限位置，若机械的前轮能立即偏转且手感不重，则说明转向器有问题，应立即检修或更换转向器。

⑤如果转向泵内泄漏严重，也会使机器转向迟钝。引起转向泵内泄漏严重的另一个重要原因是，转向泵的转子和叶片的侧面与侧板端面的间隙过大（正常间隙应在 0.047mm 最大不得超过 0.10mm）。检查的方法是：在转向缸、中内回转接头和转向器性能完好的情况下，换装一新转向泵作对比试验。如果换泵后转向性能恢复良好，则证明故障出在转向泵上，应及时更换新泵。

⑥转向系统因溢流阀弹簧弹力减弱而压力过低时，也可引起转向液压缸工作无力，使机械转向迟缓。检查的方法是：将溢流阀阀底座上检测口的尼龙塞取下，装上油压表，起动发动机，将转向盘原地向左或向右转到极限位置，并在前轮侧面设置障碍物，观察油压表的读数，若压力值达不到 7MPa，则应将溢流阀的调整螺钉适当往里拧（先松开固定螺帽）。

⑦若液压油不干净或油箱内有异物，将导致液压转向系统油路不畅或转向泵卡死，此时也会引进机械转向迟缓，对此需检查液压油和转向油箱。如果确属不干净，则应及时更换液压油和清洗液压转向系统。

课题三　履带式机械转向系

一、履带式机械的转向原理

履带式机械底盘由于其行驶装置是两条与机器纵轴线平行的履带,所以它的转向原理也不同于轮式底盘。它是借助于改变两侧履带的牵引力,使两侧履带能以不同的速度前进实现转向。

履带式机械底盘的转向机构形式有转向离合器、双差速器和行星轮式转向机构等几种。转向离合器由于构造简单和制造容易,因而在履带式工程机械上使用很广泛。

转向离合器与制动器的配合使用,可使履带式机械制动时底盘能以不同的半径转向,当用较大半径转向时,就要部分或完成分离内侧的转向离合器。使这一侧履带牵引力减小,而外侧履带牵引力相应增大。这时两侧履带式机械制动的线速度不同,如图4-54a)所示,底盘就绕某回转中心 O 转向。当用较小半径甚至原地转向时,在完全分离外侧转向离合器的同时,还利用制动器将这一侧的驱动轮制动,使这一侧履带线速度为零,底盘就能绕内侧履带中心 O_1 转向,其转向半径 R 等于履带中心距 B,如图4-54b)所示。

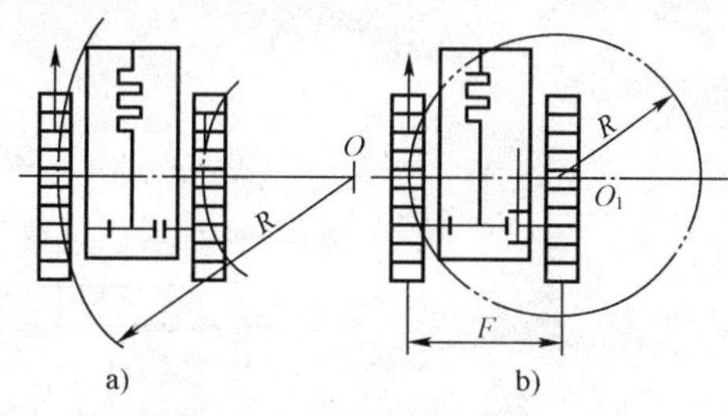

图4-54　履带式机械的转向

二、转向离合器

转向离合器一般采用多片常接合式摩擦离合器,其工作原理与多片式主离合器相类似。

转向离合器分干式(见图4-55)和湿式两种。前者的主要缺点是摩擦系数不稳定和磨损快;后者由于摩擦片浸于油中工作,采用油泵循环冷却,所以摩擦系数较稳定,摩擦片的磨损较小,且散热好不易烧坏摩擦片,这就大大提高了转向离合器的使用寿命,减少调整次数。其缺

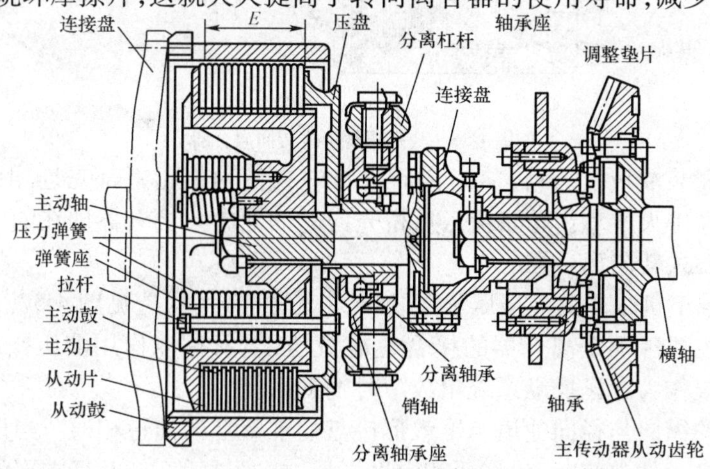

图4-55　T120型推土机转向离合器

点是摩擦系数小，需要大的压紧力。目前大功率的工程机械一般都采用湿式离合器。

转向离合器的压紧方式有弹簧压紧、液压压紧弹簧和液压同时压紧3种；而分离方式有液压分离和杠杆分离两种。

1. 弹簧压紧湿式转向离合器

TY180型推土机采用弹簧压紧液压分离的湿式转向离合器，其构造如图4-56所示。主动鼓用螺栓与连接盘相连，在连接盘内装的活塞起着液压分离机构的油缸作用，弹簧压盘的轴端装有外压盘，当离合器接合时，它可带着弹簧压盘一起旋转。外压盘与主动鼓外缘盘之间夹着主，从动片，它们借主动鼓内的16组大、小弹簧压紧。当油缸内进入压力油时，活塞被向外推，通过弹簧压盘克服弹簧的压力，使离合器分离。

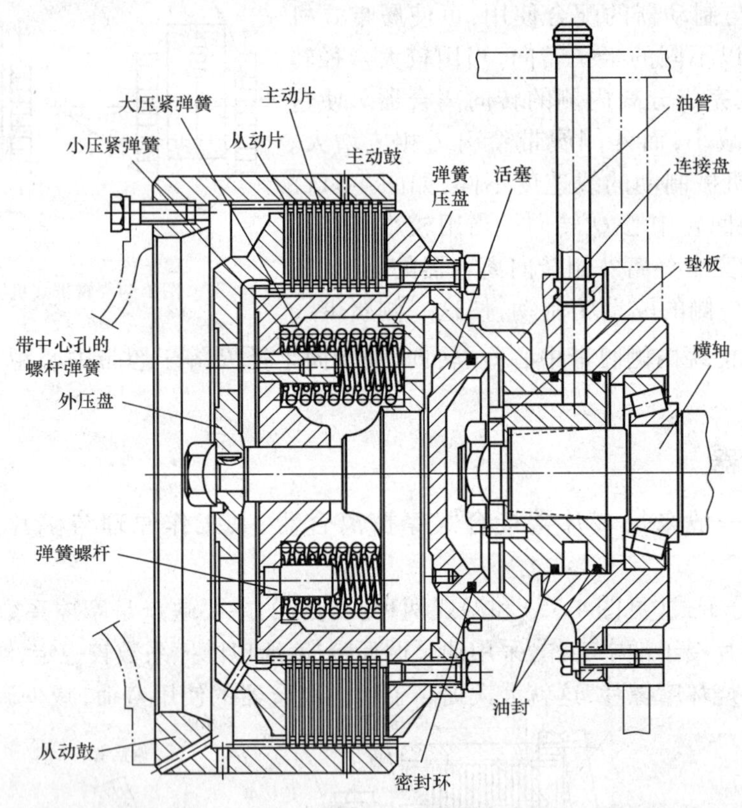

图4-56 弹簧压紧湿式转向离合器

后桥壳体内充装油液（左右转向离合器室与中央传动齿轮室都是连通的，变速器内的油也能通过单向阀经中央传动齿轮室流入后桥壳内的油池中），离合器即在油中工作。

2. 液压压紧湿式转向离合器

D85A-12型推土机采用的液压压紧湿式转向离合器，其构造见图4-57。它与弹簧压紧湿式转向离合器的主要区别是离合器的接合也靠液压，故又称双作用液压操纵式转向离合器。压力弹簧在这里仅作为液压操纵系统出故障时辅助用。

主动鼓壁上的纵向与径向油道与锥毂形接盘的锥壁上的油道相通。当压力油经这些油道进入活塞外侧的主动鼓内腔时，就将活塞向里推移，并通过活塞杆及杆端部的螺母拉着外压盘向里移动,从而使主、从动片被压紧在外压盘和主动鼓外缘盘之间,转向离合器即呈接合状态。

活塞内侧的锥毂形接盘内腔,是分离离合器时的油腔,当从横轴中心油道来的压力油进入此内腔后将活塞向外推移时,外压盘即放松对主、从动片的压紧作用,转向离合器即呈分离状态。

这种转向离合器的优点是压力弹簧的尺寸较小,因而缩小了转向离合器的结构尺寸。其不足之外是压力油经常处于负荷下,油温较高。所以要有专门的压力油冷却系统,使结构变得较复杂。

三、转向离合器的操纵机构

转向离合器的操纵机构有机械式、液压式和液压助力式 3 种形式。大功率的工程机械大部分都采用后两种形式。

TY180 型推土机的转向离合器采用单作用式液压操纵机构,它由转向操纵杆和杠杆系,以及液压系统两部分组成。

操纵机构的液压系统与变速器润滑系共用一个油泵,如图 4-58 所示。

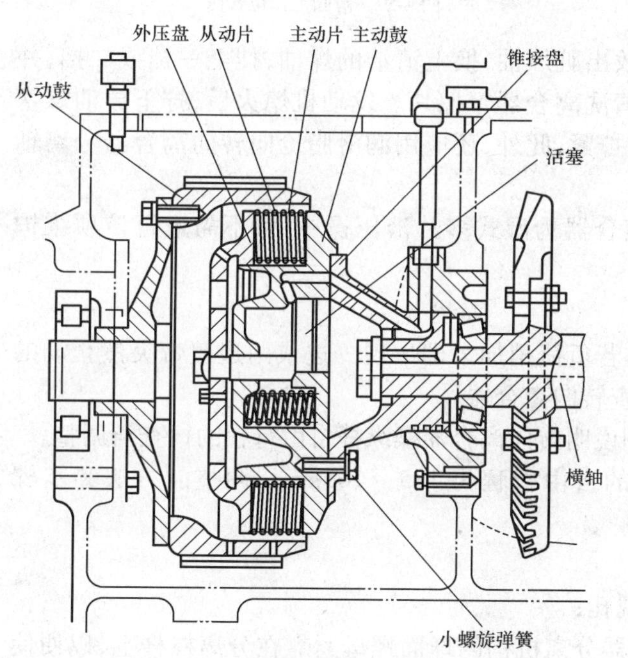

图 4-57 液压压紧湿式转向离合器

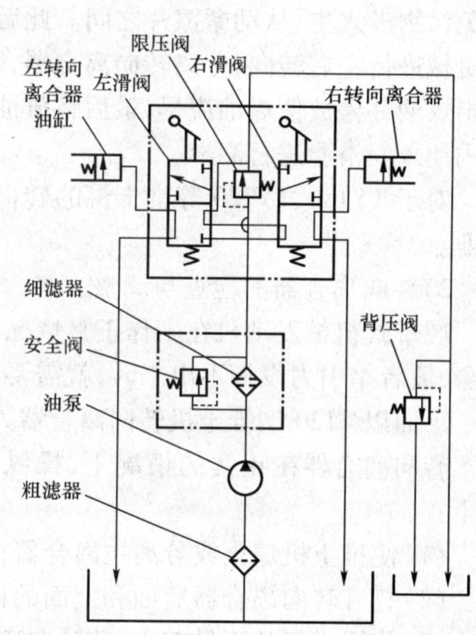

图 4-58 TY180 型推土机的转向离合器操纵机构液压系统

油泵由发动机与离合器之间的取力箱驱动,它从后桥壳中吸油,油加压后流经细滤器进到二位四通滑阀。当细滤器堵塞,油阻力增加到一定值(达 0.12MPa)时,安全阀开启,压力油经安全阀进到滑阀。当滑阀处于图示的中间位置,左右转向离合器的油缸与回油路通,这时压力油绕过限压阀流向变速器润滑系。利用背压阀调整润滑系油压(背压阀调整压力为0.15MPa)。

滑阀结构如图 4-59 所示,当其阀杆处于中间位置时,阀组的总进油口 A 直接与变速器润滑系的油口 B 相通,而通左右转向离合器油缸的出油口 L 和 B 都与阀组的回油口 C 相通。

当拉动左或右转向操纵杆，例如拉动右转向操纵杆，通过杠杆系使右滑阀的阀杆向下运动。这时阀杆将 B 口关闭，而让 A 口和 R 口相通，压力油就进入右转向离合器油缸，使其分离。当油缸中油压超过限压阀调定的压力 1MPa 时，限压阀打开，继续进入滑阀的压力油从 D 口流入变速器润滑系。

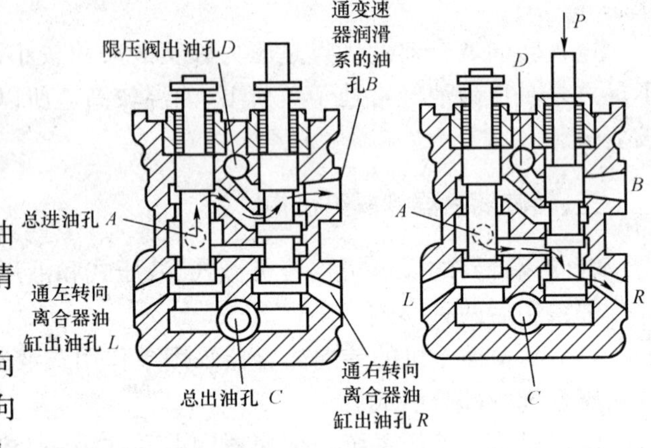

图 4-59　滑阀工作位置图

四、履带式机械转向系的维修

1. 履带式机械转向系的维护

1）转向离合器的维护

对干式转向离合器的摩擦片因沾上油污而引起打滑时，应用煤油加以清洗。清洗工作应在刚停机时及时进行。

清洗时，首先拧下放油螺塞，放出转向离合器室内的油，然后将放油塞装复，并向室内倒入煤油，使机械前进或倒退行驶。应注意的是，行驶时不要分离转向离合器，以免污物进入主、从动摩擦片之间。此后，放出脏煤油，换上清洁的煤油，挂上一挡或二挡，并将机械进行左右转向，分离转向离合器，以清洗离合器摩擦片。发动机熄火后，拧下放油螺塞放出煤油并停放使煤油流尽，最后将放油塞拧紧，此外，还应用润滑脂枪向转向离合器分离轴承内注入润滑脂进行润滑。

对于 TY180、TY220 等推土机的转向离合器为湿式多片液压操纵型，不需进行该项维护作业。

2）转向离合器的检查与调整

履带式机械发动机在工作正常情况下，若负荷稍加大即出现一边或两边履带突然止动的现象，或者牵引力发挥不出来时，就需要检查转向离合器。

下面以 T120 型推土机转向离合器为例说明转向离合器操纵杆自由行程的检查与调整。

转向离合器在正常的情况下，操纵杆的自由行程为 135 ~ 165mm。调整的方法和步骤如下：

（1）使推土机熄火或分离主离合器；

（2）打开转向离合器后面和上面的检视孔；

（3）将操纵杆移至最前方，使转向离合器分离机构的球面螺母紧靠在分离杠杆上，以便使助力器活塞处于最前位置；

（4）松开助力器前端顶杆胶套的卡环和顶杆叉锁紧螺母，调节顶杆长度，并将操纵杆空行程调整到 20 ~ 40mm（由手柄上端测量）；

（5）拧松转向离合器分离机构的球面螺母，使操纵杆手柄之端头从最前位置到转向离合器开始分离位置的行程为 135 ~ 165mm；

（6）调整完毕后，用锁紧螺母固定球面螺母，上好检视盖；

（7）开动机械检查调整情况。

3）转向离合器操纵机构的调整

日本小松 D85A-12 型推土机用的是液压转向离合器操纵机构。该转向离合器为湿式多片液压操纵式，在正常使用中无需调整。

操纵手柄与连接件的连接头会因日久磨损而松动，使手柄的自由行程增大，延迟分离动作。为此需及时进行调整，调整的方法是先将手柄拉动到开始感到有负荷时即停住，然后松开锁紧螺母，旋转调整螺钉，使停止器触及连杆后，再将螺钉拧紧一圈，这样就可恢复手柄的原来行程（原自由行程为 125 ~ 130mm），最后将锁紧螺母拧紧，如图 4-60 所示。

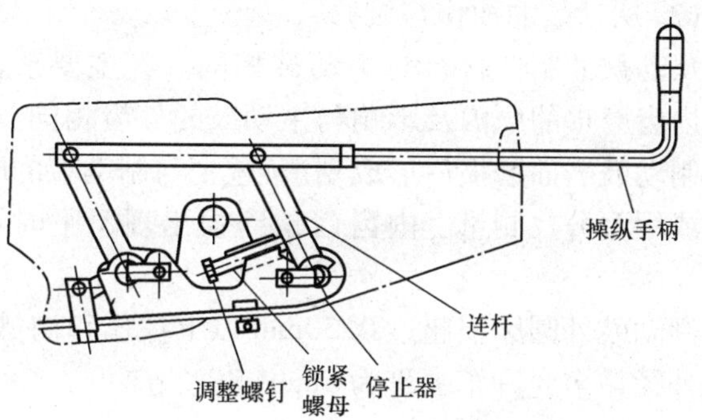

图 4-60 液压式转向离合器操纵机构的调整

2. 转向离合器的装配

以 T120 推土机干式转向离合器为例讲述转向离合器的装配步骤，其图可参照图 4-55。转向离合器一般可以独立装成部件，然后直接与横轴相连或与短半轴一起装在横轴上。

(1) 离合器安装位置应正确。为了减少压盘端面摩擦磨损，压盘应与主动片接触；由于主动鼓外齿靠端面处有一退刀槽，所以主动鼓摩擦端面应与从动片接触。

(2) 装配时从动片的外齿应与主动鼓同心且各片齿牙在同一方位，使从动鼓安装方便。

(3) 用专用工具安装弹簧锁片，安装时应对角进行，使压盘受力均匀。

(4) 离合器安装后应检查离合器片总厚度：

上海 T120 型、T100 型等推土机为 95 ~ 10mm。超过规定值时应磨薄摩擦片，否则易分离不清；低于规定值时可增加一片主动片，否则易引起打滑。

(5) 往轴上安装主动鼓时应使其与轴上键齿间的记号对齐；轴端应低于主动鼓端 2mm 以上；轴端螺母拧紧力矩应达到规定力矩。如日本小松 D85A-12 型推土机为 700N · m。

(6) 转向离合器操纵机构装配应注意：外杠杆安装位置应正确，原则是分离离合器时力臂应最大，即杠杆应与转向离合器拉杆近似垂直。转向离合器操纵机构各铰链标准配合间隙约为 0.05 ~ 0.30mm。装配前应在配合面涂以润滑脂，装后运动应灵活，轴向间隙应小于 5mm。湿式转向离合器油道要清洁通畅，油管及接头不渗漏，接头安装牢固。

3. 履带式机械转向系的维修

1) 转向离合器的维修

(1) 主动鼓的损伤与维修

主动鼓多为铸钢或铸铁件。其损伤主要发生在外齿、摩擦端面，对于干式离合器还有花键孔，对于湿式离合器还有内孔油缸、螺纹孔，与活塞杆配合的孔或与弹簧压板颈部配合的孔，与接盘的定位止口等部位。

外齿磨损主要发生在齿侧，其次是齿顶，其磨损程度可用样板检查。摩擦端面与从动片接触易产生摩擦磨损，当离合器工作不正常时尚可能产生烧伤与变形。对摩擦端面的变形，可将其装在横轴或接盘上用百分表检查，其端面跳动应小于 0.20mm。花键孔磨损一方面是因传递转矩时产生挤压变形，或是由于轴端螺母松动，使主动鼓与轴间产生微量周向活动形成。

湿式离合器主动鼓内孔油缸,与活塞杆或弹簧压板颈部配合的孔的磨损是由于这些部位在离合器接合、分离中与相配合零件之间存在往复滑动造成的,而定位止口损伤一般是拆装不当或螺栓连接松动造成的。

主动鼓外齿齿顶磨损出现凸凹不平后,维修时可予车光。

(2)从动鼓的损伤与维修

从动鼓的制造材料与主动鼓相同。其主要损伤是内齿磨损、制动鼓(从动鼓外表面)磨损。内齿磨损的原因及影响与主动鼓的外齿相同。内齿磨损程度可用样板检查,也可测量齿厚。制动鼓表面磨损后形成划痕,减少与制动带的摩擦面积,使制动效果变差。其磨损程度可目测或用百分尺测量。内齿齿顶磨损出现不平时可予车光,允许车去量为1.50mm(直径方向)。

制动鼓外圆磨损超过0.50mm以上擦伤和沟槽时可车光,日本小松D85A-12型推土机从动鼓外径最多允许车去量为5mm(直径方向)。

(3)摩擦片的维修

摩擦片多为45号钢或薄钢板,从动片多为两面带有耐磨材料的摩擦片。当耐磨材料磨完时,钢片齿牙已磨损严重,所以应更换新件。主动片烧蚀严重时应更换。主从动片的标准齿侧间隙约0.30~0.40mm。干式从动片磨损严重、龟裂时应重铆或重黏耐磨材料,或更换新件。

(4)压盘的维修

压盘的损伤是与主动片接触的端面变形和微量磨损及内滑动孔磨损。此外与主动鼓外齿配合的内齿也易产生磨损与变形。端面变形与磨损后可用车削或磨削加工法修整,内齿损伤后的处理与从动鼓内齿相同。内孔配合间隙大于1mm时,可用镗削加工去除偏磨,将与之相配的轴颈刷镀。某些壁厚较大的推土机压盘可用镶套法维修,湿式离合器压盘内孔键槽损坏后可用维修尺寸法修复。

(5)转向离合器其他零件的维修

①转向离合器的半轴与压盘配合轴颈产生磨损,锥形花键磨损。轴颈磨损可用刷镀法修复,磨损严重者更换新件。

②日本小松D85A-12型推土机、TY180、TY220型推土机,分离活塞与主动鼓内孔磨损后以及密封圈损坏时,将造成转向离合器分离不清或打滑,维修时可将活塞外圆刷镀以恢复配合尺寸或更换新件。装配时应更换活塞密封圈。

③转向离合器弹簧的损伤及维修与主离合器相同。

4. 履带式机械转向系的故障与排除

1)转向离合器及操纵机构故障与排除

履带式机械转向离合器及操纵机构的常见故障及排除方法如表4-4所示。

2)履带式机械转向系的故障诊断与排除实例

(1)故障现象

一台TY220型推土机工作中出现单边转向不灵,拉推土机左侧转向拉杆,当拉到一半位置时,无转向动作,当拉到全程时,推土机有时缓慢转向,有时停车不走;拉右侧转向拉杆时,转向正常。

(2)故障诊断与排除、原因分析

该型号的推土机采用的转向离合器是弹簧压紧湿式、多片液压分离的结构形式，可能是转向离合器在左转向拉杆拉动过程中，有时不分离，或分离不彻底。

履带式机械转向离合器及操纵机构的常见故障及排除方法　　表4-4

故障部位	故障现象	原因	排除方法
转向离合器及其操纵机构	未拉转向操纵杆而推土机行走偏向一侧	该侧转向离合器摩擦片有油污	清洗
		该侧转向离合器摩擦片磨损失效	更换
		该侧转向离合器弹簧失效或折断	更换
		该侧转向离合器操纵杆没有自由行程	调整
		该侧转向操纵杆与橡皮缓冲垫间有杂物	清除
转向离合器及其操纵机构的故障	拉动转向操纵杆时很费力	转向离合器机械调整不正确	重新调整
		助力器没有机油或黏度太小	加油或换油
		助力器有污物、杂质	检查过滤网、清洗换油
	转向操纵杆向后拉时推土机转弯	转向离合器操纵机构的可调顶杆调整不当	重新调整
		分离机构调整不当	调整分离机构的球面螺帽
转向离合器及其操纵机构的故障	制动器打滑	转向离合器摩擦片磨损致露出铆钉	更换摩擦片
		转向离合器摩擦片染有油污	清洗或更换
		制动器调整不良	重新调整
		转向离合器不能分离	调整离合器或加以修理
	最终传动故障	链轮浮动油封漏油	更换浮动油封
	行走装置故障	引导轮、支重轮、托链轮漏油	更换浮动油封
		引导轮、支重轮、托链轮中心不在一直线上	校正中心
		台车架变形	校正
		台车架支撑轴衬磨损	调换轴衬
		台车架支撑轴承盖螺栓松	拧紧
	履带不能调整，张紧机械失灵	密封环磨损和损坏，油喷锥面接触不良	更换或修复
	履带脱出	履带张紧力太小	调整张紧力
		支重轮凸缘磨损	修复或更换

首先检查转向拉杆各调整尺寸是否正常，在转向细滤器处测量转向压力，发现不拉左侧转向拉杆时，压力正常（1.25MPa），当拉左转向拉杆时，系统压力下降到0.7MPa；当拉出右侧转向拉杆时，压力为1.25MPa正常。拆检转向阀，也未发现异常。打开后桥观察孔，起动发动机，让驾驶员拉下左侧转向拉杆，然后突然释放，观察后桥箱内回油情况，结果发现回油量不多，因此判断为后桥箱内左侧转向系统出现泄漏，出现上述情况。

拆除转向箱上部部件，拆掉转向阀和左侧制动盖，吊出左转向离合器，检查离合器活塞的密封环，发现活塞密封环已磨损并沾到环槽以内；更换新活塞密封环，装入左转向离合器，装上制动盖和转向阀，暂不装燃油箱，用油桶装燃油向发动机供油，试车，故障排除，最后装配燃油箱。

原因分析：拉下拉杆后转向系统压力下降是由于转向离合器活塞环泄漏造成的，而不拉转向拉杆时，转向阀未向离合器供油，所以油压正常。离合器密封环的泄漏使活塞的推力降低，不足以克服弹簧力使摩擦片分离，造成不能单侧转向，在松开转向拉杆，离合器弹簧力推动活塞回油时，同样因为泄漏而使回油量减少；离合器活塞环为聚四氟乙烯材料制造，比较耐磨，但如果液压油润滑能力下降，加之杂质过多，仍会造成异常磨损。

思考题

1. 工程机械在使用过程中对转向系有何要求？
2. 球面蜗杆滚轮式和循环球式转向器的主要调整项目有哪些？
3. 转向传动机构的功用如何？简述其工作原理。
4. 为什么大多数工程机械采用全液压式动力转向系统？
5. 试分析ZL50型装载机液压助力式动力转向系的工作过程。
6. 全液压式动力转向系与液压助力式动力转向系相比有何特点？
7. 如何检查和调整转向盘的自由行程？
8. 轮式机械转向系出现转向角不当的原因有哪些？应如何进行调整？
9. 试分析转向离合器操纵机构的原理。如何检查和调整转向离合器操纵杆的自由行程？
10. 全液压动力转向系统的工作原理如何？

Danyuanwu
单元五
公路工程机械制动系

1. 公路工程机械制动系的功用、分类及工作原理;
2. 轮式机械制动系的组成、结构及工作原理;
3. 履带式机械制动系的组成、结构及工作原理。

1. 分析轮式机械制动系的故障,进行故障诊断和排除的实际操作,并进行维修;

2. 分析履带式机械制动系的故障,进行故障诊断和排除的实际操作,并进行维修。

课题一 概 述

公路工程机械在行驶中根据作业、路面条件和工作区域内情况不同其行驶速度和运行状态是不断变化的,因此工程机械上设有用来强制减速和停车及在坡道上停放的可靠装置——制动系。

一、制动系的功用、要求及分类

1. 制动系的功用

制动系是用来对行驶中的工程机械施加制动力,使其行驶速度降低、停车,或对停止行驶的工程机械保持其长时间的静止状态而不致自动滑溜。

2. 对制动系的要求

(1)制动性能好,具有足够的制动力矩,工作可靠;

(2)制动稳定性好,前后轮制动力分配合理,左右轮制动力基本平衡;

(3)制动平顺性好,制动时迅速、平稳,解除时迅速、彻底;

(4)操纵轻便、省力;

(5)散热性好,调整方便;

(6)避免在任何情况下自行制动。

3. 制动系的分类

(1)按照制动系作用的不同,制动系可分为:行车制动系(脚制动),主要用于工程机械行驶时减速和停车;驻车制动系(手制动),主要用于停驶后防止自动滑溜;辅助制动是基本制动装置的辅助部分。

(2)按制动传动机构的不同,制动系可分为:机械式制动系、液压式制动系、气压式制动系、电磁式制动系等。同时采用两种以上传输方式的称为组合式制动系。

(3)按制动力源的不同,制动系可分为:人力制动,即靠驾驶员施加于制动踏板的力作为制动力源,如液压制动装置;动力制动,即利用发动机的动力作为制动力源,如气压制动装置。

(4)按设置制动回路的不同,制动系可分为:单回路式,即采用单一的传动回路,当回路中有一处损坏而漏气(油)时,整个制动系失效;双同路式,即行车制动器的传动回路分属于两个彼此独立的回路,当一个回路失效时,还能利用另一个回路获得一定的制动力,从而提高制动的可靠性和安全性。现在多采用双回路制动系。

二、制动系的工作原理

图5-1 为液压式行车制动系统的工作原理示意图,整个制动系统由制动器和制动传动机构的两大部分组成。

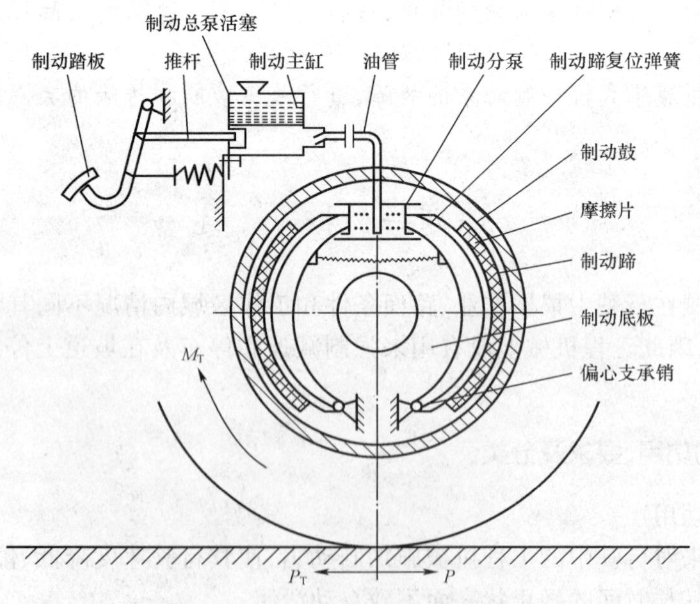

图5-1　液压式行车制动系统的工作原理

其中用来直接产生制动力矩 M_T 的部分称为制动器。它主要由旋转元件(制动鼓)和固定元件(制动蹄、摩擦片制动底板)组成的摩擦副,另外还有张开机构(制动分泵)和调整机构(偏

心支承销)等组成。一般在轮式工程机械的车轮上都装有制动器。制动时,车辆在行驶过程中的动能就转化为摩擦副及轮胎与路的摩擦热能而散失掉。制动传动机构由制动踏板、制动推杆、制动总泵等组成。其作用是将来自驾驶员或其他力源的作用力传给制动器,使摩擦副互相压紧,产生制动力矩,达到制动的目的。

制动系统不工作时,固定于车轮轮毂上的圆筒形制动鼓的内表面与制动蹄摩擦片的外圆面之间保持一定的距离,使制动鼓随车轮一起旋转。两个偏心支承销通过制动底板固定在车桥上,在弧形制动蹄的外圆表面上装有非金属摩擦衬片,分别铰接在位于下端的两个偏心支承销上。制动底板上装有制动分泵,与制动总泵通过油管相连。

当制动时,驾驶员踩下制动踏板,通过推杆推动活塞使油液压入制动分泵中,这时分泵中的活塞向外移动,从而推动两个制动蹄绕偏心支承销转动,于是制动蹄上端向两边分开,摩擦片便压紧在制动鼓的内圆面上,这样,制动蹄便对制动鼓作用一个与车轮旋转方向相反的制动力矩 M_T。由于车轮与路面之间的附着作用,使得在车轮和路面接触处产生一个与车辆行驶方向相反的作用力 P_T,迫使行驶中的工程机械减速,以至停车。当放开制动踏板时,复位弹簧将制动蹄拉回原来位置,制动作用停止。

课题二　轮式机械制动系

一些小型轮胎式装载机的驻车制动系统、三轮压路机等机械的行车制动系统采用了机械制动装置。

一、制动系的基本组成及工作原理

1. 基本组成

轮式机械的机械制动装置主要由制动踏板(或操纵杆)、拉杆、制动器等组成,如图 5-2 所示。

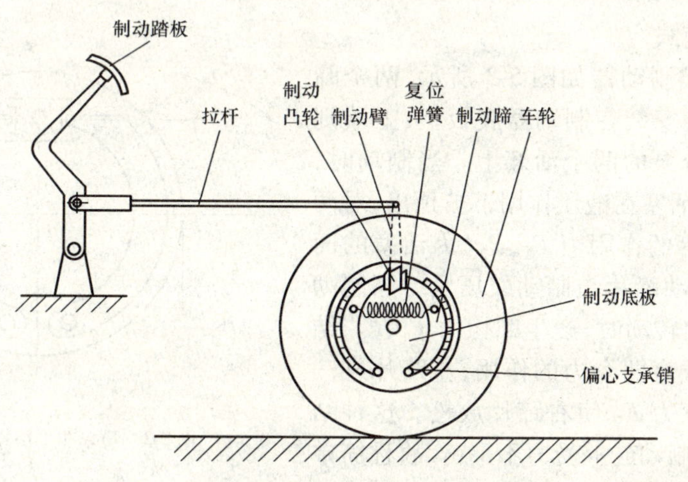

图 5-2　轮式机械制动装置

2. 工作原理

轮式机械不制动时,制动蹄摩擦片的外圆面与制动鼓的内圆面应保持适当的间隙,使车轮和制动鼓可以自由转动。

需要制动时驾驶员踩下制动踏板,通过拉杆拉动制动臂摆动,制动臂带动凸轮转过一定的角度,推动制动蹄绕支承销转动并贴靠在制动鼓上,不旋转的制动蹄对转动的制动鼓作用一个摩擦力矩,阻止了制动鼓的转动。

解除制动时驾驶员放松制动踏板,制动蹄在复位弹簧拉力的作用下复位,使制动摩擦力消除,制动摩擦片与制动鼓之间重新恢复原有的间隙,制动作用停止。

二、制动器

制动器是制动系的重要组成部分,目前各类轮式机械制动系所采用的制动器大多数是机械摩擦式制动器。制动器的结构形式很多,按摩擦元件的结构特点主要可以分为鼓式和盘式两种。

制动器为了确保工程机械的运行安全,对制动系统的工作可靠性和制动效率要求越来越高。因此,要求制动器在满足一定的外廓尺寸下,充分利用制动传动机构传来的力,产生尽可能大的制动力矩。

由于制动力矩主要是通过旋转元件和固定元件之间发生摩擦而产生的,因此它们接触表面间的摩擦系数对制动力矩的大小影响很大。此外,制动器的结构形式对于制动效能的高低也是一个很主要的因素。制动器制动时,摩擦衬片表面温度会因摩擦而升高,从而导致其摩擦系数和耐磨性能均有所降低,制动力矩减小,使用寿命缩短。因此,制动器的摩擦衬片材料应具有足够的耐磨性和较大的摩擦系数。此外,制动器在结构上,还应有较好的散热性能。

当制动器不工作时,摩擦元件工作表面间应有一定的间隙。如果间隙过小,则不易保证彻底解除制动,若间隙过大,会使操纵不方便,制动不灵敏。因此,制动器之间的间隙调整,最好能实现自动调整,以保证制动效能,简化维护作业等。

1. 鼓式制动器

鼓式制动器种类较多,按其结构和工作性能的特点,可分为简单非平衡式、简单平衡式和自动增力式。

1)简单非平衡式

简单非平衡式制动器如图 5-3 所示,两个蹄片下端均用支承销安装在制动器底板上,上端则分别贴靠在制动分泵的两个活塞上。当制动时,分泵内油压升高,活塞在液压作用下被顶出,对两个制动蹄施加相等的作用力 P_1、P_2(因活塞的面积相等),左、右制动蹄片与制动鼓压紧。当制动鼓按图示箭头方向转动时,产生摩擦力 F_1、F_2,结果使左蹄片相当于有两个力的作用,左蹄片进一步压紧。反之摩擦力 F_2 使右蹄片放松。这种结构在制动时,造成制动鼓上受力不平衡,故称简单非平衡式制动器。

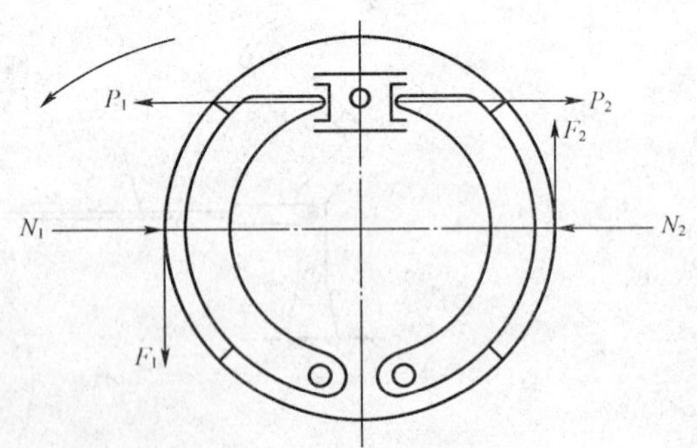

图 5-3　简单非平衡式制动器示意

这种制动器应用广泛。其结构简单可靠,制动鼓正反转制动效能相同,而且磨损后调整简单。但是这种制动器由于左、右蹄片单位压力不等,使衬片磨损不均,制动效能较差。

2）简单平衡式

简单平衡式制动器有对称式和非对称式两种。对称式平衡制动器如图 5-4 所示，两个蹄片没有固定的支点，当制动鼓按图示箭头方向旋转时，左蹄片下端支承在下分泵体上，右端则靠在上分泵体上。这种制动器作用力平衡，衬片磨损均匀，制动效能高，但它的结构比较复杂。

简单非对称式平衡制动器，如图 5-5 所示。左蹄支点在下端，右蹄支点在上端，每个蹄各有一个轮缸，每个轮缸内有一个活塞，两轮缸活塞直径相等。当制动鼓按图示箭头方向旋转并制动时，左、右蹄都是紧蹄，若油压相等，则 $N_1 = N_2$。所以这种制动器是平衡式制动器。若按图中箭头相反方向旋转并制动时，左、右蹄都是松蹄，制动效能显著降低，故称为非对称式。这种制动器只能和对称式制动器同时使用，以保证倒车时有足够的制动效能。

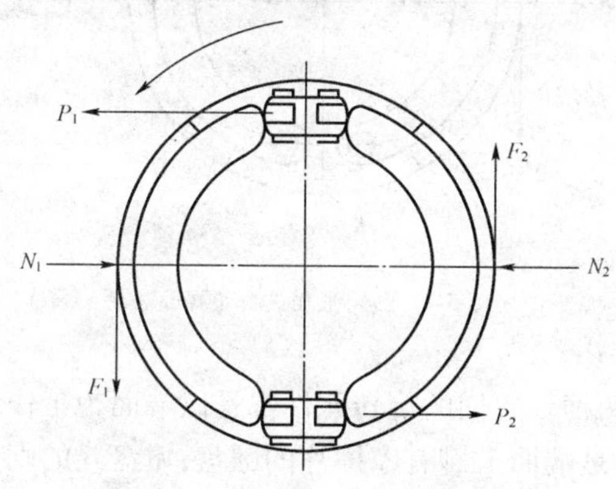

图 5-4　简单对称式平衡制动器示意

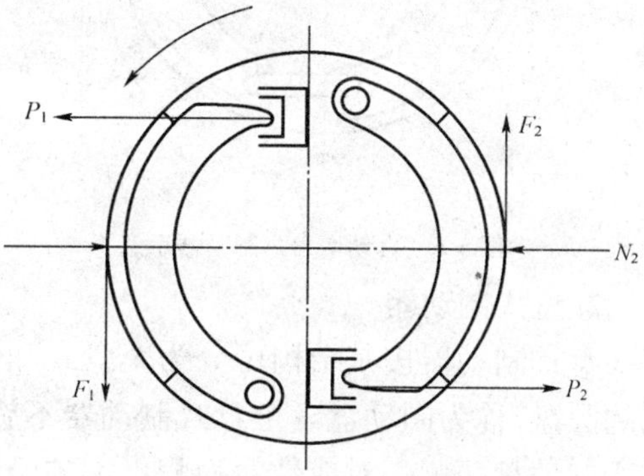

图 5-5　简单非对称式平衡制动器示意

3）自动增力式

自动增力制动器也有非对称式和对称式两种形式。图 5-6 所示为一种对称式自动增力制动器。两蹄片不是以支承销与制动盘固定连接，而是用一个可调整长度的连接杆连接起来，一起与制动盘浮动。制动时，制动分泵的作用力 P 把左、右制动蹄片推开压到制动鼓上，这时两蹄片的上端均离开了支承销。由于摩擦力的作用，使两制动蹄片沿制动鼓旋转方向移动，直至右碗上端抵靠到支承销上为止。此时左蹄受摩擦力的作用，为紧蹄。同时左蹄通过连接杆推动右蹄，使右蹄紧压制动鼓。由于摩擦力能使两个碗片同时进一步压紧，从而增加了制动效果，而且在制动鼓反转时，摩擦力仍然起到增加制动力矩的作用。

4）凸轮张开式

前面所讲的几种制动器都是用液压通过制动轮缸推动制动蹄的，故轮缸活塞对两制动蹄的作用力保持一定的比例，但活塞行程并无一定的比例限制。固定支点凸轮张开式制动器，其蹄片是由固定支点的凸轮张开的，如图 5-7 所示。

由于凸轮和凸轮轴是制成一体的，凸轮的外形是以轴心为对称的，凸轮只能绕固定的轴线转动而不能移动，所以，当凸轮转过一定角度时，两制动蹄上端的位移是相等的，但推力 P_1 和 P_2 却不一定相等。在摩擦衬片是新的而两蹄片和制动鼓的间隙又调得一样时，设想若制动鼓先不转而转动凸轮使两蹄张开，则 $P_1 = P_2$，$N_1 = N_2$。若制动鼓按图示箭头方向旋转并制动，由于摩擦力 F_1 的作用使 P_1 下降，N_1 增加，而由于 F_2 的作用使 P_2 增加、N_2 下降。因此，新装的

制动蹄片在制动时 $P_1 < P_2, N_1 > N_2$，所以是不平衡的。但由于 $N_1 > N_2$，在使用过程中最初 N_1 大的蹄片磨损较快，经过磨合后制动，凸轮虽将两蹄推出相同的行程，但 P_1 更小于 P_2，而 N_1 逐渐下降到与 N_2 相等，该制动器便由非平衡逐渐达到平衡。一般认为这类制动器是平衡式的。

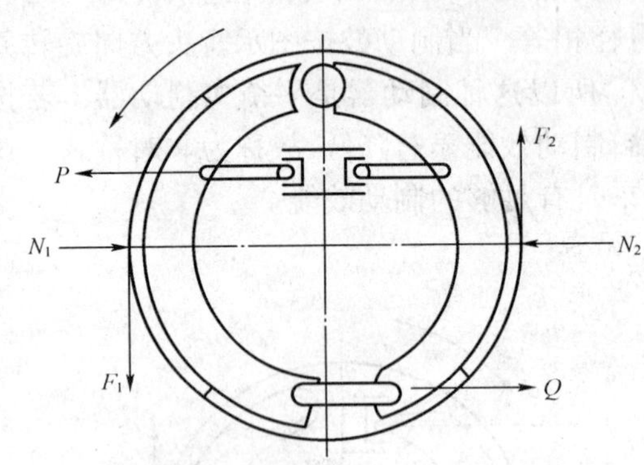

图 5-6　自动增力式制动器示意

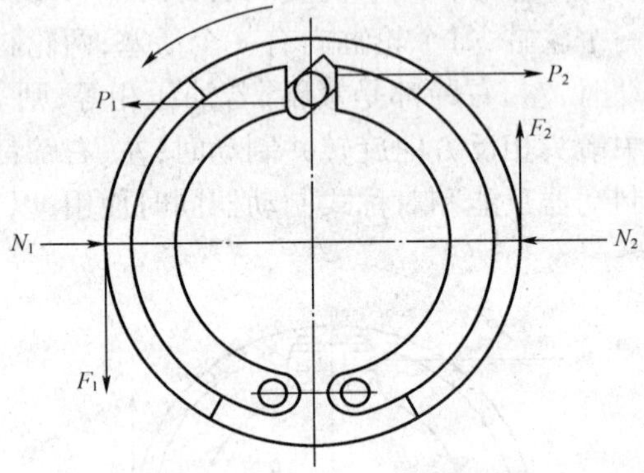

图 5-7　凸轮张开式制动器示意

2. 盘式制动器

盘式制动器按其结构可分为全盘式和钳盘式两种。它们的旋转元件都是以端面为工作表面的圆盘，称为制动盘。全盘式制动器不旋转元件是端面上铆有摩擦片的圆盘；钳盘式的则是位于制动盘两侧一对或数对面积不大的摩擦衬片，这些块衬片及其压紧机构都装在类似夹钳形的支架上，统称制动钳。

1）钳盘式制动器

钳盘式制动器的制动盘是一个圆盘，它固定在车轮轮毂与车轮一起旋转，带摩擦衬块的制动夹钳装在车桥的凸缘上。制动时，夹钳从两侧夹紧制动圆盘使车轮制动。钳盘式制动器按其结构分为固定夹钳式和浮动夹钳式两种。

（1）固定夹钳式制动器

固定夹钳式制动器由制动盘、钳壳、活塞、摩擦块等组成，制动钳本身轴向位置是固定的，制动分泵必须布置在制动盘的两侧，因此称为固定夹钳式制动器。固定夹钳式制动器如图5-8所示，它是一种安装在车轮上的制动间隙能自动调整的钳盘式制动器。

制动盘用螺钉固定在轮毂上，其内钳和外钳壳用根螺栓紧固成一整体制动钳壳。通过内钳壳用螺钉固定在桥壳上。内、外制动摩擦衬块用两根导向销悬装在制动盘两侧。内外两侧的制动钳壳就是两个液压缸体（或称泵体），其内各有活塞，缸壁上梯形截面的环槽内装一橡胶密封圈，靠近摩擦衬块的小环槽内装有防尘罩。两个缸腔与位于壳体外面的油管相通。

活塞的内腔内装有弹簧，弹簧起自动复位和自动调整间隙的作用。固定销轴用螺纹拧紧在钳体上，摩擦卡环以一定的摩擦力装在固定销轴上，对套筒起限位作用。复位弹簧的一端支承在套筒的外凸缘上，另一端压在盖板上，盖板用卡环定位。挡环与缸体用螺钉连接。

工作原理：制动时，油液经油管压入内、外钳缸体内，活塞在油压作用下推动摩擦衬块夹紧制动盘，迫使制动盘连同车轮一起减速或停止旋转，同时活塞上的卡环带动盖板压缩复位弹簧。当制动解除时，活塞又在复位弹簧的恢复弹力作用下自动复位 S 距离。

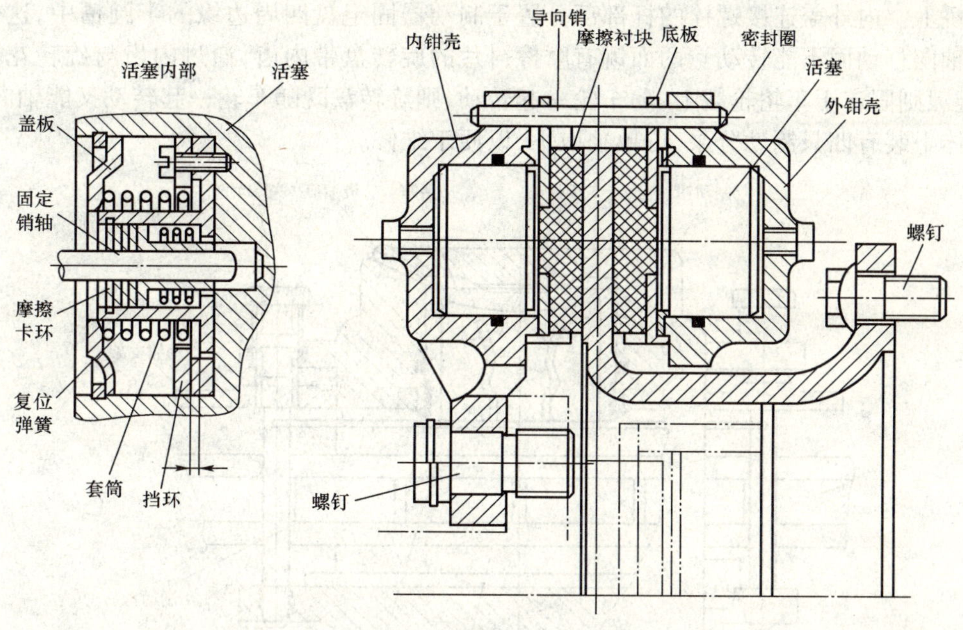

图 5-8　固定夹钳式制动器

摩擦衬块磨损后，活塞的位移量便增加，当位移量大于挡环与套筒外凸缘之间的间隙量时，活塞将使挡环压紧套筒外凸缘，克服摩擦卡环与固定销轴之间的摩擦力，一起移动，推动摩擦衬块，消除其磨损量而压紧制动盘。制动解除后，活塞在复位弹簧的作用下，仍然复位 s 距离，此距离小于活塞的位移，它们之间的差值就是摩擦衬块的磨损量，即为摩擦卡环相对固定销轴的移动量。这样使制动器的制动间隙总是保持正常值 s。

(2)浮动夹钳式制动器

浮动夹钳式制动器的制动钳夹体可以相对制动盘轴向移动，只在制动盘的内侧夹钳体内设有分泵(也称液压缸)，而外侧钳体只安装了摩擦衬块，如图 5-9 所示。支架固定在车桥上，其上端有带套筒的螺钉销。内外夹钳体是一个整体制动钳体。制动钳通过其内外凸缘座孔分别支承在螺钉销末端及套筒上。与内侧制动摩擦块一样能沿螺钉销做轴向移动。在制动钳的内侧有制动分泵，而外侧仅固定着外制动摩擦块。

制动时，活塞推动内制动摩擦块压到制动盘上，同时整个制动钳沿螺钉销向内侧移动，使外制动摩擦块也压到制动盘上，随着制动块对制动盘压力的增加，制动作用便增大。

2)全盘式制动器

为了获得较大的制动力矩，在某些重型工程机械上采用了全盘式制动器。全盘式制动器的构造与工作原理与履带式机械后桥的转向离合器相似，所不同的是转向离合器是靠弹簧力压紧而呈常接合，需要分离时通过操纵系统使之分离。而全盘式制动器则为常开式，需要制动时通过操纵系统使之压紧制动。

图 5-10 所示为一种全盘式制动器，其结构原理与摩擦离合器相似。它的制动摩擦副是由一组固定盘和一组旋转盘组成。

制动器壳体是由盆状的外侧壳体与内侧壳体用个螺栓连成一体组成的。通过内侧壳体固定于车桥上。内外盖连接螺栓的杆部部分置于制动器固定盘四周边缘的半圆槽中，这样固定盘只作轴向移动而不能转动。两面铆有摩擦衬片的旋转盘带内齿，通过内齿与旋转花键毂连接，花键毂则固定于车轮轮毂上，随车轮一起转动，则旋转盘既随车轮一起转动又能轴向移动。内侧壳体上装有四只制动分泵，可单独取下，以便于维修。

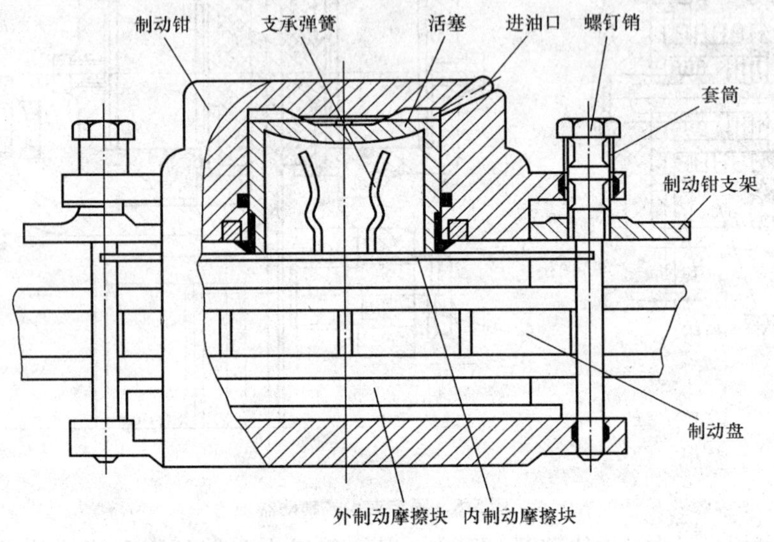

图 5-9　浮式制动钳

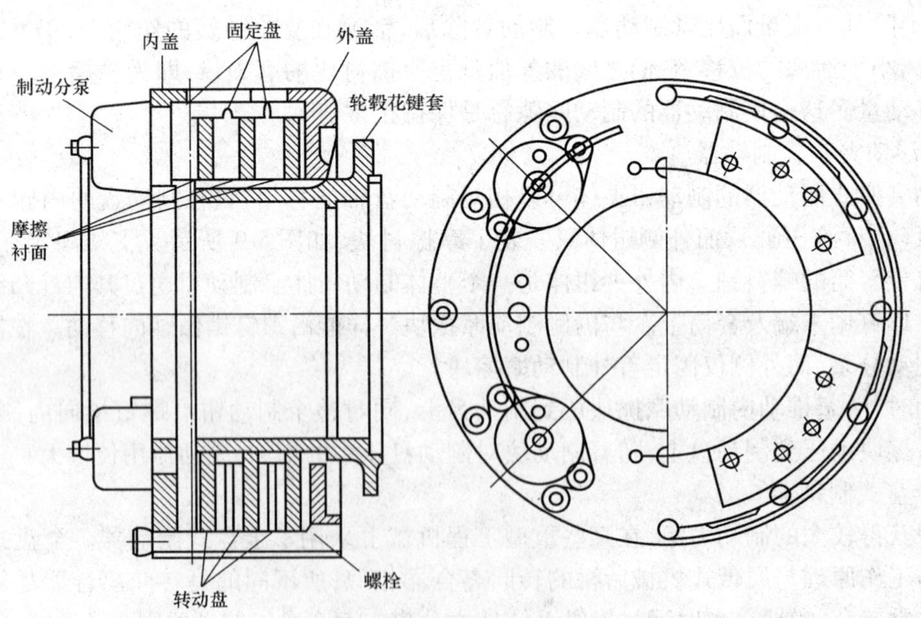

图 5-10　多片盘式制动器

图 5-11 所示为液压制动分泵的一种结构图。它与前面所讲的弹簧复位式的固定钳形盘式制动器的分泵结构和工作原理相似。

缸体上用螺纹固定一销轴,其一端插入活塞中心孔中,其上装有摩擦卡环、套筒。套筒的外凸缘作为复位弹簧座,复位弹簧的另一端支承于螺塞上。装配好后,套筒向右的移动受摩擦卡环与销轴之间的摩擦限制,套筒的左端面与螺塞有一定间隙 s,可转动螺塞来调整此间隙。螺塞装在活塞内孔中。两个隔热垫用以隔离固定盘制动时摩擦产生的热,使制动油液的热量尽量减少,以防其过热。

制动时,压力油由接头进入制动分泵,推动活塞右移,当螺塞与套筒端面接触时(图 5-11 所示 A 处),制动器应完全制动。若磨损使间隙增大,则在油压作用下,活塞通过螺塞、套筒带动摩擦卡环一起向右移动,直到完全制动。解除制动,活塞在复位弹簧作用下左移到活塞与套筒 B 处接触为止,活塞复位。

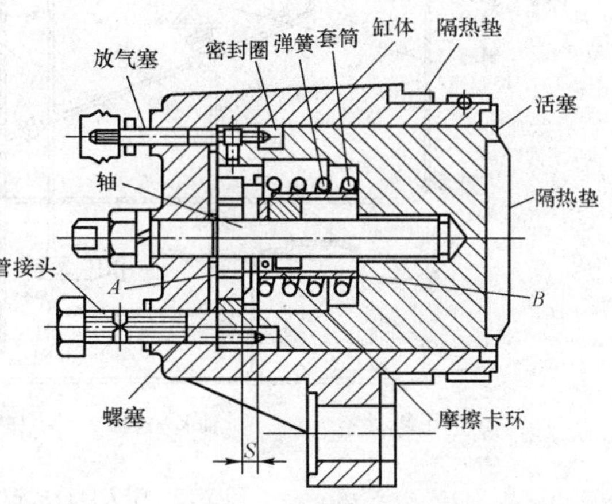

图 5-11　盘式制动器制动分泵

全盘式制动器,由于摩擦面多,产生的制动力矩较大,同时产生的摩擦热能较多;同时由于它有封闭的外壳,所以散热性能较差。为克服这一缺点,目前有的机械采用全盘湿式制动器,制动盘浸在循环着的油液中工作,使摩擦产生的热被油液带走,送入装有发动机水冷系中的热交换器,冷却后再流回制动器,大大改善其散热性能。这种制动器的寿命很长,不需要维护和修理。

三、制动传动机构

制动传动机构用来将驾驶员施于踏板上的力放大后传给制动器,产生制动力矩。制动系统的工作可靠性在很大程度上取决于制动传动机构的结构和性能,因此要求该机构工作要可靠。

只靠驾驶员施加于操纵机构的力作为制动力源的制动传动机构称为简单制动传动机构。制动传动机构有液压式和机械式两种形式,机械式只用于驻车制动。利用内燃机动力作为制动力源,驾驶员通过操纵机构加以控制的都属于动力制动传动机构,其中有液压式和气压式制动传动机构,主要用在中、小型轮式工程机械上作行车制动;在大中型机械上,气—液复合式制动传动机构使用得比较多。

1. 气压式制动传动机构

气压式制动传动机构是以压缩空气作为工作介质,通过驾驶员操纵,使压缩空气压力作用到制动器进行制动,其操纵轻便、省力。

如图 5-12 所示,CL7 自行式铲运机气压式制动传动机构主要由空气压缩机、储气筒、压力控制阀、制动控制阀、四个制动气室及油水分离器等部分组成。

其系统的工作原理为:

当踩下制动踏板时,制动控制阀使 4 个制动气室与储气筒连通而与空气隔绝,储气筒内压缩空气经制动控制阀进入 4 个制动气室。在气压作用下,制动气室中的推杆外移,迫使制动凸轮转动,推开制动蹄起制动作用。

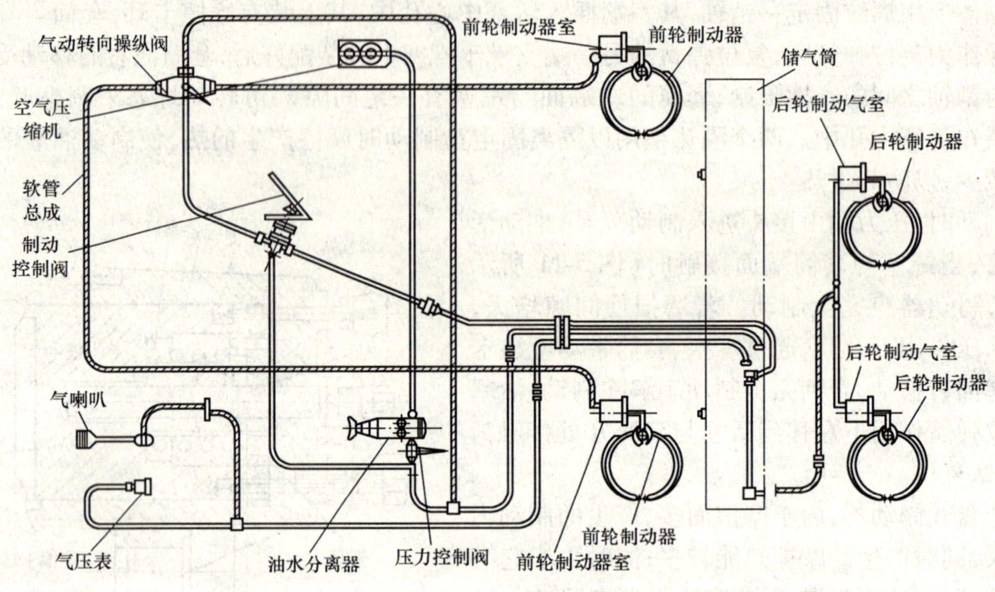

图 5-12　CL7 自行式铲运机气压式制动传动机构示意图

放松踏板时,制动控制阀又使制动气室与储气筒隔绝和大气相通。制动气室中的压缩空气便经制动控制阀的排气孔排入大气中,制动器的制动作用被减弱以致完全解除。

图 5-13 为装载机双管路气制动阀,当踏下制动踏板时顶杆推动顶杆座压缩平衡弹簧推动大活塞及活塞,打开阀门,空气罐的压缩空气由 A 口进入经 C 口到加力器。同时,鼓膜夹板推动推动顶杆、小活塞及活塞杆,打开下阀门,另一路压缩空气由 B 口进入,经 D 口到前加力器,前后桥同时制动。

松开制动踏板,前加力器空气由 D 口经活塞杆进入通道 E,与从 C 口进来的后加力器空气一起经活塞杆中孔,由 F 腔排入大气,制动解除。

图 5-14 为气推油加力器的结构,它由汽缸和液压总成两部分组成。

制动时,压缩空气推动活塞克服弹簧的阻力,通过推杆使液压总泵的活塞右移,总泵缸体内的制动液产生高压,推开回油阀的小阀门,进入制动器的活塞油缸。当气压为 0.68 ~ 0.7 MPa 时,出口的油压为 10MPa。

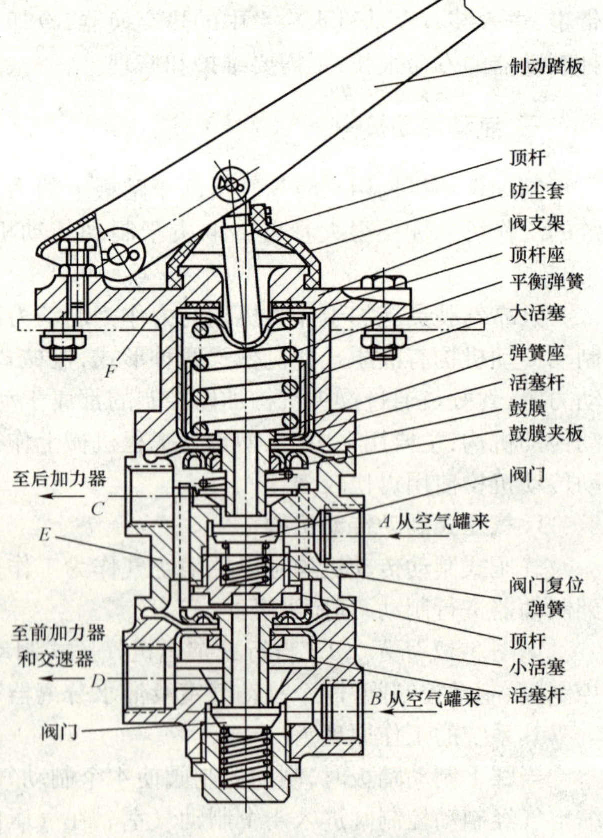

图 5-13　双管路气制动阀

松开制动踏板，压缩空气从接头返回，两活塞在弹簧力作用下复位，制动器的制动液经油管推开回油阀流回总泵内。若制动液过多，可以经补孔 *B* 流入储油室。制动踏板松开过快，制动液滞后未能及时随活塞返回，总泵缸内形成低压。在大气压力下，储油室的油液经回油孔，穿过活塞头部的 6 个小孔到皮碗周围而补充到二总泵内。

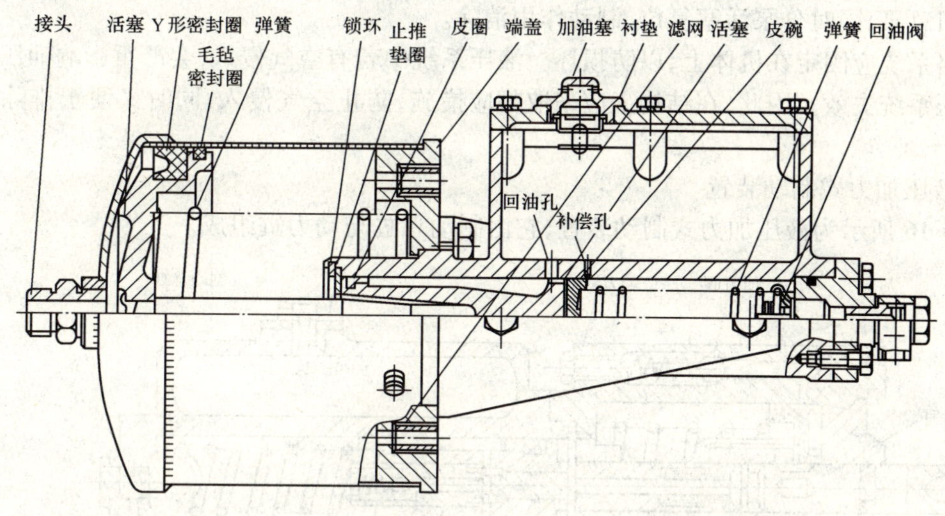

图 5-14　气推油加力器

2. 液压式制动传动机构

液压制动装置可分为简单液压式、液压加力式和液压直接驱动式 3 种。

1）简单液压式制动装置

简单液压式制动传动机构一般用于小型的轮式工程机械，如 PY160 型平地机等。图 5-15 所示为简单液压式制动传动机构示意。该制动传动机构主要由制动总泵、制动分泵及油管等组成。

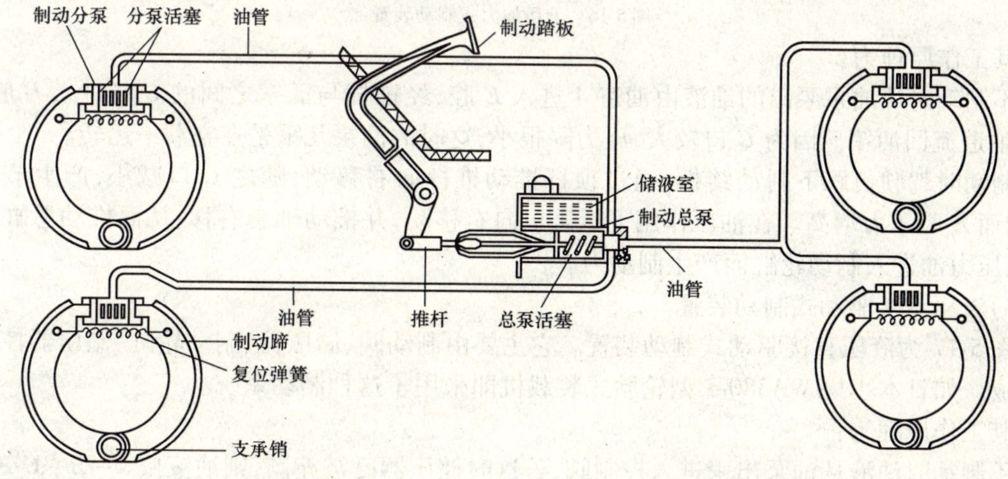

图 5-15　简单液压式制动传动机构示意

其工作原理为：

当踩下制动踏板时，制动总泵推杆便推活塞右移，于是压力油从制动总泵压出，通过油管分别送至各制动分泵，迫使制动分泵活塞向两侧移动，从而推动制动蹄片向外胀出并压紧制动鼓，产生制动作用。放松脚踏板时，由于制动蹄复位弹簧的作用，分泵活塞将分泵内送来的油液又压回总泵，同时分泵活塞复位，制动作用消除。

管路系统应固定在机体上，以防损坏。液压系统中若有空气侵入，会严重影响油压变化以致使液压系统失效。因此，在结构上应采取相应措施，防止空气侵入，同时又便于排除已侵入的空气。

2）液压加力式制动装置

图 5-16 所示为液压加力式制动装置，它由制动总缸与动力缸组成。

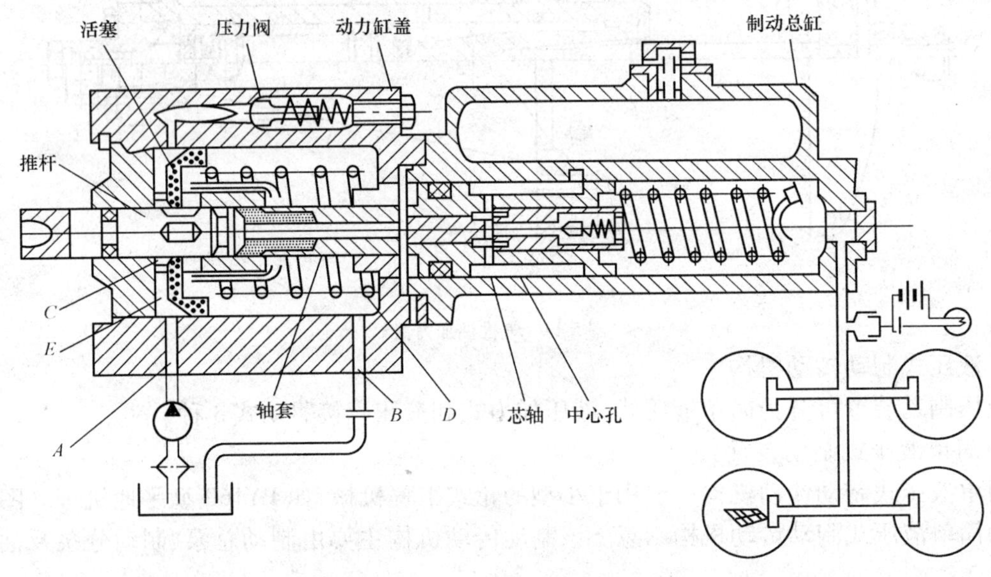

图 5-16　液压加力式制动装置

其工作原理为：

不制动时从油泵泵出的油液由油道 *A* 进入 *E* 腔，经推杆与活塞之间的 *C* 口进入 *D* 腔，再由 *B* 油道流回油箱。因为 *C* 口较大，压力降很小，这时的油泵几乎是在空载下运转。

制动时驾驶员踩下制动踏板，通过顶杆推动推杆向右移动，随之 *C* 口减小，产生节流作用，因而 *E* 腔压力增高。在油压作用下活塞也向右移动，并推动轴套右移，从而推动总缸活塞右移，压力油进入制动轮缸而产生制动力。

3）液压直接驱动式制动装置

图 5-17 为液压直接驱动式制动装置。它主要由制动阀、储压器、制动轮缸、储压器控制阀等组成。如日本小松 WA380-3 型轮胎式装载机即采用了这种制动系统。

其工作原理为：

不制动时油液从油泵出来进入控制阀，若这时储压器已被充满，则油液按 *A*→*B*→*C*→*D* 口流回油箱。*B*、*C* 管路中的油压比大气压略高，油泵几乎是在空载状态下运转。

制动时驾驶员踩下制动踏板，通过推杆经内弹簧压下活塞，上阀芯下移，使 *C*→*D* 的通道面积减小，产生节流，因而 C 腔压力升高，增加的压力传给前制动轮缸，使前轮制动。C 腔的压力油同时经上阀芯的中心孔道进入上阀芯与下阀芯之间的间隙内，作用在上阀芯端面上的压力与内弹簧的弹力相平衡，因此，制动踏板上的作用力与制动轮缸中的压力成正比。当踏板上的作用力和踏板行程增加到使 C 腔压力达到一定数值时，下阀芯才被压下，打开 $K \rightarrow L$ 通道，后制动轮缸由储压器经 $J \rightarrow K \rightarrow L$ 供给压力油，后轮产生制动。与此同时，由于下阀芯被压下，$H \rightarrow C$ 相通，前制动轮缸由储压器直接供给压力油，使前轮制动力矩进一步增大。

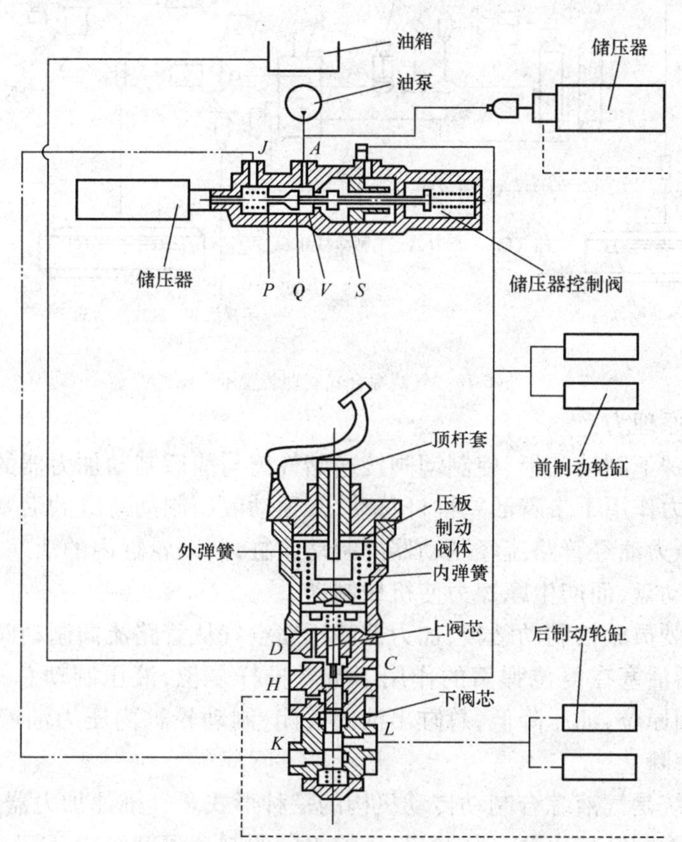

图 5-17　液压直接驱动式制动装置

解除制动时放松制动踏板，制动阀中的推杆及上下阀芯在各自复位弹簧作用下复位，制动轮缸中的油液流回油箱。

3. 气液综合式制动装置

气液综合式制动装置以发动机带动的空气压缩机输出的压缩空气的压力为动力，再经气推油加力器，将气压势能转化为液压能作为制动的力源。驾驶员按不同的制动强度的要求，通过制动踏板操纵控制阀来控制加力气室中的空气压力和流动方向，这种结构具有操纵轻便、踏板行程较小等优点。

图 5-18 所示为 ZL50 型装载机气液综合式制动装置示意图。该制动系统为气压增力器液压盘式双管路系统，它主要由空气压缩机、储气筒、压力控制阀、油水分离器、制动踏板、制动

阀、气推油加力器、液压制动总缸、盘式制动器等组成。

空气压缩机由发动机带动，它所产生的压缩空气经油水分离器、压力控制器、单向阀进入储气筒。

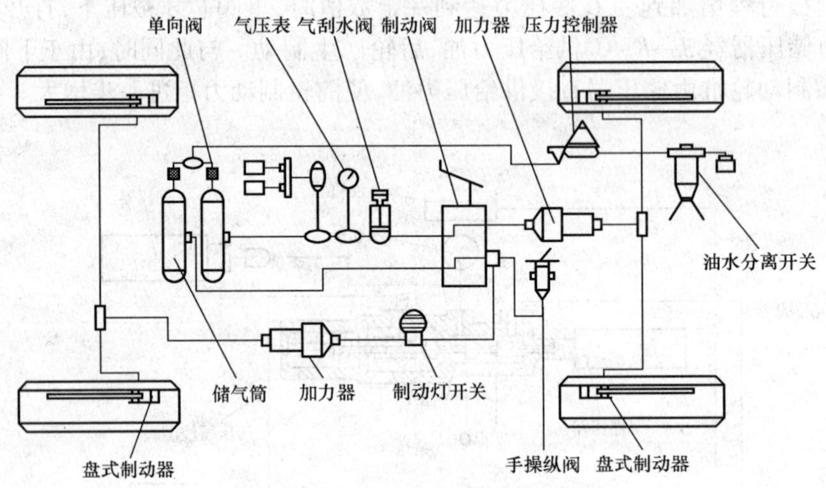

图 5-18　气液综合式制动装置示意图

其系统的工作原理为：

制动时驾驶员踩下制动踏板，使制动阀接通储气筒与前后制动加力器的气路，加力器的活塞在压缩气体的压力作用下带着活塞推杆移动，并顶动液压制动总缸的活塞移动，使制动总缸的油液产生压力，压力油经管路流经制动器的制动轮缸，制动轮缸内的活塞在油液压力作用下推动摩擦块压向制动盘，而产生摩擦力使机械制动。

解除制动时驾驶员放松制动踏板，加力器的压缩空气从管路流向制动阀，并经排气阀的芯管排出大气，加力器活塞在复位弹簧的作用下带着推杆复位，液压制动总缸活塞复位弹簧伸张，将总缸活塞推回原位，油压降低，总缸出油阀关闭，制动轮缸内压力油液流回总缸，制动器摩擦副分离，制动解除。

气推油制动系统是气液综合制动传动机构的一种形式。气推油加力器将压缩空气的气压势能转化液压能作为制动的力源，驾驶员只需按不同的制动强度要求，踩下制动踏板操纵制动阀来控制加力气室中的空气压力和流量实现制动。

ZL50 型装载机的气推油加力器构造如图 5-19 所示。活塞式加力气室与制动总泵用螺钉连成一体，加力气室活塞与总泵活塞用推杆连接起来。它的作用是将压缩空气的气压能转化为总泵的油压，从而驱动分泵活塞外移，产生制动作用。

其工作原理为：

当踩下制动踏板时，压缩空气经制动控制阀的出气口由气管接头进入加力气室的左腔，推动活塞并通过位于中央的导向推杆使总泵活塞右移，由于这时总泵中建立起油压，通过分泵活塞的外移使制动器产生制动作用。

当放开制动踏板时，加力气室的左腔通过制动控制阀与大气相通，于是气室中气压迅速消失，在复位弹簧作用下，活塞回复原位，总泵停止工作，制动器的制动作用被解除。

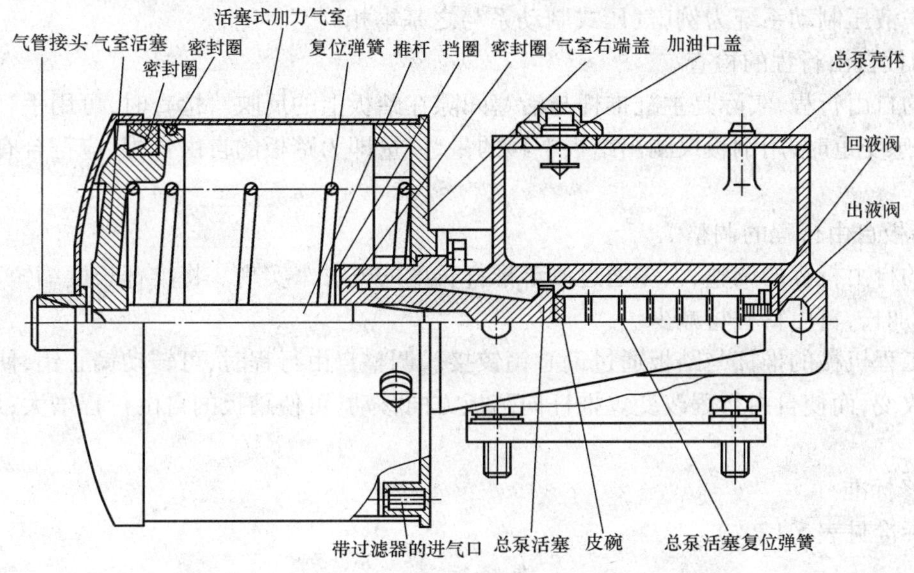

图 5-19　ZL50 装载机气推油加力器

四、制动系的维修

1. 制动系的维护

1）制动系的维护

（1）保持清洁，尤其是制动器摩擦表面的清洁，如果粘油或积垢，会影响制动效果，严重积垢甚至使蹄片与鼓发生阻滞现象，致使蹄片与鼓总处于摩擦状态。

（2）检视全系统有无漏油、漏气现象，接头部位是否紧固，储液罐制动油液是否足够。

漏油的检查可以采用直接观察方式。漏气的检查可以观察气压表，在正常情况下，机器发动后 5min，气压应达到 0.4～0.6MPa，而关掉发动机后，气压的下降在 30min 内不得超过 0.15MPa，如果超过的话，说明漏气现象严重，可用肥皂水涂在各气管接头，以及制动阀顶部及排气阀口进行检查，消除漏气现象，泄漏明显时，应及时更换或检修有关零件。

2）制动系的调整

（1）蹄片与制动鼓间的间隙根据各工程机械制动器的具体结构和说明书的规定进行调整，一般应保证在车速 30～40km/h 时，紧急踏下制动踏板，各车轮同时制动抱死、不跑偏。

（2）气压系统各工作压力的校准。

（3）制动系统拆装后，都要进行排气，排尽系统中的空气，以保持制动系统的可靠性。放气由两人进行，一人踩制动踏板，一人打开放气阀放气，其操作如下：

①发动发动机，使贮气筒充满压缩空气，待空气压力表读数达 0.6MPa 后，关掉发动机。

②揩净加力器总泵上的加油盖，拆下盖子，加满制动液。

③踩紧制动踏板，拧松放气阀，使空气放出，反复数次，直至没有气泡跑出为止，放气中要不断补加制动液。

④拧紧放气阀，加注制动液，液面高度距加油口 15～20mm。

3）制动踏板自由行程的检查与调整

以轮式液压制动系统为例（气压式制动系与之基本相同）。

（1）踏板自由行程的检查

踏板的自由行程，实际是主缸推杆与活塞间隙在踏板上的反映。检查时，可用手轻轻压下踏板，当手感变重时，用钢板尺测出踏板下移的量，该量即为踏板的自由行程，应符合有关技术规定。

（2）踏板自由行程的调整

踏板的自由行程的调整，大多通过调节推杆长度的方法来实现。将推杆长度缩短，自由行程将增大；加长，自由行程将减少。

有些工程机械的推杆与踏板通过偏心销铰接。调整自由行程时，可转动偏心销，使推杆的轴向位置改变，而使自由行程改变。推杆向踏板方向移动，可使踏板的自由行程增大；反之，则减少。

4）维修标准

维修标准见表5-1。

维修标准 表5-1

部件	序号	项目	规范		措施
			标准值（mm）	维修标准（mm）	
钳盘式制动器	1	制动盘厚度	$26^{0}_{-0.050}$	—	更换
	2	衬块总成	20±0.5	7	更换
	3	主副钳桥与活塞间隙	（φ65）0.03~0.09	0.2	更换
	4	主副钳桥连接螺栓拧紧力矩	540~650N·m	拧紧	
	5	制动器安装螺栓拧紧力矩	940~1 120N·m	拧紧	
加力器	6	活塞磨损、弹簧失效、密封件损坏			更换
	7	汽缸与液压总泵连接螺栓拧紧力矩	45~59N·m		拧紧
	8	气压	0.6~0.8MPa	0.45MPa	调整
制动夹钳总成	9	制动盘厚度	$18^{0}_{-0.1}$	17	重装配
	10	制动盘平面度	0.25	0.50	重装配
	11	主副摩擦块厚度	13.9~14.0	7.0	更换
	12	摩擦块与制动盘间隙	≤0.50	>0.5	调整
	13	制动盘安装螺栓拧紧力矩	180~210N·m		拧紧
	14	支架及连接板安装螺栓拧紧力矩	180~210N·m		拧紧
	15	锁紧螺母拧紧力矩	65~78N·m		拧紧
制动阀	16	鼓膜、进气阀门、进气阀门簧损坏			更换
	17	支架与中体连接螺栓拧紧力矩	20~30N·m		拧紧
	18	中体与盖连接螺栓拧紧力矩	20~30N·m		拧紧
	19	中体螺塞拧紧力矩	680~850N·m		拧紧

2. 制动系的拆装

以装载机制动系为例分析制动系的拆装。

1）各部件的拆装

（1）制动阀

①从底板上拆卸制动阀

a. 松开驾驶室底板下面制动阀上进、出口的四根硬管（见图 5-20）；

b. 取下制动阀上管接头、三通接头及铜垫（见图 5-21）；

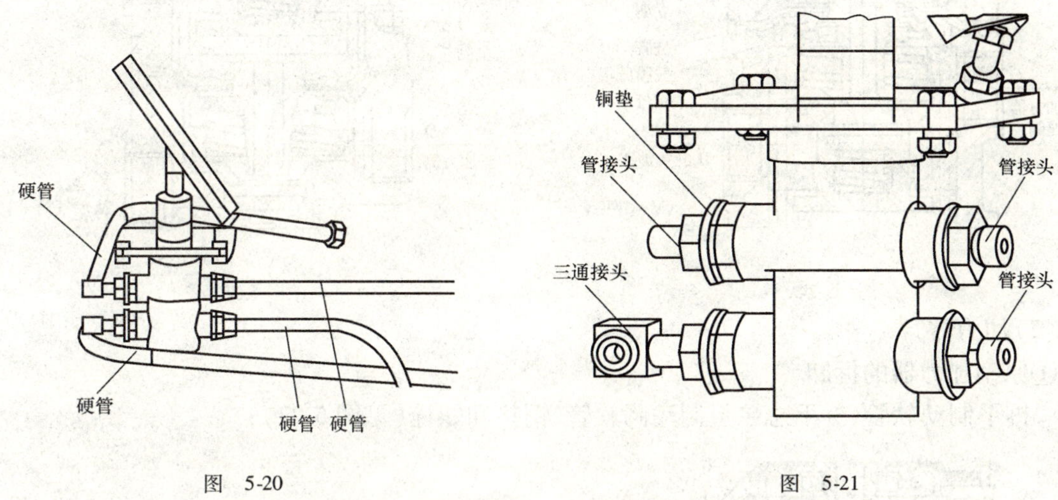

图　5-20　　　　图　5-21

c. 拆下制动阀的安装螺栓、垫圈和螺母，取出制动阀（见图 5-22）。

②制动阀组件的拆卸

a. 拔出开口销，取出销子，取下制动踏板（见图 5-23）；

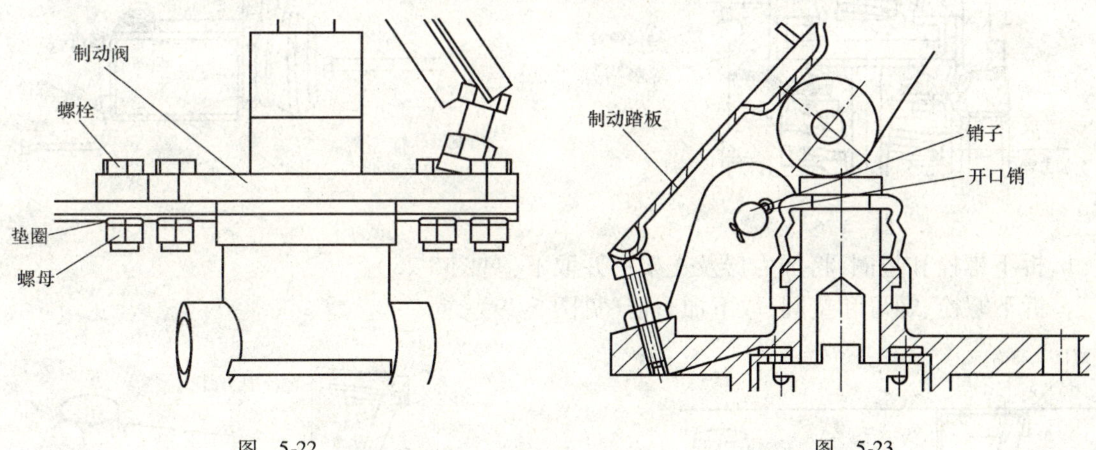

图　5-22　　　　图　5-23

b. 拆下螺栓、螺母和垫圈，取出支架（见图 5-24）；

c. 松开并取下螺母，取下鼓膜压板、鼓膜（见图 5-25）；

d. 取下中体和盖的连接螺栓、螺母和垫圈（见图 5-26）；

e. 拧下中体螺塞，取下进气阀门复位弹簧和进气阀门。

③制动阀组件和制动阀的安装

a. 安装过程与拆卸过程相反；

b. 清洗零件，检查鼓膜、弹簧、阀门，若有损坏应予更换；

c. 安装完成以后要进行排气。

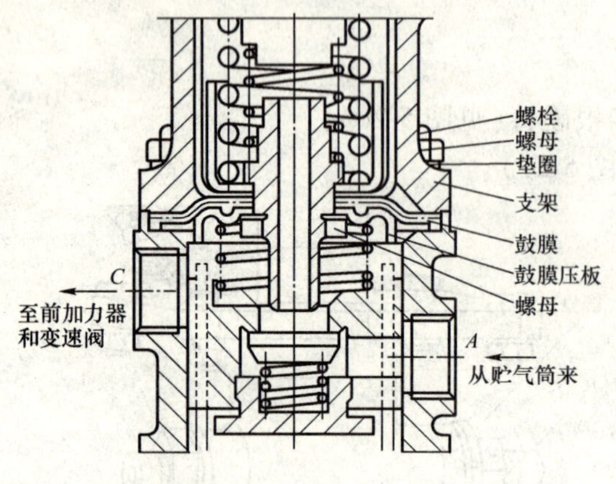

图 5-24　　图 5-25

(2)加力器

①原型加力器的拆卸

a. 拆下制动软管,拆下总泵至制动阀软管、铜垫和螺栓(见图 5-27);

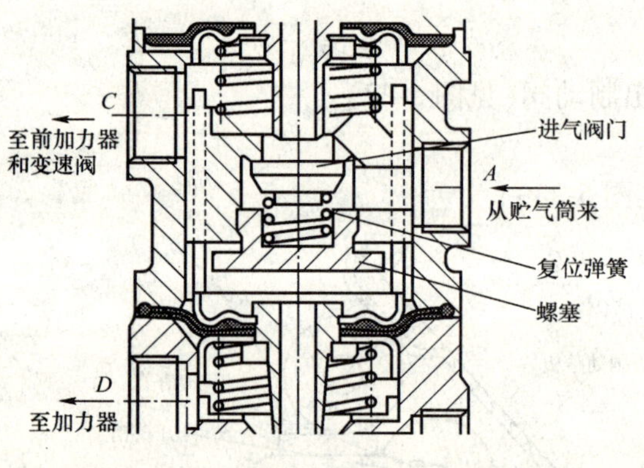

图 5-26

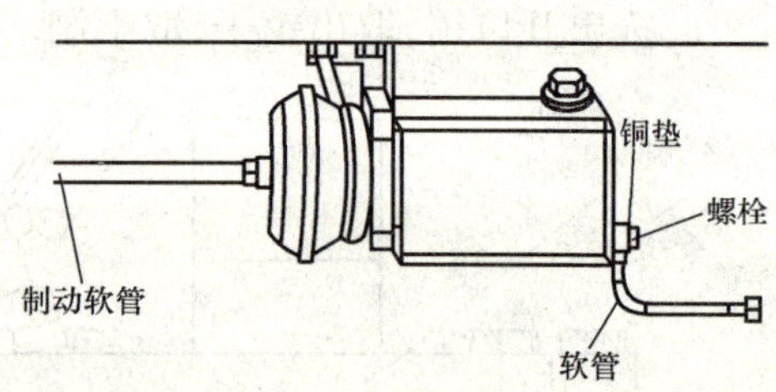

图 5-27

b. 拆下螺栓和垫圈,将加力器及支架一并取下(见图 5-28);

c. 拆下螺栓、螺母和垫圈,取下加力器(见图 5-29);

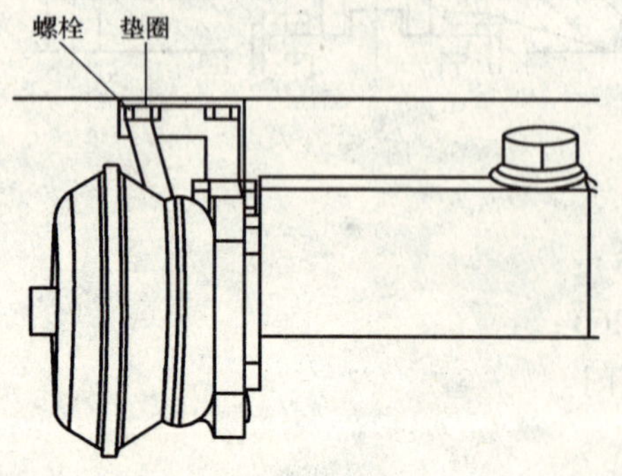

图 5-28

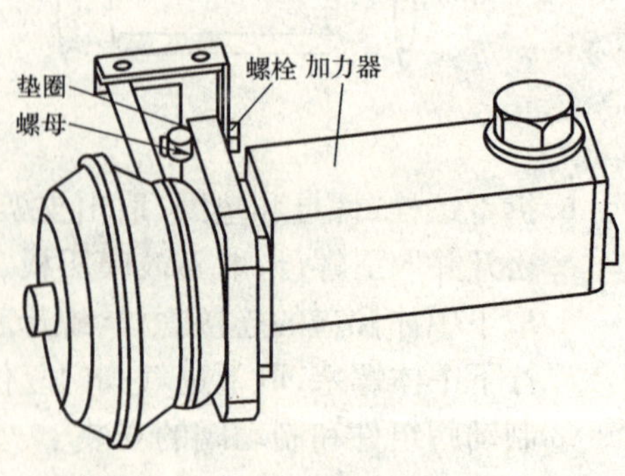

图 5-29

d. 拆下连接螺栓、垫圈和螺母,取出连接板,将气缸和液压总泵分开(见图 5-30);

e. 取出活塞和皮碗;取出弹簧;取出回油阀(见图 5-31)。

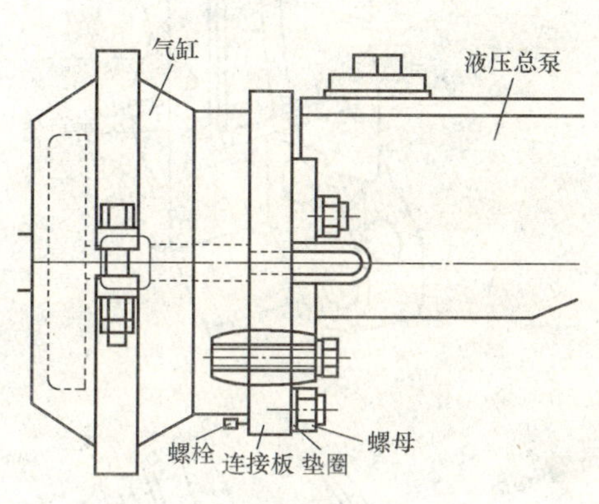

图 5-30

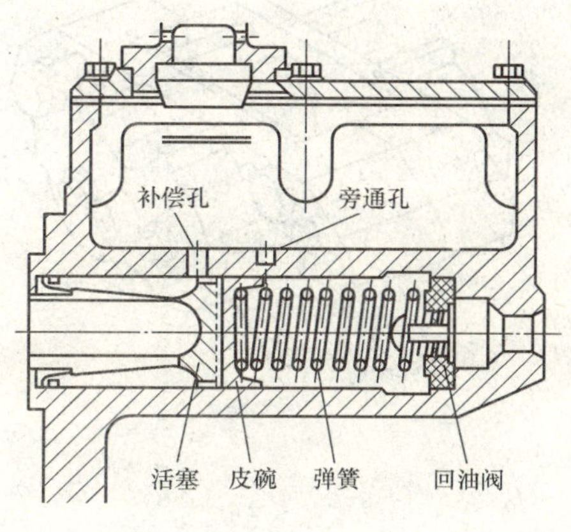

图 5-31

②原型加力器的安装

a. 安装过程与拆卸过程相反;

b. 装液压总泵要检查 0.7mm 的旁通孔,确保畅通,若被堵,制动效果会明显下降;

c. 装皮碗时要仔细检查皮碗是否已磨损或划伤,如有磨损或划伤,应立即予以更换;

d. 不同类型的制动液严禁混用,否则会迅速损坏橡胶元件;

e. 液压系统中的气体会影响制动性能。在更换零件、清洗系统后要进行排气。

(3)钳盘式制动器

①制动器的拆卸

a. 拆下制动器上的螺栓、铜垫,取下制动管,拆下制动器的安装螺栓,取下制动器(见图 5-32);

b. 拆下盖板安装螺钉,取下盖板(见图 5-33);

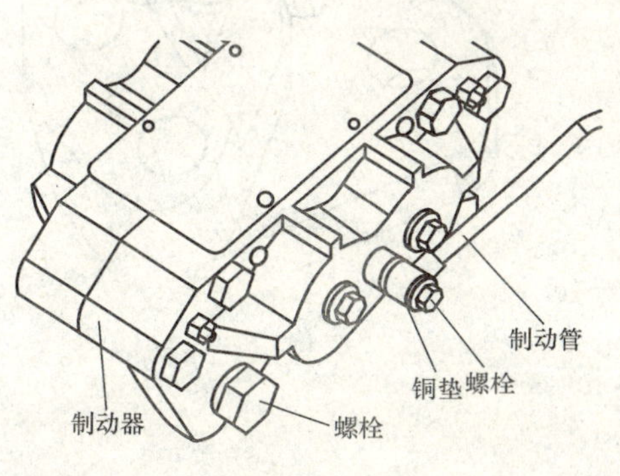

图 5-32

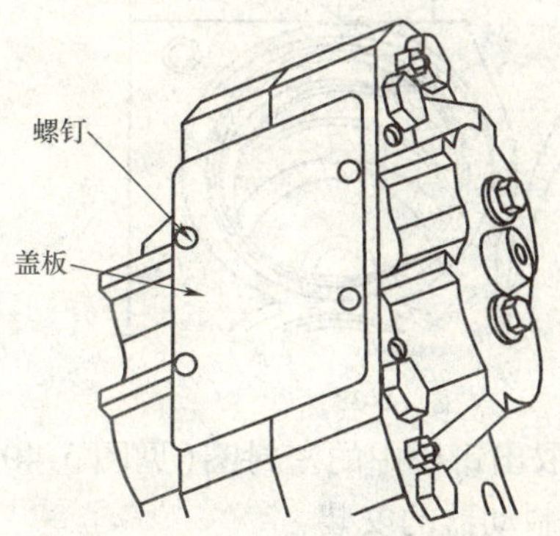

图 5-33

c. 拆下主副钳桥的 4 只连接螺栓,将主钳桥和副钳桥分开(见图 5-34);

d. 取出销轴上的开口销,拆下销轴,将衬块总成取出(见图 5-35);

e. 拧下螺塞和铜垫,用 M14 ×1.5 的长螺栓拧入螺孔中,顶出顶杯(见图 5-36);

f. 取出顶杯上的防尘圈(见图 5-37)；

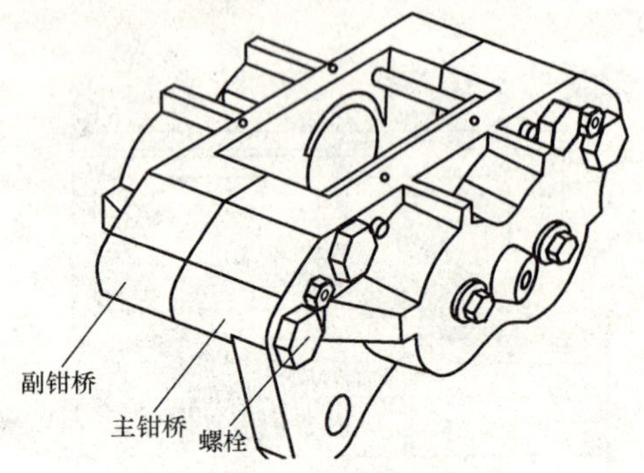

图 5-34

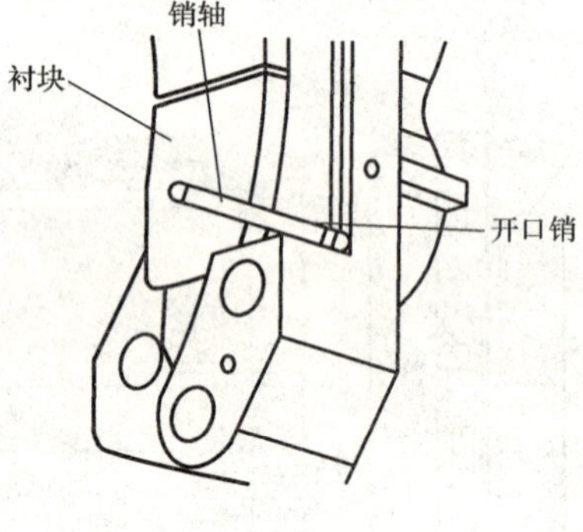

图 5-35

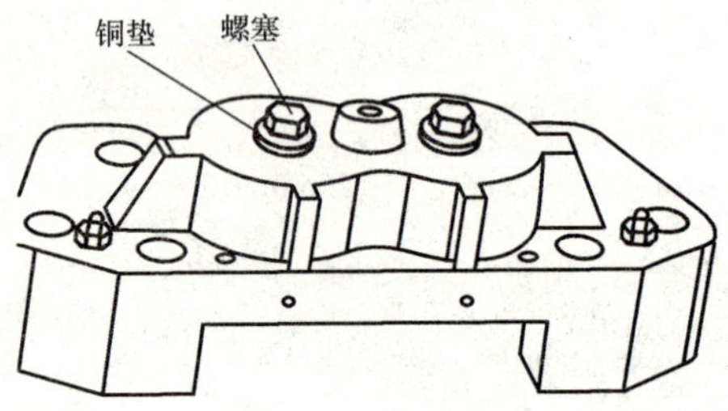

图 5-36

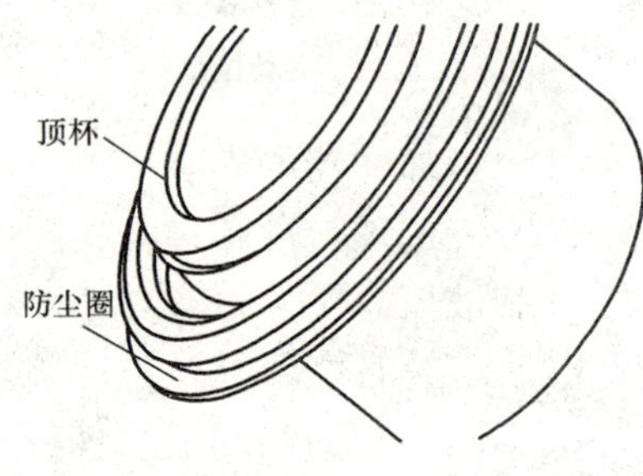

图 5-37

g. 从夹钳体内取出挡圈(见图 5-38)；

h. 重复拆卸工序，将活塞顶出，继续拧 M14 ×1.5 的长螺栓直至顶出活塞(见图 5-39)；

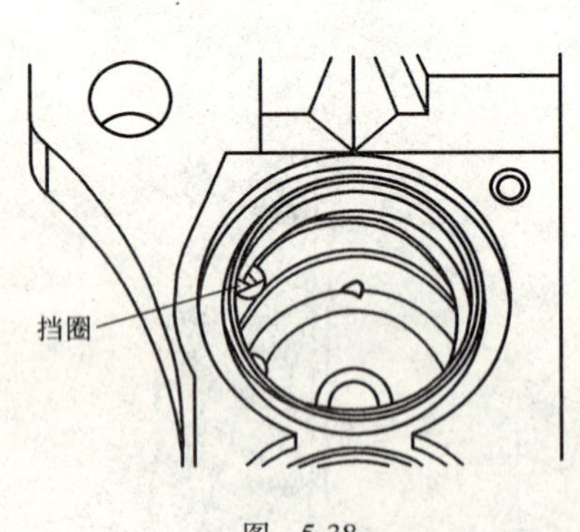

图 5-38

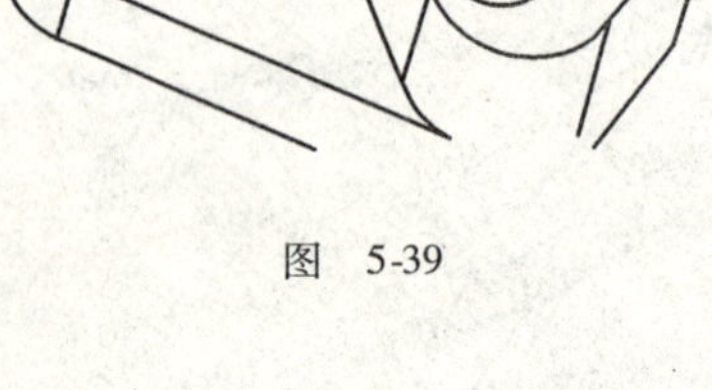

图 5-39

i. 取出钳桥中的密封圈(见图 5-40)。

②制动器的安装

a. 安装过程与拆卸过程相反；

b. 所有密封圈、防尘圈若有损坏，必须更换；

c. 用蓖麻油或制动液清洗夹钳、活塞和顶杯，不得用石油制品；

d. 检查活塞和顶杯上是否有刻痕、刮伤、锈蚀，严重损坏者必须更换。

e. 安装活塞、顶杯时要涂制动液,不得涂石油制品;

f. 装新密封圈时要两次安装,第一次装进活塞后要重新取出,密封圈被切下的部分去掉,第二次安装时,密封圈被切的一边向下安装;

g. 销轴如果磨损,不能为摩擦衬块导向,则应更换;

h. 检查衬块总成上摩擦片的磨损量,若有磨损到接近沟槽底部,则必须更换;

i. 安装完成以后必须进行排气;

j. 有条件时,制动器在装配后应在 11.76MPa 的压力下进行试验,不应有泄露和降压现象。

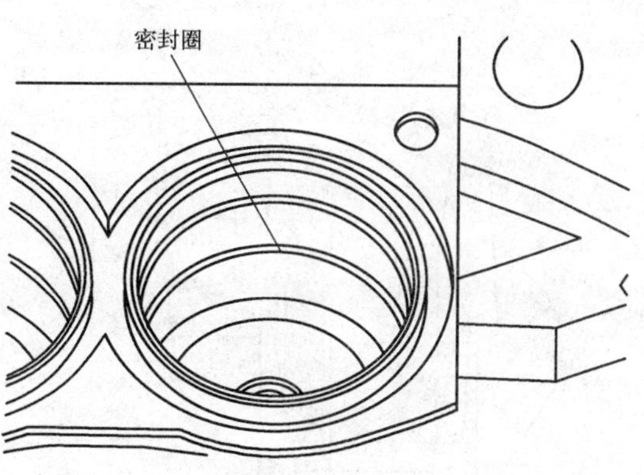

图 5-40

(4)制动夹钳

①制动夹钳的拆卸

a. 松开螺母、垫圈,拆下可调接杆,脱开软轴(见图 5-41);

b. 拆下 3 只螺栓及 3 只垫圈,拆下 5 只螺栓及 5 只垫圈,取下支架和夹钳总成(见图 5-42);

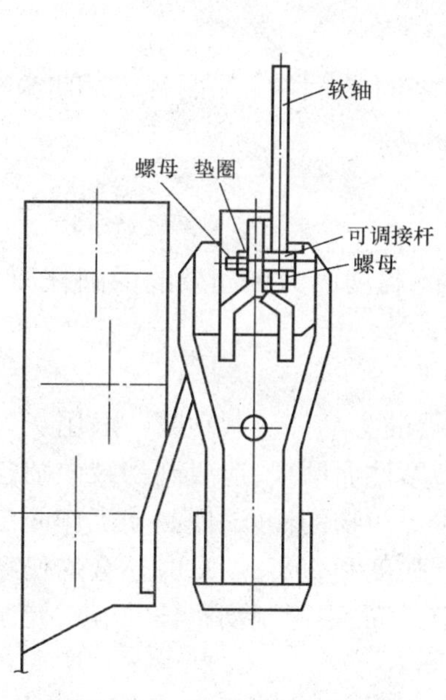

图 5-41

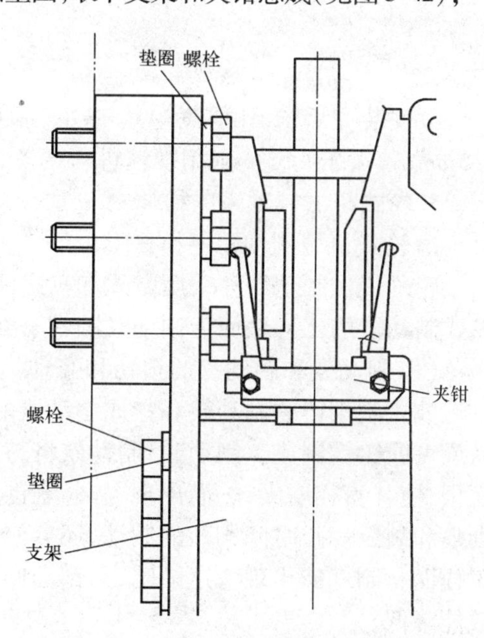

图 5-42

c. 拆下螺栓,将夹钳总成从支架中取出;

d. 松开锁紧螺母,拔出螺栓,将主副夹钳分开(见图 5-43);

e. 松下主副摩擦块固定螺母、垫圈,取出主副摩擦块(见图 5-44);

f. 拆下变速器输出轴上的法兰盘;

g. 松开法兰盘上的 4 只螺栓及 4 只垫圈,取出制动盘(见图 5-45)。

②制动夹钳的安装

a. 安装过程与拆卸过程相反；

b. 洗净制动盘及主副摩擦块上的油污，并用布擦干；

c. 检查摩擦块，若磨损过大则应更换；

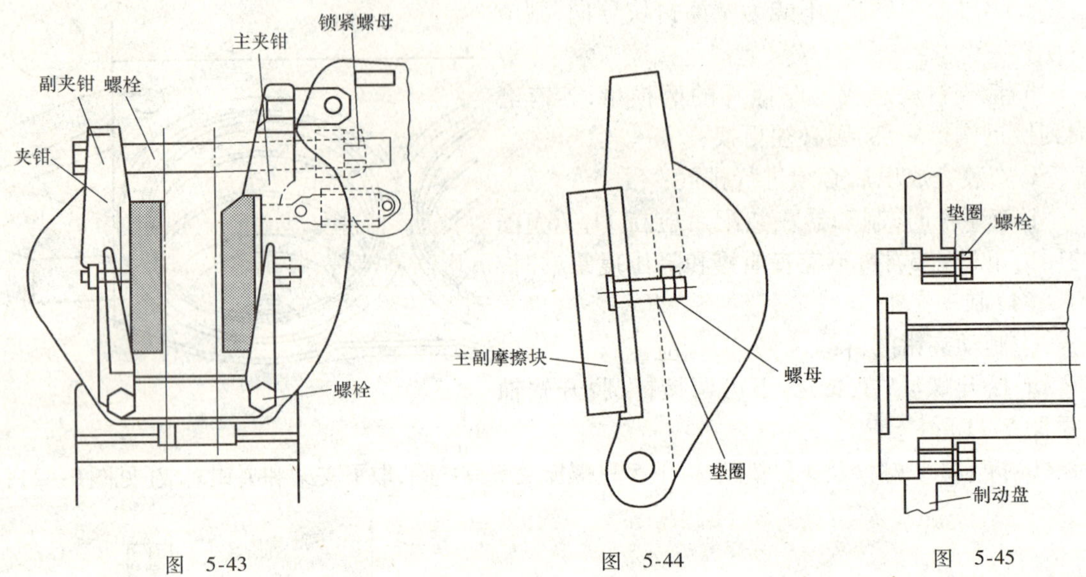

图 5-43　　图 5-44　　图 5-45

d. 安装完后应用厚薄规检查主、副摩擦块与制动盘之间的间隙，其两侧之和应小于0.5mm，若大于0.5mm则用螺栓进行调整，使其间隙符合要求。

3. 轮式机械制动系的检修

1）轮式机械制动器的检修

轮式机械制动器多采用鼓式和盘式两种。蹄式制动器的制动面为制动鼓的内圆柱面，而盘式制动器的工作表面为制动盘的端平面。

（1）制动鼓和制动盘的损伤和修理

鼓式制动器的制动鼓和盘式制动器的制动盘都为制动器的主动件。制动鼓一般用灰口铸铁或可锻铸铁制成。制动时，制动鼓将与制动蹄片发生强烈摩擦而磨损，造成制动鼓内圆柱面磨损，使其直径增大，进而出现失圆、有锥度。同时由于灰尘等污物的侵入，使制动工作面出现划痕和裂纹。长时间剧烈的制动，还会使制动鼓过热而降低强度和变形，严重时还会灼伤摩擦工作面。制动鼓出现上述缺陷后，都会使制动器的制动力矩下降，引起制动跑偏、响声，使制动效能降低。

盘式制动器的制动盘的主要损伤有盘两侧摩擦面磨损、划痕、烧伤以及制动盘变形。

制动鼓摩擦面的磨损程度、失圆以及有无锥度，可用内径千分尺和百分表等量具进行测量检验。测量的内容主要包括磨损后鼓的最大直径、制动鼓的锥度以及摩擦表面与轮毂回转轴孔的同轴度。当制动鼓摩擦面与轮毂回转轴孔不同轴度大于0.1mm，摩擦面失圆超过0.25mm或工作表面出现超过深0.02mm的划痕时，可用镗削法进行修复。修复后的圆度误差应小于0.07mm，不同轴度不大于0.025mm，表面粗糙度应为1.6。制动鼓多次镗销后，摩擦面壁厚会变薄，一般最大允许去除量为4～5mm。当磨损量过大时，可用镶套法予以修复。

制动鼓是否出现裂纹，可用敲击听声法检查，若出现裂纹一般应予报废。

制动盘不得有裂纹,其工作表面不得有锈斑、缩孔等损伤。若制动盘摩擦面出现磨损、划痕、烧伤和变形时,可以安装端面定位后对摩擦面进行磨削加工,两摩擦面与安装端面间不平行度应小于0.05mm。经几次磨修后,允许最大减少厚度为5mm,当若超过时应更换用新的制动盘。

(2)制动蹄与摩擦衬块的修理

制动蹄和摩擦衬块分别是蹄式制动器和盘式制动器的制动元件,它们都直接承受着摩擦力和制动力矩。

制动蹄摩擦衬片在使用中会因长期剧烈的摩擦而磨损,导致制动间隙增大,制动效能降低。当表面磨损严重,烧焦变质,油污过甚时,使摩擦系数下降,制动力矩大大降低。此外当制动蹄铰接孔产生磨损时,会使制动蹄工作时发生摆动,易产生制动拖滞与异响。

制动蹄表面有脏污而没有裂纹和厚度足够时,可用酒精清洗,并用金属刷子去除污物。当表面烧焦不严重时,可车削或锉修变质层。当磨损到距铆钉头0.5mm时,或有裂纹时应拆除旧摩擦衬片,重铆新片。在铆合时,应注意使衬片与蹄片贴紧,夹持好后再铆。铆钉沉头孔深应为衬片厚度的2/3,铆接时应从衬片中部开始,依次向两边铆紧。更换新片后,应对摩擦衬片的摩擦表面进行加工,以获得良好的制动性能。加工后的摩擦衬片外圆半径应比制动鼓内圆半径约大0.20mm,摩擦衬片与制动鼓的接触面积大于衬片总面积的50%,由于制动蹄在制动过程中中部受力后弯曲较大,接触印痕应两端重中间轻。制动蹄片铰接孔壁磨损后,可按修理尺寸铰大孔径,然后更换加大外径的偏心调整销轴;当制动蹄片表面挠曲超过0.6mm时,应予冷压校正;制动蹄片的支承销孔磨蚀超过0.15mm,螺栓孔壁损坏或磨蚀超过标准尺寸0.8mm时,可堆焊或镶套修理。制动蹄的支承销轴磨损超过0.15mm时,可镀铬或堆焊修复。支承销轴与车轮旋转中心轴线平行度误差应小于0.2mm。制动蹄复位弹簧如有折断,严重锈蚀、两端挂钩明显变形、自由长度不符合规定要求,应予更换。同一车辆左右复位弹簧的主要参数(自由长度、拉伸长度、拉力范围)应当一致,如相差太大,将会造成制动跑偏。鼓式制动器的凸轮磨损,可采用镀铬或堆焊修复。

小型制动蹄产生变形时,可冷压校正,产生裂纹时可焊接修复。

盘式制动器的摩擦衬块的主要损伤是摩擦面严重磨损,但磨损后多数可以自动补偿增大的制动间隙。如ZL50型装载机盘式制动器的摩擦衬块是靠分泵活塞矩形截面油封的弹性变形进行制动后复位的,每边可形成0.10mm左右的制动间隙。这种制动器摩擦衬块表面有3条9mm深的槽,当槽磨平后则应更换摩擦衬块。摩擦衬块是在钢质底板上压装酚醛树脂垫制成的。

(3)制动器制动间隙的调整

为了确保制动器可靠的工作,制动器应保持一定的制动间隙。盘式制动器散热性能好,制动器间隙可自动调整,而鼓式制动器的间隙调整要麻烦一些。制动间隙的大小,可用厚薄规进行检验,检查时将厚薄规放在距离摩擦片上端或下端30~50mm处。

制动间隙是指机械不制动时,制动蹄与制动鼓之间的间隙。由制动蹄运动关系可知,当制动蹄摆过一个小的角度时,越靠近制动蹄的中部,其径向位移量越大。因此应使制动蹄与制动鼓的中部间隙最大,下端最小。通过加工制动蹄时,其外径尺寸大于轮毂孔径可以保证上下部与中部的间隙,而上下端间隙则需要靠调整机构进行调整。

如图5-46所示,微调时,可旋拧调整螺钉,改变调整臂与制动臂间的相对转角,即改变制动臂与制动凸轮轴间的相对转角。当制动间隙相差较大时,可将调整臂拆下,相对于凸轮轴转

过一个角度，装上后再进行调整。粗调即在制动间隙不合理时，可卸下制动臂，将凸轮轴转过一个角度再安装制动臂。

非平衡式制动器的下部间隙只需转动偏心支承销就可进行调整，如图5-47所示。调整时，松开制动底板外侧的偏心支承销锁紧螺母，然后扭转偏心轴端的扁尾，从而达到改变间隙 a 的目的。

液压制动的蹄式制动器，其制动分泵一般安装在制动器上端两蹄之间，故上端间隙的调整是依靠改变分泵柱塞与制动蹄上端之间的相对距离实现的。有的是在分泵柱塞上装以调整件，有的是在制动蹄上端承压面处装以调整件。

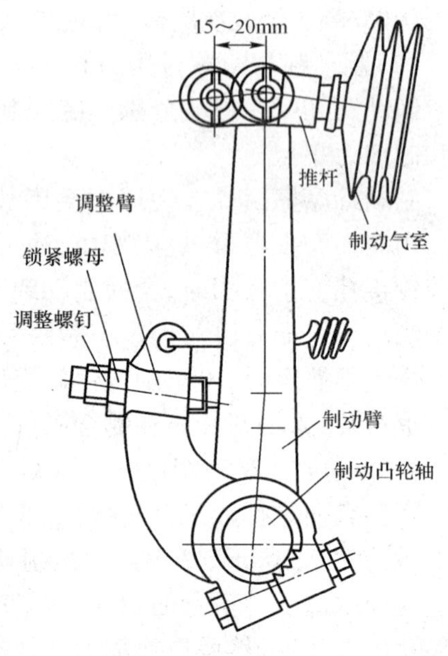

图5-46　非平衡式制动器上部间隙的调整机构

2）制动传动机构的检修

（1）气压式制动传动机构的修理

①制动阀的检修

制动阀是气压制动系统的关键部件，它的主要作用是用来控制制动时压缩空气的通路，制动阀产生故障后将会使整个制动系统失灵。

a. 制动阀膜片破损。制动阀膜片破损漏气时，会造成制动不灵。因此，要予以更换新片。

b. 进气阀与阀座密封面磨损。进气阀与阀座密封面磨损而产生漏气，会造成制动力矩减弱、制动迟缓等故障。此时，应研磨进气阀与阀座的配合端面，消除磨痕，然后对研保证其密封性。

c. 平衡弹簧弹力减弱或折断。制动阀的平衡弹簧要求有一定的预紧力和安装尺寸，若预紧力过大则制动过猛；预紧力太小则制动力矩不足。平衡弹簧弹力减弱时，可在弹簧下加垫，也可重新进行热处理恢复其弹性或者更换新弹簧。

d. 进气阀门弹簧折断。进气阀门弹簧折断，会使阀门处于常开状态，制动失灵。阀门弹簧折断时应更换新弹簧。

e. 上下膜片夹盘与顶杆接触面产生磨损。上下膜片夹盘与顶杆接触面产生磨损时，会使上下阀开闭时间不协调，可松开芯管螺母，将夹盘转过一个角度重新安装。

f. 制动阀的排气阀调整垫片过薄，其复位弹簧过软或折断。制动阀的排气阀调整垫片过薄，复位弹簧过软或折断会造成制动解除不彻底，使车辆起步困难或行车无力。发生此故障后，可重新调整垫片，或更换新弹簧予以排除。

图5-47　非平衡式制动器下部间隙调整

②制动气室的检修

常用的制动气室有膜片式和活塞式两种形式，膜片式结构简单，但膜片容易破损寿命短，行程也较短。图5-48所示为活塞式制动气室的一种。它主要由气室体、活塞、推杆、复位弹簧等组成，当踩下踏板时，压缩空气自制动控制阀充入气室右腔，推动活塞左移，于是推杆又推动制动调整臂，使制动凸轮相应转过一定角度，制动蹄起制动作用。同时气室左腔空

气经通气口被排入大气中。

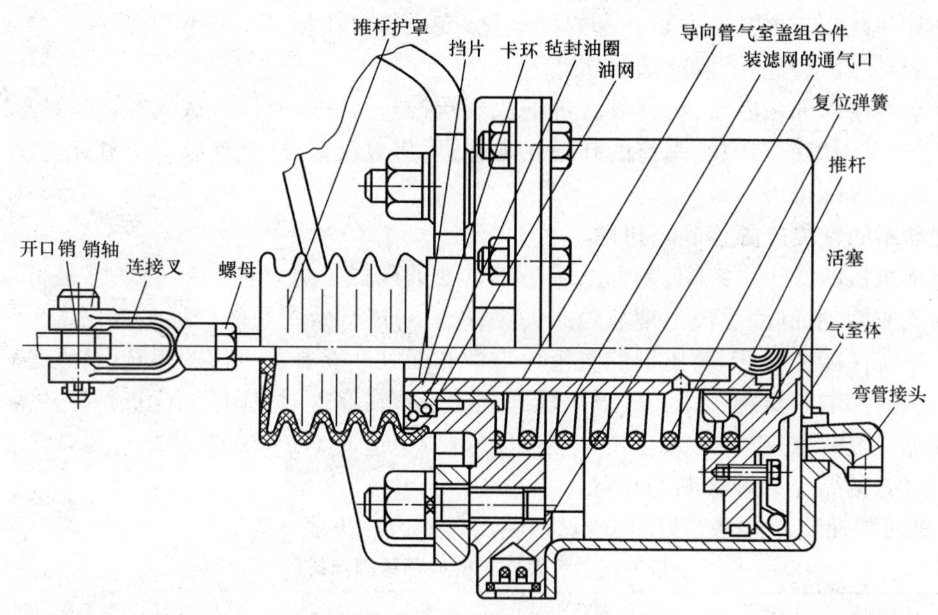

图5-48　活塞式制动气室

放开踏板时,气室右腔经制动控制阀连通大气,活塞在复位弹簧作用下又回复到原位,并将右腔空气推入大气中。气室左腔因活塞复位时造成真空而使空气由通气口充入。

制动气室常见的主要故障如下:

a. 制动气室膜片(膜片式)出现裂纹、变形和老化现象或者密封件(活塞式)磨损与老化。

b. 复位弹簧弹力减弱。

c. 汽缸孔壁磨损。

d. 制动气室推杆行程过大。

e. 外壳出现裂纹或凹陷。

当膜片或密封件出现老化等现象时,应更换新件,弹簧如有明显变形和严重锈蚀等导致弹力下降时,应予更换。当外壳出现裂纹或凹陷时,可用焊补修复或换新。制动气室推杆如有弯曲,应予校直,同时推杆行程也应符合规定要求,如果行程过大将影响制动效果。

(2)液压式制动传动机构的修理

液压制动系统总泵的作用分别是将制动油液压出,经管路输入分泵,而分泵则把制动油液的压力能变为机械能,在活塞的作用下,制动蹄张开起制动作用。

液压制动系统总泵和分泵常见的故障有:油缸孔壁磨损、橡胶密封件老化变质、复位弹簧弹力降低、总泵补偿孔堵塞等。

制动总泵及分泵在长期使用中,由于活塞和皮碗对缸壁的磨损,使缸壁内径增大、失圆或产生划痕。当油缸直径磨损量大于0.15mm、失圆大于0.05mm或产生严重划痕时,可按每次间隔尺寸为0.25mm,镗磨缸孔。多次镗磨后,孔径加大到1mm时,应用镶套法修复。镶套时衬套壁厚一般可取为3mm,与缸体的过盈配合量为0.03～0.05mm,衬套加工后,缸孔与活塞配合间隙一般应为0.03～0.08mm。当需对活塞外径进行修复时,可采用镀铁修复。

此外，复位弹簧出现弯曲、扭曲、锈蚀以及失弹现象时，可在弹簧下加垫，也可重新进行热处理恢复其弹性或者更换新弹簧。密封件老化、变质等产生泄漏后应换用新件。总泵补偿孔与弯通孔堵塞时，用钢丝予以疏通。

当有空气侵入分泵内时，可将其上部的放气阀拧开将空气放掉。放气时，先将空心螺钉拧出一些，使分泵内腔能与空心螺钉的孔道相通，然后将放气塞拧出，连续踩下和松开制动踏板，空气就会从放气阀排出。

4. 制动系的常见故障诊断与排除

在行走机械的操作系统中，制动系统是很重要的组成部分。因为制动系统是将行驶机械的速度降低或制动，制动系统出现故障或失灵，极有可能导致严重的交通意外发生。

制动系统性能的好坏，对机械的安全可靠性和驾驶性能有着直接的影响，特别是轮式制动系统对机械的影响要比履带式大的多。轮式制动系统在修理时，应仔细检查摩擦片等各部位，如发现故障应及时修复，使之满足技术性能要求，以免造成不必要的损失。

1）制动系的常见故障诊断与排除

（1）机械制动装置常见的故障分析、诊断与排除方法见表5-2。

机械制动装置常见的故障诊断与排除 表5-2

故障	故障现象	故障原因分析	故障诊断与排除方法
制动不灵或失灵	踩下制动踏板，或拉驻车制动杆进行制动时，制动效能不理想，或无制动反应	1. 调整不当，如制动系拉杆过长，摩擦片与制动鼓（或制动盘）之间的间隙过大等 制动系的传力拉杆的工作长度是可调的，如果拉杆的工作长度调整过长，引起制动时有效行程减小，使制动器制动力减小，导致制动效能不良，甚至失灵 制动器摩擦片与制动鼓（或制动盘）的压紧力很大程度上取决于两者之间的间隙。如果间隙调整过大或摩擦片使用过久由磨损引起间隙过大，均会造成制动对自由行程过大，制动的有效行程减小，导致制动器制动力下降，制动不良或失灵 2. 制动系传动机件阻力过大，如制动系各连接的铰接处有锈蚀，造成制动时阻力增大，使施加在踏板上的力过多的消耗在传动机件阻力上，导致制动器制动力下降，而制动不良或失灵 3. 制动器摩擦系数下降，如摩擦片与制动鼓（或制动盘）之间沾有水或油污，使制动器摩擦系数减小；工程建设机械下慢长坡时进行不间断的长时间制动或制动有拖滞，制动器摩擦副产生高热，使摩擦片的粘合剂产生部分气体和液体，这些产物滞留在制动摩擦工作表面上使之变得滑溜，摩擦系数减小，另外，摩擦片表面常受高温的作用变硬光滑，也会使摩擦系数减小，制动器制动力也随之减小	1. 检查制动踏板自由行程。踩动制动踏板，或拉紧操纵杆后，如果摩擦片与制动盘（或制动鼓）未贴紧，说明制动系拉杆调整过长，应按要求进行调整 2. 如果摩擦片与制动鼓（或制动盘）贴紧但制动效果不好，是由于制动器摩擦系数减小导致的，应检查摩擦片上有无油污，摩擦片是否烧蚀或破裂，铆钉有无外露，应针对具体情况，分别采取清洗、更换摩擦片等方法进行处理
制动拖滞	解除制动后，制动器摩擦副仍保持有摩擦，机械行驶感到有阻力，有时能闻到焦糊味	1. 驻车制动未完全放松 2. 制动间隙调整过小 3. 制动系的复位弹簧因疲劳而弹力减小或折断，造成制动复位不良	1. 检查制动时的自由行程，若自由行程过小，而且用手摸制动器外表面感烫手，说明制动拖滞是制动间隙调整过小所致，应予以调整 2. 观察驻车制动杆是否放松到极限位置，如果已松到底，应检查相关的复位弹簧是否过软或折断，视诊断情况予以排除；如果驻车制动杆未放松到极限位置，应使其完全放松

(2)气压制动装置常见故障分析、诊断与排除方法见表5-3。

气压制动装置常见的故障分析、诊断与排除　　表5-3

故障	故障现象	故障原因分析	故障诊断与排除方法
制动不灵或失灵	机械行驶或作业时,踩下制动踏板制动效能不理想,甚至无制动感	1.空气压缩机因使用过久各部位机件磨损导致工作不良,使其供气能力衰退,使储气筒内无气压或气压不足,导致制动力减小;空气压缩机皮带过松或折断,使之供气能力下降,甚至不能供气 2.空气滤清器堵塞造成供气困难 3.气压控制阀调整的压力过低,造成供气系统内气压过低 4.冬季供气管路内的积水或油水分离器分离出的水结冰堵塞供气气路而供能不良 5.制动管路有破裂、管接头松动漏气、控制阀关闭不严、垫片或膜片破裂等,均会造成漏气,当因漏气使系统内气压降至不足以制动时,则制动不良 6.制动阀平衡弹簧弹力调整过小,使进气阀门过早关闭而切断制动气路,使制动汽缸内的气体压力不能升高而造成制动力减小 7.制动阀的活塞密封件磨损,进气阀上方胶垫与芯管密封不良,均会造成漏气而使制动力减小 8.制动传输管道、制动汽缸、快速放气阀密封不良,制动时漏气导致制动不灵 9.制动凸轮轴因锈蚀而转动困难或转角过大,使制动力减小 10.制动器摩擦副的摩擦系数减小,使其制动力减小	1.起动发动机使之中速运转数分钟后,观察气压表读数是否符合技术要求。如气压表读数仍然很低,可踩下制动踏板,当放松踏板时放气很强,说明气压表损坏,故障不在制动器;若无放气声或放气声很小,则应检查空压机传动皮带是否折断、松驰或严重打滑,查明原因对症排除;若空压机传动皮带正常,应拆下空压机出气管检查,若排气很慢或不排气,表明出气管堵塞;若出气管未堵塞,查看出气管接头是否堵塞,进而检查空压机的排气阀是否漏气,弹簧弹力是否过弱或折断,缸盖衬垫是否损坏,汽缸壁及活塞是否磨损过度等。根据检查的故障原因对空压机进行修理 2.如气压表读数正常,但发动机熄火后,气压表指针徐徐下降,说明系统有漏气,应检查制动阀、制动管等是否漏气,查明后予以排除 3.起动发动机后气压表指针指示气压上升速度正常,但气压未达到规定值就不再上升,说明压力调节阀调整压力过低,应重新进行调整 4.若气压表读数正常,发动机熄火后气压也能保持正常,但踩下制动踏板后有漏气声。应先检查制动阀,若有漏气声,说明制动阀不良,需拆检制动阀。若制动阀无漏气声。应再检查制动气室或制动软管有无漏气处,根据漏气部位,采取调整或更换元件的方法排除 5.若每踩一次制动踏板,气压表指针下降值少于规定值,说明制动阀平衡弹簧调整压力过小,应重新调整 6.若每踩一次制动踏板,气压表指针下降正常,说明制动不良是因制动器的摩擦系数减小,或制动蹄支承销锈蚀,或其他原因造成摩擦阻力过大所致。如果长时间下慢长坡连续使用制动,则说明是使用不当所致,应让机械适当休息。若涉水、洗车或潮湿后制动不良,说明是制动摩擦系数减小,可以低速行驶并轻踩制动踏板,使制动器摩擦发热蒸发水分即可 若上速现象均不存在,说明制动蹄摩擦片与制动鼓贴合面不良或摩擦片磨损过度所致,应更换摩擦片或重新靠合制动蹄的贴合面 如果轮式工程建设机械停放时间过长,重新使用后出现制动失灵,多数是由于制动器锈蚀所致 7.如果发动机熄火后,气压能保持正常,踩下制动踏板也不漏气,但制动不灵,应检查制动踏板自由行程是否过大,若过大,应调整至标准范围;进而检查各制动气室推杆伸张情况,若伸张行程过大,一般是因为制动鼓与摩擦片间隙过大,应进行调整

续上表

故障	故障现象	故障原因分析	故障诊断与排除方法
制动跑偏	机械制动时自动偏离原来的行驶方向	机械制动时跑偏，主要原因是在同一轴上的左右车轮的制动效果不相同。按要求，机械车轮制动力的合力作用线应与过质心的纵向中心线重合。如果左右轮的制动力不等，则制动合力的作用线偏离纵向中心线产生一个旋转力矩，使机械制动时跑偏。左右轮制动力相差越大，则制动时产生的旋转力矩越大，制动跑偏越严重。导致左右车轮制动力不相等的原因有： 1. 左右车轮制动鼓与制动摩擦片之间的间隙不相等 2. 左右车轮制动器摩擦片材质不同或接触面积相差悬殊 3. 某车轮的摩擦片沾有油污或水 4. 某车轮制动鼓的圆柱度误差过大 5. 某车轮制动气室推杆弯曲或膜片破裂 6. 左右车轮制动蹄复位弹簧弹力不相等 7. 左右车轮轮胎气压不一致 8. 某侧制动软管堵塞、老化 9. 车架、转向系有故障 10. 制动时左右车轮的地面制动力不相等	1. 通过路试，找出制动效能不良的车轮，一般是机械向右侧偏斜，则左侧车轮制动不良；机械向左侧偏斜，右侧车轮制动不良。同时查看左右车轮在地面上的拖印痕迹，拖印短的一边，该车轮制动效能不良 2. 找出制动效能不良车轮后，踩住制动踏板，注意监听该车轮的制动气室、管路或接头是否有漏气声，如制动气室内有漏气声，必是膜片破裂；管路或接头松动，也会有漏气现象。若无漏气，应注意观察制动气室推杆的伸张速度是否相等，有无歪斜或卡住情况，如左右制动气室推杆伸张速度不等，则应检查左右制动气室工作气压。如果左右制动气室气压相差过大，应检查气压低的制动软管是否堵塞、老化等，并视情况予以排除 3. 如左右制动气室推杆伸张速度相等，可检查制动气室推杆行程是否过大，若过大应调整至符合要求。若推杆行程正常，应检查制动器内是否有油污和泥水以及摩擦片松脱现象，并检查制动鼓与摩擦片之间的间隙是否正常，且左右两轮应该一致 4. 若上述检查均正常，应拆检制动鼓是否失圆，摩擦片是否磨损过量，铆钉是否外露等，视检查情况，采取光磨制动鼓，更换摩擦片等方法进行排除 5. 检查左右车轮轮胎气压是否一致，不符合规范者，按需补气
制动拖滞	机械解除制动后，制动蹄摩擦片与制动鼓仍有摩擦，行驶时总感到有阻力，用手抚摸制动器，感到发热	制动器在解除制动状态时制动蹄与制动鼓之间应保持一定的间隙，即为制动间隙。非制动状态时不论什么原因使制动间隙消失，均会引起制动拖滞。制动拖滞分为全部车轮均有拖滞、单轴车轮拖滞和单车轮拖滞 1. 全部车轮均有拖滞，多为制动阀有故障，如制动阀的活塞复位弹簧弹力变弱，不能将制动管道的气路与大气沟通，管道内气体压力不能下降，使制动气室内气压不能消除。还有可能是制动阀排气阀动气室气压相差过大，应检查气压低的制动软管是否堵塞、老化等，并视情况予以排除。弹簧折断或制动阀阀橡胶座变形或脱落等原因导致制动拖滞 2. 单轴车轮拖滞主要受快速放气阀的影响。若快速放气阀的排气口堵塞，解除制动时使单轴两车轮的制动气室内的压缩气体不能放掉，则该轴车轮的制动力不能消除，故出现单轴两车轮制动拖滞 3. 单个车轮制动拖滞，多数是因为制动器和制动气室的故障。如制动鼓与摩擦片间隙过小，制动蹄支承销处锈蚀卡滞，制动凸轮轴与支架衬套锈蚀卡滞，制动蹄复位弹簧过软或失效，制动气室推杆伸出过长或弯曲变形而卡住，制动气室膜片老化变形或破损等	1. 如果机械不能起步，或起步后感到行驶阻力较大，可停车观察各车轮制动气室的推杆，若制动气室的推杆均未收回，即为全部车轮均制动拖滞。应先检查制动踏板自由行程，若无自由行程，应进行调整；若自由行程正常，多为制动阀有故障，应查明原因予以排除 2. 如果用手抚摸在同轴上的两车轮制动发热，说明是单轴车轮制动拖滞，故障在与此轴有联系的快速放气阀，应拆解放气阀，查明原因予以排除 3. 如果有个别车轮制动鼓发热，或两发热的制动鼓不在同一轴上，即为单车轮拖滞，故障原因在车轮制动器和制动气室。检查时踩抬制动踏板，观察该车轮制动气室推杆回动情况，若推杆复位缓慢或不复位，可拆下调整臂，再检查推杆回动情况，如仍回动缓慢，则应拆检该制动气室，检测推杆是否弯曲变形或歪斜卡住，或伸出过长，根据情况校正或调整。当拆下调整臂后，制动气室推杆回动正常，则应拆检、清洁、润滑制动器制动凸轮轴和制动蹄轴 若制动气室推杆复位正常，则应检查该车轮轮毂轴承预紧度及制动间隙。其方法是：将有制动拖滞的车轮支起，若车轮能自由转动，说明车轮轮毂轴承过松，应调整轴承预紧度；如果车轮有摩擦，应将制动间隙调大；若调整后车轮转动仍有摩擦，同时调整制动间隙感到费力，说明是制动器有锈蚀引起制动拖滞。如果调整制动间隙无效，说明是由于该车轮制动器的复位弹簧失效或脱落所致，应查明原因予以排除

(3)液压制动装置常见故障分析、诊断与排除方法见表5-4。

液压制动装置常见的故障分析、诊断与排除　　表5-4

故障	故障现象	故障原因分析	故障诊断与排除方法
制动不灵或失灵	踩下制动踏板进行制动时,制动效能不理想,或无制动反应	制动不灵主要是由于制动器摩擦片与制动鼓(或制动盘)之间的摩擦力减小导致的,其主要原因有以下几点: 1.制动总缸内的油液不足、皮碗漏油或踩翻,使制动摩擦片与制动鼓(或制动盘)之间的摩擦力减小 2.制动管路破裂、管接头漏油、系统内进入空气均会导致制动不灵或失灵 3.因制动器有制动拖滞,长时间连续制动而产生高温,使油缸内的油液由液态变为气态,由于气体可压缩性好,制动时会吸收油液压力,使制动轮缸的压力减小,造成制动不良 4.制动器摩擦系数减小,导致制动力下降 5.制动阀阀芯不能自由移动,液压元件磨损过甚等均会导致制动不灵,甚至失灵	1.连续踩几下制动踏板,踏板不升高,同时感到无阻力,应先检查制动总缸是否缺油,如果缺油,应添加同型号的油液,并排除管路空气。如不缺油,应检查前后制动油路是否有漏油或损坏,视情况予以排除 2.踩下制动踏板,如无连接感,则可能是踏板至制动总缸(或动力缸)的连接脱开,应按连接关系连接好 3.踩下制动踏板,虽感到有一定阻力,但踏板位置保持不住,有明显下沉,观察制动总缸有滴油或喷油现象,则为总缸皮碗破裂,应分解制动总缸,更换皮碗 4.连续踩几下制动踏板,踏板能逐渐升高,升高后不抬脚继续往下踩,感到有弹力,松开踏板稍停一会再踩,如无变化,即为制动系内有空气,应进行排气 5.踩一下制动踏板制动不灵,连续踩几下,踏板位置逐渐升高并且制动效果良好,说明踏板自由行程过大或制动器摩擦副间隙过大。应先检查调整踏板自由行程,使其在规定范围之内,再检查调整制动间隙 6.若连续踩下制动踏板,踏板位置能逐渐升高,当升高后,不抬脚继续往下踩未感到有弹力而有下沉感觉,说明制动系中有漏油之处,应检查油管、油管接头、制动总缸、制动轮缸、加力器动力缸等有无漏油处,如有漏油,应采取紧固、更换、焊接等方法修复 7.当踩下制动踏板时,踏板高度合乎要求,也不软弱下沉,但制动效果不好,则为制动器的故障。如摩擦片硬化、铆钉头露出、摩擦片油污或水湿等,应拆检制动器,根据具体原因,采取不同方法修复排除

续上表

故障	故障现象	故障原因分析	故障诊断与排除方法
制动跑偏	机械制动时偏离原来行驶的方向	制动时如果左右车轮的制动力不等，则制动合力的作用线就会偏离通过质心的纵向中心线，而产生一个旋转力矩，使机械制动跑偏。导致左右两车轮制动力不相等的原因有： 1.左右车轮制动器摩擦副之间的间隙不一致 2.左右车轮制动摩擦片与制动鼓（或制动盘）接触面相差过大 3.左右车轮摩擦片材质不同 4.左右车轮制动器复位弹簧弹力不一样 5.两侧车轮制动轮缸活塞磨损不一样 6.某侧车轮制动管路内有空气，或制动总缸皮碗、软管老化 7.两侧车轮轮胎气压不一样 8.某侧车轮制动器摩擦片油污、水湿、硬化或铆钉外露	1.通过路试，找出制动效能不良的车轮。当机械行驶中制动时，若向右偏斜，说明左侧车轮制动迟缓或制动力不足；若向左偏斜，说明右边车轮制动效能不好，同时观察车轮与地面上拖滑的痕迹，印迹短的车轮为制动迟缓，印迹轻的为制动力不足 2.找出制动效能不良的车轮后，仔细检查该轮制动管路有无凹陷、漏油的现象，如有，应查明原因并予以排除 3.如果该轮制动管路外观完好，可对其制动轮缸放气，若放气时发现有空气或放气后故障消除，说明故障在该车轮制动轮缸或管路内有气阻，应查明原因并予以排除 4.如果无气阻现象，应检查该车轮制动器的制动间隙，若不恰当，应调整至正常范围 5.如果制动间隙符合要求，制动时仍跑偏，应检查该轮轮胎气压和磨损程度，若轮胎气压太低或轮胎花纹磨平，应进行充气或更换新胎 6.上述检查均正常，说明故障在制动器内，应拆检制动器，检查摩擦片是否有油污、水湿，检查制动轮缸活塞和皮碗的状况及有无漏油，找出故障并予以排除
制动拖滞	解除制动后摩擦片与制动鼓（或制动盘）仍有摩擦，机械行驶时总感到有阻力	制动拖滞主要是由于机械在非制动状态下制动间隙消失所导致的，其主要原因有： 1.全部车轮均有拖滞的原因主要在制动主缸或制动阀 简单液压式与液压助力式制动系出现全轮制动拖滞的主要原因在制动主缸，如主缸活塞复位弹簧过软或折断；总缸皮碗发胀或活塞变形或被污物粘住；总缸皮碗发胀堵住回油孔或污物堵塞回油孔等 液压直接驱动式制动系出现全轮制动拖滞的主要原因在制动阀，如制动阀活塞复位弹簧过软，活塞复位能力差等 2.单个车轮出现制动拖滞的主要原因是，制动器制动间隙过小，制动蹄复位弹簧过软或折断，制动轮缸皮碗发胀及轮缸活塞变形或被污物粘住，制动蹄在支承销上转动不灵活等 3.制动液过脏或黏度过大，或制动管路堵塞	1.机械工作一段时间后，用手抚摸各车轮轮毂，若全部车轮制动毂都发热，说明故障发生在制动阀或制动主缸；若个别车轮发热，则说明故障在车轮制动器 2.若故障在制动阀，应拆检制动阀，查明原因并予以排除 3.若故障在制动主缸，应检查踏板自由行程，若自由行程不符合要求，应按规定调整踏板自由行程。若自由行程符合要求，可将制动总缸的储油室盖打开，并连续踩下、放松制动踏板，观察其回油情况。如不能回油，则为回油孔堵塞，应清洗疏通；如回油缓慢，则是皮碗、皮圈发胀或复位弹簧失效无力，应视情况予以排除。与此同时，观察踏板复位情况，如踏板不能迅速复位或没有回到原位，说明踏板复位弹簧过软或折断，应更换 4.若故障在车轮制动器，应先拧松放气螺钉，如果制动液急速喷出，制动蹄复位，则为油管堵塞，制动轮缸不能回油所致，应疏通油管。如果制动蹄仍不能复位，应调整制动间隙 5.若上述检查调整均无效，则拆检制动器，检查轮缸活塞皮碗与复位弹簧的状况以及制动蹄支承销的活动情况，必要时进行修理或更换

（4）气液综合式制动装置常见故障分析、诊断与排除方法见表5-5。

气液综合式制动装置常见的故障分析、诊断与排除　　表5-5

故障	故障现象	故障原因分析	故障诊断与排除方法
制动不灵或失灵	踩下制动踏板后其制动效果不理想或机械无减速感觉	制动不良主要是由制动器的制动摩擦块与制动盘的摩擦力减小或消失，或者摩擦系数减小所导致的，其主要原因有以下几点： 1. 空气压缩机因磨损或气门关闭不严，造成能量转换效率降低，输出的气压不足 2. 压力控制阀调整压力过低，使空压机输出的气体压力低 3. 储气筒或所连接的管路漏气，如储气筒进气口单向阀密封不良、制动阀进气门被污物堵塞关闭不严、压力控制阀漏气等，造成供给的气体压力下降 4. 空气滤清器堵塞，造成空压机充气不足而供能不良 5. 油水分离器冬季时被分离出的水冻结，使供能气路堵塞，使制动力下降 6. 加力器的活塞密封不良而漏气，使作用在活塞上的气体压力减小，液压制动总缸输出的油液压力也减小，使制动力减小 7. 液压制动总缸内油液不足、皮碗漏油或管路漏油，使制动摩擦衬块压向制动盘的力减小，即制动力减小 8. 制动轮缸密封件损坏漏油，使制动力下降 9. 液压制动油路泄漏或系统内有空气时，导致制动不良 10. 制动器摩擦系数减小，使制动力减小	1. 检查制动系供能装置、制动阀和气推油加力器故障。其气压部分与气压制动装置基本相同，进行故障诊断与排除时参看气压制动装置 2. 如果冷车时制动效果良好，热车时制动效果变差，应检查制动盘温度，如果制动盘有烫手感觉，则可能是制动系统内有油蒸气，应排除制动器内的蒸气或停车冷却 排除液压部分气体的方法是：踩下制动踏板，松开制动轮缸上的放气螺塞，将气体排出，若一次排不完，可先将放气螺塞关闭，然后放松制动踏板，再重复以上动作，直至放出的油液无气泡为止 3. 检查液压制动总缸的油液储存量，如果制动油液短缺，应添加油液 4. 检查液压制动系是否有漏油，如有泄漏，应根据油迹查明漏油部位和原因，并予以排除 5. 若制动盘有油污和水分，应查明来源并予以排除
制动跑偏	机械制动时偏离原来行驶方向	机械的制动器是两侧对称布置的，两侧车轮的制动效能应相同，若转向轮两侧车轮制动效能不同，就会出现制动跑偏，差值越大，制动跑偏现象越严重。造成制动跑偏的主要原因有： 1. 某车轮制动管路中进入空气 2. 两侧车轮制动器制动块与制动盘之间的间隙不相等 3. 两侧车轮制动器摩擦衬片材质不同 4. 某车轮的摩擦衬片沾有油污或水 5. 两侧车轮轮胎气压不一致	根据所分析的原因，气压制动部分故障与气压制动装置基本相同，诊断与排除时可参看前述气压制动装置；制动器故障的诊断与排除可参看制动不灵的诊断方法
制动拖滞	同气压制动装置	全部车轮均有拖滞，多为制动阀故障。单个车轮拖滞，多为制动器及制动管路故障，原因分析可参看气压制动装置	制动阀故障的诊断与排除参看气压制动装置，制动器及制动管路故障参看制动不灵故障的诊断与排除

2)制动系的典型故障诊断与排除实例

一台厦工产ZL50C型装载机在行驶中出现制动不灵现象。

(1)故障现象

初步观察,发现两前轮不能制动;当频繁踩下并松开脚制动阀时,出现了泡沫状液体,且快速从放气阀排出。

(2)原因分析

因为该机两后轮能制动,所以可排除是空气压缩机和脚制动阀的故障,而将重点检查放在前气液总泵和制动分泵上。

(3)故障检查及排除

首先检查了各管路的连接处,没有发现系统有漏气处;观察了气压表,气体压力能达到0.68MPa。再拧开气液总泵贮液室盖,发现贮液室内油液已严重不足,且贮液室盖通气孔完全堵塞。然后,踩下制动踏板,贮液室内油液出现沸腾现象,并不断地有气泡冒出,且制动分泵活塞没有反应;除了脚制动阀处有排液现象外,其他部位没有制动液泄漏。

分析认为,由于气体压力足够,系统无漏气,所以首先可肯定不是气路有故障。通常,总泵助力器气室与油室是互不相通的,现踩下制动踏板时,油室却有气泡产生,说明气液总泵助力器的气室与油室因密封不良而串通。因此,可以判断是气液总泵助力器气室密封圈、油室密封环或皮碗已损坏。由于气液总泵通气孔完全堵塞,脚制动阀经气液总泵至制动分泵之间已形成一个气液混合密闭的通路,由贮气筒来的高压气体必然会进入总泵油室与制动液形成高压气液混合物;当制动踏板松开时,气液混合物经气液总泵由行车制动阀上的快速放气阀排出,因而出现了从行车制动阀处不断有液体排出的现象;而分泵活塞没有反应,则可能是 排除的方法是拆检气液总泵,并证实总泵内密封件确实已损坏。更换新的密封件后装复、加满制动液,并通过制动分泵的排气螺钉排气;然后,实施制动,发现右前轮制动分泵活塞仍没有反应。从排气看,制动压力足够,因而可断定该制动分泵进油孔已堵塞或活塞被卡死。拆检有故障的分泵,发现分泵活塞锈蚀。用砂纸打磨后装复、排气、重新实施制动。这时,制动良好,说明故障得以彻底排除。

课题三　履带式机械制动系

一、带式制动器

履带式机械广泛应用带式制动器,这是因为它便于布置在转向离合器的从动鼓上。制动器可以用脚踏板单独操纵,例如停车时;也可用转向离合器的操纵杆联动操纵,例如转向时。

履带式制动器就是用来配合转向机构转向以及机械在坡道上的停放,由于制动带包住制动鼓,所以使得制动器的散热条件不好,并且转轴还受到较大的径向力的作用,但结构简单、制造容易,便于安装。

在履带式机械上有3种形式的制动器:简单式、复合式、浮动式,如图5-49所示。

简单式(单端拉紧式):如图5-49a)所示,铆有摩擦衬片的制动带包在制动鼓上,一端为固定端,而另一端为操纵端,后者连接在操纵杆的支点;操纵杆通过上端的扳动,从而使旋转的制

动鼓得以制动。当制动鼓顺时针旋转而制动时，显然右端的固定端为紧边，左端的操纵端为松边；当制动鼓反时针旋转而制动时，情况恰好相反，固定端成为松边，而操纵端反成为紧边。由此可见，在操纵力相同的条件下，前者较后产生的制动力矩大。

复合式（双端拉紧式）：如图5-49b）所示，该方式也称为双作用式，操纵时同时双端拉紧。两边都是操纵边，这样无论制动鼓正转或反转，其制动力矩相等。

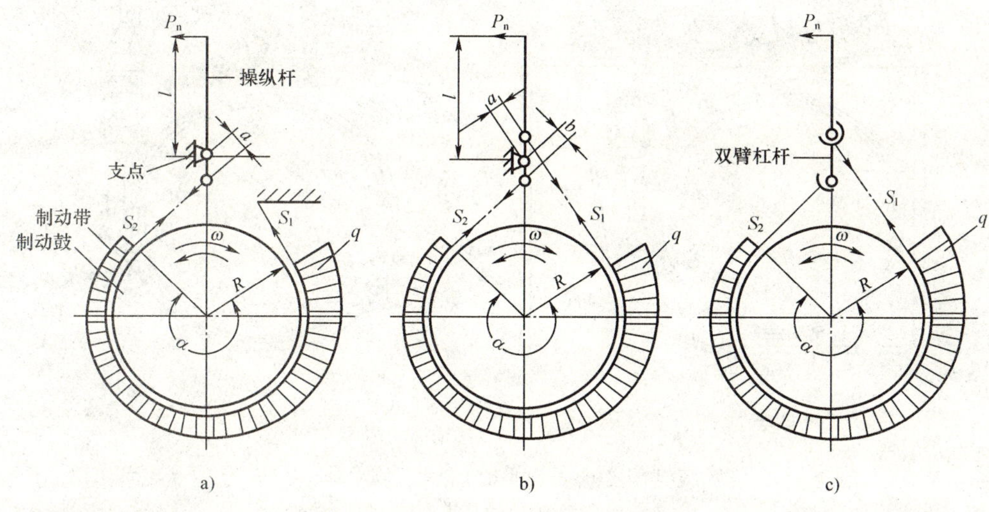

图5-49 带式制动器受力简图

a）简单式；b）复合式；c）浮动式

浮动式：如图5-49c）所示，操纵杆连接双臂杠杆，而后者的两端通过两个销子与制动带的两端相连，两个销子又支靠在支架的两个反向凹槽中。当机械前进行驶而制动时，双臂杠杆在操纵杆的作用下以上面的销子为支点反时针旋转，拉紧制动带而制动。显然，固定端既为双臂杠杆旋转的支点，又为制动带紧边的支承端；如果当机械倒退行驶而制动时，情况恰相反，以下面的销子为旋转的支点和紧边的支承端。这种结构，无论制动鼓正转或反转，固定端总是制动带的紧边，而操纵端也总是制动带的松边。如果操纵杆件的尺寸位置设计合理，这种方案正反转制动效果相同，操纵都省力，是目前工程机械用得较多的制动器形式。

如图5-50所示为小松D85A-12型推土机的制动器，属湿式、带式、液压助力的浮式制动器。其作用是通过抱紧转向离合器外鼓，使最终传动齿轮以至履带驱动轮停止转动，从而实现停车。若一侧实施制动，可使推土机转向。

其工作原理为：

当推土机需要减速、停车、迅速转向时，驾驶员踩下制动踏板，通过杠杆、摇臂等传动，使助力阀中的滑阀移动，来自油泵的压力油通过活塞推动摇臂等运动，从而拉紧制动带，制动器产生制动力矩。

制动带是一钢带，其内侧铆有摩擦衬片，它包在转向离合器从动鼓上，上端用制动带头与顶杆接触，顶杆通过前支承销与双臂杠杆铰接。制动带下端用销子与支持杆铰接，支持杆的上端与调整螺钉用螺纹连接。调整螺钉下端圆柱部分装在调整块的矩形槽中，并可以在槽中转动。调整块通过支承销与双臂杠杆铰接，双臂杠杆的上端与制动拉杆及一系列杠杆系统连接。

双臂杠杆夹在支架中间,其下端的前后两支承销在工作时,或前支承销支承在支架的下凹槽中作为制动时的固定支点,或以后支承销支承在支架的上凹槽中作为制动时的固定支点,这要根据制动鼓的旋转方向而定。支架是用螺钉固装在后桥壳体上的。

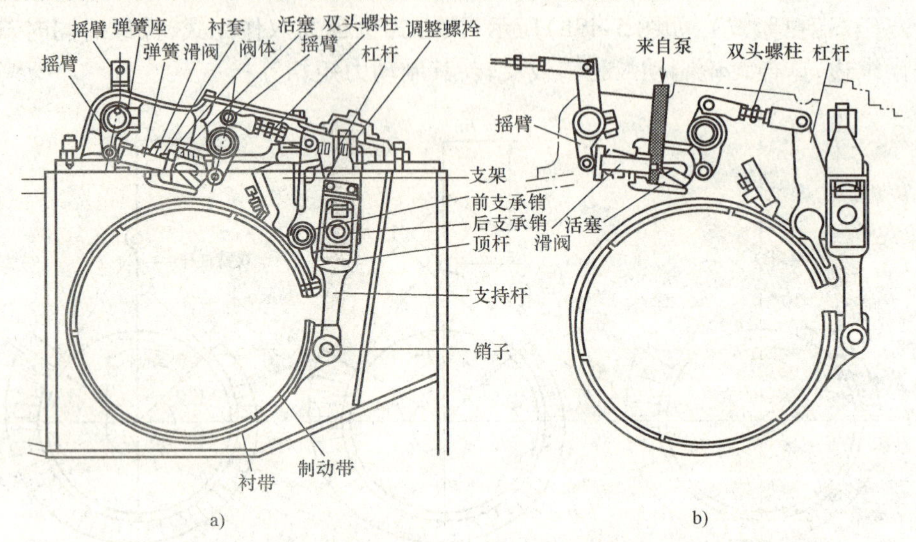

图 5-50 D85A-12 型推土机带式制动器

a)前进制动;b)后退制动

当推土机前进时,从动鼓逆时针方向旋转,略踩制动踏板,则制动鼓和制动带之间的摩擦力使制动带上端升高,带动顶杆将前支承销推入支架的下凹槽中。进一步踩下制动踏板时,制动带将以支承销为支点而动作。这时双臂杠杆通过后支承销、拉杆和销子施加一拉力于制动带的另一端,该拉力的方向与从动鼓的旋转方向一致,相当于操纵力加于松边。

当推土机倒退行驶时,从动鼓顺时针方向旋转。略踩制动踏板时,由于带与鼓之间的摩擦力使制动带本身作顺时针方向移动,故在销子上作用有向下的拉力,通过拉杆施加于后支承销,迫使后支承销进入支架的上凹槽中。进一步踩下制动踏板时,双臂杠杆以后支承销为支点转动,通过顶杆将制动带的一端往下推,作用于制动带的力与从动鼓的旋转方向一致,操纵力仍然加于松边。

总之,无论推土机前进或倒退行驶,操纵力都是作用在制动带的松边,或者说,都能借助于摩擦力的作用促使制动带拉紧,使推土机前进和倒退时的制动效果相同,且操纵省力。

制动带与制动鼓之间的间隙应为 0.5mm,它用拉杆上端的调整螺钉调整。此时的制动踏板行程为 140 ~160mm。

二、液压制动阀式制动器

现在的履带式挖掘机都采用液压全制动系统,停车制动器采用常闭式制动器。液压制动行走系统主要通过液压马达组件来实现。液压马达组件由液压马达、制动阀、停车制动器组成。液压马达的功用是将油液的压力能转变为回转运动的转矩。制动阀的作用是使车辆减速直至停车。停车制动器的作用是防止挖掘机停在斜坡上时引起溜车、滑移现象。采用摩擦片式制动器,由弹簧压紧制动,液压分离。制动阀工作原理如图 5-51 所示。

解除制动时,如图 5-51a)所示。由通道 A 供给压力油时,压力油打开阀,进入液压马达的吸油腔通道 C,使液压马达回转。同时,压力油通过滑阀的油孔、油室 a 进入 b 室作用在滑阀的端面上,将滑阀推向左侧,使液压马达的压油通道 D 和通道 B 相通,油流回油箱。由于滑阀的移动,压力油进入通道 P 使停车制动器的柱塞移动,解除停车制动,使得液压马达能够转动。

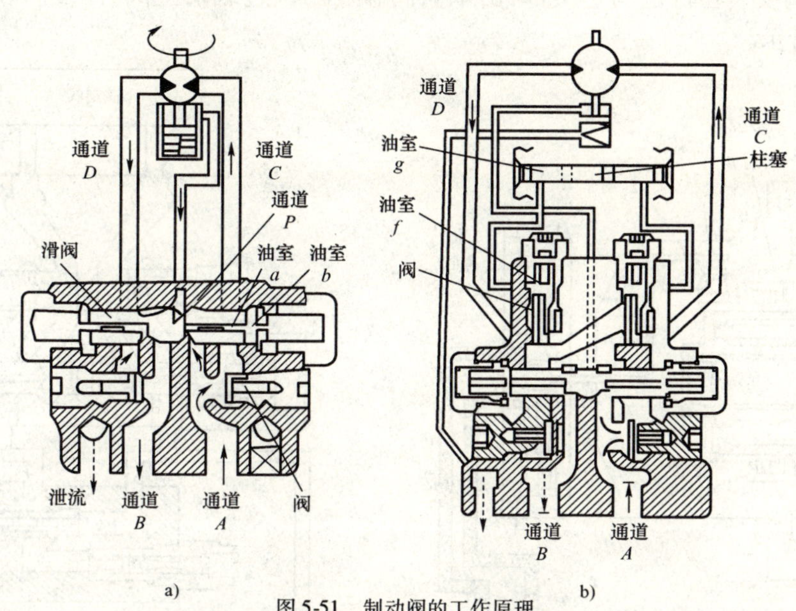

图 5-51 制动阀的工作原理

a)解除制动时;b)进行制动时

由 B 通道供给压力油时,滑阀、阀的移动方向与上述过程相反,马达反转。

如图 5-51b)所示,进行制动时,行走滑阀回中位,油液压力消失,弹簧使滑阀回到中立状态,由于惯性液压马达仍要继续转动,通道 D 内的油压升高,油液通过左侧阀的节流孔 f 室进入 g 室,柱塞向右移动,油流经节流孔时产生压力下降,从而使作用在左侧阀上下两端的油压不等,而形成一定的压力差,左侧阀开启,D 室的压力油流向 C 室,防止 C 室产生气穴,柱塞到达行程末端时,g 室与 f 室的压力上升,左侧阀关闭,通道 D 内的油压升高,此时右侧的阀打开,开启压力比挖掘机的溢流设定压力高,这样,通过对 D 通道内的压力进行二次控制,使液压马达顺利地被制动。

挖掘机在行走时,由于下陡坡等使行走速度变快,液压马达的回转速度大于液压泵的供油速度,称为超速运动。

超速运动时,与制动工况一样,油压力消失,制动阀回到中立状态,这样在液压马达压油腔产生背压,液压马达被减速,达到与油泵供油量相适应的液压马达转速。

1)驻车制动器

驻车制动器采用常闭盘式制动器,平时靠弹簧紧闸,工作时靠液压油松闸。其工作原理如图 5-52 所示。

(1)解除制动。起步行走时,操纵行走控制杆,油泵来的压力油经过行走控制阀进入行走马达和行走制动阀。流到行走制动阀的压力油推动行走制动阀的滑阀并流进制动活塞的室 a,进入室 a 的压力油克服制动弹簧的力,将活塞向右推,固定盘和转动盘分开,制动器松闸。

(2)进行制动。行走控制杆移回到"中位"时,流向行走制动阀的油停止,行走制动阀的滑阀回到中位。制动活塞室 a 的压力下降,弹簧将制动活塞向左推,固定盘和转动盘被压紧,制动器制动。

2)行走制动阀

行走制动阀安装在行走马达头部,由单向阀、减压阀、过载安全阀、往复阀和平衡阀等组成,如图 5-53 所示。

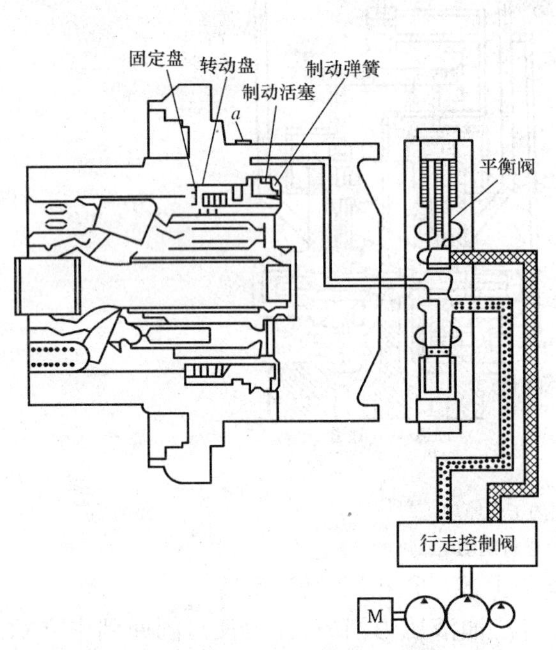

图 5-52 停车制动器工作原理

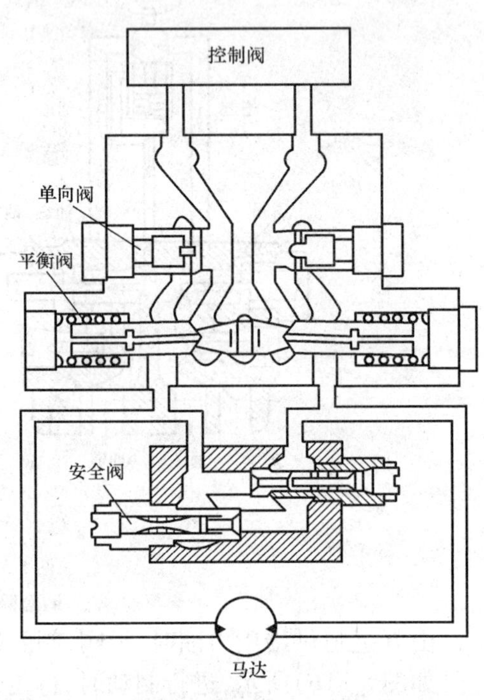

图 5-53 行走制动阀

(1)单向阀:该阀的作用是确保平稳起动和停止,并与平衡阀一起共同防止马达回路中产生气穴。在通过油压足够高时阀才能打开。这样就防止了负压下产生气穴的可能。只有压力足够大时单向阀才打开,使马达运动平稳。

(2)减压阀:该阀的作用是降低从行走马达分流出来的液压油的压力,以防止制动器突然动作,并将已减压的压力油输送到停放制动器释放油口。

(3)停放制动器释放用往复阀:该阀的作用是将行走马达作业用的液压油分流到减压阀。

(4)过载安全阀:该阀的作用是防止在马达回路中产生超载和冲击压力,即机器停车或下坡时,马达出油口油路被关闭或被平衡阀节流,但马达继续在惯性力作用下转动,所以在马达出油口压力变得异常的高,此时,安全阀打开卸压,以防油道损坏。

(5)伺服活塞操作用往复阀:该阀的作用是将行走液压马达专用的压力油分流到伺服活塞。

(6)平衡阀:该阀的作用是确保平稳起动和停止,使机器对应发动机的转速(油泵输出流量)行走,并防止挖掘机在下坡行走时产生超速。如图 5-54 所示,开始起动时,由行走控制阀来的压力油进入孔 P_A,推开单向阀 a,由马达的进油口 M_A 流到马达的出油口 M_B。但由于马

达的出油口由单向阀 b 和平衡阀芯关闭，油停止流动，马达也不转动，当进油室 S_1 的压力油升到足以使平衡阀芯移动的压力时，控制阀的进出油口接通，马达开始转动。机器下坡时，由于机重，马达自动转动，使马达进油口压力下降。当 S_1 中的油压力低于控制阀的回油口压力推动平衡阀阀芯时，平衡阀在弹簧力作用下复位，出油口被节流，马达转动产生了阻力，使马达不致失控，从而保证机器的安全行驶。

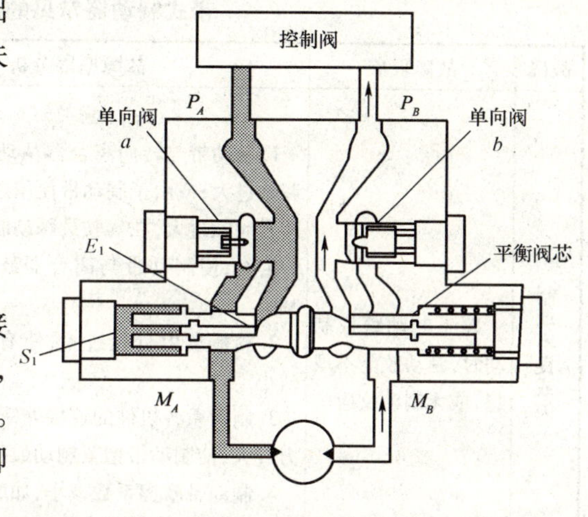

图 5-54　平衡阀的工作原理

三、履带式制动器的维修

1. 带式制动器的检修

1）制动带的缺陷与检修

制动带一般是在 65 Mn 的钢带上铆接或粘接以摩擦衬带制成，直径大的摩擦衬带多为分段式，如上海 120、D80A-12、T_1-100 等推土机皆为 6 段。制动带的主要缺陷为摩擦衬带严重磨损、断裂、铆钉松动等，其次为钢带断裂、耳孔磨损等。

摩擦衬带铆钉松动时，应去除陈旧铆钉，用新铆钉重新铆接，当摩擦衬带厚度低于 5mm（D80A-12 推土机制动带摩擦衬带标准厚度为 9mm）；时，应更换新的摩擦衬带。新摩擦衬带可铆接亦可粘接，其铆接及粘接工艺与离合器片修理类似，新更换的摩擦带应满足以下技术要求。

（1）铆接时，铆钉头应低于摩擦衬带表面 1 mm 以上；铆钉应从摩擦衬带一边插入，在钢带一边铆牢。

（2）摩擦衬带应与钢带紧密贴合。

（3）制动带包在制动毂上后，其不贴合角度应小于 60°，间隙应小于 0. 60mm。钢带断裂属不正常损坏，应予更换，耳孔磨损后可铰大修圆，然后更换加大尺寸的新销轴。

2）杠杆、拉杆、配合铰链的检修

杠杆、拉杆主要缺陷是变形，一般皆可用冷校法恢复。各配合铰链主要缺陷是因磨损等产生松旷。这些配合铰链大致可分两大类：一是比较重要的配合（多有衬套），其标准配合间隙约 0. 03 ~ 0. 30mm，大于 0. 50mm 时，可用更换衬套与加大销轴法修理；二是较不重要的配合（大多为连接用），其标准间隙约为 0. 0 5 ~ 0. 40mm，超过 1mm 时，可按加大修理尺寸法修复。

2. 带式制动器的故障诊断与排除

带式制动器的故障诊断与排除方法见表 5-6。

3. 带式制动器的典型故障诊断与排除实例

一台 TY180 型推土机，在作业时出现了拉转向拉杆到底后可实现停机，而踩下右制动踏板却无法停机的故障。

1）故障现象

制动带与制动鼓的间隙调整不当，导致不能停机。

2）故障检查与排除

排查时，检查了系统压力，将右转向拉杆拉到底时，系统压力为 1. 67MPa；而踩下右制动踏

板时,系统压力为0.10MPa。同时,发现中踏板自由行程过大;打开转向箱体检视孔后,发现制动带与制动鼓的间隙过大。重新调整(用90N·m的力矩拧紧调整螺母,使制动带与制动鼓贴紧,然后松开螺母15/6圈,即制动带与制动鼓间隙为0.3mm)后,故障现象彻底消失。

带式制动器常见的故障分析、诊断与排除　　表5-6

故障	故障现象	故障原因分析	故障诊断与排除方法
制动不良或失灵	踩下制动踏板制动时,制动效能不理想,或无制动反应	1.制动带与转向离合器从动鼓之间的间隙调整过大,或由于制动带使用过久而磨损引起两者间隙过大,在驾驶员踩动制动踏板力大小一定时,使制动带与离合器鼓之间的压紧力减小。 2.踏板自由行程过大,使有效的制动行程减小 3.制动系各机件的连接处锈蚀,造成传动阻力过大,使制动带抱紧制动鼓的力减小 4.制动带摩擦系数减小,如摩擦衬片上有油污、摩擦片硬化、铆钉外露、过薄或水湿等 5.转向离合器未分离	1.检查踏板的自由行程,踩动制动踏板,若踏板自由行程过大,应予以调整 2.如果踩动制动踏板很费力,且无自由行程感,制动效能也不良,说明是因制动系传动机件锈蚀所致,应予以清除。这种情况的出现,多数是在恶劣环境中停放过久所造成的 3.如果踏板自由行程符合要求但制动不良,说明是带式制动器摩擦系数减小所致,应检查摩擦片上有无油污,铆钉有无外露,摩擦片是否烧蚀或破裂等,视检查情况予以排除
制动拖滞	解除制动时,制动带与转向离合器从动鼓仍保持有摩擦,推土机行驶时感到有阻力,手摸制动带感到发热	1.制动带与转向离合器从动鼓之间的间隙过小 2.制动系的有关复位弹簧因疲劳而弹力减小或折断,造成制动带不能复位 3.制动带与转向离合器从动鼓锈蚀	1.检查踏板自由行程,如果自由行程过小,而且手摸制动带表面发热,说明制动间隙过小,应予以调整 2.解除制动后制动踏板的自由高度不在最高位置,且用手将制动踏板扶至最高的位置、放手后又自动落下,说明制动踏板复位弹簧弹力减小或折断,应予以更换 3.如果制动带与转向离合器鼓锈蚀,应予以清除

3)故障分析

故障原因是制动带与制动鼓间隙过大,当踩下制动踏板时制动助力器活塞行程过大,制动助力器阀杆与活塞无法密封,使压力油由转向制动阀直接泄入转向箱体内,而当将转向拉杆拉到底时,压力油由转向制动阀直接流入活塞后侧并推动活塞实施制动,因而可实现制动。

思考题

1.制动系的功用是什么?

2.行车过程中对制动系有何要求?

3.制动系是如何分类的?

4.简述液压式行车制动系统制动系的工作原理。

5.分析轮式机械的机械制动装置的工作原理。

6. 鼓式制动器有哪些类型？
7. 常见制动鼓和制动盘的损伤形式有哪些？应如何进行修理？
8. 制动器制动间隙应如何进行调整？
9. 液压式制动传动机构是如何分类的？
10. 制动阀的损伤形式有哪些？应如何进行检修？
11. 机械制动装置出现制动拖滞的原因有哪些？
12. 分析液压制动装置出现制动跑偏的原因。
13. 行走制动阀的功用是什么？
14. 履带式制动系制动时出现制动拖滞的原因有哪些？应如何进行排除？

参考文献

[1] 高忠民.工程机械使用与维修.北京:金盾出版社,2002.

[2] 何挺继,展朝勇.现代公路施工机械.北京:人民交通出版社,1999.

[3] 黄东胜,邱斌.现代挖掘机.北京:人民交通出版社,2003.

[4] 熊国维.汽车自动变速器构造和维修.辽宁:科学技术文献出版社,1997.

[5] 唐银启.工程机械液压与液力技术.北京:人民交通出版社,2003.

[6] 朱齐平,易新乾.进口工程机械使用维修手册.辽宁:科学技术出版社,2001.

[7] 沈松云,崔崇学.工程机械底盘构造与维修.北京:人民交通出版社,2002.

[8] 周建钊.底盘构造与原理.北京:国防工业出版社,2006.

[9] 郑训,张铁,等.工程机械通用总成.北京:机械工业出版社,2001.

[10] 高秀华,姜国庆,等.工程机械结构与维护检修技术.北京:化学工业出版社,2004.